Die Idylle trügt

Es geschieht im Frühjahr 1934. Die Sonne, die über den Ostbergen aufgeht, malt eine neue Bergkette aus Schatten auf die steilen westlichen Hänge des Flusstales. An diesem Morgen ist die Luft klar, die Wiesen sind voller Blumen und der zarte Nachtnebel spielt mit den Bergspitzen, als wolle er das seidene Nachtgewand ablegen. Der weiße Muschelfluss ist im Frühsommer nicht so reißend wie zur Schneeschmelze oder wenn die Herbstregen das Gebirge unpassierbar machen. Doch der Fährmann Mo A Ming braucht dennoch seine ganze Kraft und viel Geschick, um das Boot von einem Ufer zum anderen zu bringen. Man hat ihn sogar heute Nacht aus dem Schlaf geholt. Unter Androhung des Todes hat man ihm gesagt, er solle schweigen und niemandem etwas von dieser nächtlichen Fahrt sagen. Blass sieht er aus – nicht nur, weil ihm einige Stunden Nachtschlaf fehlen. Er hat seine Frau am frühen Morgen mit dem Jungen in die bewaldeten Berge geschickt, obwohl die Waldbeeren noch nicht reif sind.

Die meisten im Dorf haben schlecht geschlafen. Seit Tagen überfliegen schwere Propellermaschinen das Gebirge und drehen oft über dem Dorf bei. Von weit her hört man Detonationen und das bedeutet nichts Gutes. Es heißt, dass die Nationalen, die Kuomintang, die Kommunisten jagen. Li Hong Yang brachte aus der Stadt die Nachricht mit, dass sich die Kommunisten auf ihrer Flucht vor Chiang Kai-schek auf ihr Gebiet zubewegen. Es sollen mehrere Zehntausend sein.

Li Hong Yang geht einmal im Monat in die Stadt, um Einkäufe für das Dorf zu machen. Bei ihm kann man Schreibpapier, Nähnadeln, Kerzen und Seife bestellen. Zehn Stunden ist er jeweils unterwegs, am Flu__ über die Hügelkette der

Affenberge bis in die Ebene, in der man die laute und schmutzige Stadt findet. Für mehrere Tage ist er immer weg, wobei er die meiste Zeit damit verbringt, Zeitungen zu lesen. Er ist stolz darauf, einer der wenigen im Dorf zu sein, der Zeitung lesen kann. Und so brachte er auch die Nachricht mit, dass die Kommunisten grausam mit allen umgehen, die sich ihnen in den Weg stellen. Aber hinter vorgehaltener Hand erzählt man sich in der Stadt, dass sie längst nicht so grausam sind wie die Soldaten der Kuomintang.

„Schweinekrieg, es riecht nach Schweinekrieg", seufzt die alte, zahnlose Wang Ying vor sich hin, als sie zum Fluss geht. Man solle sie nur in Ruhe ihre Wäsche schlagen lassen. Sie hat ihren Mann vor vierunddreißig Jahren bei den Boxeraufständen verloren. Damals im fernen Shanghai. Warum musste er auch als Soldat in die Stadt gehen? Doch er hatte keine andere Wahl. Die Ernte war schlecht, die Kinder hungrig – man musste irgendwo Geld verdienen. Ach ja, die Kinder … Der Sohn ist ebenfalls Soldat, sie hat schon seit Jahren keine Nachricht von ihm. Sicher ist er auch irgendwo beim Kampf umgekommen – Schweinekrieg. Die Tochter hat geheiratet, ist weggezogen in die Stadt. Es war keine schlechte Heirat. Die Hochzeit war üppig, das ganze Dorf hat mitgefeiert und der Brautpreis war immerhin so gut, dass Wang Ying jetzt ein Steinhaus besitzt, dazu drei Ziegen und einen Wasserbüffel. Den benötigt sie selbst nicht, aber sie kann ihn verleihen und bekommt von den Bauern Mais, Reis und Brennholz dafür geliefert. Kohl, Bohnen und Süßkartoffeln baut sie selbst an – es reicht zum Leben. Dass die Tochter so selten zu Besuch kommt, ist schlechtes Benehmen, aber damit müssen alle Mütter leben.

Manchmal bringt Li Hong Yang eine Nachricht von der Tochter oder ein kleines Päckchen „städtische Lebensmittel" mit, die die Alte ihm gleich als Transportpreis überlässt. Er isst ja solches neumodische Zeug, wie süße Waffeln und getrocknete Kartoffelscheiben.

Söhne sind besser als Töchter, so sie noch leben und ihre Mutter nicht ganz vergessen haben – böser Schweinekrieg.

Als sie am Fluss ankommt, schlagen schon zwei andere Frauen ihre Wäsche auf die glatten Steine. „Shi Hai, schon so früh draußen?", ruft sie einer überaus dürren Frau um die vierzig zu. „Dein Alter hat dich wohl an die Luft gesetzt, damit er heimlich seine Opiumpfeife anstecken kann?"

„Du traust auch allen zu, was du selbst gern machen würdest. Nein, mein Mann ist heute zeitig in die Berge, er will im Kohlfeld oben Unkraut ausreißen."

Lui Lan ist die andere Frau an den glatten Steinen. Sie ist die Hebamme. Sie hatte in der Nacht wieder eine Geburt. Deshalb plagt sie sich nun mit blutverschmierter Wäsche herum. Bei den armen Leuten hat sie sich angewöhnt, lieber selbst saubere Tücher mitzunehmen. Oftmals ist in den Lehmkaten nicht einmal ein halbwegs sauberes Handtuch zu bekommen. Nicht selten kommt es vor, dass das Neugeborene mit Stroh abgerieben wird. Heute Nacht war es ein strammer Junge. Die glücklichen Eltern haben sie reichlich belohnt. Nun wissen sie, dass ihr Alter gesichert ist. Der Sohn wird viel Liebe erfahren, wird vielleicht eine gute Ausbildung bekommen, und wenn er dann selbst eine Familie hat, wird er seine Eltern zu sich nehmen, wird sie versorgen, pflegen, begraben und ihnen das Opfer bringen, damit sie im Totenreich weiterhin gut leben können.

Ein Sohn ist gutes Schicksal, ist Altersversorgung und Anerkennung zugleich – so ist das von Konfuzius bestimmt und das wird sich auch in der Neuzeit nicht ändern. Oder der Krieg holt wieder einmal die Männer aus dem Dorf.

Anders mit den Mädchen. Ein Sprichwort sagt: „Bekommst du ein Mädchen, dann gieße einen Eimer Wasser aus – es kommt auf das Gleiche heraus." Lui Lan erinnert sich mit Schaudern: Erst vor wenigen Tagen ist hinten im Tal, in der ärmlichen Kate der Flussfischer, das dritte Mädchen geboren worden. Der Vater war so erbost, dass er seine Frau geschlagen hat, noch ehe die Nachgeburt kam. Nur mit Mühe konnte sie ihn von der weinenden Mutter abdrängen. Er hat dann das kleine schreiende Mädchen selbst mit der Feldhacke draußen erschlagen und vergraben.

Noch furchtbarer ist es für die Hebamme, wenn sie die Mädchen töten muss. Nach altem Ritus ist es die Aufgabe der Hebammen, unerwünschte Mädchen zu ertränken. Wenn sie in ein Haus gerufen wird und neben der Matte der Gebärenden steht schon der Wassereimer, weiß sie, was auf sie zukommt, falls es ein Mädchen ist. Doch häufig kommt das nicht mehr vor. Seit jeder im Dorf bei der Versorgung auf sich selbst gestellt ist, braucht es viele Hände beim Bestellen und Pflegen der Felder. Da müssen auch Kinder schon mit auf die Felder hinaus – egal, ob Junge oder Mädchen.

Das Wasser ist sauber, fast türkisblau. In der Mitte des Flusses beeilt sich das Wasser, in schnellen Wellen der Felsenlandschaft zu entkommen, aber am Ufer bleibt der Fluss träge und ruhig. Hier wird die Wäsche wunderbar sauber. Wenn der Schmutz gar zu hartnäckig ist, nimmt man etwas Holzasche und reibt die Flecken kräftig ein. Blutige Tücher reinigen sich mit kaltem Wasser am besten.

Inzwischen ist die Sonne über die Ostberge gestiegen und erwärmt den Uferstreifen mit den Wäscherinnen. Lui Lan wirft die Jacke ins Gras, streift sich ihr Kleid ab und steigt ins kalte Wasser. Gern überlässt sie sich dem prickelnden Element, schwimmt einige Züge gegen den Strom und lässt sich dann treiben – immer bedacht, dass sie nicht in die Mitte des Stromes gezogen wird. Sie hat in der Missions-Hebammenschule schwimmen gelernt. Besonders gern nach einer nächtlichen Geburt lässt sie sich von den kalten Fluten umspülen. Irgendwie reinigt sie das von außen und innen. Nur wenn Männer in der Nähe sind, versagt sie sich das Vergnügen. Heute ist niemand in Sichtweite, außer den beiden anderen Wäscherinnen. Im Dorf wird sie wegen des Schwimmens die Wasserhexe genannt, aber das sagt man ihr nicht ins Gesicht. Einige bewundern sie, andere halten sie für krank, sie muss ein falsches Qi haben. Aber weil sie Zutritt in jedes Haus hat und nun schon seit zwölf Jahren Kindern ins Leben hilft, wird sie von allen geachtet.

Inzwischen werden ihr die Zehen, die Finger und die Brust kalt. Sie will schon auf das Ufer zusteuern, da treibt der Fluss ein Stoffbündel an ihr vorbei. Aber das ist kein Packen Kleidung – das ist ein Mensch. Eine schwimmende Leiche mit eingeschlagenem Schädel! Blutverkrustet und entstellt. Weiter drüben, im schneller fließenden Wasser, wiegen die Wellen zwei weitere Leichen. Eine ohne Kopf, die andere grausam aufgeschlitzt, die Därme ziehen den Leichnam hinter sich her. Jetzt treibt die Hebamme neben dem kalten Wasser das eisige Entsetzen aus dem Fluss. Nichts wie raus in die Sonne!

Da ist auch das Brummen in der Ferne wieder zu hören. Irgendwo fliegt die Armee und sucht die Kommunisten. Während Lui Lan sich von der Sonne trocknen und wärmen lässt, wird ihr bewusst, dass sie hier verschont sind von Krieg und Truppenbewegungen, von Überfällen und Strafexekutionen. Weiter oben im Gebirge müssen aber die Truppen aufeinandergetroffen sein. Da scheint es Kämpfe und Tote zu geben. Die Erschlagenen und Erschossenen wirft man dann einfach in den Fluss. Die Toten scheinen keine Soldaten der Kommunisten zu sein. Sie hatten so etwas wie Uniformen an – eine vornehm aussehende blaue Jacke. Also solche

Kuomintang-Leute. Aber wer hat sie erschlagen und in den Fluss geworfen?

Ihr Dorf liegt glücklicherweise weitab, und unzugänglich ist es auch. Versteckt zwischen den Bergen, wie eine Bambussprosse im Dickicht. Lediglich den Fluss könnten sie heraufkommen, aber da müssten sie weiter unten beim Mandarin vorbei und der ist mit hundert Soldaten bewaffnet. Er soll sich sogar zwei Kanonen angeschafft haben, die auf den Fluss zielen. Der wird die Kommunisten nicht durchlassen. Mit der Kuomintang wird er eher zusammenarbeiten, wenn sie sich einmal hierher verirren sollte. Die Reichen wissen, dass sie bei den Kommunisten keine Zukunft hätten.

Dort unten im Haus des Mandarins war Lui Lan auch schon öfters. Zweimal bei seiner Frau, einmal bei der Lieblingskonkubine. Die anderen Konkubinen mussten ohne ihre Hilfe entbinden. Eine hübsche, dunkelhäutige Konkubine ist voriges Jahr bei der Geburt elendiglich gestorben, verblutet. Das Kind ist nicht durchgekommen. Lui Lan hätte ihr vielleicht helfen können – aber wenn nicht, dann hätte sie sicher die harte Strafe des Mandarins zu spüren bekommen. Schicksal – es ist alles Joss.

Auch mit den Kommunisten ist es Joss. Sie wollen an die Macht, aber die Nationalisten wollen mit allen Mitteln eine einheitliche politische Führung Chinas aufbauen. Chiang Kai-schek kämpft um die Macht, doch er hat keine gefolgstreuen Soldaten. Es sind junge Männer, die man zum Kriegsdienst gezwungen hat, arbeitslose Bauern und allerlei Kriminelle. Sie wollen nur ihren Sold, sind brutal, quälen das Volk, verwüsten die Felder und hinterlassen verbrannte Erde und geschändete Frauen. Es gibt keine Gerechtigkeit, es ist wie schon immer in China. Sie werden von grausamen Herrschern regiert und die arme Landbevölkerung muss den Reichtum der Städte erbringen. Den Bauern auf dem Land geht es schlecht, wie zu allen

Zeiten. Die Kommunisten wollen das ändern, aber sie fliehen seit vielen Monaten quer durch China. In Ruijin im Südosten hatten sie eine chinesische Sowjetrepublik gegründet, sind dann aber von Chiang Kai-schek und seiner Armee aufgespürt und umzingelt worden. Schließlich hat ihr Führer Mao Zedong mit sechsundachtzigtausend Mann den Belagerungsring durchbrochen und ist mit ihnen in die Berge geflohen. Die anderen weit über hunderttausend Anhänger wurden abgeschlachtet, erschlagen oder erschossen. Seitdem jagt Chiang die Flüchtenden, aber es gelingt ihm nicht, sie zu stellen. Die Führung der Kommunisten wählt auf ihrer Flucht das bergige Gelände und das macht eine Verfolgung schwierig. Außerdem teilt sich die Gruppe der Kommunisten immer wieder, vereint sich erneut und schlägt mitunter auch zurück, wenn die Verfolger in eine Falle geraten sind. Diese direkten Kämpfe sind für sie nötig, weil die Kommunisten dadurch an Waffen und Munition kommen. Gefangene werden nicht gemacht, entweder die Soldaten kämpfen jetzt für die Kommunisten oder sie werden erschossen. Umgedreht wird genauso verfahren. Tausende sollen bereits auf beiden Seiten umgekommen sein, aber – so heißt es – die Roten Kämpfer füllen die Reihen der Kommunisten zusätzlich immer wieder mit jungen Männern und auch Frauen aus der Landbevölkerung auf. Doch es wird viel erzählt, Genaueres kriegen sie hier im Dorf nicht mit. Krieg ist immer schlechtes Joss. Noch einmal schaut Lui Lan ängstlich auf den Fluss hinaus, aber sie entdeckt keine weiteren Leichen. Die nächsten Tage wird sie hier nicht mehr schwimmen gehen.

Der Lange Marsch erreicht das Dorf

Dazu kommt sie auch nicht, denn das Leben im Dorf verändert sich schlagartig. Das Dröhnen und Brummen der Flugzeuge hört auf, aber es liegt eine unheimliche Spannung über dem Land. Mönche aus dem Kloster „Zum glückseligen Buddha" in den Mittagsbergen kamen völlig verängstigt und aufgeregt ins Dorf und berichteten, dass die Kommunisten auf dem Weg zum Dorf sind. Ihr Kloster haben sie geplündert und einige Mönche dabei erschossen. Den sonst so ausgeglichenen und beruhigenden Männern in ihren gelben Tüchern steht der Schrecken ins Gesicht geschrieben. Sie wollen so schnell wie möglich zum Mandarin und bei ihm Schutz suchen.

Dann stehen plötzlich drei bewaffnete Männer auf dem Dorfplatz. Keiner hat sie vorher gesehen oder gar gemerkt, wie sie ins Dorf gekommen sind. Sie haben den Mann von Shi Hei dabei, den sie gezwungen haben, ihnen den Weg zum Dorf zu zeigen. Sie sprechen ein fremdes Chinesisch, aber man kann sie verstehen. Alle Leute sollen zusammenkommen. Man will ihnen etwas Wichtiges mitteilen.

Es dauert nicht lange und fast alle Bewohner stehen erwartungsvoll, neugierig und doch vorsichtig abwartend um die drei Soldaten herum. Sie sehen ordentlich aus, die Kleidung könnte auch eine Uniform sein, aber die Kuomintang hat andere Uniformen. Auffällig ist die rote Armbinde. Ein breiter Gürtel hält die Jacke zusammen, die Hose hat schon bessere Tage gesehen und die Schuhe sind in einem erbärmlichen Zustand.

„Wir sind die Volksbefreiungsarmee Chinas, wir bringen den Bauern die Befreiung vom Joch der Bourgeoisie. Wir sind die heldenhaften Sieger des neuen Chinas. Niemand braucht vor uns Angst zu haben, der das neue China mit aufbauen will. Den verbrecherischen Kuomintang und den Anhängern der feudalen Gesellschaft haben wir den Kampf angesagt und wir sind dabei, ihn zu gewinnen. Wer mit den Feinden des neuen Chinas paktiert, ist ein Feind des neuen Chinas und der ist auch unser Feind. Er wird keine Zukunft haben. Wir sind die Zukunft des Landes, wir sind das neue, befreite China. Es lebe die kommunistische Revolution!"

Also das sind die Kommunisten – vorsichtig wagt sich ein Junge an die drei und versucht, das Gewehr des Redners zu berühren. Mit einem Lächeln bückt sich der Mann und lässt ihn sogar das Gewehr einmal halten. Der Junge hat Mühe, das russische Sturmgewehr auch nur einen Moment zu heben. Mit einem kleinen Aufschrei springt seine Mutter dazu, fängt das Gewehr auf und gibt es mit einem Gesichtsausdruck des Bedauerns dem Soldaten zurück.

Schließlich fragt der alte Hao: „Was wollt ihr hier? Wir sind keine Anhänger von Chiang Kai-schek, wir sind arme Bauern. Wir haben früher dem Kaiser immer unsere Steuern bezahlt und der Mandarin bekommt auch heute noch seinen Anteil."

„Ihr werdet dem Mandarin keine Abgaben mehr bezahlen. Der Mandarin ist Bourgeoisie. In Zukunft werdet ihr alles selbst essen, was ihr erarbeitet. Die Ideale des Kommunismus sind, dass alle genug und alle gleich viel haben. Mandarin, Kaiser und Chiang Kai-schek, das war gestern. Bald beginnt das neue China. Alle werden arbeiten und jeder wird von seiner Arbeit satt werden."

Weiter sagt er im befehlenden Ton: „Was wir brauchen, ist Folgendes:

1. Wir kommen morgen in euer Dorf. Alle Offiziere werden in euern Häusern untergebracht. Du" – und er zeigt auf Hao – „wirst die Verteilung übernehmen.

2. Das Politkomitee mit Mao Zedong und seinem Stab von fünfundzwanzig Führern wird beim Mandarin einquartiert.

3. Wir kaufen von euch alle Lebensmittel, die ihr vorrätig habt.

4. Wir wollen alle jungen Männer zwischen sechzehn und dreißig Jahren für ein Jahr in unserer Armee haben. Den Sold bekommen die Familien im Voraus bezahlt. In fünf Tagen treten die Männer hier an. Du da" – und diesmal zeigt er fast drohend auf Hao – „wie viel Männer im Alter von sechzehn bis dreißig habt ihr im Dorf?"

Hao zögert und traut sich keine Zahl zu nennen. Er weiß, dass dies das Todesurteil für die Zukunft des Dorfes ist, wenn die arbeitsfähigen jungen Männer abgezogen werden. Seine Knie zittern, der kalte Schweiß tritt ihm auf die Stirn.

„Na, was ist los? Kennst du dein Dorf nicht?", droht ihm der Anführer. Mit dem Gewehrlauf zeigt er auf drei Männer, die in der Gruppe stehen: „Kommt her, ihr seid doch gesunde Kämpfer." Die ersten beiden kommen zögernd in die Mitte. „Und du da? Her mit dir!" Yin ruft, ohne sich zu rühren: „Ich bin schon fünfunddreißig Jahre, ich bin zu alt für eure Armee." Doch Widerspruch scheint der Anführer nicht gewöhnt zu sein. Er brüllt über den Platz: „Her mit dir, du räudige Katze, willst du das neue China verhindern?" Er entsichert sein Gewehr, um seine Worte noch drohender wirken zu lassen.

Yin kommt zögernd durch die Gasse, die ihm die Zuschauenden freiwillig bahnen. „Mach's Maul auf", brüllt ihn der Soldat an. Mit fachmännischem Blick schaut er ihm auf das Gebiss und sagt gehässig: „Du bist noch nicht einmal dreißig Jahre. In fünf Tagen stehst du hier und gehst mit uns."

„Aber meine Frau bekommt bald ein Kind. Ich kann da nicht einfach weg sein."

„Du warst doch hoffentlich dabei, als das Kind entstanden

ist", der Anführer lacht lüstern, „das reicht. Bei der Geburt kannst du sowieso nichts machen. Du bist in fünf Tagen hier. Das neue China braucht dich." Wieder zu Hao gerichtet: „Wie viel habt ihr noch an gesunden Leuten, die China das Beste geben wollen? Oder habt ihr nur solche krummen Bambusstangen?"

Jetzt findet Hao doch, dass das Gesicht des Dorfes in Gefahr ist, und er versucht einzulenken: „Wir sind ein gutes Dorf mit ehrlichen Männern. Lange gab es keine Seuche hier. Wir haben immer alle Abgaben bezahlt. Wir helfen uns gegenseitig, aber wenn uns die kräftigen Männer fehlen ..."

„Wie viel in fünf Tagen?", brüllt der Anführer. Hao will noch einmal überschlagen, um möglichst viele herauszuhalten. Da klingt es eiskalt über den Platz: „Zwanzig Männer – egal wie alt."

Die meisten haben sich in der Zwischenzeit heimlich verdrückt. Die Kinder hängen sich an die Kleider der Mütter. Auch die drei Kommunisten merken, dass die gute Stimmung, die sie am Anfang aufgebaut haben, verflogen ist. Deshalb holt einer aus einem Beutel Süßigkeiten für die Kinder. Bunte Zuckersteine, von denen die Erwachsenen lange keine mehr gegessen haben. Die Kinder kennen sie nicht. Bereitwillig langen die Kleinen zu, obwohl den Müttern nicht wohl dabei ist.

Im Laufe des nächsten Tages kommt die Armee der Kommunisten den Berg herunter. Normalerweise ist das nur ein schmaler Pfad, aber es ist der einzige Weg aus dem Gebirge zum Fluss und zum Dorf. Bis zum Bergsattel ist er bequem zu gehen, aber dann führt er in steilen Kurven und Abschüssen den Hang herunter. Hunderte klettern wie die Ameisen den Bergpfad nach unten. Einige Männer graben und hacken den Weg breiter, denn weiter oben sind jetzt auch Wagen und Kanonen zu sehen.

Das ist doch unmöglich, solches Gerät den Berg herunterzubringen. Aber mit viel Geschick, mit Seilen und Winden bewegt sich der Materialzug nach unten. Eine komplette Schmiede, Munitionsdrehbänke, Druckmaschinen und eine Herde Schweine wälzen sich da den Berg herab. Und da passiert es: In einer der engen Wegkehren – noch ziemlich weit oben – können die Männer eine der schweren Kanonen nicht mehr halten. Sie verkantet sich am Felsen, bekommt Übergewicht und stürzt den Hang hinunter. Die Soldaten, die versuchen, sie an Seilen zu halten, werden mit in die Tiefe gerissen. Weiter unten schlägt die Kanone in eine Gruppe von Männern, die sich um eine Drehmaschine mühen. Sie werden erschlagen, zerquetscht, mitgerissen.

Eine Schneise von geknicktem Gebüsch, abgeschlagenem Fels, Stahltrümmern und zerrissenen Menschenleibern hat sich in den Fels geschlagen. Aber wie unzählige Ameisen rücken andere nach. Schließlich ist das ganze Dorf von den fremden Männern überfüllt. Hao hat längst aufgehört, die Männer mit den roten Armbinden in die Häuser zu verteilen. Es ist ein riesiges Durcheinander. Viele der Soldaten in zerrissenen Jacken und Hosen legen sich irgendwohin und schlafen ein: unter Dachvorsprüngen und Bäumen, auf flachen Dächern. Oder sie lassen sich einfach ins Maisfeld fallen.

Bei Lui Lan sind fünf Männer einquartiert. Sie sind höflich und kaufen Reis und Öl, Gemüse und sogar Gewürze von ihr. Das Geld sind echte Münzen mit dem Viereck in der Mitte. Sie scheinen reichlich davon zu haben. Aber Lui entdeckt auch, dass dazwischen Opfergeld ist. Anscheinend haben die Soldaten oben in den Bergen den Tempel vom Kloster des glückseligen Buddhas geplündert. Das Essen bereiten sie sich selbst auf Lui Lans Feuerstelle. Der Wok wird nicht kalt. Scheinbar haben sie lange nicht richtig gegessen. Wenn sie den Weg über das

Gebirge genommen haben, waren sie sicher mehrere Wochen unterwegs ohne feste Unterkunft, ohne Dach über dem Kopf oder ein trockenes Nachtlager.

Am Abend verlässt sie lieber ihr Haus und geht zu den drei Witwen am Rande des Dorfes. Unterwegs begegnet Lan unzähligen fremden Männern. Manchmal muss sie mitten durch eine schwatzende Gruppe von dunklen Gestalten, manchmal bleibt ihr nur die Möglichkeit, über liegende Männer zu steigen. Aber sie wird nicht angehalten, man wirft ihr zwar sehnsüchtige Blicke nach, aber keine zotigen oder beleidigenden Bemerkungen. Überhaupt hört man keine Frauen schreien, was sonst der Fall ist, wenn Soldaten oder Rebellen in die Dörfer einfallen. Aber auch bei den drei Witwen ist jeder Raum belegt. Gemeinsam mit den verschüchterten älteren Frauen macht sie es sich im Maisbunker bequem. Da sind nicht mehr viele der gelben Kolben geblieben, auch hier haben die Soldaten eingekauft und säckeweise die wichtige Nahrung für den weiteren Weg beiseitegestellt.

Die nächsten Tage ist das Dorf erfüllt von Handel und Feilschen. Alles, was an Kleidung noch tragbar ist, wird gekauft. Vor allem Schuhe und Stiefel sind sehr begehrt. Viele der Dorfbewohner laufen schon barfuß, zu so guten Preisen haben sie noch nie Schuhe gehandelt. Die Soldaten bezahlen mit Geld, mit Schmuck und sogar mit richtigen Silberbarren, die man sonst nur in den Häusern der Mandarine und Kaufleute in den Städten gesehen hat. Aber auch alles Vieh wechselt den Besitzer.

Bei Tageslicht entdeckt man auch Frauen unter den Soldaten. Sie haben die gleichen zerschlissenen Uniformen an, die Haare sind kurz, aber die unterdrückten Rundungen lassen keinen Zweifel. Frauen unter den Soldaten – das hat man ja noch nie gesehen. Was sind das nur für Frauen? Soldatinnen? Für die

Versorgung zuständig? Manche laufen mit Waffen herum, andere sehen müde und abgezehrt aus. Auch eine Schwangere ist unübersehbar.

Am nächsten Mittag ist wieder Versammlung auf dem Dorfplatz – Appell, wie sie es nennen. Diesmal ist es eine Frau mit roter Armbinde, die von den Vorzügen des Kommunismus spricht. „Frauen tragen die Hälfte des Himmels. Sie sind bei uns keine unterdrückten und benachteiligten Menschen mehr. Sie sind genauso wichtig und genauso stark wie Männer. Erst die kommunistische Idee von Lenin, dem großen Sowjetführer, hat die Frauen aus ihrem jahrtausendealten Zwang befreit. Auch Frauen werden das neue China mit aufbauen und jede Frau im Ort wird dazu gebraucht." Bei einigen Zuhörerinnen sieht man ein leichtes Leuchten in den Augen, andere schütteln den Kopf. Die Männer wenden sich mit unverständlichem Murmeln ab, aber keiner wagt offen zu widersprechen. Zu viele Soldaten stehen herum, die der Frau aufmerksam zuhören und ihr manchmal applaudieren. Lange redet sie von Klassenkampf und imperialistischen Umtrieben, von Dingen, die den Dorfbewohnern neu und unverständlich sind.

Die Jüngeren finden die jetzt täglich einberufene Versammlung interessant. Man erfährt neue Dinge, und wenn das alles so stimmt, was die Kommunisten versprechen, dann wird für China tatsächlich eine neue Zeit anbrechen. Gut, dass sie heute schon davon hören. Die Älteren sind da nicht so schnell zu begeistern und einige wollen wieder zurück zu ihren Hütten gehen, um nach dem Rechten zu sehen. Aber die Soldaten hindern sie daran, schließen einen festen Ring um die etwa hundertsechzig versammelten Menschen. Alle müssen die Rede bis zu Ende anhören.

Am Schluss sollen alle Kinder zu ihr kommen. Sie dürfen

„Tante Jiang" zu ihr sagen. Andere Soldatinnen kommen dazu und sie beginnen mit den Kindern zu singen. Dann sollen sie einzeln zu einem Tisch kommen, an dem eine Frau mit einem weißen Kittel sitzt. Sie werden oberflächlich untersucht und für einige gibt es sogar Medikamente. Die Eltern des kleinen Jiao werden gerufen und die Krankenschwester redet beschwörend auf sie ein. Sie hat bei Jiao einen Ausschlag entdeckt, der sehr gefährlich zu sein scheint. Sie bekommen Salbe und Jiao darf nicht mehr aus dem Haus und vorläufig keinen Kontakt mit anderen Kindern haben. Es wäre sonst sehr schlimm für das ganze Dorf und für das neue China. Verängstigt nehmen die Eltern ihren Sohn und verlassen unter feindlichen Blicken den Dorfplatz.

Die zahnlose Wang Ying muss auch den Wasserbüffel und ihre Ziege verkaufen. Sie wehrt sich zwar dagegen, aber der Soldat mit der roten Armbinde lässt keinen Zweifel daran, dass die Ziege im Wok enden muss. Der Wasserbüffel wird für den Transport benötigt. Die silberne Kette, die Wang Ying dafür bekommt, landet in einem alten Tontopf. Wovon soll Wang jetzt leben? Für wen soll sie sorgen? Wer wärmt sie jetzt im Winter? Eine silberne Kette etwa? Ying Wang ist voller Zorn, aber sie traut sich nicht, das offen zu zeigen. Der Mann hat so kalte Augen.

Einige der Soldaten sind abgeordnet, die Toten am Felshang zu bergen und zu vergraben. Eine grausige Arbeit. Wenn Uniformteile noch gut erhalten sind, werden sie den Leichen ausgezogen, ebenso Schuhe. Einige Leichen hängen unerreichbar an Felsvorsprüngen und in abgebrochenen Hölzern. Die müssen sie einfach hängen lassen. Die Vögel haben sich schon kreischend an die Beseitigung gemacht.

Chenxi – Hoffnung wie das erste Sonnenlicht am Morgen

In der folgenden Nacht wird Lui Lan in ein Haus gerufen. Man hat sie lange gesucht, aber schließlich sind es die eindringlichen Rufe des Dorfältesten Hao, der sie aufschreckt. Hao führt sie zum Haus der Familie Li, in dem natürlich auch Soldaten einquartiert sind. Im Schein der zwei Öllampen sieht sie eine von den Soldatinnen, die in den Wehen liegt. Ein Blick und eine tastende Handbewegung machen Lan sicher: Das Kind liegt quer. Die Geburt wird schwierig werden.

Schon seit acht Stunden seien die Wehen da, aber das Kind wolle nicht kommen. „Bring das Kind heraus und sorge dafür, dass Genossin Chiao nichts geschieht. Sie ist ein wichtiger Kader für das neue China und eine bewährte Frontkämpferin. China braucht sie, du brauchst sie, wenn in China die große Zeit des Kommunismus anbrechen wird." Der korrekt gekleidete Offizier ist in sichtbarer Sorge um die Frau.

Lui Lan weiß, dass jetzt eine große Verantwortung auf ihr lastet. Wenn der Genossin etwas geschieht, wird es ihr schlecht ergehen. Doch sie weiß, dass die Geburt so gut wie aussichtslos ist. Eigentlich müsste der Frau der Bauch aufgeschnitten werden. Kaiserschnitt nannten die Missionare das. In der Missionsstation war sie öfters einmal dabei, aber da braucht es Ärzte und Geräte. Hier in der Umgebung kann das unmöglich geschehen.

Die Frau windet sich in Schmerzen, ihre Stimme ist schon trocken und wimmernd. Lui Lan ordnet an, dass der Frau ein warmer Tee gebracht wird, dazu warme Tücher. Dann schickt sie alle Männer aus dem Raum, nur der Anführer bleibt unbeweglich stehen. Vielleicht ist er ihr Mann oder der Vater des

Kindes. Lui Lan macht das nervös, aber sie traut sich nicht, ihn an die frische Luft zu setzen. Wieder schreit die Frau auf, als eine stechende Wehe ihren Körper zusammenzieht – doch keine Bewegung des Kindes. Als die Hebamme einen Blick auf die Vagina riskiert, sieht sie bereits Blut. Eigentlich müsste sie den Muttermund ertasten können, aber der Mann irritiert sie so, dass sie sich das in seinem Beisein nicht traut.

Endlich bringt ein Soldat ein paar schmutzige, aber warme Lappen. Sorgsam legt Lui sie auf den prallen Bauch und beginnt ihn mit kräftigen Händen zu massieren. Sie spürt genau die Schultern und den Po des Kindes und weiß, in welche Richtung sie schieben muss. Der Schwangeren bereitet das zusätzliche Schmerzen, aber einen anderen Weg sieht Lui Lan nicht.

Als die Frau wieder einmal in ihren Schmerzen heiser aufschreit, rüttelt der Anführer Liu Lan an den Schultern und droht ihr, dass der Frau nichts geschehen darf. Der Soldatin fließt der Schweiß übers Gesicht, dass es glänzend und geisterhaft aussieht, aber auch Lui Lan ist nass geschwitzt vor Anstrengung und vor Angst. Wäre sie jetzt in der Missionsstation, dann könnte der Frau geholfen werden. Aber der Weg ist viel zu weit. Tagelang wären sie unterwegs und sie weiß ja nicht einmal, welche Wege sie gehen müsste.

Während sie wieder und wieder versucht, das Kind durch die Bauchdecke hindurch zu bewegen, zu schieben und zu drehen, erinnert sie sich an eine schwierige Geburt damals in Bethel. Keiner wusste mehr einen Ausweg und da stellten sich die Schwestern und Ärzte einfach um das Geburtsbett und beteten. Sie weiß nicht mehr wie, aber damals wurden Mutter und Kind gerettet. Sie kann sich noch an die Freude bei allen in der Missionsstation erinnern. Damals war ihr das etwas übertrieben erschienen, war es doch nur ein Mädchen, das gesund zur Welt gekommen war.

Beten? Sie hat eigentlich kaum wieder gebetet seit den wunderbaren Tagen damals vor zwölf Jahren auf der Missionsstation Bethel. Dort gab es täglich die christlichen Andachten, aber sie selbst wollte nie Christin werden. Viel zu viele Schwierigkeiten hätte das gebracht, mit der Familie, mit den Nachbarn im Heimatdorf und überhaupt. Christentum passt nicht nach China. „Jeder Christ ist ein Chinese weniger", sagt man bis heute. Ihr Vater hatte schon damals immer von den ausländischen Teufeln gesprochen, aber die Ausbildung fand er eine gute Sache. Man müsse von den Christen das lernen, was China gut tut.

Wieder schreit die Frau mit ihrer beängstigenden Stimme auf, dann stockt ihr der Atem und sie fällt in sich zusammen. Die Schmerzen haben sie ohnmächtig gemacht. Schon packt der Anführer Lui Lan von hinten und schreit: „Ist sie tot, du Hurenweib, ist sie tot?"

Jetzt schreit auch Lui Lan: „Sie ist ohnmächtig, verstehst du, ohnmächtig. Hol kaltes Wasser und dann raus hier." Ein Schwapp Wasser bringt die Frau in die grausame Wirklichkeit zurück. Sie jammert leise und scheint wirklich am Ende ihrer Kräfte zu sein. „Ich will sterben, lasst mich sterben, sterben." Lui Lan kommen jetzt auch die Tränen – so ohnmächtig, so hilflos, obwohl sie die Einzige ist, die helfen könnte – und sie kann nicht. Beten? Ob das wie damals hilft? Wenn dieser Gott der Christen wirklich existiert, dann kann nur er noch helfen. Lui Lan wundert sich selbst über sich. Sie legt ihre gefalteten Hände auf den zum Platzen gespannten Bauch und betet halblaut: „Du Gott der Christen, du Christus der Christen, hilf der Frau, hilf dem Kind, hilf mir. Amen." Aber die Schwangere windet sich wieder unter einer heftigen Wehe. Wenn sie mir jetzt stirbt, denkt Lui Lan, dann gibt es keine Zeugen, dann werde ich verantwortlich gemacht. Wieder beschleicht sie die Angst um ihr eigenes Leben.

Sie holt den Anführer wieder herein, er soll mit dem kalten Wasser die Stirn der Gebärenden kühlen. So steht er auch besser und stiert nicht so hypnotisiert auf den Unterleib der Frau. Langsam verlassen auch Lui Lan die Kräfte. Das Drücken und Schieben des Kindes ist Schwerstarbeit. Jetzt traut sie sich, auch den Gebärmuttermund zu untersuchen. Sie kann deutlich ertasten, dass der Muttermund geöffnet ist. Das Tageslicht ist inzwischen zurück und die Geburt ist längst überfällig. Aber das Kind liegt immer noch quer, obwohl es sich schon ein wenig bewegt hat.

Kraftlos stöhnt die Frau mit flehenden Augen zu dem Mann über ihr: „Es will nicht kommen, wir werden beide sterben." Tiefe Traurigkeit überzieht das wohl vormals hübsche Gesicht mit den exakt geformten Mandelaugen. Während Lui Lan noch einmal versucht, sanft und bestimmt, das Kind von außen zu drehen, hört sie den Mann im gebieterischen Ton sagen: „Töte das Kind. Schneide es entzwei und hol es in Stücken heraus. Die Frau muss leben, sie darf nicht sterben. Hörst du, die Genossin muss gerettet werden!"

Lui Lan erstarrt das Blut in den Adern. Sie weiß ganz genau, dass das nicht geht und auch der sichere Tod der Frau wäre. Selbst wenn es gelänge, das Kind in Teilen aus dem Bauch zu holen, die Mutter würde verbluten. Sie wagt etwas, was sie bisher noch nie gemacht hat. Sie verlangt heißes Wasser, spritzt etwas Desinfektionsmittel hinein und wäscht sich die Hände, die durch die schmutzigen Tücher und den Dreck im Raum das Waschwasser ziemlich eintrüben. Dann greift sie in den Geburtskanal bis in die Gebärmutter und versucht das Kind zu drehen. Stück für Stück gelingt ihr das. Bei der nächsten Wehe schiebt sie noch einmal von oben und hilft dem Kind, mehr Druck auf den vollständig geöffneten Muttermund zu geben. Das Köpfchen kommt, rutscht aber wieder zurück. Nun braucht es noch eine kräftige Presswehe und Mutter und Kind hätten es geschafft. Das Kind liegt richtig, aber die Mutter ist wieder in Ohnmacht gefallen. Sie hat keinerlei Kraft mehr. Als sie der Mann mit frischem Wasser wieder in die Grausamkeit der Hütte zurückgeholt hat, beugt sich Lui Lan über ihr Gesicht. „Das Kind will kommen, es liegt gut. Komm, wir pressen jetzt mit letzter Kraft."

Es ist längst Mittag geworden. Neugierige stehen vor der Tür, einige versuchen durch das trübe Fensterglas etwas vom Geschehen in der Hütte zu erhaschen. Inzwischen ist die Fruchtblase geplatzt. Lui Lan ist verschmiert, aber sie weiß, jetzt ist es höchste Zeit, sonst war alle Mühe umsonst. Noch einmal versucht die Mutter mit letzter Kraft zu pressen und da kommt das Kind. Es gleitet schnell und wie von allein in die Hände der Hebamme.

Das Abnabeln ist schnell gemacht, das geht Lui Lan wie von selbst von der Hand. Freudig hebt sie das Kind der Mutter entgegen, es ist ein Mädchen. Ein schwaches Lächeln blinkt über das Gesicht der Mutter. Da hört sie den Anführer: „Ertränk das Bündel und kümmere dich um die Genossin. In zwei Tagen müssen wir weiter und da muss sie wieder eine weite Strecke laufen können." Daraufhin verlässt er den Raum und Lui Lan hört ihn draußen zu anderen Soldaten sagen: „Nur ein Mädchen. Die Revolution braucht Männer! Chiao hat es überstanden. Bringt ihr eine kräftige Hühnersuppe, sie muss wieder zu Kräften kommen."

Lui Lan ist unfähig etwas zu sagen. Das Kind liegt in einem grauen Tuch eingewickelt auf der Bank neben der Mutter. Verstohlen schaut diese es von der Seite an und flüstert wie durch einen seidenen Vorhang: „Mein Kind, meine Lotosblüte, sie darf nicht blühen." Lui Lan versucht ihr die Hand zu halten. Was soll sie jetzt nur sagen? Dann sagt die Mutter, als wolle sie alles entschuldigen: „Weißt du, wir dürfen während der Flucht keine Kinder haben. Sie würden uns nur behindern auf dem Weg in das neue China. Später, hat Führer Mao gesagt, dürfen wir alle viele Kinder für die Revolution und für das neue China haben, aber jetzt nicht." Und nach einer langen Pause: „Bitte, wenn du es ertränkst, mach es im warmen Wasser, mein Kind soll nicht leiden."

Da sagt Lui Lan die Worte, die sie nicht abschätzen kann, die ihr aber das Herz eingibt: „Dich hat der Gott der Christen gerettet. Er hat dein Kind gesund zur Welt gebracht. Das Kind wird nicht sterben. Dein Kind wird leben, es wird mein Kind sein."

„Nenne es Chenxi", sagt die Mutter und dann weint sie ihren ganzen inneren Schmerz heraus.

Geiselnahme

Im Hause des Mandarin geht es nicht so friedlich zu wie im Dorf. Mit Gewehrschüssen stürmen die Soldaten auf die größere Ansammlung von Steinhäusern zu. Die Soldaten des hohen Staatsbeamten erwidern das Feuer nicht, sondern lassen die Kommunisten kampflos in den Palast. Während ein Offizier der kommunistischen Armee mit angeschlagenem Gewehr dem Mandarin die kommunistische Grundidee vermittelt: „Wir haben die Macht, die Macht gehört dem Volk, das neue China wird ohne Ausbeuter und Schmarotzer wie dich aufgebaut", beginnen die Soldaten das Haus gründlich zu plündern. Porzellan und Kunstgegenstände, die sie nicht gebrauchen können, werden zerschlagen. Lebensmittel, Schmuck, Maschinen und Geld werden abtransportiert. Geld und Schmuck stellen allerdings nur eine unerwartet kleine Beute dar. Unwürdig für einen Mandarin. Da muss noch mehr vorhanden sein.

Da ein Mandarin seine Schätze immer einem Eunuchen anvertraut (in seinem Bereich herrscht jeder wie ein kleiner Kaiser), geht es den beiden Haupteunuchen schlecht. Zuerst wird ihnen die Kleidung heruntergerissen und die Soldaten weiden sich an dem merkwürdigen Anblick von Männern ohne Geschlechtsorgane. Doch dieser Demütigung nicht genug, sie müssen sich rohe und entwürdigende Zoten gefallen lassen. Dann werden sie aufgefordert, die Schätze des Mandarin aus den Verstecken zu holen. Doch sie beteuern, dass es da keine weiteren Schätze gibt.

Die Folter ist grausam. Nach altem chinesischen Brauch des „Zerschneidens in zehntausend Teile" wird ihnen Stück für Stück vom Körper abgeschnitten. Je kleiner die Stücke sind, umso wirkungsvoller. Sie schreien vor entsetzlichen Schmerzen, aber keiner weiß etwas zu sagen. Vielleicht gibt es keine Verstecke oder die Angst vor der Rache des Mandarin ist so groß, dass sie lieber die Schmerzen erdulden.

Als sie bereits halb tot mit verstümmelten Gliedmaßen und Gesicht im Hof liegen, lassen die Soldaten von ihnen ab. Beide sterben qualvoll in der Nacht. Mit Mandarinen und Angehörigen der Kuomintang-Regierung geht man halt erbarmungslos um. Sie haben ja die missliche Situation in China zu verantworten. Sie waren es, die sich ein gutes Leben gemacht haben, indem sie die Bauern ausbeuteten. Alles, was sie besitzen, ist Eigentum des Volkes. Keine Gnade für die Schmarotzer und Speichellecker der Obrigkeit!

Obwohl die Kommunisten viele Zentner an Lebensmitteln, eine prächtige Herde von Schafen und Ziegen, zehn Büffel und fünf Pferde, die beiden Kanonen und einige Gewehre wegschleppen, sind sie unzufrieden. So nehmen sie den Mandarin als Geisel mit und fordern von der Familie zweihunderttausend Yuan Lösegeld oder zweihundert Gewehre. Die werden das schon irgendwo auftreiben, wenn ihnen der Mandarin etwas wert ist. War er ein guter Herrscher, hat er Chancen. War er ein grausamer Herrscher, dann kümmert sich niemand um ihn. Dann freut man sich an seinem schlechten *Joss*, er hat es ja verdient. Wenn die Lösegeldfrist abgelaufen ist und nicht gezahlt wurde, wird er erschossen. Das ist so und das soll sich herumsprechen, damit weitere Aktionen mehr Erfolg bringen.

Nach fünf Tagen rüsten die Kommunisten tatsächlich zum weiteren Marsch. Es stehen viele Ballen an Gütern und Säcke mit Lebensmitteln auf dem Dorfplatz. Vom Hof des Mandarins sind Berge an Lebensmitteln, Stoffballen und Werkzeugen dazugekommen. Eine stattliche Herde ist zusammengetrieben, aber die Dorfbewohner sind nicht unglücklich, sie haben gute Geschäfte gemacht. Der Mandarin hockt als gebrochener Mann auf einem Sack mit Süßkartoffeln und betrachtet mit glanzlosen Augen die Verladung seiner Güter auf seine Pferde und Büffel. Er durfte einen Diener mitnehmen, weil er selbst bei so einem Leben auf Wanderschaft total hilflos wäre. Nun kann er nur noch hoffen, dass seine Familie und seine Bediensteten die nötige Lösesumme bei Freunden auftreiben.

Als die Sonne hoch am Himmel steht, wird zum letzten Appell gerufen. Erleichterung ist in einigen Gesichtern zu sehen, nur der alte Hao hat die Forderung nicht vergessen. Drei Freiwillige hat er gefunden, die mit den Soldaten gehen wollen: der faule Sun, der übermütige Yiao und Asam, dem die Frau schon lange das Leben zur Hölle macht – für ihn ist es eher eine Chance zur Flucht. Natürlich hat Asam seinem keifenden Weib nichts von seiner freiwilligen Meldung erzählt.

Dann sind die Soldaten plötzlich unruhig, sie sind übereifrig in dem, was sie tun, und warten voller Spannung auf einen Mann: Mao Zedong. Er hat die fünf Tage über Landkarten gebrütet, sich immer wieder mit Einzelnen beraten, hat viel nachgedacht, Tai-Chi-Übungen gemacht und es sich im luxuriösen Haus des Mandarin gut gehen lassen. Nun steht er auf einer Kiste, die man mit einem roten Tuch überdeckt hat. Selbstbewusst und drahtig ist seine Körperhaltung, die Stimme etwas zu hoch für so eine Persönlichkeit. „Ihr revolutionären Bewohner! Ich möchte mich für die Gastfreundschaft bei euch bedanken. Ihr seid wahre Revolutionäre, ihr habt einen Handschlag Lehm zum Reisberg dazugetan. Nun läuft hier kein Wasser mehr ab, hier wird das neue China wachsen. Ich möchte euerm Dorf den Ehrennamen ‚Revolutionäres Tor zum neuen China am weißen Muschelfluss' verleihen." Im gleichen Moment halten zwei Soldaten ein langes Brett mit dem neuen Ehrennamen hoch. Die Schriftzeichen sind sehr gekonnt geschrieben, ein kalligrafischer Meister muss den Pinsel geführt haben.

Dann fährt Mao fort: „Ich selbst habe euch das Schild geschrieben. Macht diesem neuen Namen Ehre, bleibt auf dem revolutionären Weg bis zum Ziel. Ich sage euch: Die Revolution ist kein Gastmahl, kein Aufsatzschreiben, kein Bildermalen oder Deckchensticken; sie kann nicht so fein, so gemächlich und zartfühlend, so maßvoll, höflich, zurückhaltend und großherzig durchgeführt werden. Die Revolution ist ein Aufstand, ein Gewaltakt, durch den eine Klasse eine andere Klasse stürzt. Und wir werden die Klasse der Bourgeoisie stürzen. Da kann es nicht zimperlich zugehen, da braucht es echte Männer mit einer Tatkraft, die einst die ganze Welt verändern wird. – Und nun treten die jungen Männer vor, die mit uns für den Sieg des neuen China kämpfen wollen."

Sun und Yiao treten aus den Umstehenden heraus und gehen auf Mao zu, der ihnen die Hand reicht. Asam verdrückt sich erst noch etwas nach links, weg von seiner Frau, ehe er aus der Menge heraustritt. Allen im Dorf ist die Absicht klar und sie können ein hämisches Kichern nicht unterdrücken. Nur, da hatten sie nicht mit Asams Frau gerechnet. Wie eine Furie stürzt sie in die Mitte, ohrfeigt ihren Mann zweimal und schreit: „Du schleimige Kröte, willst dich davonstehlen! Mich und die Kinder im Elend sitzen lassen. Das könnte dir so passen, dir mit den Soldaten ein fröhliches Leben machen und ich schufte weiter auf unserm steinigen Acker. Dich auf fremde Weiber stürzen, fressen und saufen, was ehrliche Menschen erarbeitet haben." Wieder will sie auf Asam losstürzen, aber da packen sie zwei Soldaten und verdrehen ihr die Arme nach hinten, dass sie in den Dreck des Dorfplatzes stürzt. Mao brüllt sie an: „Wenn du die Volksbefreiungsarmee weiter beleidigst, werde ich dich eigenhändig erschießen." Und zu Asam gewandt: „Du willst Soldat werden? Denkst du, das ist ein Ausflug, den wir unternehmen? Wie willst du gegen bewaffnete Soldaten kämpfen, wenn du nicht einmal deine eigene Frau bändigen kannst?"

Jetzt weiß Asam, dass er sein Gesicht nicht verlieren darf. Mit brutaler Wucht springt er seiner Frau entgegen, die sich gerade mühsam aus dem Dreck erhebt und den Oberarm reibt. Mit Fäusten und Tritten geht er gegen seine Frau los, die mit schreienden Flüchen versucht, sich gegen die Gewalt zu wehren. Schließlich stürzt sie wieder nieder und Asam springt ihr auf den Bauch, dass ihr die Luft wegbleibt. Diesmal reißen die Soldaten ihn zurück und der Pulk der Dorfbewohner schließt sich vor der jammernden Frau am Boden. Wie ein Sieger stellt sich Asam zu den Freiwilligen, die inzwischen auf sechs Männer angewachsen sind.

„Wo sind die anderen? Zwanzig Freiwillige will ich sehen!" Erst jetzt bemerken die Dorfbewohner vom „Revolutionären Tor am weißen Muschelfluss", dass sie von einem Ring von

Soldaten umzingelt sind. Keiner kann weg. „Vortreten, wer das neue China will. Wer jetzt nicht vortritt, ist ein Feind des neuen China! Nur wer mit uns die Proletarische Revolution voranbringt, ist würdig, im neuen China zu leben. Alle anderen sind nur Schmarotzer, sie haben kein Recht auf das Leben. Wir könnten alle erschießen, die das Land nicht verteidigen und aufbauen wollen." Zögernd tritt ein Mann von etwa vierzig Jahren nach vorn. „Wie alt bist du?"

„Mehr als dreißig", ist seine vorsichtige Antwort.

„Kannst du kämpfen?" Die Frage klingt abwartend und ungläubig zugleich.

„Ich will das neue China mit aufbauen, ich bin ein kräftiger Arbeiter und werde auch gut kämpfen."

„Gut so." Mit einer Kopfbewegung weist Mao ihn an, sich zu den sechs Freiwilligen zu stellen.

Jetzt schlägt Mao wieder versöhnliche Töne an. „Wer mit uns kommt, den Sohn oder den Vater verliert – also ich meine, für den Sieg mit uns ziehen lässt –, der bekommt einen Lebensunterhalt. Für jeden Mann zahlen wir tausend Yuan." Ein Raunen geht über den Dorfplatz. So viel Geld haben die wenigsten von ihnen schon einmal gesehen. „Sollte er von den Feinden getötet werden, gibt es noch einmal tausend Yuan für die Familie. Kommissar", ruft Mao in die Gruppe der Soldaten hinein. Ein Soldat mit roter Armbinde bahnt sich den Weg durch die Menge. Er hat eine flache Tasche umhängen, die er mit beiden Armen schützt. „Zahl die Familien der revolutionären Männer hier aus. Tausend Yuan für jeden Mann." Die Hälse werden länger, jeder will sehen, wie dick so ein Bündel Scheine ist – oder sind es gar Kupferschnüre, Schnüre mit aufgefädelten Münzen, die schon immer die Menschen in ihren Bann gezogen haben?

Mit einer Handbewegung hält Mao den Zahlmeister noch zurück. „Na, wer ist Freiwilliger und tut seiner Familie etwas

Gutes?" Zwei schlecht gekleidete junge Männer treten vor. Man kann es deutlich sehen, dass sie die Sorge um ihre Familien nach vorn treibt. Sie fassen sich an den Händen – die Liang-Brüder. Einige Frauen können sich einen erschrockenen Seufzer nicht verkneifen. Und dann passiert, was alle überrascht und ein wenig verwirrt. Mao fragt sie, ob sie Brüder sind. Als sie mit ja antworten, taxiert Mao die beiden kurz ab, legt dem kleineren die Hand auf die Schulter und schickt ihn wieder weg. „Deine Familie braucht dich. Es reicht, wenn sich einer für die Revolution opfert."

Viele der Mütter ahnen, was dies heißt. Die alte Li, die gerade dabei war, ihren Sohn nach vorn zu schieben, zieht ihn schnell wieder in die Menge zurück.

„Gut, wir haben jetzt neun Freiwillige – wo sind die anderen? Zwanzig will ich haben." Aber die Bewohner stehen jetzt, eingepfercht zwischen Angst und Gewalt, stumm und unbeweglich vor dem entschlossenen Revolutionsführer. Hinter ihnen schließen die Soldaten immer noch den Platz so dicht ab, dass kein Entkommen möglich ist. „Also, wo sind die anderen elf Freiwilligen?"

Der Zahlmeister hat immer noch beide Arme über der Tasche gekreuzt. Mao tritt näher an die Menschen heran. Mit seiner Pistole tippt er auf elf unterschiedliche Menschen, auch ein Junge und ein elfjähriges Mädchen sind dabei, weil sie gerade so vor ihm stehen. „Ihr stellt euch hierher in die Mitte." Ehe die verdutzten Menschen noch reagieren können, werden sie von Soldaten gepackt und in die Mitte gestellt – drei Meter von den Freiwilligen entfernt. Die Aktion war geschickt durchgeführt. Man merkt, dass sie eingeübt und scheinbar schon oft praktiziert worden ist. Die Kinder beginnen zu weinen. Mit eiskalter Stimme verkündet Mao, dass diese elf morgen mitziehen werden, es sei denn, sie werden von Freiwilligen ausgetauscht. „Meldet euch im Haus des Mandarin oder ihr seht eure Leute nicht wieder." Zum Zahlmeister ruft Mao: „Gib den Freiwilligen den Lohn für die Familien." Und zu den neun Männern sagt er: „Ihr bekommt jetzt einen Gutschein über tausend Yuan, den gebt ihr euern Familien. Wenn die Revolution gesiegt hat, können sie den Schein gegen richtiges Geld eintauschen."

Und schon bekommt jeder einen roten Zettel in die Hand, auf dem die sagenhafte Zahl steht – tausend Yuan. Das Kürzel für Revolution gibt dem Zettel die Deckung. Verunsichert und enttäuscht gehen sie mit dem roten Gutschein in ihre Familien zurück. Asam steckt ihn selbst ein und versucht sich seitlich davonzudrücken. Die Versammlung löst sich auf. Die elf zwangsrekrutierten Geiseln werden brutal von den anderen isoliert und in Richtung Mandarinpalast abgeführt. Unter ihnen sind die alte Wang Ying und Lui Lan, die Hebamme.

Noch am Abend wird der Junge ausgetauscht. Ein Onkel meldet sich im Mandarinpalast und die Mutter nimmt ihr Kind mit einem leichenblassen Gesicht entgegen. Den roten Gutschein lehnt sie ab, das Opfer ihres Bruders ist nicht mit Geld zu bezahlen. Als sie ihren Bruder zum Abschied drückt, weiß sie, dass es das letzte Mal sein wird. Drei weitere Geiseln werden gegen junge Burschen ausgetauscht.

Lui Lan weiß, dass niemand kommen wird, um sie einzutauschen. Es ist niemand im Ort, der sein Leben für sie geben würde. *Joss* eben – und sie weiß, dass sie sich mit der Situation arrangieren muss. Sie wird mitziehen in eine ungewisse Zukunft, vielleicht in den Tod, vielleicht in das neue China, von dem die Kommunisten immer sprechen. Auf alle Fälle will sie nicht willenloses Beutegut sein, sondern das Leben gestalten, Tag für Tag, so lange es eben geht. Und sie ist entschlossen, nicht ohne das Kind, nicht ohne Chenxi zu gehen.

Lan ist mit den verbliebenen sieben Geiseln im leer geräumten Vorratsraum des Mandarinpalastes gefangen, weil es der einzig verschließbare Raum ist. Sie liegen auf dem Boden, ohne Decke und ohne Schutz vor dem Ungeziefer, das seiner Nahrung beraubt wurde. Das Essen, was man den Geiseln zuschiebt, schmeckt angenehm und ist ausgewogen gewürzt. Anscheinend haben die Soldaten gute Köche dabei oder der Koch des Mandarins versorgt noch alle hier im Haus.

An Schlafen ist nicht zu denken. Das elfjährige Mädchen weint ununterbrochen und ruft nach seiner Mama, und die alte Wang Ying bettelt bei jeder Gelegenheit um Räucherstäbchen, denn die Götter müssen ihr Schicksal nun in die Hand nehmen. Nur die Soldaten haben dafür nichts übrig, erklären sie für altmodisch, für krank und drohen ihr Schläge an, wenn sie weiter solchen Krach macht.

Lui Lan muss zu ihrem Kind kommen. Ein leichtes Lächeln huscht über ihr Gesicht, als sie sich bei dem Gedanken ertappt, dass sie es als ihr Kind bezeichnet. Aber gerade das ist es, was sie aktiv werden lässt. Sie muss zu ihrem Kind! Schon zu lange hat es keine Nahrung bekommen. Wenn sich niemand über das Baby erbarmt hat, ist es sicher schon verhungert. Nein, das darf nicht sein! Sie muss zurück ins Dorf.

Vor der verschlossenen Tür liegen mehrere Soldaten – das Haus ist bis auf die Flure belegt. Lui Lan klopft an die Tür – draußen rührt sich nichts. Vielleicht denken sie, es ist wieder die alte Ying, die ihre Räucherstäbchen will. Wie wild trommelt Lui Lan jetzt an die Tür und ruft, sie müsse auf die Grube. Es ist dringend, sie ist krank, schnell. Der Holzbalken wird zur Seite geschoben und ein schläfriger Soldat lässt sie hinaus. Er muss natürlich mit nach draußen, so peinlich das auch ist, aber Sicherheit geht vor. Als sie hinter dem Haus allein sind, sagt Lui Lan: „Ich brauche ein Licht. Ich bin krank, ich muss Licht dabeihaben. Ich blute da unten", sie zeigt zwischen ihre Beine. „Weißt du, was ich meine? Alles Blut!" Der Soldat – vielleicht achtzehn oder neunzehn Jahre – hat keine Ahnung, aber seine Neugier ist geweckt. Irgendwie hat er schon davon gehört, dass Frauen manchmal bluten, aber er hat noch nie eine Frau „da unten" gesehen. Ihm wird ganz trocken im Mund und er sagt: „Bleib hier, ich hole eine Öllampe, dann will ich es aber sehen."

„Mach schnell", ruft sie ihm leise nach und schon ist der Soldat verschwunden.

Genau darauf hat sie spekuliert und nach wenigen Schritten ist sie von der völligen Dunkelheit verschluckt. Jetzt muss sie den Weg zum Fluss finden. Langsam, wie eine Katze schleicht sie durch das Gebüsch – immer einige Meter neben dem Weg, denn der ist ihr zu gefährlich. Unten am Fluss sitzen einige Soldaten um ein Feuer. Dort muss sie vorbei. Das andere Flussufer ist dicht bewachsen, dort könnte sie im Dickicht vorbeikommen. Also steigt sie vorsichtig ins Wasser, vermeidet jedes Plätschern und schwimmt ans andere Ufer. Als sie aus dem Wasser kommt, kleben die nassen Kleider eisig am Körper. Vielleicht sollte sie das Kleid ausziehen, kräftig auswringen und dann wieder anziehen, aber das braucht zu viel Zeit. Bis zum Dorf sind es bei Tageslicht ja schon zwei Stunden und jetzt in der Nacht wird sie noch viel länger brauchen. Außerdem weiß man nie, wo sich Soldaten ausgebreitet haben, die ganze Gegend ist ja von ihnen durchsetzt.

Während sie sich durch das dichte Unterholz kämpft, realisiert sie, dass ihr Haus ja auch voller Soldaten steckt. Zitternd vor Kälte kommt sie vor ihrer Hütte an. Kein Licht, kein Laut. Aber sie hört aus der Hütte der Nachbarn ein klägliches Wimmern. Ein Säugling – das ist Chenxi. Vorsichtig schiebt sie die Stofftür zur Seite. Auch hier sieht sie etliche Soldaten. Sie liegen auf dem Kang, der beheizten gemauerten Ofenbank, auf der Vorratskiste und auf dem Boden. Die junge Nachbarin Wu beugt sich über die wimmernde Chenxi und versucht ihr aus einem mit Milch getränkten Tuch etwas in den Mund zu träufeln.

Vorsichtig stellt sich Lui Lan hinter sie, legt ihr die Hand auf die Schulter und sagt leise: „Danke, liebe Wu, danke." Dann hat sie nur einen Wunsch, „ihre" Chenxi in den Arm zu nehmen. Doch diese scheint nur ein Bedürfnis zu haben – zu trinken. Gemeinsam versuchen Wu und Lui Lan nun dem kleinen Mund mehr Milch einzuflößen. Zumindest ist Chenxi jetzt still und versucht an dem feuchten Lappen zu saugen. Flüsternd fragt Wu: „Bist du ausgelöst worden?"

„Nein, ich bin aus dem Haus des Mandarins geflohen, um nach Chenxi zu sehen. Ich konnte ja nicht ahnen, dass du so lieb zu ihr bist." Noch einmal streift ihr dankbarer Blick das junge Gesicht von Wu. Das Licht der zweiflammigen Öllampe lässt es noch jünger und glänzender erscheinen. Einer der Soldaten dreht sich im Schlaf herum, wird aber davon munter, weil er mit dem Kopf an ein Tischbein stößt. Verschlafen setzt er sich auf, blinzelt in den Raum und will sich schon wieder langmachen, da stutzt er. Langsam erhebt er sich und kommt auf Lui Lan zu. „Bist du nicht als Geisel im Haus des Mandarins? Hat man dich ausgelöst?"

Lui Lan wagt nicht, ihn anzusehen, und dreht den Kopf weg von ihm, ihrem Kind zu. „Leg dich hin, du täuschst dich, oder willst du etwas warme Milch?", versucht Wu ihn abzulenken. Doch das macht ihn erst recht stutzig. Er kommt näher und dreht den Kopf von Lui Lan herum. Sie zittert wieder am ganzen Leib und presst Chenxi fest an sich. Die Wärme des Kindes tut ihr so gut. Nie gebe ich sie her, denkt sie noch, da beginnt der Soldat wieder zu sprechen: „Ich habe dich an deinem Kleid erkannt. Schon auf dem Platz gestern bist du mir aufgefallen. Genau so ein Kleid hat meine Mutter. Wie wird es ihr wohl gehen? Aber nun sag: Bist du ausgelöst? Wer ist für dich freiwillig zu den Kommunisten gegangen?"

Lui Lan hat sehr genau zugehört und fragt: „Wieso sagst du nicht ‚zu uns' gegangen? Bist du kein Kommunist?"

„Nein, auch ich wurde gezwungen, mit ihnen zu gehen. Es ist zwar besser, als in der Armee von Chiang Kai-schek zu sein, aber ich wäre lieber zu Hause bei meiner Mutter und meiner Familie. Ich komme aus dem Dorf Xingyang oben in den Bergen. Seit sechs Wochen bin ich bei der Armee. Drei aus unserem Dorf sind schon getötet. Zwei sind erschossen worden, als wir auf Chiang-Soldaten trafen, und einer kam hier ums Leben, als die Kanone den Hang hinabstürzte. Bald werde auch ich sterben, viel zu viele von uns sterben. Sei froh, dass du ausgelöst worden bist."

Da er so ehrlich gesprochen hat, vertraut Lui Lan ihm die Wahrheit an. „Ich bin nicht ausgelöst, ich bin heute Nacht geflohen, weil ich zu meinem Kind wollte."

Erschrocken dreht sich der Soldat um und blickt durch den Raum. Scheinbar ist keiner der anderen Revolutionäre munter geworden und hat etwas gehört. Mit verhaltener Stimme – so gut das bei seinem kräftigen Bass möglich ist – sagt er zu Lui: „Wenn dir deine Leute irgendetwas bedeuten, dann geh zurück. Wenn sie merken, dass du geflohen bist, werden sie morgen zehn Menschen aus dem Dorf erschießen. Einen nach dem anderen, bis du dich gemeldet hast – und dann hast auch du keine Chance mehr. Du hast die Revolution beleidigt und da werden sie grausam mit dir sein. Immer wieder, wenn jemand flieht, sterben unschuldige Menschen."

„Was soll ich denn machen, was denkst du?", fragt sie zögernd und ebenso leise.

„Ich weiß auch nicht, am besten, du versuchst ebenso unauffällig wieder in das Haus des Mandarins zu kommen."

Jetzt wird auch ein anderer Soldat munter und brummt etwas von Ruhe und so. Schnell bläst der freundliche Soldat die Lampe aus. In der Stille breitet sich die Dunkelheit wie ein wärmendes Samttuch in der Hütte aus. Lui Lan drückt Chenxi fest an sich und genießt das kleine wärmende Bündel an ihrer Brust. Wenn sie jetzt stillen könnte, wäre alles viel leichter. Dennoch erfüllt sie ein glückliches Gefühl darüber, dass sie jetzt ein Kind hat, ein entzückendes Mädchen. Sie wird vielleicht zurückgehen zu den Geiseln, aber nie mehr ohne Chenxi.

Wu gibt Lui ein trockenes Unterkleid. Dass sie ihr nasses Oberkleid behalten muss, ist ihr nach der Begegnung erschreckend bewusst. Das Kleid ist ihr Erkennungszeichen. Es ist schon ein Wagnis, sich inmitten der schlafenden Soldaten nackt auszuziehen und das Unterkleid zu wechseln. Aber alles geht fast ohne einen Laut vonstatten. Noch einmal füttern die Frauen das kleine Lebewesen, dann schleicht sich Lui Lan mit ihrem Kind im Arm hinaus in die kühle Nacht, die ihre längste Spanne schon hinter sich hat. Die Hebamme muss sich beeilen, dass sie noch vor Tagesanbruch in den Mandarinpalast kommt. Der Rückweg muss ein anderer sein, da sie mit dem Kind nicht durch den Fluss schwimmen kann. So tastet sie sich zum Fluss hinunter und klopft an Mo A Mings Haus, das Haus des Fährmanns.

An der Tür hängt ein Zettel, den sie aber in der Dunkelheit nicht lesen kann. Sofort nach den Klopfzeichen öffnet sich die Tür und der Fährmann steht in Tageskleidern vor ihr. Er kann nicht geschlafen haben. „Mo A Ming, bitte fahr mich über den Fluss, ich muss dringend in das Haus des Mandarins." Ungläubig und ängstlich sieht sein Gesicht im fahlen Licht der Nacht aus. „Bitte, lass mich in dein Boot, ich werde dir alles erklären." Lui Lan weiß, dass sie dem Fährmann vertrauen kann. Auch er kennt sie schon lange und versteht, dass seine Dienste jetzt nötig sind.

Wortlos nimmt er die Ruder von der Hauswand und geht den Weg zum Bootssteg hinunter. Als sie vom Ufer abgestoßen haben, erzählt Lui Lan ihre unwirklich klingende Geschichte. Der Fährmann weiß, dass sie nicht lügt. Zu gut kennt er sie als ehrliche Helferin für die Frauen im Dorf. Während er kräftig in die Ruder greift, denkt er noch: Warum hat ihr eigentlich im Dorf niemand einen Heiratsantrag gemacht? Sie hat breite Hüften, ist intelligent und sicher eine gut sorgende Hausfrau. Wie sie dort auf dem quer liegenden Brett sitzt, mit dem Kind im Arm – sie könnte eine gute Mutter sein. Und nackt sieht sie bestimmt sehr verführerisch aus.

Ihm ist klar, dass sie einen gefährlichen Weg geht. Aber er kann sie nicht auslösen – was würde sonst aus seiner Familie? Die ist im letzten Tageslicht aus dem Wald zurückgekommen. Er wird sie morgen wieder in den Wald schicken. Zu gefährlich ist die Zeit für das Dorf und die Menschen hier geworden. Mo A Ming weiß mehr. In der Nacht vor vier Tagen hat man ihn auch aus dem Schlaf geholt. Da war es aber keine flüchtende Mutter, sondern es waren Soldaten der Kuomintang. Ein Spähtrupp, der die Lager der Kommunisten aufspüren sollte. Im Licht seiner schwachen Kerze erkannte er zwei ziemlich junge Männer und einen älteren mit einer auffallend blauen Jacke. Sie wollten ein Stück stromauf gefahren werden, näher an die Kommunisten heran. Als Mo A Ming sagte, dass dies bei der Strömung nicht ginge und er nur ein Fährboot habe, haben sie ihm gedroht, die Frau wegzunehmen und die Kinder zu töten. „Wir haben da Erfahrung, wir machen das völlig lautlos, und eine Frau haben wir lange nicht vor uns liegen gehabt", drohte der mit der blauen Jacke.

Bevor sie aufbrachen, wollten sie noch ein kräftiges Essen und reichlich Vorräte für die nächsten Tage haben. Panische Angst machte Mo A Ming unfähig zu irgendwelchem Widerstand und er erfüllte alle ihre Wünsche. Dann ging es zum Boot. Die ersten Meter stromauf waren kräftezehrend, aber als die schmalen Stromschnellen kamen, ging nichts mehr. So stieg Mo A Ming aus dem Boot, nahm die Leine und zog es im knie- bis brusttiefen Wasser den Strom aufwärts. Sein Vater hatte so als Schiffstreidler für den Mandarin gearbeitet. Er starb an Lungenentzündung, als Mo A Ming gerade mal fünf Jahre alt war. Dann fing seine Mutter die Arbeit mit dem Fährboot an, die er heute noch betreibt.

Die früheren Pfade der Treidler am Ufer und unter Wasser sind längst zerstört. Die üppige Vegetation und Hochwasser haben sie unpassierbar gemacht. So stemmte sich der Fährmann gegen die Fluten, konnte aber zwischen den Steinen und von Strudeln ausgewaschenen Löchern nicht immer festen Halt finden. Manchmal stürzte er mit dem ganzen Körper ins Wasser, manchmal verhakte sich das Boot an umgestürzten Bäumen oder zwischen größeren Steinen. Am liebsten hätte er die Leine losgelassen und die finsteren Gestalten dem Fluss überlassen, aber das Boot war seine Lebensgrundlage, sein wichtigstes Arbeitsmittel. Nach zwei bis drei Stunden – manchmal war es auch möglich, wieder die Ruder zu nutzen – wollten die Späher an einem einbiegenden Seitental anhalten. Sie stiegen ins seichte Wasser, nahmen die Gewehre und den erpressten Proviant auf den Rücken und sagten leise, aber unmissverständlich: „Du verschwindest jetzt. Das Boot machst du hier fest, wir brauchen es, wenn wir zurückkommen. Und keinen Flüsterton zu irgendeinem Menschen, sonst bist du ein toter Mann." Dann stiegen sie in das Seitental hinein. Als der Morgen graute, nahm Mo A Ming dann doch sein Boot und fuhr flussab nach Hause. Die drei Toten – einer mit der blauen Jacke – nahm er am Morgen sehr wohl wahr, da er sich im Gebüsch versteckt hatte, um Lui Lan beim Schwimmen zu beobachten ...

Mit solchen Gedanken der Erinnerung lässt sich der Fährmann mit Lui Lan stromab treiben, um dann das Boot auf die gleiche Art wieder den Fluss hinaufzuziehen. Für diese bewundernswerte Frau will er das gern tun. Vielleicht ist es ja eine seiner letzten guten Taten und Buddha wird es positiv registrieren. Bei seinen seltenen Gebeten im Tempel hat er Buddha immer wieder angefleht, im nächsten Leben doch ein Kormoran werden zu dürfen. Dann wird er frei sein, dann kann er sich in die Lüfte erheben, dann wird er in eine Gegend fliegen ohne Menschen, ohne Krieg und mit vielen guten Fischen.

Am Fluss liegen natürlich auch Soldaten. Zum Teil glimmen noch Feuer vom Abend, aber die kommunistischen Soldaten sind müde und ausgelaugt, sie schlafen wie Steine. Hier haben sie ja nichts zu befürchten. Noch nicht, denkt Mo A Ming. Chenxi schläft tief und wird hoffentlich bis zum Morgen still sein.

Im Palast ist bereits Licht in der Küche. Vorsichtig schleicht sich Lui Lan ans Fenster und sieht den hageren Koch des Mandarins am Feuer hantieren. Mit leisem Zischen macht sie sich bemerkbar. Der Koch erschrickt so sehr, dass er ein Holzscheit durch den Raum wirft. Mit weit aufgerissenen Augen kommt er ans Fenster. Lan erklärt ihm mit kurzen Worten ihre Situation. Gemeinsam ist ein schneller Plan gemacht. Der Koch übernimmt Chenxi und später holt Lan sie dort wieder ab. Sie muss jetzt unbemerkt ins Haus kommen. Da immer einmal Geiseln und Soldaten auf die Grube müssen, ist am Hintereingang am Morgen viel Betrieb. Aber wie kommt sie in das verschlossene Zimmer? Heimlich ins Gefängnis rein – ein witziger Gedanke!

Der junge Soldat muss immer noch Wache stehen. Als er Lui Lan entdeckt, blickt er sie überrascht, aber auch erleichtert an. „Wo warst du denn mit dem Licht?", fragt Lan vorwurfsvoll. „Ich habe mich in der Dunkelheit verlaufen und erst jetzt im Morgenlicht zurückgefunden." Weil Wachsoldaten harte Strafen für entlaufene Häftlinge zu erwarten haben, hat er bisher noch nichts an den Vorgesetzten weitergemeldet. Und die Geschichte mit der Lampe und dem Blick auf das Geheimnis der Frau hätte er sowieso nicht erzählen können. So ist er froh, dass sie wieder da ist, schiebt den Riegel erleichtert zur Seite und lässt sie in das behelfsmäßige Gefängnis und in eine unheilschwangere Zukunft eintreten.

Als sich die Tür hinter ihr schließt und ihr die stickige Luft der Behelfszelle entgegenschlägt, weiß Lui Lan, dass ihr nur eine andere Macht helfen kann. Das zweite Mal innerhalb einer Woche spricht sie ein Gebet zu einem Gott, den sie nicht kennt.

Der neue Tag soll die Abreise der Soldaten bringen. Schon gestern waren wieder Flugzeuge zu hören, die die Kommunisten aufspüren und bombardieren sollen. Bis Mittag sind, bis auf drei, alle Geiseln ausgetauscht. Nur noch die alte Wang Ying, das elfjährige Mädchen Hua und Lui Lan mit dem Säugling sind unter den Gefangenen. Die alte Wang Ying sollte zwar noch ausgetauscht werden, aber sie hat es abgelehnt. Ihr Schwiegersohn solle mal lieber bei den Feldern und bei der Familie bleiben. Das passt den Kommunisten zwar nicht, aber der Schwiegersohn hält sich irgendwo versteckt, sodass die alte Wang Ying mit auf die ungewisse Reise gehen muss. Noch hoffen die Kommunisten, dass sich die Familie über die Alte erbarmt. Sie wissen ja, dass die Tradition des Konfuzius noch tief in den Herzen und Köpfen der Menschen steckt, eine Tradition, die sagt, dass das Alter zu ehren, zu umsorgen und zu sichern ist. Eine Familie verliert das Gesicht, wenn sie ihre Alten nicht mit aller Fürsorge umgibt. So werden sie eines Tages schon kommen – entweder einen Ersatz bringen oder für die Alte bezahlen. Tausend Yuan mindestens – und das in richtigem Geld oder in Silber.

Als sie im Hof des Mandarinpalastes zum Abmarsch bereitstehen, sind draußen schon mehrere Tausend Soldaten vorbeigezogen. Waffen, Maschinen, Tiere, Nahrungsmittel und Holz bilden einen bleiernen Zug, der sich links vom Fluss im Hügelland verliert. Die Armeeführung ist mit dem Mandarin im Schlepptau schon früh aufgebrochen. Jetzt sind es noch Verwundete, Handwerker und Schreiber, die in kleinere Gruppen aufgeteilt werden.

Am frühen Morgen hat es eine seltsame Begegnung gegeben. Lui Lan hockte in den ersten Sonnenstrahlen an der Hauswand und gab Chenxi zu trinken. Sie hat eine leere Ölflasche in der Küche gefunden und einen Sauger gebastelt. Chenxi trank die warme Milch begierig. Die Verluste in den ersten Stunden hatte sie schon etwas aufgeholt. Mit dem Kind in den Armen machte sich Lui Lan schon Sorgen, wie es auf dem Marsch wohl weitergehen könnte. Da stand plötzlich ein Offizier vor ihr, betrachtete sie mit stahlharten Augen, sagte aber nichts. Seinem Gesicht war anzusehen, dass er sich zu erinnern versuchte. Lan war in dem Moment klar, wer dieser Mann war. Erkannte er sie wieder? Ja, natürlich, sie hatte ja immer noch dieses auffällige Kleid an. Instinktiv schloss sie die Arme um das hilflose Bündel auf ihrem Schoß.

Der Offizier sagte immer noch nichts. Lan zitterten die Knie, doch das kleine Wesen mit seinem dicken Wickeltuch verdeckte ihre Angst. Im Geist hörte sie die Worte aus der Geburtsnacht: „Ertränk das Bündel und kümmere dich um die Genossin. In zwei Tagen müssen wir weiter." Der Offizier sagte immer noch kein Wort. Er machte den Eindruck, als kämpfe er mit sich. Vorsichtig versuchte Lui Lan aufzusehen, seinem Gesicht eine Regung abzuspüren. Nichts. Doch jetzt sah sie, dass seine Augen einen feuchten Glanz bekamen. Er schluckte zweimal und sagte: „Erzähl ihr später, dass ihr Vater Zou Qi heißt." Damit ging er einfach weg. Seine Körperhaltung war nicht so akkurat und stolz, wie sie ihn in Erinnerung hatte. Er machte den Eindruck, als habe er eine Schlacht verloren.

Den drei Geiseln werden die Arme auf dem Rücken zusammengebunden, aber nachdem die Gruppe eine Stunde von der Heimat entfernt ist, bindet man ihnen die Arme wieder los. Flucht ist jetzt sowieso zwecklos. Die alte Wang Ying kommt schlecht voran. Solche weiten Strecken ist sie noch nie gelaufen. Bisher ging es zum Feld und zurück, selten einmal bis ins Nachbardorf. Das hier macht ihr zu schaffen. Die Füße sind wund und die Beine schwer wie nasses Holz. Sehnsüchtig schaut sie den Weg immer einmal zurück, ob da nicht doch eine Abordnung aus ihrer Familie kommt, um sie mit tausend Yuan auszulösen.

Aber es kommt niemand. Hat man denn so wenig Achtung vor ihrem Alter? Will ihre Familie im Dorf das Gesicht verlieren? Die elfjährige Hua hat aufgehört zu weinen. Ihr Gesicht zeigt keine Regung mehr. Stumpf blicken die Augen auf den holprigen Weg vor ihr. Apathisch stolpert sie neben der alten Wang Ying her und setzt sich auf einen Stein oder ins Gras, sobald sich die Möglichkeit bietet. Auch ihr schmerzen die Füße, denn sie hat keine Schuhe an, ja sie hat überhaupt noch nie Schuhe besessen. Im Winter musste sie sich Lappen um die Füße binden, bis sie irgendwann als Fetzen auf den Wegen abfielen. Doch jetzt ist bald Sommer und die kühlen Wegstecken, die im Schatten der Büsche liegen und von der Sonne nicht erwärmt werden, machen ihr nichts aus. Dass sie ihre Geschwister nicht mehr hat, ja dass sie von ihrer Familie nicht ausgelöst worden ist, schmerzt sie viel mehr. Sie ist ja nur ein Mädchen, wer soll für sie als Soldat einspringen? Obwohl sie das ganze Ausmaß ihrer Situation nicht überblickt, ahnt sie ihre ausweglose Lage.

Lui Lan hat keine Mühe mit dem Weg. Chenxi hat sie auf den Rücken gebunden und kommt so gut voran. Beim Verpflegungspunkt erbettelt sie sich Ziegenmilch, die sie mit Wasser verdünnt. Die Flasche trägt sie unter dem Hemd am Körper, so ist sie jederzeit warm und trinkbar – und Chenxi trinkt kräftig. Mit den Windeln, das ist schon schwieriger. Sie hat zwei Tücher, die sie abwechselnd im Bachwasser auswäscht und von der Sonne trocknen lässt. Sie bindet sie sich einfach um die Hüften und nach geraumer Zeit ist das Tuch trocken. Manchmal hilft auch trockenes Gras, das Kind sauber zu halten.

Am Abend gibt es endlich zu essen. Dicker Reis wird gekocht, dazu gibt es gesalzenes Gemüse. In den Nächten liegen sie unter freiem Himmel. Es ist kalt, aber sie legen sich eng aneinander und wärmen sich notdürftig gegenseitig. Sie werden auch wieder gefesselt, aber nur an den Füßen, sodass Liu Lan Chenxi versorgen kann.

Nach fünf Tagen kommen sie wieder in ein größeres Dorf. Es ist eine Ruhezeit für die Soldaten, aber auch für die Geiseln. Neuer Proviant wird gekauft und die täglichen kommunistischen Belehrungen und Appelle haben wieder begonnen. Auch die Geiseln müssen mit auf den Platz. Dabei sind sie nicht gefesselt, um die Dorfbewohner nicht zu verschrecken, aber jede wird von einem Soldaten bewacht. Der Propagandaoffizier spricht von einer Welt ohne Krieg, ohne Hunger und ohne Streit unter den Menschen. Alle werden genügend zu essen haben, die Bauern werden mit Freude ihre Felder bestellen und die Arbeiter in den Fabriken werden Höchstleistungen bringen, damit es allen Chinesen gut geht. Das neue China wird ein Symbol für Menschlichkeit und Fortschritt sein. Alle Länder, auch die verhassten Amerikaner, werden nach China kommen, um von China zu lernen.

Liu Lan hat Chenxi nach vorn genommen. Blickt ihr bei den hoffnungsvollen Worten in das kleine schlafende Gesicht und wünscht sich, dass sie das einmal erleben wird, dass dies, was hier gesagt wird, die Zukunft ist.

Am nächsten Tag bekommt die alte Wang Ying doch noch

Besuch aus dem Heimatdorf. Ihre Tochter, die Schwiegertochter und eine Nachbarin haben den Weg in drei Tagen zurückgelegt. Sie wollen Ying auslösen. Gemeinsam mit Ying suchen sie die Revolutionsleitung, die sich wieder im größten Haus des Ortes einquartiert hat. Auch die kleine Hua ist dabei. Seit einigen Tagen weicht sie nicht mehr von der Seite der alten Wang Ying, sicher auch deshalb, weil ihr die Alte am Abend immer schöne Geschichten aus dem alten China berichtet, von guten Drachen, Phönixen, Prinzessinnen und Erdmännchen.

Als der Kommissar die tausend Yuan haben will, überreichen ihm die Frauen einen roten Gutschein über tausend Yuan mit dem Siegel der Revolution. Der Kommissar ist sichtlich überrascht, aber dann tobt er los, dass dies eine Frechheit sei. Er lasse nur richtiges Geld oder Silber gelten. Die anderen von der Revolutionsleitung bestätigen das mit derben Worten, mit Flüchen und Drohungen gegen die Frauen.

Aber das lassen die sich nicht gefallen. „Ist euer Geld nichts wert, was ihr uns für unsere Söhne gegeben habt? Wenn das Revolutionsgeld tausend Yuan wert ist, dann muss doch auch dieser Zettel gelten." Die Frauen werden lauter, kreischen durch den Raum, die Männer brüllen zurück. Hua beginnt seit Tagen zum ersten Mal wieder zu weinen. Der Tumult ist bis nach draußen zu hören. Soldaten und Dorfbewohner versammeln sich vor den offenen Fenstern.

Auch Revolutionsführer Mao Zedong hört es im oberen Stockwerk. Er kommt die breite Treppe nach unten, und als er den Raum betritt, bricht der Krach urplötzlich ab. Mao verlangt eine Erklärung. Der Kommissar berichtet von der Frechheit der Frauen, ihm den Gutschein für eine Geisel anzudrehen. Dann sagt Mao zu der Tochter von Ying: „Was hast du damit vor und wen willst du auslösen?"

Sie antwortet: „Meine alte Mutter soll wieder mit uns kommen. Wir haben keine Männer, die wir auswechseln können, aber wir wollen unsere Mutter zurück ins Dorf holen. Sie hat so viel für uns getan, wir wollen sie in Ehren halten, sie soll in Ehren bei uns sterben."

„Und wo habt ihr dafür die ausgemachte Summe Geld?"

„Bei Buddha und allen heiligen Geistern, wir haben kein Geld."

„Lass die alten Götter aus dem Spiel", donnert Mao dazwischen. „Wir bauen ein neues China auf, ohne Aberglaube und Verdummung der Menschen. Im neuen China gilt der Mensch als Maß aller Dinge."

Jetzt blitzt in den Augen der Nachbarin etwas auf und sie sagt: „Genau das wollen wir doch jetzt schon, dass der Mensch im Mittelpunkt steht. Da ist die alte Frau, die viel für unser Dorf getan hat. Sie ist genau die tausend Yuan wert, die ihr uns für meinen Mann gegeben habt." Über Maos Gesicht geht ein Lächeln. Zu seinem Revolutionsrat sagt er fast dozierend: „So sind die Weiber. Sie sind manchmal ein bisschen schlauer als wir Männer. Wir werden die Weiber noch viel stärker in die Revolution einbinden müssen. Sie sind die Waffe hin zum Volk." Zu der Frauengruppe sagt er: „Gut so, wir nehmen das Revolutionsgeld zurück und ihr schafft die Alte wieder in euer Dorf. Die Revolution muss menschlich werden. Geht in euer Dorf und bildet einen eigenen Revolutionsrat der Frauen. Du" – und er zeigt auf die kecke Nachbarin – „wirst der politische Leiter des Rates sein. Lasst euch nicht von irgendjemandem einschüchtern. Ihr seid die Revolution." Wieder zu seinen Offizieren: „Wir haben den ersten Frauenrevolutionsrat gebildet. Der Kommunismus ergreift die einfachen Bauern auf dem Lande", und er schlägt sich krachend auf die Schenkel.

Ying hat die ganze Zeit nichts gesagt. Jetzt blickt sie Mao an: „Großer Revolutionsführer, die Götter mögen Ihnen gut sein, aber ich will nicht zurück. Lasst dieses Kind mit den Frauen zurück ins Dorf. Ich bin alt, ich werde bald sterben. Meine Tochter hat unser Gesicht gewahrt und mich ausgekauft, das reicht. Das Kind hier soll eine Zukunft haben, lasst es zurück ins Dorf."

„Eine Zukunft hat das neue China und hör mir auf, von deinen Göttern zu reden, sonst schlage ich dir das aus dem Leib, auch wenn du noch so alt bist. Das Mädchen wird eine goldene Zukunft haben, sie wird ein wichtiger Kader im neuen China sein." Er nimmt eine poetische Pose ein: „Im rückständigen Dorf am weißen Muschelfluss geboren, in der revolutionären Geburtsluft des Langen Marsches aufgewachsen, im Widerstand gegen die Kuomintang gestählt, hat sie die Wehen des neuen Chinas erlebt, erlitten und mitgestaltet. Solche Karrieren braucht unser Land. Lasst uns eine ganz neue Generation Mädchen und Frauen erziehen. Die Frauen in die Revolution!" Und zu seinen Offizieren gewandt: „Wir werden aus diesem Dorf hier zwanzig Mädchen mitnehmen. Beginnt mit der Bildung einer revolutionären Fraueneinheit." Damit wendet er sich um und geht wieder die breite Treppe nach oben, das hilflose Wimmern von Hua nimmt er nicht wahr oder will es nicht hören.

Es ist einer der wenigen Frühsommertage, an denen es ununterbrochen regnet. Zum Glück liegen sie heute nicht irgendwo im Wald oder auf dem freien Feld. Alle Wege sind zu Schlammstrecken geworden und auch der Dorfplatz steht unter Wasser. Die Häuser stehen so eng, dass es zwischen ihnen schmale trockene Stege gibt, aber sonst ist jeder Schritt von schmatzenden Geräuschen begleitet. In vielen Hütten regnet es durch, es riecht nach feuchtem Reisstroh und dicker Qualm von feuchtem Holz quält sich durch die Ritzen der Balken und Bretter. In den ärmlichen Behausungen ist er zum Teil unerträglich. Dazu kommt, dass auch hier jedes Haus mit Soldaten dreifach belegt ist. Einige der Dorfbewohner haben sich in den Lagerschuppen einquartiert. Sie überlassen ihre Häuser den Soldaten, in der Hoffnung, nach ihrem Abzug die Häuser noch einigermaßen bewohnbar vorzufinden. Es hat sich herumgesprochen, dass die Armee der Kommunisten – ganz anders als die Kuomintang – die Landbevölkerung schont und sogar einen fairen Handel mit ihnen treibt. Dennoch hat Lui Lan einigen jungen Männern den Tipp gegeben, sie sollen sich in die Wälder verdrücken, da die Kommunisten neue Soldaten rekrutieren werden.

In der nächsten Nacht kommt Unruhe ins Dorf. Die Soldaten laufen hektisch durcheinander und Befehle werden gebrüllt. An Schlaf ist nicht mehr zu denken. Die Unruhe befällt auch alle Dorfbewohner. Dann der Befehl, alle Lichter zu löschen. Wenn schon vorher kaum etwas bei den spärlichen Öllampen zu sehen war, so ist es jetzt geradezu gespenstisch im Dorf. Menschen stolpern übereinander, fallen in den Schlamm, stoßen aneinander, gegen Wände und herumstehende Karren. Die Armee versucht einen eiligen Aufbruch. Noch ist nicht genügend Verpflegung und Holz eingekauft, noch fehlt den Soldaten die Erholungsphase. Aber der Grund der Aufregung bringt sie alle in Trab und flößt ihnen Angst ein.

Keiner spricht es deutlich aus, aber alle wissen es: Die Kuomintang ist in unmittelbare Nähe vorgerückt. Ein Spähtrupp brachte die Nachricht, dass die Nationalisten ihnen den Weg abgeschnitten haben. Sie stehen mit schweren Geschützen und über zehntausend Soldaten zehn Kilometer vom Dorf entfernt und blockieren das Tal. Die Roten Kämpfer um Mao Zedong müssen wieder einmal zurück oder den Kampf aufnehmen. Doch für einen Kampf gegen zehntausend reguläre Soldaten sind sie nicht ausgerüstet. Schon vor reichlich zwei Wochen wurden sie oben im Gebirge von den Truppen Chiang Kai-scheks angegriffen. Es gab Verluste, und weil das Gelände so unwegsam war, konnten Maos Leute sich nicht schnell genug zurückziehen. Jetzt gibt es nur einen Ausweg, sie müssen seitlich ausweichen über das schwierige weglose Gebirge – diesmal Richtung Norden. Das wird noch härter, noch entbehrungsreicher als alles Bisherige, aber es bleibt ihnen keine Wahl.

Die ersten Truppenteile brechen bereits im Morgengrauen auf. Die zweite Gruppe mit dem gefangenen Mandarin nimmt einen anderen Weg, die kaum passierbaren Berge hinauf, immer Richtung Norden. Dann kommen am Vormittag die ersten Flugzeuge. Die Kämpfer suchen Deckung in den Häusern. Andere werfen sich in die Felder und bedecken sich mit Gras, Reis oder Mais. Staunend schauen die Dorfbewohner zu den donnernden Vögeln in die Luft. Sie sehen, dass diese etwas fallen lassen, aber die darauf folgenden Detonationen machen ihnen schlagartig klar, dass ihr Dorf bombardiert wird, auch wenn sie so etwas das erste Mal sehen. Dort, wo voll besetzte Häuser getroffen werden, gibt es Tote und Verletzte.

Zum Glück fallen etliche Bomben auf umliegende Felder und in Gemüsegärten, einige explodieren nicht.

Damit jetzt nicht das totale Chaos ausbricht, stehen an markanten Punkten im Dorf Politoffiziere mit der roten Armbinde, sorgen für Ruhe und organisieren den Rückzug der kommunistischen Armee. Die Verletzten werden versorgt, so gut es geht. Die Sanitäter machen keinen Unterschied zwischen Dorfbewohnern und Armee. Alle rechnen damit, dass der nächste Angriff der Bomber bald kommen wird.

Doch die Luft bleibt ruhig, nur der Regen fällt als Schleier in Schauern vom Himmel. Immer mehr Kämpfer verlassen in Eile das Dorf. Das schwere Gerät behindert die schnelle Flucht, aber zurücklassen können sie die Maschinen, die Ausrüstung und die Kanonen auch nicht. Am Abend ist von der Armee nur noch die Nachhut im Dorf, die Versorgungssoldaten, die Verletzten und die zwei restlichen Geiseln: Lui Lan mit Chenxi und der elfjährigen Hua. Um der Verwundeten willen beschließt man, bis zum nächsten Morgen zu bleiben, was dem Verlauf der Flucht eine dramatische Wendung geben wird.

Als der Himmel im Osten von mattem Silber auf Rot wechselt, überfallen die Soldaten der Kuomintang bereits das Dorf. Da sie in jedem Haus Soldaten der Kommunisten vermuten, wird jedes Haus durchstöbert und angezündet. Die im Morgengrauen nur schemenhaft erkennbaren Menschen werden erstochen, erschossen, erschlagen. Alles, was sich bewegt, könnte ein Kommunist sein. Auch auf Kinder nehmen sie keine Rücksicht. Bis das Tageslicht kommt, ist das grausame Werk vollendet. Die Häuser brennen oder glimmen noch verhalten, durch die gespeicherte Feuchtigkeit qualmen die Trümmer und verbreiten einen entsetzlichen Gestank. Der Geruch von verbranntem Fleisch mischt sich unter den Gestank von schwelendem feuchtem Reisstroh. Keiner der Dorfbewohner ist dem Massaker entkommen. Die Kämpfer der Nachhut und die Verwundeten liegen erschlagen oder erschossen im Schlamm. Auf der Treppe des Haupthauses liegt Hua mit einer tiefen Wunde in der Brust und starrt mit toten und fragenden Augen in den Himmel.

Nur von Lui Lan und Chenxi ist nichts zu sehen. Instinktiv hat Lan sich im Durcheinander des Aufbruchs aus dem Dorf in die Felder gestohlen. In einem Stapel aus Reisstroh hat sie ein trockenes Fleckchen gefunden und hier mit Chenxi die Nacht verbracht. Inzwischen ist die Milch aufgebraucht und das Kind beginnt zu weinen. Sie braucht Milch, wenn das Kind überleben soll – und es muss überleben. In der Ferne qualmt das Dorf, das heißt die Trümmer, die einmal das Dorf waren. Die Kuomintang-Soldaten verlassen den toten Ort des Grauen bald wieder. Hier gibt es nichts mehr zu holen. Das, was an Tieren und Lebensmitteln noch brauchbar ist, wird mitgenommen. Eine Einheit setzt den Kommunisten hinterher, die andere zieht auf dem Hauptweg gen Süden, Lui Lans Dorf am weißen Muschelfluss entgegen. Spätestens jetzt weiß Lan, dass sie dahin nicht wieder zurückkann. Sicher wird es ihrem Dorf ähnlich ergehen, denn sie haben ja auch die Kommunisten aufgenommen und versorgt.

Plötzlich muss sie an die roten Gutscheine denken. Tausend Yuan auf Papier mit dem Siegel der Kommunisten. Bei wem ein solcher Zettel gefunden wird, der ist ein Mann des Todes. Vielleicht war es doch die beste Lösung, mit den Kommunisten zu ziehen. Doch die sind für sie jetzt auch unerreichbar.

Kommunisten und Kuomintang hin oder her, sie braucht Milch. Vom Hocken unterm Reisstroh wird ihr keine Milch zufließen. So macht sie sich auf den Weg, das wimmernde Bündel auf dem Rücken. In großem Bogen umgeht sie das Dorf, immer auf der Hut, ja nicht einem Menschen zu begegnen und möglichst auch von keinem gesehen zu werden. So schleicht sie durch das Gebüsch, duckt sich beim Weg über die Felder und watet lieber den Wassergraben zwischen den Reisfeldern entlang, um nicht entdeckt zu werden. Als sie wieder ein Wäldchen betritt, hört sie plötzlich einen Menschen zischen, so wie man sich vorsichtig einem Freund zu erkennen gibt. Aus dem Unterholz hebt ein junger Mann den Kopf und sagt: „Du bist doch die Geisel, die uns geraten hat, das Dorf zu verlassen. Du hast uns gleich zweimal das Leben gerettet. Sag, was ist im Dorf los? Das Feuer heut Nacht und der Rauch sagen nichts Gutes."

„Du hast mich aber erschreckt, ich dachte, es gibt hier weit und breit keine Menschen mehr." Nachdem sie einmal tief Luft geholt hat, fährt Lan fort: „Am frühen Morgen sind die Kuomintang gekommen und haben das ganze Dorf zerstört. Ich glaube, sie haben nicht nur die Kommunisten getötet, sondern alle Bewohner." Ein gequälter Aufschrei des jungen Mannes wird von ihrer heftigen Handbewegung gestoppt.

„Bleib hier in meinem Versteck", sagt der junge Mann, „ich will ins Dorf gehen, nach meiner Familie und unserem Haus sehen." Lui Lan entdeckt ein gut geschütztes Lager hinter den Büschen. Eine kleine Feuerstelle, eine Blechdose als Topf und ein Dach aus Zweigen – nicht ganz dicht, aber gut getarnt. Dann traut sie ihren Augen nicht: Dort steht eine Ziege! Eine Art Notproviant, die der junge Mann vor zwei Tagen mit in den Wald genommen hat. Sie starrt das Tier mit solcher Verblüffung an, dass er sagt: „Ich hab sie zwar heut früh schon gemolken, aber für deinen kleinen Schreihals wird sie schon wieder etwas geben." Während sich der unfreiwillige Einsiedler vorsichtig dem Dorf nähert, gibt Lan der kleinen Chenxi überglücklich ziegenwarme Milch zu trinken.

Es dauert einen ganzen Tag, bis Lan den jungen Mann über die Felder zurückkommen sieht. Er duckt sich nicht, er achtet nicht auf Tarnung, aber er geht gebeugt. „Alle sind tot im Dorf. Einige sind verbrannt, ich habe nicht mehr erkannt, wer es war. Mein Vater und meine Mutter sind erschlagen worden. Ich habe sie auf unserem Feld begraben. Meine Schwester habe ich nicht gefunden, aber ein Mädchen vor dem Versammlungshaus. Sie lag auf den Stufen, sie sah aus wie erschossen mit einer großen Wunde im Körper. Auch tot. Sie muss so alt wie meine Schwester gewesen sein. Ich habe sie für meine Schwester bei meinen Eltern begraben. Es gibt viele, viele Tote im Dorf, auch Soldaten der Kommunisten. Aber die kann ich nicht alle begraben. Konfuzius sagt, dass wir nur die eigenen Familienangehörigen begraben sollen. So haben sie einen guten Start ins Leben der Ahnenwelt. Ich wollte meinem Vater noch ein Räucherstäbchen opfern, aber es war nichts davon mehr im Dorf zu finden. So habe ich ein qualmendes Brett auf das Grab meiner Eltern gesteckt."

Lui Lan legt ihm die Hand auf die Schulter und will ihn damit trösten. Doch er beginnt unvermittelt zu weinen. Beide wissen, dass er das als junger Mann nicht machen darf, er verliert sein Gesicht. Aber der Schmerz, die Anspannung und die Angst der letzten Tage und das Entsetzliche, was er gesehen hat, überwältigen ihn. Er schluchzt wie ein Kind und Lan beginnt mit ihm zu weinen. Nur Chenxi schmatzt genüsslich an der warmen Ziegenmilch, die ihr eigentlich gar nicht bekommen dürfte. Aber außergewöhnliche Umstände bewirken außergewöhnliche Möglichkeiten.

Beide Erwachsenen wissen, dass sie hier nicht bleiben können. Irgendwie müssen sie wieder Anschluss an eine Dorfgemeinschaft finden. So beschließen sie, gemeinsam loszuziehen. Eine ungewöhnliche Wandergruppe: eine Frau und ein junger Mann, der ihr Sohn sein könnte. Dazu ein Säugling, dessen Vater der junge Mann sein könnte. Und eine Ziege, die als Tauschobjekt auf dem Markt Gewinn bringen könnte. Nichts von dem stimmt, aber dennoch halten die vier zusammen und helfen sich gegenseitig zu überleben.

Das Königreich Zion am Dang-Shui-Fluss

Der Morgengottesdienst ist gerade zu Ende, als am Steg unten am Fluss ein Sampan anlegt. Seitdem Krieg im Land ist, geschieht das nicht mehr so oft. Früher kam das Schiff fast regelmäßig zweimal die Woche den Dang Shui herauf. Jetzt geschieht das unvorhersehbar, einmal im Monat, vielleicht auch zweimal, mehr aber nicht. Der Dang Shui wird weiter unten von Kriegsschiffen kontrolliert und da haben es kleine Boote schwer. Sie werden geplündert und nicht selten versenkt oder als Zielscheibe für Schießübungen benutzt.

Das typisch chinesische Wohnboot scheint unbehelligt durchgekommen zu sein. Alle, die auf der Missionsstation Zion laufen können, rennen hinunter zum Fluss. Missionar Ewald Burker ist einer der Ersten und er geht mit festen Schritten auf dem schwingenden Brett an Bord des Sampans. Das Wichtigste für ihn ist die Post. Nachrichten aus der deutschen Heimat, Mitteilungen von der Missionsleitung und ein Lebenszeichen von seiner Frau Henriette, die in Schanghai im Krankenhaus liegt. Vor vier Monaten hat er sie einem Schiff mitgeben müssen, weil das Fieber nicht nachlassen wollte und eine Operation dringend nötig machte. Nur einmal hat er bisher einen Brief von ihr bekommen und der war nicht sehr hoffnungsvoll. Sicher hat sie mehrere geschrieben, aber die Postwege sind so unsicher wie die Reisewege. Ein anderer Missionar, der auf der Durchreise bei ihm vorbeikam, hat aber berichtet, dass die Operation gut verlaufen sei und sie sich schon wieder besser fühle. Das war vor fünf Wochen. Welche Nachricht hat der Sampan an Bord? Ist ein Brief dabei?

Der zahnlose Bootsbesitzer begrüßt ihn und hebt bedeutungsvoll die Hand: „Gute Nachricht, beste Nachricht in böser Zeit." Dann macht er den Weg frei und vor Ewald steht Henriette mit strahlenden Augen. In ihren Augen schimmern Freudentränen. Obwohl Ewald weiß, dass es in China unschicklich ist, Gefühle in der Öffentlichkeit zu zeigen, schlingt er die Arme um Henriette und küsst ihr die salzigen Tränen vom Gesicht. Auch in ihm entlädt sich die ängstliche Spannung der letzten Monate und er ist unfähig, etwas zu sagen. Dann ist sein Schluchzen zu hören und der zahnlose Kapitän wendet sich entrüstet ab. Wie kann ein Mann nur so sein Gesicht verlieren?! Er macht sich an der vertäuten Ladung zu schaffen und murmelt vor sich hin, dass die Langnasen doch keine richtigen Männer sind. Heult der in der Öffentlichkeit wegen einer Frau – er kann doch froh sein, dass er sie wiederhat. Jetzt kann sie ihm wieder dienen mit Hausarbeit und Bettarbeit. Manchmal hat er sich Letzteres während der langen Reise vorgestellt, aber an einer weißen Langnasenfrau darf er sich nicht vergreifen. Das wäre sein Ende und so hat er es genossen, sie immer wieder an Bord zu beobachten.

Vorsichtig führt Ewald seine Frau über die schwankenden Planken an Land, und schon während sie ängstlich an seiner Hand Fuß vor Fuß setzt, jubeln ihr die Leute am Ufer zu. Die Zahl der Christen ist klein. Es sind kaum wirklich glaubende Chinesen dabei, aber freundlich sind alle, die in Zion Unterschlupf und Versorgung gefunden haben. Wie im Triumphzug geht es die Uferböschung nach oben. Viele begrüßen sie mit ehrfurchtsvoller Verbeugung, Kinder greifen nach dem Stoff ihres hellen Sommerkleides. „Habt ihr unser Wohnhaus neu gestrichen?", fragt Henriette, als sie freie Sicht auf die ganze Station haben. „Mir sah es ja schon vom Fluss aus so hell und einladend aus. Ach, wenn du wüsstest, wie sehr ich mich auf diesen Moment gefreut habe!"

Henriette hat das Haus selbst entworfen. Vor sechs Jahren, als sie hier mit der Arbeit begannen, hat sie darauf bestanden, dass das Wohnhaus nach ihren Plänen gebaut wurde. Dies sei sie ihrem Architekturstudium schuldig, behauptet sie heute noch. Sie hat chinesische und europäische Elemente so gekonnt miteinander verbunden, dass ein kleines tempelähnliches Gebäude entstanden ist. Die wenigen Räume sind zweckmäßig angeordnet und geschmackvoll eingerichtet – so weit man hier, tausendsiebenhundert Kilometer von Schanghai entfernt, an richtige

Möbel herankommt. Mit einem Blick sieht sie, dass hier einiges durcheinandergeraten ist. Ihr Mann ist nicht der Typ für gemütliche Häuslichkeit und der chinesische Hausdiener hat die Möbel nach seinem Geschmack neu geordnet – grässlich! Aber in wenigen Tagen wird wieder ihr Geist in diesem Hause herrschen.

Ewald muss noch einmal nach unten zum Schiff. Er muss kontrollieren, ob alle Ware mitgekommen ist, die er bestellt hat. Die Matrosen und einige Männer von der Station sind schon fleißig dabei, Kisten mit Nahrungsmitteln, gesalzenes Fleisch und Gemüse, mehrere Fässer Öl und zehn Sack Reis zu entladen. Leider haben sie hier kaum die Möglichkeit, Landwirtschaft zu betreiben. So sind sie auf die Lieferungen per Schiff angewiesen oder auf das, was sie in den weit verstreuten Dörfern erhandeln können. Einige alte Zeitungen sind dabei. Ewald liebt es, hinter einer Zeitung zu sitzen, auch wenn der Lauf der Geschichte längst weitergegangen ist. Ebenso sind seine Bücher dabei, die er in der Missionszentrale bestellt hat. Der Kapitän, der das Entladen kritisch verfolgt, drückt Ewald einen Stapel Briefe in die Hand. Grüße aus Deutschland, Briefe von anderen Missionaren in China, Missionsmitteilungen aus anderen Ländern und der besondere Brief mit dem Geld aus der Zentrale. Erst wenn Ewald dem Kapitän ein Schreiben mitgibt, dass alles wohlbehalten angekommen ist, wird der Überbringer von der Missionsleitung in Schanghai ausgezahlt. Geht die Ladung unterwegs verloren oder wird das Schiff von Räubern gekapert, dann ist es Joss – schlechtes Schicksal. Doch auf diese Weise ist man ziemlich sicher, dass die Ladung vollständig beim Empfänger ankommt. Manchmal muss so ein Bootsführer mit seiner Mannschaft auch darum kämpfen, dass sie an Blockaden und räuberischen Piraten vorüberkommen. Nicht ohne Grund hat der Kapitän seine Zähne verloren. Ewald ist sich sicher, dass auf dem Schiff auch Waffen mitgeführt werden. Das ist zwar nicht erlaubt, aber manchmal ganz hilfreich ...

Als Ewald zum Haus kommt, hat Henriette bereits Besuch. Ihre kleine Freundin ist eine der Ersten, die sich zu ihr getrauen. „Du bist aber gewachsen. So ein richtig großes Mädchen bist du schon. Weißt du auch, wie viele Jahre alt du bist?", fragt Henriette.

„Natürlich weiß ich das, ich bin im Frühjahr fünf geworden – fünf Jahre." Chenxi hält Henriette ihre Hand mit gespreizten fünf Fingern entgegen.

„Fünf Jahre, so groß! Ich bin so froh, dass du bei uns bist und dass ich jetzt wieder bei euch sein kann, Chenxi. Geht es deiner Mutter auch gut?"

„O ja, es geht mir gut", hört man es von der Tür her. Chenxis Mutter, die Hebamme Lui Lan, steht dort und beobachtet nicht ohne Stolz, wie schnell ihre Tochter das Vertrauen der Missionarin wiedergewonnen hat.

„Lui Lan, ihr habt mir alle in Schanghai so gefehlt. Das Krankenhaus war immer voller Menschen, aber kaum jemand kam einmal zu mir. Wie sehr hätte ich wenigstens einmal jemand aus der Station bei mir gehabt. Aber ich weiß ja, dass es unmöglich ist, die weite Strecke für einen Besuch zu überwinden."

„O ja, wir hätten das wirklich gern getan, aber keiner von uns konnte für mehrere Wochen hier weg", entschuldigt sich Lui Lan. „Hast du viel gelitten? Geht es dir jetzt wieder richtig gut?", tastet sich die Hebamme vorsichtig heran.

„Die Einsamkeit war das Schlimmste. Meine Operation ist gut verlaufen, die Lungenentzündung ausgeheilt und das Fieber ist vorbei. Irgendetwas stimmt mit meiner Verdauung nicht, aber die Ärzte konnten nichts finden. Es geht mir gut, besonders jetzt, da ich wieder hier bin – in meinem Zuhause." Sie muss selbst lächeln, als sie das so sagt. Ihr Zuhause ist ja eigentlich in Thüringen in Deutschland. Seit acht Jahren ist sie in China. Hier hat sie Ewald kennengelernt. In diesem fremden Land haben sie geheiratet und seit sechs Jahren sind sie an diesem Ort von der Missionsleitung eingesetzt.

Das Zentrum der Missionsgesellschaft befindet sich in Deutschland. Die Überseestation der Gesellschaft ist in Schanghai. Von dort werden sie versorgt, mit Geld, mit Informationen und mit Dingen des täglichen Lebens, die sie nicht in der unmittelbaren Umgebung einkaufen können. Aber jetzt zu Zeiten des Bürgerkrieges zwischen Japanern, Nationalisten, Kommunisten und umherziehenden Räuberbanden – meist entlaufenen Soldaten – ist es schwierig, ein Netz von Verbindungen aufrechtzuerhalten. Jede Reise wird zu einem Wagnis und schon mancher Missionar ist dabei nicht an seinem Ziel angekommen. Sie ist damals, als das Leben noch ruhiger war, als junge Architektin ausgesandt worden, um Krankenhäuser und Kinderheime nach europäischem Standard zu bauen.

Zwei Kinder hat sie bekommen, aber keins hat die ersten vier Monate überlebt. Das Klima, die Krankheiten, die fehlende Hygiene haben die schwächlichen Säuglinge dahingerafft. Auch sie ist mit ihrer Gesundheit eigentlich nicht für das raue Leben hier geschaffen. Aber die Liebe zu Ewald ist es, was sie aufrecht hält. Ihr Mann hat die Entscheidung immer und immer wieder abgewogen. Was soll er tun? Bleiben oder gehen? Immer wieder fragte er Gott, was denn sein Wille ist. Den Dienst für Gott hier tun oder um seiner Frau willen zurück nach Deutschland gehen? Er hat Gott auch gefragt, ob sie in ein klimatisch günstigeres Land umziehen sollen, aber es kam keine eindeutige Antwort. Im Grunde weiß er ja, dass er hier gebraucht wird. Die Menschen dieser Region haben es ihm angetan. Er fühlt sich zu ihnen gesandt und glaubt, dass er hier gebraucht wird.

Allerdings, Erfolge hat er in seiner Arbeit bisher kaum erlebt.

Ganz selten lässt sich mal ein Chinese taufen, und manchmal ist sich Ewald auch nicht sicher, ob es wirklich eine Glaubenstaufe ist oder ob sich der Täufling nur Vorteile erhofft. Bitter stößt ihm bis heute auf, dass Heng Xin ihn so enttäuscht hat. Ewald hat ihn als streunenden und völlig heruntergekommenen Soldaten aufgenommen. Sein Äußeres erinnerte zwar eher an einen Opiumhändler mit seinem runden Gesicht, den kleinen Augen und dem Glatzkopf. Er hat ihn als Bauarbeiter an der Kapelle eingesetzt und ihn bald zum Vorarbeiter gemacht, weil er geschickt zupackte und auch mit anderen Arbeitern und Tagelöhnern gut zurechtkam. Heng Xin war bei den Andachten und Gottesdiensten immer dabei und bald wollte er sich auch taufen lassen. Das war schon ungewöhnlich schnell, aber Ewald freute sich über den Eifer und das geistliche Interesse seines Vorarbeiters.

Heng Xin kam die Missionare auch privat besuchen. Am Sonntagnachmittag war er oft bei ihnen und trauerte auch mit, als die kleine Martha der Burkers starb. So gab es zu Ostern die erste Taufe in der Missionsstation, nach drei Jahren Arbeit. Ein Freudenfest, was nicht alle Chinamissionare schon nach drei Jahren feiern konnten. Heng Xin wurde immer zutraulicher und Ewald hatte schon die Idee, ihn zu seinem Stellvertreter auf der Missionsstation zu machen. Doch irgendetwas hielt ihn zurück. Es war kein Misstrauen, aber eine Stimme in ihm, die zur Vorsicht und zu langsamen Schritten mahnte.

Und dann kam der Überfall. Eine Horde wilder und in Lumpen gekleideter Männer stürmte die Station, schoss und prügelte brutal um sich. Sie ergriffen zielsicher alle Wertgegenstände und fanden auch in Burkers Haus, ohne lange zu suchen, die Gelder, das kleine bisschen Schmuck, das Henriette besaß, und die technischen Geräte. Nach dem Überfall – bei dem zum Glück kein Mensch getötet wurde – war Heng Xin weg. Er kam auch in der Nacht oder am nächsten Tag nicht zurück. Da mussten sich Burkers eingestehen, dass er sie getäuscht hatte und die Räuberbande von ihm angeführt worden war. Diese Enttäuschung ist schmerzlich, auch noch nach Jahren. Aus der Stadt hörte Ewald, dass Heng Xin inzwischen bei den Kommunisten einen hohen Posten bekleidete.

Zwei weitere Menschen haben sich taufen lassen: die junge Ai Lin und ihre Mutter. Ai Lin arbeitet in der Küche, die Mutter ist krank und kann nur stundenweise etwas helfen. Aber die beiden sind von einer tiefen Frömmigkeit geprägt und besonders die Mutter ist viel in der Kapelle und betet. Sie sagt immer zu Henriette, wenn sie sie auf dem Weg zur Kirche trifft: „Ich gehe jetzt arbeiten", dabei lacht sie, dass man ihre reichlichen Zahnlücken zu sehen bekommt.

Missionsarbeit in China ist hart, sehr hart. Das Misstrauen gegen den Glauben der Ausländer ist seit den Opiumkriegen nur noch stärker geworden. Wer Christ wird, verlässt nicht nur eine jahrtausendalte Kultur, sondern wendet sich auch gegen die Tradition der Familie. Bei seinem großen Vorbild Hudson Taylor hat Ewald gelernt, dass man mindestens zehn Jahre braucht, um das Denken der Chinesen zu verstehen, aber dass man sie zwanzig Jahre lieben muss, um in ihr Herz sehen zu können. So können nur das Wort Gottes und der Heilige Geist etwas bewirken.

Zum Gottesdienstbesuch kann er die Bewohner und Mitarbeiter der Missionsstation nicht zwingen, aber es wird in der Gottesdienstzeit nicht gearbeitet. So setzen sich viele schon aus Interesse oder Neugierde in die kleine Kapelle. Sie singen die Lieder gern mit und machen beim Beten verlegene Gesichter.

Natürlich kommt heute auch Ai Lin mit ihrer Mutter vorbei, um Henriette zu begrüßen. Sie bringen einen Beutel Jasmintee mit, dem wohl besten und beliebtesten in China. Viele Mitarbeiter und Freunde kommen, alle bringen eine Kleinigkeit mit und drücken ihre Freude aus, dass die gute Seele von „Zion" wieder da ist.

Am Abend sind Henriette und Ewald endlich allein. Es gäbe viel zu erzählen, was sich alles in den fünf Monaten zugetragen hat. Erfreuliches und Enttäuschendes aus der Missionsstation. Henriette könnte berichten, welche Schrecken durch Schanghai gehen und was von der Weltpolitik durchgedrungen ist – nichts von dem interessiert sie jetzt. Sie sind sich einfach nahe, liegen beieinander, weinen vor Glück und Entleichterung, berühren sich zärtlich und wollen einfach nur beieinander sein. Wie haben sie sich in der vergangenen Zeit nach diesen Stunden gesehnt. Aber alle Zärtlichkeit hat den ängstlichen Unterton, dass es vielleicht nur eine kurze Zeit ist. Das Glück, das sie jetzt miteinander erleben, scheint bedroht und flüchtig. Zu bewegt und zu unsicher ist das Leben in China. Schließlich schlafen sie so eng umschlungen ein, dass ihnen am Morgen die Arme schmerzen.

Ein neuer Tag beginnt auf der Missionsstation – für Ewald ist es ein glücklicher Tag. Jetzt sind sie wieder zu zweit, um den Tag zu planen. Sie werden miteinander Aufgaben erledigen, und alles, was er tut, ist jetzt wieder für Gott und für einen Menschen, den er mehr lieb gewonnen hat, als er sich das früher als junger Mann je vorstellen konnte. Gemeinsam sitzen sie auf der von ausschwingenden Dachspitzen geschützten Terrasse ihres Wohnhauses. Sie genießen ein europäisches Frühstück, was sie sich an Festtagen manchmal leisten. Dann lesen sie gemeinsam einen Psalm, singen einen deutschen Choral und besprechen mit Gott den Tagesplan. Manchmal leisten sie sich diese für Chinesen so fremden Annehmlichkeiten. Sonst wollen sie sich aber der Lebensweise der Menschen hier möglichst weit anpassen. Sie essen alles, was Ai Lin kocht, und haben sich gut an die chinesische Küche gewöhnt. In der Missionsstation hat Ewald lieber seine bequeme europäische Kleidung an. Wenn er über

Land geht, dann zieht er chinesische Kleider an, um zu zeigen, dass er einer von ihnen sein möchte. Auch das hat er seinem großen Vorbild Hudson Taylor abgeschaut.

Während Ewald die Post liest, die Warenlisten sortiert und in die Bücher einschreibt, ist Henriette unterwegs. Sie besucht die Kranken, versucht mit jeder Frau ein kurzes persönliches Gespräch zu führen. Ihr Sprachstudium ist leider durch die Krankheit nicht so weitergelaufen wie gedacht, aber es reicht, mit den Menschen kurze persönliche Nachrichten auszutauschen.

Ein chinesischer Prophet

Auf dem kleinen Gemüsefeld hinter den Hütten der Krankenbaracke trifft sie He Han. Er winkt ihr mit der Hacke schon entgegen und kann sich nur mit Mühe aufrichten. Sie zieht ihr Seidentuch vom Hals und winkt ihm damit zu. Das ist ein alter Brauch, den sie seit ihrer ersten Begegnung immer wieder vollziehen. Er lacht Henriette zu, seine Augen strahlen und seine letzten beiden Zähne blinken aus dem offenen Mund. Leider sind der obere und der untere Zahn nicht genau gegenüber stehen geblieben, sodass er beim Kauen viel Geschick aufwenden muss, um eine Gemüsestange oder ein Stück Fleisch zu trennen. Damit er seine wertvollen Speisewerkzeuge nicht gefährdet, nimmt er beim Essen oft die Hände zu Hilfe, was von den graziös mit Stäbchen Essenden als barbarisch gerügt wird. Aber dem Alten nimmt man das nicht übel. Ohne ihn gäbe es die Station nicht und überhaupt gebührt ihm Achtung und Ehrerbietung.

He Han ist sicher schon weit über achtzig Jahre alt, er weiß es selbst nicht genau. Er ist schon viele Jahre Christ. Zum Glauben kam er auf einem Flussschiff. Er reiste als Matrose und dabei lernte er einen Missionar kennen. Dieser erzählte ihm das erste Mal von dem fremden Jesus Christus und He Han interessierte das so sehr, dass er sich jede freie Minute zu dem Missionar setzte und ihn über diesen Glauben ausfragte.

Am meisten beeindruckte ihn, wie der Jünger Philippus einen Reisenden taufte. Kurz bevor der Missionar dann das Schiff verlassen musste, wollte sich He Han taufen lassen. Doch dem Missionar war das zu plötzlich und er wollte nicht. Da sprang He Han einfach vom Schiff ins Wasser und schrie um Hilfe, weil er nicht schwimmen konnte. Der Missionar sprang hinterher und zog ihn ins seichte Uferwasser. Hier sagte He Han zu ihm: „Jetzt sind wir im Wasser, jetzt taufe mich!" Dieser „Glaube" hat dann den Missionar doch überzeugt und er taufte ihn auf den Namen des Vaters, des Sohnes und des Heiligen Geistes. Sie haben sich nie wiedergesehen, aber He Han behauptet seitdem fest, dass er ein Christ sei, wie es in dem heiligen Buch steht.

Natürlich hat er sich bald eine Bibel besorgt, obwohl er nicht lesen kann. Dieser Kauf hat ihn fast sein ganzes Vermögen gekostet. Damals waren die Bibeln noch sehr teuer und kaum zu haben. Wenn er unterwegs einen Menschen traf, der lesen konnte, musste der ihm einige Kapitel aus seiner Bibel vorlesen und He Han behielt die Worte wie eingeprägt in seinem Gedächtnis.

Jedenfalls war er es, der die Missionsstation hier am Dang-Shui-Fluss gegründet hat. Er steckte ein Stück unbewohntes und unbebautes Land ab, setzte ein vier Meter hohes Kreuz darauf und fuhr nach Schanghai. Dort fragte er sich zur Missionsgesellschaft durch und erklärte den erstaunten Mitarbeitern, dass am Dang Shui, weit im Inland der Provinz Sichuan, eine Missionsstation existiere. Dafür brauche man jetzt einen Missionar. Alles andere sei vorhanden.

Natürlich ging das so nicht und He Han wurde mit Vertröstungen und Ausflüchten abgewiesen. Doch er wollte die weite Reise nicht umsonst gemacht haben. Am nächsten Tag war er wieder vor der Tür. Schließlich begann er mit der Bibel zu argumentieren. Paulus sei auch dahin gegangen, wo ihn nur ein Mensch gerufen hatte – und das im Traum. „Hier steht ein lebendiger Mensch vor euch und ich rufe nicht ins unbekannte Land!" Mehrere Wochen ging He Han den Mitarbeitern auf die Nerven, bis sie ihm zusagten, einen Missionar zu schicken. Aber so konnte man He Han nicht vertrösten. Er sagte, dass er nur von hier fortginge, wenn er den Missionar mitnehmen könne.

Schließlich war den Mitarbeitern klar, dass hier nicht nur ein sturer und nerviger Mensch stand, sondern dass Gott anscheinend eine Tür öffnete, die sie nicht verschließen durften. So wurde schließlich Ewald ausgewählt, mit He Han die tausendsiebenhundert Kilometer ins Landesinnere zum Dang Shui zu reisen, um sich die Missionsstation anzuschauen.

Damals konnte man noch unbehelligt die Flüsse befahren. Es war abenteuerlich für Ewald, mit diesem begeisterten Christen unterwegs zu sein. Schnell merkte Ewald, dass He Han nur einige biblische Geschichten kannte, sie aber immer wieder zitierte. So begannen sie auf der Fahrt mit dem gemeinsamen Bibelstudium. Ewald fragte, ob He Han denn eine Bibel habe. Natürlich habe er die, aber die sei in seinem Dorf, der Lehrer würde sie gerade lesen. Er wäre es ja auch, der ihm die Geschichten immer vorlese – es fiel ihm schwer einzugestehen, dass er ja selbst nicht lesen konnte. Er war immer auf fremde Hilfe angewiesen, wenn er Gottes Wort hören wollte. Deshalb waren auch die bildhaften Geschichten bei ihm so hängen geblieben. Erstaunlich war für Ewald, wie schnell der alte Chinese dennoch auch die theologischen Aussagen des Paulus und sogar die Psalmen aufnahm und behielt.

Je näher sie der Station kamen, umso mehr begeisterte Ewald das Land. Noch nie hatte er solche Schönheiten von Bergen gesehen. Steile Felskuppen und bewaldete Hänge, tiefe dunkle Schluchten und schäumende Wasserfälle. Sie waren mit einem Postschiff unterwegs. An unzähligen Haltepunkten rechts und links vom Fluss wurde Ladung gelöscht, wurden Naturprodukte an Bord genommen, Menschen stiegen ein oder aus, bepackt mit Körben, zusammengeschnürten Tüchern und Bambusstangen, an denen schwere Lasten und nicht selten lebende Tiere hingen. Geschlafen wurde in Hafenschuppen, mal in einer Herberge oder auch auf dem Schiff.

Nach drei Wochen kam tatsächlich rechts auf der Uferböschung ein Kreuz in Sicht. He Han wurde äußerlich ganz ruhig, aber innerlich war er total erregt. Was würde der Missionar jetzt sagen? Hat He Han ihm nicht versprochen, es sei „alles vorhanden"? Aber Ewald ahnte nichts Ungewöhnliches. Er dachte, die „Missionsstation" befinde sich hinter den Bäumen oder ein Stück weiter vom Fluss entfernt. Doch es war nicht einmal eine Anlegestelle für das Schiff vorhanden. So fuhr es mit dem Bug langsam auf das seichte Ufer und die beiden mussten vom Schiff ins Wasser springen. Ihr Gepäck wurde ihnen über die Reling gereicht, während sie im hüfthohen Wasser standen. Dann tuckerte der Motor schon wieder los und das Schiff zog sich rückwärts auf den Strom zurück. „Herzlich willkommen im Königreich Jesu Christi", sagte He Han mit breitem Lächeln.

Das „Königreich" bestand aus Büschen, einigen Bäumen, sumpfigem Boden und ebendiesem Kreuz. Dann forderte He Han auf: „Lass uns beten, Bruder." Und er dankte inbrünstig für den Missionar und dass Gott seine Gebete schon erhört hatte. Dass hier eine großartige Missionsstation entstehen und das ganze Land zum Glauben an Jesus kommen werde. Ewald war es unheimlich zumute. Was sollte er jetzt beten? Gott würde ihn sicher verstehen, wenn er ihm seine ganze Verzweiflung sagte, aber er konnte doch den alten, glaubensstarken Mann nicht enttäuschen. So betete Ewald auf Deutsch, brachte Gott seine Ratlosigkeit, klagte ihm, dass er sich total verkauft vorkam und dass er nicht wusste, wie das hier weitergehen sollte.

He Han verstand natürlich nichts, aber nach jedem Halbsatz hörte man sein lautes Amen. Dass der alte Mann Ewalds Verzweiflung mit seinem Amen so begeistert unterstützte, rang Ewald dann doch ein Lächeln ab und tröstete ihn.

Dann gingen sie zum Kreuz. Hier stellte sich He Han auf und sagte: „Das hier ist der Mittelpunkt der Missionsstation. Was muss jetzt alles noch kommen? Das weißt du doch, was hier gebaut werden muss."

„Wir brauchen Wohnhäuser, eine Schule, eine Krankenstation, eine einfache Unterkunft für Reisende, eine zentrale Küche und eine Kapelle. Hier beim Kreuz ist ein guter Platz für eine Kapelle."

„Gut", sagte darauf He Han, „dann bauen wir ein Wohnhaus für dich und deine Familie, fünf Wohnhäuser für Arbeiter, ein Haus mit vielen Zimmern für Gäste, ein Krankenhaus, eine große Schule, eine Küche mit fünf Feuerstellen und eine Kirche mit einem richtig hohen Turm."

„Ja, He Han, das wird vielleicht in fünfzig Jahren hier stehen." Ewald schaute mit abwesendem Blick auf die sumpfige Buschlandschaft vor ihm, während sich die Moskitos schon kräftig an ihm labten.

Am Abend kamen sie in He Hans Dorf an, eine halbe Stunde weiter den Fluss aufwärts und dann einen steilen Berghang hinauf. Die einfachen Bauern hatten noch nie einen Weißen gesehen. Ein Kind lief schreiend zur Mutter. Frauen und Männer kamen und berührten Ewalds helle Haut und seine blonden Haare und machten sich über die lange Nase lustig. Zum Schlafen bot man ihm den besten Platz im Dorf an – den Kang im Gemeinschaftshaus. Dieser Schlafplatz liegt über der Feuerstelle und ist im Winter sehr beliebt. Meist zieht sich die ganze Familie darauf zurück – aber jetzt war kein Winter und es war im Gegenteil sehr heiß!

Die folgenden Tage waren davon geprägt, dass Pläne gemacht wurden. Aber es gab für die Häuser weder Zeichnungen noch ein Aufmaß. Man sprach vom kleinen Haus oder vom großen Haus, von breiter Küche oder erhabener Kapelle. Ewald war mit seiner Vorstellungskraft am Ende. Er schickte einen Brief mit dem nächsten Postschiff nach Schanghai, schilderte die Lage und erbat eine Antwort, was er tun sollte. Doch ihm war klar, dass er frühestens in sechs Wochen eine Rückantwort bekommen konnte.

Aber je länger er in dem ärmlichen Dorf lebte, umso mehr wuchsen ihm die Menschen ans Herz. Die Kinder wurden zutraulich, die Frauen begannen ihm kleine Leckerbissen zuzustecken (von denen er lebende Objekte verschämt verschwinden ließ) und die Männer fingen tatsächlich an, Holz zu schlagen, Bretter zu sägen und Nägel zu schmieden. Drüben in der Missionsstation begann langsam ein Haus zu entstehen. He Han war kein Organisator, er konnte aber motivieren wie kein anderer. Immer wieder ging er auf die Baustelle, besuchte die Arbeiter im Wald, stellte sich vor das halb fertige Haus und betete laut und inbrünstig.

Der Lehrer dagegen entpuppte sich als Organisationsgenie. Sobald der Unterricht in der schimmeligen dunklen Hütte, die als Schule diente, zu Ende war, eilte er im Laufschritt hinüber zur Baustelle. Er legte Stücklisten von Baumaterialien an, teilte die Arbeiter ein, ließ Steine heranschaffen und schließlich begann man sogar den Platz vor dem entstehenden Haus zu pflastern – ein Luxus, der im Dorf an keiner Stelle anzutreffen war.

Ewald machte sich stark, das Land zu entwässern. Das hatte

er im Sauerland bei den Bauern beobachtet, wie sie tiefe Gräben zogen und Tonrohre hineinverlegten. Tonrohre hatte er natürlich hier nicht, aber die Gräben halfen schon, das Gelände so zu entwässern, dass die freiliegenden Flächen abtrockneten und sich gut bearbeiten ließen. Drei junge kräftige Männer halfen ihm dabei, aber die Arbeit, die er nicht gewöhnt war, zehrte an seinen Kräften.

So machten sie immer wieder Pausen und in diesen Zeiten erzählte Ewald biblische Geschichten. Manchmal sagte einer, dass er diese Geschichte schon gehört habe. Der Lehrer hatte an langen Winterabenden, wenn sie alle im Gemeinschaftshaus zusammensaßen, aus He Hans Bibel vorgelesen. Aber an Jesus Christus glauben, das wollten sie nicht, das sei nur etwas für He Han – „und für mich und für viele Menschen in der weiten Welt", fiel ihnen Ewald ins Wort.

„Ja, aber du bist Ausländer, dort lebt dieser Gott. Hier in China leben andere Götter, und wenn wir die verlassen, dann trifft uns ihr ganzer Zorn. Nein, wir können nicht an diesen Jesus glauben." Ewald freute sich über die Offenheit, merkte aber auch, dass es ein weiter Weg bis zu den Herzen der Menschen war. Hier konnte nur Gott selbst die Sehnsucht nach ihm ins Herz schenken.

Nach einigen Wochen – es war noch keine Nachricht aus Schanghai gekommen – verstellte He Han Ewald den Weg. Er blickte ihn ernst und entschlossen an: „Du musst jetzt zurück nach Schanghai oder nach Deutschland. Such dir eine Frau und dann komm wieder. Wir brauchen hier eine Frau, die sich um die Kranken kümmert, die unsere Frauen berät und unseren Kindern von Jesus und Maria, von Abraham und Philippus erzählt."

„Aber ich kann euch doch jetzt nicht einfach verlassen. Jetzt, wo die Missionsstation entsteht. Das erste Haus ist fast fertig und die jungen Männer wollen mehr Geschichten von Jesus hören."

„Nein, du nimmst das nächste Schiff und kommst mit einer Frau zurück – das ist auch besser für dich. Ein Mann braucht eine Frau, sonst ist er kein richtiger Mann." Dem war eigentlich nicht zu widersprechen.

Liebe auf dem Gelben Meer

So war Ewald einige Tage später mit dem Postschiff wieder Richtung Schanghai unterwegs. Das Boot trieb mit der Strömung schneller flussab, sodass sie in zwölf Tagen die Küste erreichten. In der Missionsstation war man überrascht, den „entführten" Missionar wiederzusehen. Es war ein Brief an ihn unterwegs, der ihm dringend riet, am Dang-Shui-Fluss zu bleiben, weil es im Land immer mehr Kämpfe zwischen Nationalisten und Kommunisten gab. Einige Missionsstationen im Küstenbereich waren schon durch die Kämpfe verwüstet worden. Einige Missionare waren als Geiseln genommen worden, weil man mit ihnen Geld erpressen wollte, zwei waren zwischen den Fronten ums Leben gekommen.

Und in dieser Situation sollte er eine Frau finden? Als ob man das so arrangieren konnte. Insgeheim war er ärgerlich über He Han – über seine blöden Ideen und auch darüber, dass er Ewald wie einen kleinen Jungen quer durch China schickte. Weitab vom „Königreich Zion" argumentierte er in seinen stillen Stunden mit ihm: „Wer ist denn hier der Missionar, der weiß, was zu tun ist?"

Doch der alte chinesische Christ schien eine besondere Verbindung zu Jesus zu haben. In der Geschäftsstelle der Mission traf Ewald drei junge Frauen aus Europa, die sich für den Missionsdienst ausbilden ließen. Eine Französin wollte als Krankenschwester arbeiten, eine Engländerin als wandernde Missionarin und die dritte, eine Deutsche, sollte neue und effektive Methoden entwickeln, um Missionsstationen aufzubauen. Sie war Architektin. Die drei mussten vor allem erst einmal die Sprache lernen.

Natürlich suchte Ewald nur das Fachgespräch mit der Deutschen und er erzählte von He Han und seiner merkwürdigen Vision. Sie lachten viel über den alten Kauz, denn Ewald konnte sehr bildhaft erzählen. Mit der Zeit fanden sie sich nicht nur sympathisch, sondern spürten eine zarte Liebe zueinander wachsen. Ewald ging die ganze Entwicklung zu plötzlich und er fand sie unheimlich. Sollte Gott alles so vorbereitet haben, ohne dass Ewald selbst etwas unternommen hatte? Sein Ideal war das einer intensiven Brautsuche, einer engagierten Brautwerbung oder zumindest von Liebe auf den ersten Blick. Als Teenager hatte er sich vorgestellt, dass er schlaflose Nächte haben würde, keine Minute ohne seine Angebetete auskommen könnte, Gedichte schreiben und einige Zentimeter über dem Boden schweben würde. Aber es war alles so nüchtern, so vorgegeben, so arrangiert.

Henriette war da anders geartet. Für sie war alles Gottes Führung und sie konnte nicht verstehen, warum Ewald so kühl blieb. Sie träumte sich schon in seinen Armen und schwankte innerlich bei dem Wunsch zwischen drei und fünf Kindern. Sie hätte ihn gern ermuntert, etwas mehr Zärtlichkeit zu zeigen, aber das verbot ihr die anerzogene Schüchternheit. So quälte sie sich oft nachts mit Ängsten, dass Ewald sie vielleicht gar nicht liebte. Aber wenn sie dann an freien Tagen wieder beieinander waren, tat ihr seine Nähe so gut, dass sich alle Befürchtungen auflösten wie der morgendliche Nebelschleier über dem Hoang Pu.

So oft sie konnten, gingen sie am Bund, der vornehmen

Strandpromenade entlang, genossen die frische Luft am Wasser, redeten viel, sprachen über ihre Empfindungen und schauten sich gegenseitig in die Seele. Nach solchen Spaziergängen war Henriette glücklich und gelöst und Ewald zutiefst verunsichert.

Natürlich war auch der Missionsleitung aufgefallen, dass die beiden viel Zeit miteinander verbrachten. So beschlossen sie – im Sinne einer zukünftigen Missionsfamilie – der Zusammenführung etwas nachzuhelfen.

Sie beschlossen, die beiden zu einer Art Praktikum auf eine Missionsstation in der Nähe von Kanton zu schicken, dorthin, wo die politischen Unruhen noch nicht vorgedrungen waren.

Die Reise mit dem Schiff war damals die günstigste, aber es war keine ruhige Flussfahrt, sondern das Gelbe Meer setzte der Dschunke ordentlich zu. Beide wurden seekrank und erlebten eine Phase, in der sie sich gegenseitig brauchten. Als die See nach drei Tagen ruhiger wurde, genossen sie die Zeit an Deck. Sie liebten es, in der Sonne zu sitzen oder einfach den ziehenden Wolken nachzuschauen. Am Abend waren sie noch oft auf dem hohen Heck der Dschunke. Bei einer leichten Brise wurde der Motor nicht eingeschaltet und der Wind schob das Schiff mit leicht geblähten Segeln sanft vor sich her. Sie schauten an die Reling gelehnt in den wunderbaren Sternenhimmel. Ewald stand hinter Henriette, er spürte durch das dünne Kleid ihre Wärme und merkte, wie sie sich an ihn lehnte. Jetzt schloss er seine Arme von hinten um sie und drückte sie fest an sich. Sie hob den Kopf und Ewald meinte schon, sie wolle eine abwehrende Bemerkung machen, da sah er ihre geschlossenen Augen und den Glanz um ihren Mund. Es war ihr erster Kuss, erlösend, befreiend und mehr als die Berührung ihrer Lippen.

Die Zeit bei Kanton war geprägt von ihrer wachsenden Liebe zueinander. Aber es gab viel zu lernen über den Alltag in einer Missionsstation. Gottesdienst, Hausarbeit, Buchführung,

Landwirtschaft, Krankenpflege, Hausbesuche und Evangelisationsdienst auf der Straße, Verteilen von Traktaten und Verkauf von christlichen Büchern. Nur mit ihrem Sprachstudium kamen sie nicht weiter. Hier sprach man das kantonesische Chinesisch und nicht das Hochchinesisch. Beide Sprachen sind so verschieden, dass eine Verständigung kaum möglich ist. So ging die Verständigung auf der Station meist nur auf Englisch vor sich. Die Beziehung von Ewald und Henriette war in ein Stadium eingetreten, in dem sie sowieso in einer anderen Sprache ablief – der internationalen Sprache der Liebe und Zärtlichkeit. Sie erlebten wunderbare Wochen des Glücks und es gab für beide keine Fragen mehr im Blick auf die Zukunft. Sie wollten das Leben gemeinsam meistern, und zwar hier in China. Zu deutlich hatte Gott den Weg vorgezeichnet, zu dem auch Ewald bald ein ganzes, dankbares Ja finden konnte.

Der Weg zurück nach Schanghai war nicht einfach, denn die Japaner hatten inzwischen die Stadt besetzt. Mit grausamer Härte gingen sie gegen die Chinesen vor und spielten ihre mit Brutalität erkämpfte Macht aus. Es gab Raubzüge durch die Straßen, willkürliche Massenerschießungen, sinnlose Vorschriften gegen Chinesen und Säuberungsaktionen gegen alle, die sich gegen die Besatzer äußerten.

Die Missionare als Ausländer blieben vorerst noch vor Übergriffen verschont – weil sie bei der Pflege von Verwundeten keinen Unterschied machten und auch Japaner in ihre Hospitäler und Krankenbaracken aufnahmen. So konnten nach langen Verhandlungen auch Henriette und Ewald von Bord der Dschunke gehen. Sie erkannten die Stadt kaum wieder. Viele Häuser waren zerstört, die Gärten verwüstet und in den Parks hatten die Japaner ihre Militärlager aufgeschlagen. Auf den Straßen hockten viele Bettler, ohne die Hoffnung auf irgendein Almosen. Zwischen ihnen lagen Tote. Um sie kümmerte sich niemand. An den Rändern der Prachtstraßen lag der Müll. Es hatte zur Hygiene der Stadt gehört, dass am Morgen die Jaucheträger mit ihren „Honigeimern" durch die Straßen liefen und die Nachttöpfe der Bewohner leerten. Jetzt wurde der Unrat einfach vor das Haus gekippt. Das geordnete Leben der Millionenstadt war zusammengebrochen.

In der Geschäftsstelle der Missionsgesellschaft lief das Leben noch einigermaßen geordnet. Man hatte auch Versorgungsprobleme und das Haus war mit Flüchtlingen aus zerstörten Stationen bis unter das Dach vollgestopft, aber der Tag mit Gottesdienst und Einsatzzeiten verlief noch wie vor der Besetzung.

In Nanjing, der damaligen Hauptstadt, hatten die japanischen Soldaten im Dezember 1937 aus Wut darüber, dass Chiang Kai-schek aus der Stadt geflohen und ihnen somit entgangen war, ein fürchterliches Blutbad angerichtet. Innerhalb von zehn Tagen wurden siebzigtausend Menschen abgeschlachtet. Insgesamt kamen in acht Wochen dreihunderttausend Menschen ums Leben. Es gab für Chinesen keine Zuflucht. Die Japaner vollzogen Massenexekutionen, mordeten und vergewaltigten planlos und mit äußerster Bestialität. Ausgerechnet ein Deutscher stellte sich mit wenigen Ausländern der grausigen Maschinerie entgegen. Sie gründeten eine internationale Sicherheitszone, die von den Japanern zeitweise anerkannt wurde. Ewald lernte John Rabe kurz kennen, als er als Kurier zur Kirchenleitung nach Nanjing geschickt wurde.

Als Ewald noch versuchte, im Straßengewirr der Altstadt Rabes Adresse zu finden, kamen Menschen schreiend auf ihn zugelaufen. Die Japaner schossen in die Gruppe und Ewald drückte sich in eine Häuserecke, um nicht getroffen zu werden. Ausländer hatten eigentlich nichts zu befürchten, aber bei der unkontrollierten Jagd auf Chinesen konnte man schnell einen Querschläger abbekommen.

Kaum waren die japanischen Soldaten vorbei, lief ein Europäer mit rundem Glatzkopf und Brille hinter den Gejagten und den Jägern her. Er konnte nicht Schritt halten, weil er eine große Fahne mit dem Hakenkreuz schwenkte. Plötzlich sah er Ewald fassungslos in der Hausecke stehen und rief ihm auf Englisch zu: „Ausländer, kommen Sie mit, wir müssen die Chinesen retten."

Der Aufruf klang so ehrlich und dringend, dass Ewald sich neben den Mann gesellte und mit einer Hand auch die Fahne stützte. Er hatte gehört, dass das Hakenkreuz das Symbol der umstrittenen Nationalsozialisten in Deutschland war, konnte sich aber keinen Reim darauf machen, was sie hier in Nanjing zu suchen hatte. „Ich bin Ewald Burker, Deutscher, Missionar aus dem Inland und nur zu Gast hier in Nanjing", rief er im Laufen zu dem älteren Mann, dessen Schritte langsamer wurden.

„Sehr angenehm, ich bin John Rabe, Repräsentant von Siemens. Seit dreißig Jahren lebe ich hier und ich muss die Chinesen vor diesem Wahnsinn retten."

„Aber was machen Sie denn mit dieser Fahne?", rief Edward zurück.

„Japan ist mit Deutschland verbündet, sie werden sich hüten, etwas gegen das deutsche Hoheitszeichen zu tun", erklärte der Siemens-Bevollmächtigte. Sie hatten die Gruppe verloren. Nur einzelne Tote und Verwundete markierten den Weg, den das Grauen genommen hatte. „Kommen Sie mit mir", sagte Rabe entmutigt. „Ich zeige Ihnen meine Schutzzone, die wir eingerichtet haben."

Sie kamen zum Firmengelände der Siemens-Niederlassung. Am Eingang wehten wieder große Hakenkreuzfahnen. „Wir haben hier etwa vier Quadratkilometer, die wir einigermaßen schützen können. Auch auf den Dächern habe ich solche Fahnen ausbreiten lassen, damit japanische Bomber das Gelände verschonen. Das hat bisher auch funktioniert, aber ich bin ständig bei der Kommandantur, um die Japaner daran zu erinnern, dass wir deutsches Hoheitsgebiet sind."

Auf dem zentralen Platz zwischen Büros, Produktionshallen und Mädchencollege sah Ewald, dass eine dreimal sechs Meter große Hakenkreuzfahne ungefähr einen Meter über der Erde ausgespannt war. Rabe sagte mit einem Lächeln: „Darunter schlafen in der Nacht fast zwanzig Chinesen, es ist der bombensicherste Platz in Nanjing." Im Gelände waren mehrere Tausend Chinesen untergekommen. Allein im Privathaus von Rabe waren es zeitweise mehr als sechshundertfünfzig Flüchtlinge. Immer wieder wurden Trupps zusammengestellt, die auf abenteuerlichen Wegen heimlich aus der Stadt und aus der Gefahrenzone gebracht wurden. Über zweihunderttausend Chinesen rettete John Rabe so vor dem sicheren Tod.

Als John Rabe Ewald gerade das Mädchencollege zeigte, stürmte ein Trupp von zwanzig japanischen Soldaten in die Schutzzone. Sie drängten zum College, um sich Mädchen zu holen. Rabe und seine Mitarbeiter hatten keine Waffen, sie konnten den Soldaten nichts entgegenhalten – nur ihre Autorität. Rabe verstellte den Soldaten den Weg. In Chinesisch und Englisch brüllte er sie an, hielt ihnen seine Armbinde mit dem Hakenkreuz entgegen und mimte, dass er sofort die Kommandantur anrufen werde. Er beschwor die japanisch-deutschen Beziehungen und nannte immer wieder den Namen des Kaisers, Tenno Hirohito. So drängte er sie langsam zum Ausgang zurück.

Die gedemütigten Soldaten blieben vor dem Eingang stehen, unschlüssig, wie sie ihrem Frust jetzt Luft verschaffen konnten. Zivilisten sah man kaum noch in den Straßen von Nanjing. Da kam eine Patrouille vorbei, die eine Gruppe von etwa dreißig chinesischen Soldaten als Kriegsgefangene abführte. Diese waren je mit einem Bein an einen anderen gebunden, zusätzlich an den Händen aneinandergefesselt. Unvermittelt eröffneten die enttäuschten japanischen Soldaten das Feuer auf die Kriegsgefangenen. Die Bewacher gingen in Deckung und die chinesischen Gefangenen schrien, wanden sich unter den Schüssen, bis sich in dem blutenden Menschenhaufen nichts mehr bewegte. Mit erhobenen Gewehren, die japanische Nationalhymne singend, entfernten sich die Soldaten und feierten so ihren zweifelhaften Sieg.

Die Missionsleitung nahm die Nachricht, dass Ewald und Henriette heiraten wollten, mit Erleichterung und Hoffnung auf. In vier Wochen sollte die Hochzeit sein und dann wollten sie so bald wie möglich hinauf an den Dang Shui. Es hatte sie eine große innere Unruhe erfasst, als ahnten sie, dass der Mission nicht mehr viel Zeit in China blieb. An einem trüben Sonntag im November fand die Trauung statt, aber es war ein fröhliches Fest trotz Zukunftsangst, Unsicherheit und sie umgebender Gewalt. Natürlich hätten sie beide gern ihre Familien dabeigehabt, aber das war in der Kürze der Zeit nicht möglich, denn in Europa war Krieg, der sich unaufhaltsam über die ganze Welt zog. Doch es gab schon die Telegrafie und so kam pünktlich zum Hochzeitstag ein Telegramm aus Deutschland mit vielen guten Wünschen und dem Einverständnis der Eltern zur Hochzeit.

Ihre Flitterwochen verlebten sie in einem kleinen Ferienhaus der Mission in den Bergen. Aber weil die politische Lage immer schwieriger wurde, trieben sie selbst die Abreise ins Landesinnere voran. Da sie sich dort auf Dauer einrichten wollten, musste natürlich vieles eingekauft und vorgefertigt werden. Ewald kannte ja die Gegebenheiten von „Zion". Manchmal befiel ihn das schlechte Gewissen, seine junge Frau in diese Ärmlichkeit und Abgeschiedenheit zu führen. Die Missionsleitung besaß gerade genügend Geld, weil unerwartete Spenden aus Amerika eingingen und viele Stationen verwüstet beziehungsweise geschlossen waren. So wurde viel an Material und Hoffnung in die neue Station weit im Inland investiert, wo der Krieg sicher nie hinfinden würde. Drei Lastenboote machten sich auf die lange Reise, beladen mit Hausrat, Büroeinrichtung, Medikamenten und Verbandsmaterial, Handwerkszeug, mit Baumaterial und Verpflegung.

Zwischen all den Kisten, Ballen und Fässern hockte ein Paar, eng aneinandergeschmiegt. Die Gedanken der beiden gingen voraus. Sie schmiedeten Pläne. Henriette zeichnete, wann immer sich die Gelegenheit bot. Sie entwarf ihr neues Heim, eine Mischung aus chinesischer und deutscher Architektur.

Als sie sich dem „Königreich Jesu Christi", wie He Han die Missionsstation Zion auch nannte, näherten, war es mit roten Bändern festlich geschmückt und das Haus hinter dem großen Kreuz war tatsächlich fertig, zumindest sah es so aus, als sie sich vom Fluss her langsam näherten. Der alte He Han stand am Ufer auf einer provisorisch errichteten Anlegestelle. Henriette fragte ihren Mann, woher die Leute wussten, dass sie jetzt ankamen. Keiner hatte eine Nachricht geschickt, dass sie unterwegs waren. Ewald erklärte ihr: „Mein Schatz, daran wirst du dich noch gewöhnen, He Han weiß so etwas, er ist ein Prophet." Da stellte sich Henriette vorn an den Bug und winkte mit ihrem Seidenschal dem Alten entgegen. Nun wusste er, dass sein Plan aufgegangen war, dass es Gottes Plan war: Ewald, sein Missionar, kam mit einer Frau, einer Frau für das Königreich Gottes am Dang Shui.

All dies steht Henriette immer vor Augen, wenn sie He Han sieht, und deshalb winkt sie ihm auch heute mit dem Schal zu. Das freut sein kindliches und dankbares Gemüt. Dabei ist er nicht zu durchschauen – wie ein echter Chinese eben. Er stellt sich nicht in den Mittelpunkt, im Gottesdienst ist er meist still, manchmal betet er leidenschaftlich, dann aber immer viel zu lang. Auch hier auf dem Feld macht er unauffällig seine Arbeit, obwohl er in seinem hohen Alter längst ein ruhiges Plätzchen am Rande des Dorfplatzes haben könnte. Aber He Han meint, er brauche Bewegung und die beste Bewegung finde man bei der Feldarbeit.

Henriette geht hinüber zum Dorf, um einige alte und bedürftige Frauen in ihren Hütten zu besuchen. Frauen, die zäh am daoistischen Glauben festhalten, den Götzen ihre Opfer bringen, Angst vor bösen Geistern haben und buddhistische Gebete murmeln. Henriette bringt ihnen etwas Gemüse und wenn Erntezeit ist, auch manchmal Obst. Sie versorgt Wunden und hört sich ihre Geschichten an – obwohl sie davon noch sehr wenig versteht. Sie reden so schnell und undeutlich. Am Anfang hat Henriette immer zurückgefragt, aber das fanden einige unhöflich und beleidigend. So hat sie sich eine Technik angewöhnt, aus dem Silbensalat einiges Bekanntes aufzufangen und sich dann aus dem langen Palaver einen Sinn zu ertasten. Die Gespräche drehen sich meist um Schwiegertöchter, um Haushalt und Krankheiten. Die Frauen haben nichts dagegen, wenn Henriette bei ihnen zum Gott der Christen betet, aber wenn sie aus dem Haus ist, zünden sie schnell Räucherstäbchen an, damit ihre Götter und die Ahnen wieder versöhnt werden.

Seit einiger Zeit hat sich Henriette eine neue Strategie zugelegt. Sie möchte die Sprache der Menschen hier besser lernen. Dazu erzählt sie eine biblische Geschichte und bittet die Frauen, sie zu korrigieren. In jedem Haus erzählt sie die gleiche

Geschichte. Oft sind die jungen Schwiegertöchter dabei und auch die Kinder hören die Geschichten gern. Das hilft ihr tatsächlich, ihr Chinesisch zu verbessern, und es hat den positiven Nebeneffekt, dass sich die Frauen – wenn Henriette wieder fort ist – über die Geschichte unterhalten. Am Abend treffen sie sich auf dem Dorfplatz und es beginnt ein Wettbewerb, wer die Geschichten von diesem Jesus Christus am besten nacherzählen kann. Märchen, Sagen und Geschichten werden von allen Chinesen geliebt und wer gut erzählen kann, ist hoch angesehen. Die Chance haben die Missionare erkannt und nutzen sie.

Für die Chinesen sind das interessante Geschichten aus einer anderen Welt. Dass der christliche Glaube das Leben verändern will, das bleibt den meisten fremd. Zu sehr sind sie in ihrer jahrtausendealten Vorstellung von beseelter Welt und Totenreich gefangen. Auch der Buddhismus ist ihnen letztlich fremd geblieben. Es ist mehr die Zweckmäßigkeit, sich in buddhistischen Meditationen zu üben und zu hoffen, dass man nach dem Tod ein „ruhiges, besseres Leben führen" kann. Ein persönlicher Gott, als ein liebendes Gegenüber, ist außerhalb ihrer Vorstellungswelt. Die Götter sind grausam und unberechenbar, höchstens durch Opfergaben bestechlich, aber mehr nicht. Und wenn es einen Erlöser der Welt geben sollte, dann müsste der in China geboren sein und hier gelebt haben. China ist der Mittelpunkt der Welt. Hier war immer der Thron des Himmels und der Kaiser in Beijing war der Sohn des Himmels. Da kann es keinen Sohn Gottes außerhalb geben oder gegeben haben.

Dennoch kommen einige zum Glauben an Jesus Christus. Seit letztem Herbst gibt es eine kleine Gruppe, die Taufunterricht nimmt. Zwei junge Männer aus dem Dorf, eine Frau aus der Krankenbaracke und Lui Lan, die Zugezogene mit dem Kommunistenkind. Sie waren in einem schlimmen Zustand, als sie auf zusammengebundenen Bambusstangen den Fluss heruntergetrieben kamen. Die Frau abgemagert und apathisch, das Kind voller Ausschlag und unterernährt. Lui Lan konnte das Floß nur mit Mühe ans Ufer lenken. Wenn nicht gerade einige Männer unten am neu errichteten Kai gewesen wären, hätte die Strömung das elende Bündel weitergetrieben. Schon der Anblick der beiden zeigte deutlich, dass sie viel durchgemacht hatten.

Tagelang konnte die Frau nicht sprechen und Henriette kümmerte sich selbst um sie und das kranke Kind. Mit der Zeit kamen beide wieder zu Kräften und Lui Lan erzählte die ganze Geschichte. Als Henriette erfuhr, dass sie in der Missionsstation Bethel die Hebammenausbildung gemacht hatte, musste sie das sofort Ewald erzählen, denn er kannte den Leiter von Bethel. Allerdings hatte er seit Jahren nichts mehr von dort gehört. Bethel lag inzwischen in dem von den Japanern besetzten Gebiet. Dahin gelangten weder Besuche noch Nachrichten – es war sogar zu vermuten, dass es Bethel nicht mehr gab. Nur gut, dass sie hier in Zion so abseits lagen und der furchtbare Bürgerkrieg zwischen Nationalisten, Kommunisten und Japanern nicht bis hierher kam.

Dann erzählte Lui Lan von der Geburt von Chenxi, von ihrer überraschenden Mutterschaft, von den Kommunisten, der Geiselnahme und der Vernichtung des Dorfes durch die Kuomintang. Gemeinsam mit einem jungen Mann und einer Ziege war sie wochenlang durch die Berge geirrt, immer auf der Suche nach einem intakten Dorf. Doch sie fanden nur verbrannte Ortschaften, umherliegende stinkende Leichen und verwüstete Felder. Schließlich trafen sie auf eine Gruppe Soldaten. Sie wusste nicht, von welcher Seite sie waren. Fliehen oder verstecken war nicht mehr möglich. Man vergewaltigte sie bis zur Bewusstlosigkeit und warf das Kind ins Gebüsch. Der junge Mann schloss sich den Soldaten an, was seine einzige Chance zum Überleben war.

Als Lui Lan wieder zu sich kam, waren die Soldaten fort. Chenxi wimmerte im Unterholz. Von der Ziege waren nur noch Fellreste geblieben. Mit Mühe und unter großen Schmerzen kroch Lui Lan in die Büsche und drückte das kleine Wesen an sich, während sie sich immer wieder übergeben musste. Für sie war klar, dass dies das Ende war.

Doch dann fand sie das notdürftig zusammengebundene Bambusfloß. Wenn es einen Weg aus dieser Hölle gab, dann war es der Fluss. Das Kind hatte zum Glück in den letzten Tagen gut getrunken, obwohl es von der viel zu fetthaltigen Ziegenmilch einen schlimmen Ausschlag bekommen hatte. Vorsichtig balancierte Lui Lan mit dem Kind im Arm auf das schwankende Floß. Mit einer Stange stieß sie sich vom Ufer ab und versuchte damit auch zu steuern. Natürlich wusste sie, dass sie jetzt vom Ufer beobachtet und als Zielscheibe benutzt werden konnte, aber die Gegend schien menschenleer zu sein. Anscheinend hatten sich die Soldaten flussaufwärts oder quer in die Berge verzogen. Als Chenxi wieder Hunger bekam, träufelte ihr Lui Lan Flusswasser in den Mund. Das beruhigte, machte aber natürlich nicht satt. So wurde das Weinen des Kindes immer verzweifelter. Das schmerzte Lui Lan noch mehr im Herzen als die körperlichen und seelischen Schmerzen, mit denen sie selbst fertig werden musste.

Nach zwei Tagen kam sie an ein Dorf mit einem Tempel am Fluss. Dort gab man ihr zu essen und auch für Chenxi einen ersten, dünnen Brei, den sie gierig verschlang. Doch im Dorf könne sie nicht bleiben, sagten die Leute. Frauen aus dem Fluss brächten Unglück, sie seien eigentlich böse Geister. Männer reparierten das Floß, einige Frauen gaben Lui Lan Verpflegung mit und sie wurden wieder auf eine ungewisse Flussfahrt hinausgestoßen. Fünf oder sechs Tage war sie wieder unterwegs. Tagsüber bei jedem Wetter auf dem Fluss, immer halb im Wasser sitzend. Etwas in ihrem Bauch begann sich zu entzünden, unerträglich wurden die Schmerzen. Nachts legte sie sich ans Ufer, Chenxi immer in den Armen. Aber die letzten zwei Nächte hatte sie nicht die Kraft, das Floß an Land zu steuern. Sie trieben immer weiter, auch an zwei Dörfern vorbei. Chenxi hatte aufgehört zu weinen – vielleicht für immer. Lui Lan war unfähig, noch irgendwie zu handeln, bis sie über Zion das Kreuz stehen sah. Das wusste sie: Hier gab es Hilfe. Hilfe in letzter Minute. Sie versuchte mit aller Kraftanstrengung, das Floß ans Ufer zu lenken – aber wenn die Männer nicht am Ufer gestanden hätten ...

Henriette hatte erschüttert zugehört, keine Fragen gestellt, hatte mit Lui Lan geweint und sie immer wieder in den Arm genommen. Sie wollte Chenxi in ein anderes Zimmer bringen, um sie dort besser pflegen zu können, aber da wurde Lui Lan von einer panischen Angst befallen. Nie, nie würde sie ihr Kind hergeben, auch wenn es ein Kommunistenkind war. Es war jetzt ihr Kind und ein Teil ihres Lebens, es war mehr als ihr eigenes Leben.

Fünf Jahre ist das her. Inzwischen wurde aus Chenxi ein gesundes, aufgewecktes und fröhliches Mädchen. Bei allen im Dorf und in der Missionsstation ist sie beliebt und bringt mit ihrem unbekümmerten Gemüt Sonne in manche finstere Bauernhütte. Auch Lui Lan hat sich wieder gut erholt und ist als Hebamme in den Dörfern unterwegs. Gemeinsam mit Ewald und Henriette Burker plant sie eine Entbindungsstation einzurichten. Wenn die Entbindungen hier geschehen, dann ist alles hygienischer und manches Mädchen wäre dann den grausamen Riten seiner Schwiegermutter entronnen. Medizinische Geräte und Medikamente sind schon bestellt, aber keiner weiß, ob ihre Bestellung in den unsicheren Zeiten überhaupt in Schanghai angekommen ist.

Die furchtbaren Erfahrungen der letzten fünf Jahre haben Lui Lan verändert. Seit sie bei der schwierigen Geburt von Chenxi gebetet hat, hat sie immer wieder über diesen Gott der Christen nachgedacht. Ist er es nicht gewesen, der sie immer wieder vor dem sicheren Tod bewahrt hat? Ist über ihrem Leben nur ein gutes oder schlechtes Joss oder gibt es wirklich einen Gott, der es gut mit ihr meint? Mit ihr, der kleinen, unbedeutenden Frau ohne Mann? Gibt er ihr eine Würde, obwohl sie von Soldaten entwürdigt und von den Menschen verachtet wurde? Hat dieser Gott das Herz des Offiziers verwandelt, der eigentlich Chenxi ertränkt wissen wollte? War der junge Mann mit der Ziege wie ein Engel dieses Gottes? War es nicht das Kreuzzeichen dieses Christus, das sie auf dem Fluss gegrüßt hat und zur Rettung in letzter Sekunde wurde?

Was sind die Götter, die man dagegen mit Räucherstäbchen gütig stimmen muss? Warum hat man sie am Flusstempel weitergeschickt und als bösen Geist bezeichnet, die Christen dagegen haben sie aus dem Fluss geholt, sie aufgenommen und gesund gepflegt? Lui Lan kann nicht sagen, ob sie gläubige Gefühle hat, aber eine tiefe Sehnsucht nach Geborgenheit bestimmt ihr Denken und Fühlen. Ein Mann wird sie nicht mehr in die Arme nehmen, aber bei einem gütigen Gott sich anschmiegen, das Gefühl zu haben, dass sie getragen wird, das wäre schön.

Wenn sie jetzt Chenxi beobachtet, wie sie wissbegierig die Missionsstation durchstöbert, wie sie unaufhörlich plappert und die Menschen zum Lächeln bringt, dann ahnt sie, dass ihr Leben nicht umsonst gewesen ist. Alle kleinen Fortschritte im Leben des eigentlich zum Tode verurteilten Mädchens machen sie glücklich.

Manchmal durchlebt sie in ihren Träumen die Gefahren der Geiselzeit und der Flucht quer durch das Land noch einmal.

Schweißgebadet wacht sie auf und dann ist es mit dem Schlaf vorbei. Das Herz rast und die Gedanken martern ihre ängstliche Seele. Dann steht sie oft auf – auch mitten in der Nacht – und geht hinunter zum Fluss. Der fließt schwarz und gemächlich dahin. Wenn der Himmel bedeckt ist, dann herrscht eine solche Dunkelheit, dass sie fast den Weg nicht findet, und der Fluss greift mit düsteren Armen nach ihr. Ist es aber eine klare Nacht, dann sind es die Sterne oder die Mondsichel, die ihr Hoffnung geben. Sie deuten auf eine größere, unbegreifliche Welt. Sie nehmen ihr Herz und die ängstlichen Gedanken mit und heften sie an eine untrügliche Hoffnung. Ist Gott hier, ist er so einfach zu fassen? Nein, nicht sie will ihn fassen, sie will von ihm gefasst werden. Mehr und mehr sucht sie die Zwiesprache mit diesem Gott. Aber wer ist er wirklich? Wie ist das mit dem Gott des Himmels und dem Menschen Jesus Christus, der tatsächlich vor langer Zeit gelebt haben soll? Das war der Grund, warum sie sich zum Taufunterricht angemeldet hat. Sie möchte Klarheit über diesen Gott und über sich selbst haben.

Hier am Bootssteg sitzt sie auch tagsüber oft mit Chenxi. Sie beobachten die Wasservögel, blicken dem Treibholz nach, kuscheln sich aneinander und genießen es, dass sie sich haben. Als ein leichter Wind aufkommt und das Schilf und die Bambusbüsche bewegt, sagt Lui Lan: „Hörst du? Bambus raschelt nicht, Bambus singt im Wind." Und Chenxi blickt zu ihrer Mutter auf und lächelt verträumt, als ob sie dieses Singen für alle Zeit in sich aufnimmt.

Hier in Zion ist Lui Lan zur Ruhe gekommen. Sehr genau beobachtet sie Henriette und Ewald Burger. Auf ihr Eheleben wird sie oft neidisch, aber wie sie Schwierigkeiten meistern, wie sie mit Niederlagen fertig werden, das muss etwas mit diesem Glauben zu tun haben. Besonders hart war die Zeit, als die beiden Kinder der Missionare starben. Lui Lan hat bei der Geburt geholfen, hat viele Nächte am Krankenbett der Kinder gewacht – sie waren zu schwach für das harte Leben hier im chinesischen Hinterland. Henriette war vollkommen verzweifelt und kraftlos, als auch das zweite Kind, der kleine Albert, mit sechs Monaten starb. Er war einen Monat zu früh auf die Welt gekommen, aber er hatte gute Fortschritte gemacht. Dann bekam auch er das schreckliche Fieber, das stärker war als der kleine Körper.

Henriette zweifelte in dieser Zeit an Gott. Sie hielt ihm vor, dass in Europa, ja selbst in Schanghai hätte dem Kind geholfen werden können – doch sie saßen hier im verseuchten Malariagebiet und waren den Grausamkeiten des harten Missionarslebens ausgeliefert. Ewald nahm sie oft in den Arm, sie weinten gemeinsam, aber nie dachten sie im Ernst daran, das Gebiet und die Menschen hier zu verlassen. In diesen Tagen sprach Ewald in den Andachten immer wieder von der Liebe Gottes, die stärker ist als alles, was sie denken konnten. Lui Lan war es so, als ob er für sich selbst predigte und Halt in solchen Worten suchte. Einmal, als Ewald Lui Lan auf der Treppe zur Kapelle traf, sagte er: „Lui Lan, bitte bete für meine Frau." Das war wie eine Auszeichnung und wie ein großer Auftrag. Sie, die noch gar nicht getauft war, sollte für einen Menschen beten, der so viel mehr vom Glauben wusste?

Gewissenhaft nahm sie diesen Auftrag an. Jetzt konnte sie auch etwas für ihre Retter tun. Regelmäßig zu Mittag ging sie in die Kapelle und bat den Gott ihrer Sehnsucht um neuen Lebensmut für Henriette. Sie kam sich ganz wichtig vor, wenn sie vor diesen großen Gott trat, um für einen anderen Menschen etwas zu erbitten. Oft ging sie anschließend gleich zu Henriette, um ihr eine Blume oder Obst zu bringen – aber eigentlich wollte sie wissen, ob es Henriette schon besser ging. Sie hatte sich drüben im Dorf sogar Räucherstäbchen besorgt, aber da lächelte Ewald nur und sagte: „Gott sieht dein Herz an, das ist besser als alle Räucherstäbchen dieser Welt. Danke für deine Liebe zu uns."

„Liebe zu uns" – diese Worte bewegten sie sehr. War es nicht Ewald, der immer wieder von Liebe predigte? Dass Gott sie schenken konnte, dass diese Liebe ihre Herzen verändern wollte?

Die Flut

Aber dann kam eine böse Überraschung auf sie alle zu. Es war eigentlich ein guter Sommer. Die Saat war prächtig aufgegangen, es gab viel Sonne und aus Schanghai waren drei Schiffe gekommen, die viele wichtige Dinge in die Einsamkeit mitbrachten.

Aber eines Tages lief He Han aufgeregt durchs Dorf und herüber zur Missionsstation, so schnell ihm das seine krummen, alten Beine erlaubten. Es sah ulkig aus, wie er auf den schmalen Graspfaden zwischen den Feldern dahinwackelte. Aber es schien sehr wichtig zu sein, höchste Eile trieb ihn an. „Lauft in die Berge, die Tiere verlassen das Dorf und flüchten in die Berge! Macht es wie sie! Das Wasser wird kommen. Viel Wasser. Lauft um euer Leben!"

Zuerst wussten Ewald und die inzwischen fünfzehn Bewohner der Missionsstation nicht, was sie davon halten sollten. Doch He Han war nicht zu bremsen. Wie ein Herold rief er die dringende Warnung immer wieder aus und scheuchte die Leute vor sich her in die Berge. Auch die Kranken sollten sie mitnehmen, es werde viel Wasser kommen.

Und dann war es genauso plötzlich da. Ewald brannte sich das Bild unauslöschlich in die Seele: Eine riesige braune Wasserwalze schob sich den Fluss herunter. Sie kam schneller, als ein Mensch laufen konnte. Ein nie gehörtes Tosen und Brausen erfüllte die Luft. Vor sich her trieb der Wasserberg eine Unmasse an Holz und Sträuchern. Diese blieben in Bäumen, in Bambusstauden und Büschen hängen, aber auch nur eine kurze Zeit, bis die Wassermassen sie sogleich wieder überrollten und mitrissen. Auch Teile von Hütten waren in dem Geröll auszumachen, Stücke von Strohdächern, Bretterwände und Fassadenteile. Anscheinend hatte die Flut weiter oben in den Dörfern ganze Arbeit geleistet.

Auch die Missionsstation wurde ihr Opfer. Die erste schnelle Welle hob den Bootssteg an wie ein Palmblatt und drehte ihn unter Wasser. Einzelne Bretter waren noch auszumachen, dann kam schon die gewaltige Hauptwelle auf dreifacher Breite und raste nun auch auf die leicht gebauten Häuser zu. Sie hatten den Wassermassen nichts entgegenzusetzen. Ein riesiger Baum bohrte sich ins Dach der Krankenbaracke und hob es ab, als wäre es ein Blatt Papier. Das nachdrückende Wasser füllte die Baracke und sie fiel nach drei Seiten auseinander, als wäre sie ein Kartenhaus. Wirtschaftgebäude, Lagerschuppen und Büro waren bald vom Wasser begraben und würden dem Druck nicht standhalten können.

Als sich die kleine Kapelle der Wasserwand beugen musste, löste sich das Entsetzen von Chenxi und sie begann zu schreien, wie ein wutentbranntes Kind schreit. Es war Zorn und Verzweiflung, die sich die Erwachsenen noch nicht eingestehen wollten.

Die erste furchtbare Wasserwelle war jetzt durch. Das einzige Gebäude, das von der Missionsstation noch stand, war das Missionarshaus auf dem Hügel. Jetzt stand es weiß und unschuldig auf einer Insel, umgeben von reißendem, raffgierigem braunem Wasser, von Schlamm und Geröll. Wenn das Wasser noch mehr stieg, dann war auch dieses letzte Gebäude dahin.

He Han nahm die schreiende Chenxi auf den Arm und rief die Menschen zusammen. „Weit oben in den Bergen ist ein großes Unwetter niedergegangen. Alle hundert Jahre einmal geschieht so eine Flut. Es kommt nun bald die zweite Welle. Lasst uns beten, dass die letzte Hoffnung von Zion verschont bleibt." Und schon fing er an, gegen das Rauschen des Wassers, das Bersten von Holz und die knirschenden Steine anzuschreien: „Gott, du gewaltiger Herrscher des Himmels. Du hast die Wasser gemacht, dir gehört die Erde. Du hast uns herausgeführt, wir leben. Du hast es gegeben, du hast es genommen, was wir in Zion aufgebaut haben. Jetzt lass uns das Letzte, was uns geblieben ist, das Missionarshaus, nicht auch noch verlieren! Wehre dem zweiten Ansturm des Wassers, damit uns das Haus erhalten bleibt. Zeig uns deine Macht."

Auch Lui Lan hörte sich plötzlich selbst mit zitternder Stimme beten: „Gott Jesus, das Haus haben sie mit so viel Mühe gebaut. Es war Henriettes Idee, zeige ihr, dass du sie liebst. Bewahre ihr, was uns allen als Einziges geblieben ist."

Dann kam auch schon die zweite Welle. Bedrohlich, grollend und tosend schob sie sich heran. Neues Holz – meist frisch abgerissene Zweige und ganze Bäume trieb sie vor sich her. Alles das, was die erste Welle nicht mitgerissen hatte, wälzte sich brüllend heran. Instinktiv rannten jetzt alle den Hang noch ein Stück weiter nach oben. Von hier konnten sie sehen, dass das Wasser sich diesmal anders verhielt. Es schob sich an der anderen Uferseite vorbei und kam nicht mehr direkt auf die Missionsstation zu. Fast sah es aus, als wäre der Wasserspiegel nicht mehr gerade, sondern schräg nach drüben gedrückt. Das Wunder geschah: Das Missionshaus blieb stehen. Das Geröll schob sich zwar bis an die Terrasse heran, aber die Flut tastete das Haus nicht an. Um das Haus hatte sich ein Gürtel von Geäst und Unrat angehäuft, sodass es aussah, als stehe es auf einer Dornenkrone.

Nach zwei Stunden hatte sich das Wasser verlaufen. Der Fluss war fast auf den normalen Wasserstand zurückgegangen, aber jetzt sah man das ganze Ausmaß der Zerstörung. Rechts und links ein breiter Streifen verwüstetes Land. Die Böschung und die Ufer waren bis zu zwanzig Meter hoch von Schlamm und Kleinholz bedeckt. An anderen Stellen hatte das Wasser tiefe Rinnen in den Ufern ausgespült. Auf den Feldern von Zion lag eine dicke braune Schicht aus Schlamm. Nichts war mehr von der gut gewachsenen Saat zu sehen. Nicht einmal die Entwässerungsgräben waren noch zu ahnen, sie waren aufgefüllt mit Schlamm. Dort, wo die Häuser gestanden hatten, waren noch einige Steine vom Fundament zu erkennen, aber das war auch alles. Von der Kapelle stand noch ein einziger, zersplitterter Balken, an dem sich drei Stühle aufgefädelt hatten. Den Menschen war unklar, wie die Wasserwirbel so etwas bewirkt hatten. Keiner der Geretteten wagte, einen Schritt nach unten zur Missionsstation zu gehen. Schon von hier oben sah es schlimm und hoffnungslos aus, wie würde es erst von Nahem sein?

Es kostete sie alle unendliche Mühe und Kraft, die Missionsstation wieder aufzubauen. Eine Abordnung der Missionsleitung aus Schanghai kam und brachte wichtige Materialien mit, zu denen auch ein Stromgenerator gehörte. Jetzt war vieles leichter, man konnte Maschinen einsetzen und der Tag wurde länger, weil Ewald nun bis in den späten Abend bei gutem Licht im Büro arbeiten konnte. Doch die Last des Neuanfangs hatte Henriette zu viel Kraft abverlangt. Sie wurde krank, hatte ständige Leibschmerzen. Die Malaria machte für sie einen Aufenthalt im Krankenhaus von Schanghai nötig. Eigentlich hätte sie nach Deutschland gemusst, aber die Reise von Zion nach Schanghai war schon so belastend, dass an eine monatelange

Schiffsreise nach Europa nicht zu denken war. Ewald brachte seine Frau in die neue Hauptstadt von China.

Die Kuomintang mit Chiang Kai-scheck und die Rote Armee unter Mao Zedong hatten einen Waffenstillstand vereinbart, um die vorrückenden Japaner zu stoppen. Es gelang ihnen nicht und das Land wurde von neuen Kriegswellen überrollt. An eine klassische Missionsarbeit war nicht mehr zu denken. Meist bestand die Arbeit aus medizinischer Nothilfe, materieller Unterstützung von Gewaltopfern und Flüchtlingshilfe.

Zu Tausenden kamen die Menschen aus den niedergebrannten Dörfern und verwüsteten Kleinstädten in die Hauptstadt. Die Krankenhäuser waren überfüllt, aber Ewald erreichte, dass man Henriette sofort im Missionskrankenhaus aufnahm. Eine Woche blieb er in Schanghai, hoffte auf Besserung, aber die Ärzte sagten ihm, dass sich eine langwierige Behandlung und eine spätere Operation nicht vermeiden ließen. Die Ungewissheit um die Gesundheit seiner Frau und die politische Lage machten ihm sehr zu schaffen. Dennoch musste er zurück nach Zion und so blieb ihm nichts weiter übrig, als seine Frau in den Händen Gottes und der Ärzte zu lassen. Nur mit einer Sondergenehmigung war es ihm möglich, Schanghai wieder zu verlassen. Zum Glück war er Deutscher – als Amerikaner wäre er gleich verhaftet worden.

Den japanischen Besatzern war die Missionsstation Zion nicht bekannt und Ewald bemühte sich, ihnen die Lage so kompliziert zu erklären, dass sie sie nie finden würden. Hatte er doch in der letzten Woche gehört, dass schon viele Stationen geschlossen worden waren. Die technische Ausstattung der Missionen war für das Hinterland weit über dem Durchschnitt und die Japaner setzten dort gern ihre militärischen Vorposten hinein.

Je weiter sich das Postschiff jetzt von Schanghai entfernte, umso schwerer wurde es ihm ums Herz. Hätte er doch warten sollen, bis sich Henriette so weit stabilisiert hatte, dass sie die Reise nach Deutschland antreten konnte? Aber es hieß in Schanghai, dass lange kein Schiff nach Europa auslaufen dürfe. In Europa war Krieg, und seit die USA in den Krieg gegen Japan eingetreten waren, würde es kein ziviles Schiff über die Ozeane bis hin nach Deutschland schaffen. Hatte es überhaupt noch Zweck, in diesem Land zu bleiben? War die politische Lage in China inzwischen für eine christliche Missionsarbeit nicht zu unübersichtlich geworden? Waren die Chinesen nicht überhaupt so in ihrem alten Denken und in den alten Religionen gefangen, dass eine evangelistische Arbeit nicht sinnvoll war? Oder ging es einfach über die Kräfte der europäischen Mitarbeiter? Hatten er und Henriette hier nicht schon zwei Kinder verloren und würde Henriette überhaupt jemals wieder richtig gesund werden?

Hatte er sich in Gottes Ruf getäuscht? Konnte denn Gott so grausam sein, die Saat des Evangeliums in diesem Lande so mit Leiden und Blut zu tränken? Mit Tränen in den Augen blickte Ewald auf die Landschaft, die langsam vorüberzog. Aber in ihm kam nichts zur Ruhe. Wieder und wieder trommelte er mit der Faust auf die Reling und in ihm schrie es: „Gott, warum? Gott, warum?"

Außer dem Tuckern des Dieselmotors und dem Plätschern der kleinen Bugwelle begleitete ein Kormoran das Boot. Während Ewald ihm zuschaute, kam ihm der Satz von Jesus in den Sinn: „Seht die Vögel unter dem Himmel: Sie säen nicht und ernten nicht und euer himmlischer Vater kümmert sich um sie. Seid ihr denn nicht viel mehr als die Vögel?"

Gott, ein gefangener Vogel bin ich, mit einem Herzen voller Sorgen, betete er. Wo ist die Freiheit, die ein Vogel hat? Wo sind die Schwingen, die mich aufheben? Die Angst um meine Frau drückt mich nieder, die Erfolglosigkeit hängt mir wie eine eiserne Kette an und mein ehemals so starkes Gottvertrauen geht fast in Zweifeln unter.

Die Nächte auf dem Boot waren schrecklich – nicht nur wegen der aufdringlichen Moskitos, sondern weil die Nacht schon immer auf Ewald einen bedrückenden Einfluss hatte. Als er in einen unruhigen Schlaf fiel, träumte er von He Han. Er stand auf einer Anhöhe und winkte ihm zu. Ewald konnte im Traum nur mit Mühe den Hang nach oben steigen. Immer wieder rutschte er ab, aber He Han rief ihn immer wieder mit ängstlicher Stimme. Von Erde beschmiert und am Ende seiner Kräfte erreichte Ewald schließlich die Anhöhe. He Han stand vor einem Gipfelkreuz und breitete die Arme aus, als wollte er sich kreuzigen lassen. „Ewald, hilf uns, wir müssen uns nicht kreuzigen lassen, weil einer gekreuzigt wurde. Hilf uns, dass wir uns nicht kreuzigen."

Verwirrt wachte Ewald auf. Plötzlich schien ihm, als würde der Dieselmotor einen Marsch trommeln. Die Erinnerung an den alten chinesischen Propheten machte ihm wieder Mut. Er hatte ihn damals im Auftrag Gottes gerufen, das konnte keine Täuschung gewesen sein. Er hatte ihn auf Brautschau geschickt und Gott hatte alles vorbereitet. Mit ihm gemeinsam hatten sie die Missionsstation zweimal aufgebaut, er war Zeuge, als sich die ersten wenigen Chinesen taufen ließen. He Han war es, der ihm immer wieder Mut gemacht hatte – auch eben im Traum.

Merkwürdig, wie ein Traum, der wohl manchmal nur Sekunden dauerte, in der Lage war, einen zu verändern. Jetzt konnte es Ewald kaum noch erwarten, bis es Morgen wurde. In drei oder vier Tagen müssten sie in Zion ankommen. Viel Arbeit wartete dort auf ihn und er freute sich wieder darauf. Wenn er einen Vogel über sich seine majestätischen Kreise ziehen sah oder eine Rohrdommel, wie sie ins Bambusdickicht hineinschoss, dann erinnerte er sich an das Jesuswort von den Vögeln.

Doch das normale Leben beginnt in Zion erst wieder, als Henriette aus Schanghai zurückkommt. Nun fängt die Missionsarbeit mit Predigen, medizinischer Hilfe, Schularbeit und Landwirtschaft an. Die meiste Zeit leben sie gemeinsam in „Henriettes Haus", aber Ewald ist nun auch wieder vermehrt in den Dörfern unterwegs. Für die Landbevölkerung ist der Besuch eines Ausländers immer ein besonderes Erlebnis. Einmal natürlich das andere Gesicht, die hellen Haare und die Größe. Ewald kleidet sich wie ein Chinese, aber sein ganzer Körperbau ist eben europäisch. Die Geschichten, die er erzählt, werden gern gehört, weil sie neu sind und so ganz anders als die chinesischen Sagen und Märchen, die sonst gern am Abend in der Dämmerung auf dem Dorfplatz erzählt werden. Dass hinter den Erzählungen von dem Zimmermann Jesus ein Anspruch des Glaubens steht, ist für Chinesen eher fremd. Es braucht schon einen Schuss Heiligen Geist, damit sie begreifen, dass sie im christlichen Glauben sich selbst einbringen müssen.

Doch Ewald weiß, dass es keine schnellen Früchte gibt. Der Boden in China ist hart und die Saatkörner des Evangeliums keimen langsam – sehr langsam, zu langsam für ein Missionarsleben.

In einem Dorf hinter den Bergen der Glückseligkeit feiert er jeden Sonntagabend einen Gottesdienst. Einfach mit drei Liedern, einer Predigt, die mehr eine erklärte Geschichte ist, und mit einem Gebet. Das ganze Dorf kommt auf dem Platz zusammen, auch die älteren Kinder sind begeistert dabei. Sie kommen hauptsächlich wegen der Lieder. Von ihnen aus könnte der Gottesdienst nur aus Liedern bestehen. Ewald fällt auf, dass die Kinder sonst in China kaum singen, und in ihm reift der Plan, eine Singschule zu beginnen, um Kindern das Evangelium über das Singen nahezubringen.

Henriettes Gesundheit stabilisiert sich mehr und mehr. Auch sie ist viel in den Dörfern unterwegs. Manchmal mit Ewald, manchmal mit einem jungen Mann von der Station, der ihr die Bücherkiste trägt.

Lui Lan steht kurz vor ihrer Taufe und sie möchte, dass Chenxi mit ihr getauft wird. Sie hat die Reinigung der Kapelle übernommen und versucht den Altar immer mit etwas Besonderem zu schmücken. Mal sind es besondere Gräser, mal frische Bambussprossen oder auch Blumen, die sie im Buschland findet. Ewald hat Lui Lan versprochen, dass es im nächsten Jahr sicher genügend Blumen gibt, wenn Henriette erst den Blumengarten angelegt hat.

So haben sie alle Pläne, ihr Vertrauen auf Gott wird wieder auf eine harte Probe gestellt – diesmal wird es eine Bewährungsprobe auf Leben und Tod.

Die Nachrichten kommen mit dem Postboot. Es sind eine gute und eine schlechte Nachricht. Die gute lautet: Der Krieg ist zu Ende – in Europa und auf der ganzen Welt. Die Japaner haben kapituliert und ziehen sich aus China zurück.

Die schlechte Nachricht ist, dass der Bürgerkrieg zwischen Chiang Kai-schek und Mao Zedong wieder mit aller Brutalität begonnen hat. Die Kommunisten sind mithilfe der Sowjetunion auf dem Vormarsch und Chiang wird von den Amerikanern nicht mehr unterstützt. Schließlich flieht Chiang mit seinen Anhängern und vielen Reichtümern und Kunstgegenständen aus dem Kaiserpalast nach Taiwan und ruft dort die Republik National-China aus. Für Mao bedeutet das, dass er jetzt die kommunistische Fahne über das ganze chinesische Festland setzen kann. Aber noch gibt es viele Widerstände, vielerorts Kämpfe gegen Splittergruppen der Nationalisten und „Warlords". Doch das sind keine ernst zu nehmenden Kräfte gegen den Siegeszug der Kommunisten. Für die Reichen, die Grundbesitzer, die Mandarine und auch viele der Intellektuellen beginnt eine Zeit der Angst und der Unsicherheit. Was man aus Russland hört, ist nicht ermutigend.

Auch die Missionare wissen von der Ideologie von Marx und Lenin und auch davon, dass Religion nicht gewollt und sogar bekämpft wird. Bange Gedanken an die Zukunft erfüllen auch die Menschen in Zion. Aber vielleicht werden sie hier noch länger arbeiten können, denn von dieser abgelegenen Außenstelle der Schanghai-Mission weiß kaum jemand etwas.

Die Landbevölkerung aber begrüßt die Kommunisten überall, wo sie jetzt einziehen. Während des Bürgerkriegs war es die Rote Armee, die sich den Bauern gegenüber fair verhalten hat. Die Soldaten sind nicht plündernd und vergewaltigend durch das Land gezogen, sondern haben der armen Bevölkerung Hoffnung auf ein Leben in Gleichheit und Frieden gemacht. Weil die Kommunisten von den Bauern Lebensmittel gekauft und nicht erpresst haben, weil Maos Soldaten in den Dörfern Kriegsschäden beseitigen halfen und sich korrekt gegenüber Frauen und Mädchen verhielten, genießen sie bei der Landbevölkerung Vertrauen. Daher ist es nur verständlich, dass sich viele den Kommunisten anschließen oder in ihren Dörfern Strukturen einführen, die nach kommunistischem Zentralismus ausgerichtet sind.

Das massenhaft ausgeteilte rote Papiergeld erweist sich zwar als ungültig. Die Bauern werden aufgefordert, es zu verbrennen, als Beitrag, als Opfer für ein neues China. Die Tausenden von toten jungen Männern und Mädchen werden den Eltern dadurch aber nicht zurückgegeben. Sie sind „Helden der Revolution", sind Samen für ein freies und fortschrittliches China. Die Tränen der Mütter und die zornig hervortretenden Schläfenadern der Väter bleiben hinter den verschlossenen Türen der elenden Hütten und Schuppen der Landbevölkerung und den historischen, heruntergekommenen Hutongs der stinkenden Städte.

Im Sommer 1949 legt ein modernes Motorboot in Zion an. Die rote Fahne am Bug macht deutlich, wer die fünf Männer und eine Frau sind, die den Weg vom Ufer herauf zur Missionsstation kommen. Ewald hat gerade eine Besprechung mit einigen Mitarbeitern. „Lasst uns zu den Gästen freundlich sein", sagt er, ohne den Blick von der herannahenden Gruppe zu wenden. „Wir sind hier im Namen des höchsten Gottes und wir sind gesandt, die Liebe Christi zu leben. Auch die Kommunisten brauchen die Liebe Jesu Christi."

Ihr „Ni hao" (Guten Tag) klingt freundlich. Ewald begrüßt sie in gutem Chinesisch und den Besuchern ist anzumerken, dass sie das positiv überrascht. „Wir kommen von der neuen Provinzregierung und wollen euch sagen, dass wir eine kommunistische Provinz geworden sind. Hier gelten jetzt die kommunistischen Prinzipien und die revolutionäre Regierung wünscht euch langes Leben."

„Vielen Dank", antwortet Ewald. Er weiß, dass jedes falsche Wort gefährliche Folgen für Zion haben könnte. Deshalb sagt er vorsichtig: „Wir haben gehört, dass das Volk vom Lande die Kommunisten mit offenen Armen aufgenommen hat. Wir sind froh, dass das Morden und Blutvergießen ein Ende gefunden hat."

„Noch sind nicht alle Herde des Widerstands ausgerottet. Noch gibt es besonders im Süden von China Unverständnis und schlechten Einfluss auf das neue China. Wir sind gekommen, alle Menschen zu fragen, ob sie für uns sind oder gegen uns."

„Ihr seid unsere Gäste", versucht Ewald abzulenken. „Kommt in unser Haus, wir wollen gemeinsam einen Tee trinken. Eure Reise dauert sicher schon lange und ihr sollt euch bei uns erholen. Wenn ihr wollt, könnt ihr auch gern zur Nacht bleiben, unser Haus ist offen für alle Menschen."

„Nein, die Revolution ruft uns, wir müssen ins Dorf und weiter flussauf."

„Aber einen Tee dürft ihr uns nicht abschlagen, unsere Gastfreundschaft wäre verletzt und wir wären traurig, friedliche Menschen unbewirtet weiterziehen zu lassen."

„Gut, wir kommen mit, wir wollen uns sowieso ein Bild machen von dem, was ihr hier so treibt."

„Wir sind hier für die Menschen da, für Kranke, für arme Bauern, für Flüchtlinge und Menschen, die keine Verwandten mehr haben. Sie leben mit uns, sie finden hier Heimat, Arbeit und Sicherheit. Wir erzählen den Menschen vom Gott des Himmels, wir feiern Gottesdienste und lehren die Menschen, in Liebe miteinander zu leben." Ewald bleibt kurz stehen und zeigt auf die Felder. „Dort haben wir Sumpfland urbar gemacht und wir zeigen den Bauern, wie sie mit neuen Methoden mehr Erträge an Gemüse und Reis erwirtschaften können."

Inzwischen sind sie im Gemeinschaftshaus angekommen. Die einfachen Tische und Bänke sind sauber, es gibt sogar Decken auf den Tischen, welche die kommunistische Frau zart und ehrfürchtig berührt. Die Köchin Ai Lin bringt schon heißes Wasser. Tee, so viel man mit drei Fingern fassen kann, wird in jede Tasse geworfen und mit dem Wasser übergossen. Für Besucher hat man immer eine Schale Gebäck mit eingebackenen Orakelsprüchen bereit, die bei den Chinesen sehr beliebt sind. Natürlich hat Ai Lin Bibelsprüche in den Teig gerollt und in heißem Fett gebacken.

Der Wortführer findet in seinem Gebäck den Spruch: „Alles, was euch die Leute tun sollen, das tut ihr ihnen auch."

„Ein guter Satz, den auch der große Steuermann Mao gesagt haben könnte. Genauso sind wir Kommunisten mit der Landbevölkerung verfahren. Das hat die Menschen zur Vernunft gebracht und sie haben den alten Kehricht der Religionen und feudalistischen Ideen hinausgeworfen."

Die Frau findet in ihrem Gebäck den Satz: „So sehr hat Gott die Welt geliebt, dass er seinen Sohn in die Welt sandte." Nachdenklich blickt sie länger auf den Satz und meint dann: „Gott und Liebe, das passt nicht zusammen. Die Götter sind immer schon grausam gewesen, haben die Menschen getäuscht und sinnlose Opfer verlangt."

Vorsichtig versucht Ewald einzulenken: „Das ist ja das Neue an dem Gott des Himmels, der in China noch unbekannt ist, was wir versuchen zu erklären: Gott fordert keine Opfer, sondern hat seinen Sohn Jesus Christus geopfert, damit sich Gott an uns freuen kann."

„Nein, die Zeiten der Religion sind vorbei und ihr werdet hier auch nicht mehr von irgendwelchen Göttern erzählen und den Menschen eine Welt vortäuschen, die es nicht gibt", beendet der Wortführer die Gesprächsrunde.

Neues heißes Wasser wird in die Tassen gegossen – das kann nach chinesischem Brauch den ganzen Tag so weitergehen, aber die Zeit bleibt hier keinem. Ein junger Südchinese unter den Begleitern der Delegation beginnt unvermittelt und ruhig zu sprechen: „Genosse Zou Qi, die Religionen haben China durch die Jahrtausende vor dem Zerbruch bewahrt. Für die einfache Volksseele ist Religion ein wichtiger Zusammenhalt."

„Quatsch nicht, der Begründer des Kommunismus, Chai Marx, hat gesagt, dass Religion Opium für das Volk ist", weist ihn Zou Qi in die Schranken.

Lächelnd schaut ihn der junge Chinese durch seine Brille an und erwidert: „Er hieß Karl Marx und er hat gesagt, dass Religion Opium des Volkes ist, nicht für das Volk – das ist ein himmelweiter Unterschied."

„Halt's Maul, du intellektueller Spinner. Mit Leuten wie dir werden wir eines Tages auch noch kurzen Prozess machen."

Aber der junge Chinese zeigt sich wenig beeindruckt und bemerkt wie nebenbei: „Ist das nun schade zu nennen, dass Karl

Marx auch ein Intellektueller gewesen ist? Solche Leute haben die Welt grundlegend verändert."

Zou Qi überhört das, weil er weiß, dass er in der Diskussion gegenüber diesem klugen Kämpfer für das neue China unterlegen ist. Was aber seine Aufmerksamkeit fesselt, ist eine Person unter den vielen Menschen, die sich vor dem Haus versammelt haben. Unerwarteter Besuch ist immer eine Abwechslung in Zion und die Neugierde treibt Bewohner, Gäste und Personal vor das Haus. Sie wollen mitbekommen, was da für neue Nachrichten in eine der verlassensten Ecken der Welt kommt. In Trauben stehen sie an den Fenstern und vor der offenen Haustür. Dabei ist eine Frau, die Zou Qi dort sieht, eine Frau, die er wiedererkennt.

Auch Lui Lan hat ihn wiedererkannt. Vierzehn Jahre sind es jetzt her, dass er bei der Geburt von Chenxi dabei war. Beängstigend ist ihr noch die letzte Begegnung an der Mauer des Mandarinpalastes in Erinnerung. Damals ging er wortlos und wie geschlagen davon. Jetzt ist er einer der führenden Kommunisten in der Provinzhauptstadt. Langsam geht er auf sie zu. Lui Lan wird es richtig übel, die pure Angst presst ihr das Herz zusammen. Was will er jetzt? Warum kommt er so bedrohlich auf sie zu?

„Wie geht es meiner Tochter?", fragt er unvermittelt und so, dass es die Umstehenden hören, die sofort zu tuscheln beginnen. Lui Lan ist so überrascht, dass sie nur stammeln kann: „Großer Kommunistenführer Zou Qi, es geht ihr gut, sehr gut. Es geht ihr wirklich gut, sehr gut."

„Wo ist sie jetzt, lebt sie mit hier in diesem Religionszentrum?", fragt er.

„Ja, sie ist hier, sie ist noch nie von mir allein gelassen worden. Ich habe immer für sie gesorgt, wie die eigene Mutter. Es geht ihr gut hier, Zou Qi, sehr gut." Ewald und Henriette wissen zwar, dass es sich bei Chenxi um ein Kommunistenkind handelt, aber die Umstände und die Einzelheiten hat ihnen Lui Lan nicht alle erzählt. Beide ahnen, dass sich jetzt eine Tragöde anbahnen könnte, und intuitiv schweigen sie, weil jedes falsche Wort die Situation nur noch verschlimmern kann.

„Wo ist meine Tochter? Ich will sie sehen." Zou Qi ist selbst überrascht von dem harschen Ton in seiner Stimme, aber er genießt auch die Ängstlichkeit auf der anderen Seite. Macht über andere Menschen zu haben, war schon immer verführerisch für ihn. So bemüht er sich überhaupt nicht, seinem Gesicht einen gütigeren Zug zu geben, und fordert noch einmal seine Tochter zu sehen.

„Sie wird schon geholt, großer Zou Qi, du wirst überrascht sein, wie gut sie aussieht – gesund und gut", stottert Lui Lan mehr, als dass sie antwortet.

Dann stehen sie sich plötzlich gegenüber. Nach vierzehn Jahren sieht der Vater seine Tochter wieder. Er hält Chenxi die Hand entgegen, aber sie ist unfähig, sich zu bewegen. Ihre Knie zittern und sie starrt dem fremden Mann ins Gesicht, der ihr Vater sein soll. Zou Qi geht in die Knie – er wird kleiner als das vierzehnjährige Mädchen – und öffnet die Arme weit, wie wenn ein Vater ein fünfjähriges Kind in die Arme nehmen will. Chenxi traut sich nicht, in diese Arme zu laufen. So erhebt sich der Offizier wieder, geht auf Chenxi zu und drückt sie unbeholfen an sich. Widerwillig lässt sie es geschehen. Ihre Augen suchen ängstlich nach ihrer Mutter.

Die Scheu bleibt natürlich Zou Qi nicht verborgen, er lässt sie bald wieder los und fragt: „Wie ist dein Name, wie heißt du?"

„Chenxi", ruft Liu Lan schnell, „ihre richtige Mutter hat ihr diesen Namen geben."

„Chenxi", wiederholt Zou Qi nachdenklich und dann noch

einmal. „Chenxi – das war der Name, den deine Mutter rief, als sie von der tödlichen Kugel getroffen wurde."

Chenxi weiß zwar, dass Lui Lan nicht ihre leibliche Mutter ist, aber dass ihre Mutter erschossen wurde, berührt sie irgendwie überhaupt nicht. Sie hat nur Angst vor diesem Mann, er ist ihr unheimlich. Lui Lan ist in diesem Moment sehr froh, dass sie Chenxi nie erzählt hat: Ebendieser Mann hatte den Befehl gegeben, sie zu ertränken.

Das Mädchen hält sich jetzt mit beiden Händen am Unterarm ihrer Mutter fest. Die folgenden Worte von Zou Qi sind nicht nur folgenschwer für das Mädchen, sondern auch für Lui Lan. „Chenxi, du kommst mit uns in die Stadt. Ich will dem großen Vorsitzenden Mao Zedong meine Tochter vorstellen. Nächste Woche wird er uns besuchen und will wissen, wie die Revolution hier vorankommt und wie wir mit den Religiösen umgehen."

So schmerzhaft, wie sich Chenxi an den Arm von Lui Lan krampft, so krampft es der Mutter das Herz zusammen. Soll sie ihre Chenxi verlieren?

Jetzt hält es Ewald nicht mehr aus. Die Angst der beiden Frauen ist für ihn unerträglich geworden. „Herr Kommissar Zou Qi, bitte verstehen Sie, das können Sie Chenxi nicht zumuten. Sie ist noch nie von ihrer zweiten Mutter getrennt gewesen. Sie ist doch noch ein Kind. Sie braucht die Fürsorge der Mutter. Vielleicht später, wenn sie etwas älter und selbstständiger ist, könnte sie die Missionsstation verlassen."

„Das entscheide ich, es ist mein Kind und ich weiß, was gut für mein Kind ist!"

Henriette mischt sich ein: „Das Kind braucht die Geborgenheit unserer Gruppe. Verstehen Sie doch bitte, sie hat eben erst erfahren, dass Sie der Vater sind, und nun soll sie schon mit Ihnen gehen. Das ist für ein vierzehnjähriges Mädchen nicht zu verkraften."

„Unsinn, nichts als Unsinn. Was meinem Kind guttut, das entscheide ich und das weiß ich am besten." Dann wendet er sich wieder an Ewald: „Du denkst wohl, weil du ein Ausländer bist, weißt du alles besser als wir Chinesen? Ihr Europäer – oder bist du gar Amerikaner – meint, unsere Kultur ist minderwertig und ihr seid die Herren alles Wissens."

„O nein, verehrter Kommissar, das meine ich überhaupt nicht. Ich habe die Lehren von Konfuzius und Laotse, das Buch der Riten und auch die ‚Rote Kammer' gelesen, ich bewundere die jahrtausendealte chinesische Tradition und achte eure Geschichte. Aber die Erkenntnisse der Pädagogik und der Psychologie von heute sind auch nicht unwichtig. Konfuzius hat zwar dem Gehorsam dem Vater gegenüber oberste Priorität gegeben, aber er hat auch gesagt: Die mütterliche Liebe ist durch nichts zu ersetzen."

Zou Qi ist beeindruckt, meint aber: „Wenn die Revolution gesiegt hat, will ich mit dir weiter darüber diskutieren. Jetzt ist dafür die Zeit nicht." Zu Lui Lan gewandt: „Bereite die Reise für meine Tochter vor, in einer Stunde legen wir mit dem Boot ab." Sein Tonfall, die Gestik und sein Blick machen deutlich, dass er jetzt keine Diskussion und keinen Widerspruch erwartet.

Lui Lan weiß, dass sie nur noch verlieren kann – es ist lediglich eine Frage, wie. Auch sie kann ihre Stimme modellieren und wirft nicht gerade zurückhaltend und schüchtern ein: „Und ich sage dir, dass ich das Kind nicht einfach so hergebe. Vierzehn Jahre habe ich sie genährt, gepflegt, bewacht, habe sie gelehrt, das Leben zu leben, habe sie die Achtung vor allem Edlen und Wahren gelehrt, habe sie wie mein eigenes Kind erzogen und ich habe sie geliebt, verstehst du? Geliebt! Hast du vergessen, was du mit ihr machen wolltest? Erinnerst du dich an die erbärmliche Hütte, als ihre Mutter in Schmerzen schrie? Als das Kind nicht kommen wollte und es nur noch die Hilfe dieses Christengottes gab. Sie wären beide gestorben. Und du, was hast du angeordnet, als das kleine Mädchen endlich den Sieg ins Leben geschafft hatte? Du hast …"

„Jetzt halt dein loses Maul", unterbricht er sie rechtzeitig, „ich will sie dir ja nicht wegnehmen. Sie soll den großen Vorsitzenden kennenlernen und dann bringe ich sie wieder hierher." Nur er weiß, dass dies eine Lüge ist.

Im roten Kloster

Bisher waren Chenxi Schmerzen und Leid unbekannt, von der unbestimmten Angst vor der Finsternis mal abgesehen. Als sich das Boot von Zion entfernt und die traurige Gruppe an der Anlegestelle kleiner wird, zieht sich ihr Herz zusammen. Was kommt auf sie zu? Was will dieser Mann von ihr, der sagt, er sei ihr Vater? Warum hat er sich bisher nicht um sie gekümmert? Was hat ihre Mutter gemeint mit den Worten des Vaters bei ihrer Geburt? Sobald sie wieder zurück ist, will sie das wissen, nein, jetzt will sie es wissen. Die Gruppe am Ufer ist kaum noch zu erkennen und das Motorboot zieht gleichmäßig den Fluss hinunter. Da er hier träge fließt, bilden die Wellen des Bootes eine pfeilartige Schneise, die sich hinter ihnen mehr und mehr in der Ferne verliert.

Chenxi geht nach vorn, wo die Besucher heftig miteinander diskutieren. Als sie sich trotzig vor die Männer stellt, verstummt das Gespräch und alle schauen zu ihr. „Was hast du bei meiner Geburt gesagt? Was sollte mit mir geschehen?", fragt sie unvermittelt den Mann, der sich als ihr Vater ausgibt.

Aber er lügt, ohne unsicher zu werden: „Ich habe gesagt, dass man dir eine gute Mutter besorgen soll – und das ist ja geschehen. Oder hast du es schlecht bei der Frau gehabt? Wie heißt sie denn, deine Pflegemutter?" „Sie heißt Lui Lan und ist eine sehr gute Mutter für mich."

Darauf wendet sich der Vater halblaut zu dem intelligenten jungen Mann: „Lass mal überprüfen, was gegen sie vorliegt – Lui Lan, notier das."

„Warum hat mich meine Mutter nicht mitgenommen, ist sie gleich erschossen worden?", bohrt das Mädchen weiter, ohne sich bewusst zu machen, was die kurze Bemerkung eben noch bedeuten wird.

„Es war so, dass wir auf dem Langen Marsch keine Kinder mitnehmen konnten. Das war zu anstrengend und zu gefährlich. Wenn wir erst im ganzen Land die kommunistische Herrschaft aufgerichtet haben, dann werden wir alle Kinder wieder zu ihren Eltern bringen, die wir unterwegs zurücklassen mussten."

„Waren das viele?", fragt Chenxi vorsichtig, weil sie eine große Tragödie dahinter vermutet.

„Nein, vielleicht zwanzig, nicht mehr. Es waren ja wenige Ehepaare mit auf dem langen Marsch."

„Und wie ist meine erste Mutter gestorben, wer hat sie erschossen?"

„Es waren Soldaten von Chiang Kai-scheck. Wir haben sie in einen Hinterhalt gelockt, aber sie waren zu stark. Viele von uns sind da gefallen. Doch ihr revolutionäres Blut ist der Samen für das neue China, das wir jetzt aufbauen. Noch sind die Anhänger von Chiang nicht endgültig besiegt, aber mithilfe der Sowjetunion und aller revolutionären Chinesen werden wir es schaffen und ganz China befreien. Und du wirst in dem neuen China aufwachsen, du wirst studieren und wirst eine große Kommunistin werden."

„Was ist das, eine Kommunistin?" Die anderen lachen, weil die Frage so ehrlich und naiv herauskommt.

„Eine Kommunistin kämpft für das Volk, für Freiheit vom alten Denken, für Gleichberechtigung aller Menschen und für den großen Vorsitzenden Mao."

„War meine Mutter auch eine Kommunistin?"

„Ja, natürlich, eine bedeutende Kämpferin. Sie hat den Kommunismus im Ausland studiert und konnte viele revolutionäre Reden von Karl Marx auswendig hersagen."

„Und sie hat im Sterben meinen Namen gerufen?"

„Ja, das hat sie. Immer wieder und immer wieder, bis sie starb." Die letzten Worte sind ihm doch schwer über die Lippen gekommen. Er blickt auf das grüne, vorüberziehende Ufer und die Erinnerung an diese schwere Stunde macht seinen Mund trocken.

Chenxi blickt auf das andere Ufer und versucht sich vorzustellen, wie ihre Mutter wohl ausgesehen hat. Aber immer, wenn sie „Mutter" denkt, sieht sie Lui Lan vor sich, sieht ihre traurigen, verweinten Augen, mit denen sie Chenxi an den Bootssteg begleitet hat. Doch bald wird sie ja wieder zu ihr zurückkommen.

„Wie lange muss ich bei dir bleiben? Wann fahren wir wieder zurück?"

„Weiß ich auch noch nicht, aber es werden ein paar Tage werden", antwortet der Vater ausweichend.

Als der Himmel sich am Abend lilarot färbt, passiert das Boot eine Stadt, die zu beiden Seiten des Flusses gebaut ist. Der Bootsführer lenkt das Schiff auf die linke Seite und macht an einer Betonmauer fest. Alle steigen aus und man hilft Chenxi bereitwillig, den großen Schritt aus dem schwankenden Motorboot auf die hohe Mauer zu tun. Plötzlich umgibt sie hektisches Treiben und eine völlig andere Welt. Was sie beeindruckt, sind die vielen Häuser. Große Häuser, zum Teil mit fünf Reihen Fenstern übereinander. Das hat sie noch nie gesehen. Straßen, die nicht staubig oder schlammig, sondern mit festen Steinen gepflastert sind, und Geschäfte, die ihre Waren auch auf der Straße anbieten. Die Menschen laufen zum Teil mit schweren Lasten beladen umher und scheinen keine Zeit zu haben. Sie reden nicht miteinander, sondern jeder sieht, dass er ohne andere anzustoßen gut durch die Menge kommt. Einzelne Fahrräder suchen sich den Weg durch das Gewirr. Chenxi wundert sich, dass die Menschen auf den Rädern nicht umfallen, sie fahren ja auf so schmalen Rädern. Wie gebannt sieht sie den Fahrrädern nach, die wie von einer Zauberhand aufrecht gehalten werden. Nie würde sie auf so ein Ding steigen.

Der Vater greift nach ihrer Hand und zieht sie durch das Gedränge hinter sich her. Die anderen aus dem Boot folgen ihnen. Sie kommen an einem Platz vorbei, auf dem sich eine Gruppe von etwa zweihundert Menschen versammelt hat. Viele rufen durcheinander und etwas erhöht sieht man drei Männer, die den Kopf gebeugt haben. Hinter ihnen stehen Soldaten. Als die Gruppe näher kommt, sieht man, dass den Verurteilten die Füße und Hände so fest auf dem Rücken zusammengebunden sind, dass sie nur auf den Knien „stehen" können. Ihre schmerzverzerrten Gesichter lassen die Qualen erahnen. Um ihre Hälse hat man ihnen an dünnen Drähten Schilder gehängt, die in die Haut einschneiden. Auf den Schildern steht mit flüchtigen Zeichen geschrieben: „Konterrevolutionär", „Abweichler", „Imperialist". Leute aus der Menge schreien: „Erschießt sie", „tötet sie", „Tod den Imperialisten" und „hängt sie auf".

Chenxi schaudert es und sie will da nicht länger hinsehen, aber der Vater zerrt sie durch die Menge vor zur Bühne, sie soll sich das aus der Nähe ansehen. Sehr genau beobachtet der Mann das Gesicht von Chenxi. Er will, dass sie sich das einprägt, was hier geschieht. Der große Vorsitzende Mao hat gesagt, dass Grausamkeit gelehrt werden muss und gute Revolutionäre grausam sein müssen. „Was heißt das, ‚Imperialist'?", fragt Chenxi.

„Das sind die Feinde der Partei des Volkes. Sie wollen das neue China nicht. Du hörst, wie das Volk sich gegen sie wendet. Mit solchen Verrätern machen wir kurzen Prozess." Eigentlich will Chenxi noch fragen, was sie denn nun wirklich getan haben, aber das hätte vielleicht ihre Zeit an diesem grausamen Ort nur noch verlängert. Später, als sie schon in eine Seitenstraße eingebogen sind und den grässlichen Ort endlich verlassen haben, hört sie Schüsse. Aber die Menschen, die ihnen auf der Straße entgegenkommen oder in den Haustüren stehen, sind davon nicht beeindruckt. Das Leben läuft ohne das geringste Erschrecken weiter, als gehörten solche Erschießungen zum Alltag der Stadt.

Am Ende der Straße stehen bewaffnete Männer, hinter denen sich ein weites Gelände mit prachtvollen Häusern befindet. Herrschaftliche Häuser mit Säulenhallen und geschwungenen Dächern. Eine Pagode erhebt sich auf einem Hügel und zeigt wie ein drohender Finger in den Himmel. Hier befindet sich ein berühmtes buddhistisches Kloster, das nun als Hauptquartier der kommunistischen Regionalregierung genutzt wird. Die Mönche sind geflohen, als die Rote Armee das Gebiet einnahm. Die alten Mönche, die nicht mehr zur Flucht fähig waren, wurden verhört und gefoltert, weil die Kommunisten Informationen über Verschwörungen gegen sie erfahren wollten. Die wenigen alten Mönche waren weder an Folter noch Schmerzen gewöhnt und starben alle innerhalb weniger Tage oder nahmen sich das Leben. Die Leichen warf man vor den Tempel auf die Straße. Pietätvolle Stadtbewohner beerdigten sie, selbst auf die Gefahr hin, dass sie als Sympathisanten der Mönche gesehen wurden.

Jetzt liegt das Kloster friedlich im letzten Licht des Tages. Die roten Fahnen und Tücher passen gut zur Architektur des Klosters und haben die wertvollen Buddha-, Wächter- und Geisterstatuen ersetzt. Chenxi wird in die große Versammlungshalle geführt, in der etwa vierzig Männer und Frauen an Tischen sitzen und essen. Mit einem Blick übersieht sie, dass das Essen sehr reichhaltig und vielseitig ist. So üppig haben sie in Zion höchstens mal an einem Festtag gegessen. Ihr wird ein Platz neben einer Frau von etwa fünfzig Jahren angeboten. Sie stellt sich vor und sagt, sie sei Mama Yu Ji.

Chenxi bekommt zu essen, aber es schmeckt ihr nicht. Die Eindrücke des Tages sind so heftig, dass es ihr den Magen zuschnürt. Doch da merkt sie, dass Mama Yu Ji aus einem anderen Holz ist als die Frauen in Zion. „Du isst das hier jetzt. Hörst du, das ist ein Befehl!" An einem Festtag in Zion hätte sie sich mit Eifer auf die wunderbaren Speisen gestürzt, aber jetzt versucht sie mit großer Mühe einen Bissen nach dem anderen zu schlucken – immer unter dem grimmigen Blick von Mama Yu Ji. Nur mit Mühe gelingt es Chenxi, zweimal das Würgen zu unterdrücken, aber nach einer langen Zeit – die anderen sind längst fertig und beginnen zu rauchen und Schnaps zu trinken – hat sie es geschafft. Mama Yu Ji lobt sie affektiert und laut und einige der Männer klatschen Beifall.

In einem Schlafsaal der Frauen führt sie Yu Ji an das letzte freie Bett an einer Wand. Mit einer Handbewegung deutet sie Chenxi an, dass dies nun ihr Bett ist. Hier liegt auch ihr Tuch aus Zion mit ihren persönlichen Dingen und der Wäsche, alles, was ihr Lui Lan eingepackt hat. Chenxi merkt sofort, dass ihre Sachen durchwühlt worden sind und dass das kleine Kreuz, das ihr Henriette in das Kleiderbündel gesteckt hat, fehlt. Inzwischen ist sie von Mama Yu Ji so eingeschüchtert, dass sie sich nicht traut, nach dem Kreuz zu fragen.

Gewaschen wird sich in einer Schüssel in der Mitte des Saales. Ein Eimer Wasser steht daneben. Einige Frauen sind schon im Raum. Zwei sitzen auf ihren Betten, eine andere liegt bereits und versucht, bei dem schlechten Licht zu lesen. Chenxi traut sich nicht, sich auszuziehen und sich zu waschen. Wieder wird sie von Yu Ji angefahren: „Zieh dich jetzt sofort aus und wasche dich gründlich. Was wissen wir denn, was du uns für Ungeziefer mit ins Haus bringst. Wir haben schon genug Flöhe und Wanzen hier, da brauchen wir nicht noch irgendwelches westliches Viehzeug aus eurem reaktionären Nest dort am Fluss."

Als sie nackt vor der Waschschüssel steht, wird sie von den anderen Frauen neugierig angeglotzt, dass es dem Mädchen ganz peinlich ist. Aber ein Blick auf Yu Ji sagt ihr, dass es keine andere Wahl gibt. Als sie fertig ist, fragt sie nach einem Handtuch, mit dem sie sich abtrocknen kann. „Verwöhnte Göre, solchen feudalistischen Kram haben wir hier nicht. Nimm deine Sachen und reibe dich damit trocken." In ihrer Unterwäsche kriecht Chenxi ins Bett und dreht sich zur Wand.

Obwohl sie bleiern müde ist, kann sie nicht schlafen. Ihr Herz ist voller Angst und außerdem kommen ständig neue Frauen in den Raum und reden laut, kichern hysterisch oder zanken miteinander. Als es ruhiger wird, beginnt Chenxi zu weinen. Die Einsamkeit und die schrecklichen Dinge, die sie gesehen hat, machen ihr solche Angst, dass die Tränen fließen und das ganze Bett mit ihr bebt.

Plötzlich steht Mama Yu Ji neben ihr und zischt sie an, sie soll sofort Ruhe geben. „Die Frauen hier brauchen ihren Schlaf und außerdem kannst du froh sein, dass du hier ein neues Zuhause hast und der verderbliche christliche Spuk für dich nun endlich zu Ende ist."

Die Worte schneiden Chenxi so ins Herz, dass sie aufschreit: „Ich will nicht hierbleiben, ich will zurück nach Zion."

„Halt's Maul, du Göre, wir wissen besser, was für dich gut ist."

Jetzt ist Chenxi so von panischer Angst erfüllt, dass sie aufspringt und in ihrer Verzweiflung nur noch schreien kann. Sie steht in ihrem Bett und strampelt auf der Stelle und schreit und schreit. Jemand hat eine Kerze angezündet, eine Frau ruft: „Bring das Aas zur Ruhe!" Eine andere ruft: „Schlag sie tot, dann können wir endlich schlafen." Und tatsächlich hat Mama Yu Ji einen Stock in der Hand und beginnt Chenxi auf den Po und den Rücken zu schlagen. Die Schmerzen sind so schlimm, dass Chenxi die Luft wegbleibt und sie nicht mehr schreien kann. Sie fällt um und zieht die Decke über ihren schmerzenden Rücken. Mama Yu Ji zieht die Decke noch etwas zurecht und sagt: „So, meine Kleine, jetzt weißt du, wie du dich hier zu verhalten hast. Jetzt schlaf und lass uns schlafen."

Am anderen Morgen ist Yu Ji wieder freundlich zu ihr, reibt ihr sogar mit einer Salbe den Rücken ein, aber sie weicht den ganzen Tag nicht von ihrer Seite. Chenxi versucht den Vater wiederzufinden. Von ihm will sie wissen, wann er sie wieder nach Zion zurückbringt. Aber er ist den ganzen Tag nicht auf dem Gelände des Klosters zu sehen.

Am Nachmittag ist Versammlung auf dem Hof. Alle Kommunisten aus dem Kloster sind versammelt, auch Jugendliche sind dabei, und es werden Reden gehalten, von denen Chenxi nichts versteht. Der Vater ist auch hier nicht zu sehen. So wagt sie, Mama Yu Ji zu fragen: „Wo ist denn der Mann, der mein Vater sein soll, der mich aus Zion abgeholt hat und mich wieder dahin bringen will?"

„Hör mal", antwortet Mama Yu Ji scharf, „Kommandant Zou Qi ist dein Vater, deshalb hat er dich ja hierhergebracht. Er hat viel zu tun und ist heute ins Hauptquartier nach Yenan gefahren, um den großen Vorsitzenden Mao Zedong zu sprechen."

„Ist das der Mann, dem mich mein Vater vorstellen wollte? Das hat er doch gesagt. Ich glaube, er hat den Namen Mao genannt."

„Das ist schon möglich, aber er muss sich selbst vor Mao verantworten und da kann er keine Kinder gebraucen."

„Aber …" Dann verstummt das Mädchen, weil sie ahnt, dass sie verraten und ausgeliefert ist.

Am nächsten Tag sagt ihr Mama Yu Ji, dass heute das Säuberungskommando ein paar Fragen an sie hat. Sie soll alles sagen, was sie weiß, und nichts verheimlichen. Es könnte schmerzhaft werden.

Das Säuberungskommando ist eine Gruppe von erfahrenen Männern und Frauen, die Verhöre durchführen, um von den Einheimischen, aber auch von Parteimitgliedern Informationen herauszuholen, die sie brauchen.

In einem Seitenflügel des Klosters ist ein Besprechungszimmer eingerichtet mit einem Tisch, sieben Stühlen und davor einem Holzschemel. Chenxi muss sich auf den Schemel setzen. Am Tisch sitzen fünf Männer und zwei Frauen. Eine der Frauen hält Chenxi eine Schale mit Süßigkeiten hin und ermutigt sie, kräftig zuzugreifen. Dann sagt der Mann in der Mitte ganz freundlich, sie solle mal erzählen, wie das Leben in Zion so abläuft. Jede Einzelheit will er wissen. Über den Tagesablauf, über das Verhältnis zu den Einheimischen, über Besucher und über die Krankheiten, die in der Krankenstation behandelt werden. Ein anderer schreibt alles, was Chenxi sagt, sorgfältig mit.

Oft weiß Chenxi gar nicht, was sie noch erzählen soll, aber da wissen die erfahrenen Säuberungsleute sich zu helfen. „Chenxi, sag mal, stimmt es, dass Missionar Burker gegen die Kommunisten gepredigt hat?"

„Das weiß ich nicht, ich habe sowieso nicht alles verstanden, was er gepredigt hat."

„Er hat also gegen die Kommunisten gepredigt, du hast es nur nicht verstanden."

„Ich weiß nicht", versucht Chenxi vorsichtig auszuweichen.

„Du weißt es nicht, aber es ist so. Du hast es nur nicht verstanden. Sag Ja, dann können wir diesen Punkt abschließen."

In ihrer Hilflosigkeit sagt das vierzehnjährige Mädchen Ja, weil sie den verschachtelten Satz nicht richtig verstanden hat.

„So, das haben wir. Nun zu der Frau Burker. Es wird gesagt, dass sie den Insassen von Zion einen westlichen Lebensstil aufgezwungen hat. Antworte!"

„Ich weiß nicht, was das ist, aber ich weiß, dass Frau Burker eine liebe Frau ist, die vielen Menschen im Dorf und vielen Gästen geholfen hat."

„Aber sie hat die chinesische Kultur und die kommunistische Idee bekämpft mit ihren Blumen und den Büchern und den Liedern."

„Die Lieder", stellt einer der Männer als Behauptung hin, „singen davon, dass man Verbrechern vergeben soll."

Chenxi soll sagen, ob das stimmt. Das Wort Vergebung hat sie oft gehört und gesungen, was soll daran falsch sein? „Ja, davon haben wir gesungen."

„Es stimmt also, dass die Verbrecher der Nationalisten und der Konterrevolutionäre bei euch Vergebung bekommen. Wie viele habt ihr denn in euerm christlichen Lager versteckt?"

„Das habe ich nicht bemerkt, ich glaube, es sind nur arme und bedürftige Menschen, die in Zion Aufnahme bekommen", antwortet Chenxi offen.

„Komm mal her", sagt eine von den Frauen, „gib mir mal deine linke Hand."

Chenxi versteht nicht, was das soll, reicht der Frau aber arglos die Hand hin.

„Weißt du, wie schmerzhaft es ist, wenn einem Kommunisten von den konterrevolutionären Verbrechern alle zehn Finger gebrochen werden?" Im nächsten Moment greift sie nach dem kleinen Finger der dargebotenen Hand und bricht ihn nach hinten weg. Das Knacken ist im ganzen Raum zu hören. Mit einem Aufschrei geht Chenxi in die Knie, aber die Frau hat die Hand fest im Griff und greift schon nach dem nächsten Finger. „Also, wie viele Konterrevolutionäre sind in Zion versteckt? Sag uns eine Zahl", hört Chenxi wie durch einen Schleier den Verhandlungsführer fragen. „Eine Zahl", wiederholt die Frau, die Chanxi mit eisernem Griff festhält.

„Fünf", stammelt Chenxi, die nur noch den Wunsch hat, dass diese furchtbare Frau endlich ihre Hand loslässt. Das geschieht dann auch und Chenxi versucht ihren Finger vorsichtig wieder nach vorn zu biegen, es schmerzt furchtbar.

Der Sitzungsleiter sagt: „So, genug für heute. Morgen sprechen wir weiter." Die andere Frau hält Chenxi noch einmal die Schale mit den Süßigkeiten hin, aber der Gefolterten ist es eher, als müsste sie sich übergeben.

Mutter Yu Ji bindet den gebrochenen kleinen Finger mit einem Pflasterstreifen straff an den Ringfinger, sodass der Finger stabilisiert ist und nicht mehr so schmerzt. In der Nacht weint Chenxi mehr, als dass sie schläft. Das friedliche Leben in Zion erscheint ihr wie ein Traum, wie ein Leben auf einer Insel, weit fort hinter einem Nebel und einem breiten Graben.

Am nächsten Tag muss Chenxi alle Verbrechen der angeblich fünf versteckten Konterrevolutionäre aufzählen. Aber sie weiß keine zu berichten. Wieso auch, sie existieren ja nicht. Aber sie wagt nicht, ihre falsche Aussage vom Vortag richtigzustellen. Ihr werden die Umtriebe gegen die Kommunisten und die geheimen Verschwörungen einfach vorgegeben. Die Männer und Frauen, die das Verhör führen, erfinden immer wieder neue Anschuldigungen, bis hin zu Mord an Revolutionsführern und zu Vergehen, die Chenxi nicht versteht. Chenxi soll sie nur bestätigen. Wenn sie zu lange zögert oder auch einmal Nein sagt, spielt die Frau links mit ihren Fingern. Am Ende des Verhörs bekommt sie wieder die Schale mit Bonbons hingehalten. Wieder nimmt das Mädchen nichts davon.

Zehn Tage gehen diese Verhöre nun schon, immer am Morgen. Heute fragen sie nicht mehr nach den versteckten Konterrevolutionären, sondern nach Chenxis Pflegemutter, nach Missionar Ewald und seiner Frau Henriette. Jetzt kann Chenxi erzählen, wie schön es in Zion ist, wie lieb die Menschen zu ihr sind und was die Mutter alles für sie in Kauf genommen hat. Es gibt nur kurze Zwischenfragen und Chenxi ist erleichtert, endlich die Wahrheit sagen zu können.

Doch schon am nächsten Tag drehen die Verhörer den Spieß wieder um. Chenxi soll nun erzählen, was in Zion alles gegen die Revolution unternommen wird. Sie schaut auf das Pflaster um den kleinen Finger, das durch die Alltagsarbeit dreckig und fasrig geworden ist. Plötzlich ist auch der Schmerz zurück und ihr tritt der Schweiß aus allen Poren. Die Männer und Frauen vor ihr machen solche Verhöre ja nicht zum ersten Mal und wissen die Körpersprache von Chenxi zu deuten. „Da hast du uns wohl manches bisher verheimlicht? Du hast keine Chance, wir wissen sowieso alles, was in diesem reaktionären Nest dort am Fluss geschehen ist. Sei froh, dass wir dich dort herausgeholt haben."

Es sind nicht die Drohungen, die Chenxi irritieren, sondern die unbewusste Botschaft: Es gibt kein Zurück! Sie erfasst Panik und sie schreit: „Ich will aber wieder zurück nach Zion, ich will zu meiner Mutter und zu Burkers. Dort gehöre ich hin, das ist meine Heimat."

Die Kommunisten lachen und haben einen Gesichtsausdruck des Bedauerns aufgelegt. Nicht, dass sie Chenxi bedauern, sondern hinter ihren verstellten Mienen steht: Wie kann man nur so naiv sein! „Du, hör mal her, du kleiner Fliegenschiss", sagt der glatzköpfige Wortführer. „Dieses reaktionäre Nest werden wir ausräuchern. Dort werden wir alles dem Erdboden gleichmachen. Nichts soll hinüberreichen in die glorreiche Zukunft der Herrschaft des Proletariats."

Chenxi fängt an zu weinen und zu schreien. Es ist das blanke Entsetzen, was sie befällt. Schließlich fällt sie in einen Weinkrampf und versteift sich in die Hocke. Zwei Männer müssen sie so hinaustragen und legen sie Mutter Yu Ji vor die Füße. Die streicht ihr über den Kopf und redet beruhigend auf sie ein.

Dann führt sie Chenxi hinaus auf eine Bank, hinaus in die Sonne. Hier haben früher die Mönche meditiert und über Glück und Entsagung nachgedacht. Mutter Yu Ji sagt leise: „Chenxi, du bist hier in einer anderen Welt angekommen. Es ist die Welt der Zukunft. Hier wird deine Zukunft sein und du wirst eine große Zukunft haben. Ich kann dir verraten, dass die führenden Genossen beschlossen haben, aus dir eine Leiterin der Jugendarbeit zu machen. So wirst du später in die Leitung der Frauenarbeit aufsteigen und vielleicht in der Regierung des neuen China einmal eine führende Position haben. Chenxi, der Weg ist steinig, aber wenn du erst auf der oberen Sprosse stehst, wirst du fliegen, verstehst du? Fliegen. Und die anderen werden sich dir zu Füßen legen und dich bewundern und werden vor dir zittern."

Als Yu Ji sich entfernt, beginnt in Chenxis Kopf ein Plan zu reifen. Sie muss nach Zion, sie muss Ewald und Henriette warnen. Vielleicht fliehen sie gemeinsam mit ihrer Mutter in die Berge. Ihre Mutter hat Erfahrung, sie ist stark und hat viele Ideen. Mit ihr werden sie überleben und den Kommunisten entkommen. Sie muss nach Zion. Sie weiß aber auch, dass es verboten ist, sich aus dem Kloster zu entfernen. Nur mit zwei Soldaten als Schutz darf ein Bewohner das Kloster verlassen. Sie hat aber auch gehört, dass es überhaupt verboten ist, das Kloster zu verlassen. Es wird von drei jungen Männern erzählt, die extra aus der Provinz Anhui ins Kloster gekommen waren, um hier das neue China mit aufzubauen. Aber irgendwie waren sie enttäuscht von dem, wie es hier zuging. Sie flohen aus dem Kloster, wurden eingeholt und auf der Stelle erschossen.

Chenxi ist noch nicht wieder aus dem Kloster heraus in die Stadt gekommen, aber an den Weg hinunter zum Fluss, an den kann sie sich noch erinnern.

In dieser Nacht nimmt sie ihren ganzen jugendlichen Mut zusammen und flieht aus dem Kloster. Durch den Haupteingang kann sie nicht, aber es gibt eine Luke in der hinteren Mauer, wo die Küchensoldaten die Abfälle einfach hinaus in einen Kanal schieben. Das hat sie schon öfters beobachtet. Im Schutz der Dunkelheit – es ist inzwischen drei Uhr – tastet sie sich an der Mauer entlang zum Abfallschacht. Dort rutscht sie auf allen vieren durch stinkenden Unrat und Ungeziefer hinunter Richtung Kanal. Sie kann sich aber an der Böschung halten, sodass sie nicht in den Kanal stürzt. Voller Ekel streift sie faulige Essensreste von sich ab, säubert die Finger im Gras und läuft nun an der Mauer entlang um das Kloster herum der Stadt entgegen. Es ist nicht total finster, weil die Mondsichel einen schwachen Schein gibt, der aber ausreicht, den Weg vom Kanal zu unterscheiden. Die Häuser stehen stumm und schwarz, aber sie geben ihr Schutz, sodass sie von der Straße aus nicht gesehen werden kann. Niemand bemerkt sie, obwohl Wachen an vielen Stellen der Stadt aufgestellt sind.

Bald sieht sie vor sich das schwarze Band des Flusses. Das Ufer hebt sich heller davon ab, auch die Boote, die hier im Hafen festgemacht sind. Jetzt wird Chenxi erst bewusst, wie irrsinnig ihr Fluchtversuch ist. Wie soll sie von hier nach Zion kommen? Sie weiß ja nicht mit einem Boot umzugehen, und wenn sie es richtig in Erinnerung hat, dann liegt Zion stromauf. Sie müsste also auch noch gegen die Strömung rudern. Sie entdeckt das

Motorboot, mit dem ihr Vater sie abgeholt hat. Ob sie ihr Vater jetzt wieder nach Zion bringen würde? Aber der ist ja fern in der kommunistischen Zentrale.

Wenn sie an den Mann denkt, der ihr Vater sein soll, dann ist es, als ob sich Eis um ihr Herz legt. Von ihm hätte sie sicher nichts zu erwarten. Ihr ist kalt, obwohl die Nächte im Sommer hier warm und angenehm sind. Sie hockt zwischen den Booten und hört drüben vom anderen Ufer, wie der Wind leise im Bambus singt.

Ein Geräusch schreckt sie auf. Ein Mann kommt von der Uferbefestigung herunter in den Hafen gelaufen. Chenxi kann erkennen, dass es kein Soldat ist. Er hat ein Netz über den Schultern und geht zu einem der schmalen Kähne. Chenxi denkt, dass er ein Fischer ist, und vielleicht ist er ein Mann mit Herz. Lautlos bewegt sich Chenxi vorsichtig zum Fischerboot und zischt leise durch die Zähne. Der Mann erschrickt, dass sein Boot leicht zu schwanken beginnt, bleibt aber stumm. Chenxi steigt in sein Boot und sagt leise: „Bring mich bitte zur Missionsstation Zion."

Der Fischer lässt das Netz auf den Boden des Bootes sinken und schaut Chenxi lange an. Dann sagt er: „Das kann ich nicht. Die Missionsstation ist fünfzig Kilometer oberhalb am Fluss. Da bräuchten wir ein Moorboot."

„Ich helfe dir auch rudern, ich habe das schon einmal gemacht", antwortet Chenxi. Der Fischer muss leise lachen. „Da warst du vielleicht auf einem Ausflug, aber fünfzig Kilometer gegen die Strömung, das kann nicht gehen."

Diese Worte sind ihm dann doch etwas lauter von den Lippen gegangen, denn drüben im Motorboot wird eine Abdeckung zur Seite geschoben und ein Mann ruft mit strenger Stimme: „Was ist denn da los?" Der Fischer drückt Chenxi ins Boot bis unter die Sitzbank und ruft: „Alles in Ordnung, fahre nur zum Fischen raus."

Doch aus dem Motorboot steigen zwei Männer, die jetzt auch Taschenlampen anmachen. Sie sind anscheinend dazu abgestellt, das wertvolle Motorboot zu bewachen. Mit schwankendem Lichtkegel kommen sie herüber zum Fischer. Als sie ins Boot leuchten, entdecken sie das Mädchen. „He, was machst du mit der Kleinen, he? Deine Alte ist dir wohl nicht mehr genug?"

„Nein, nein, nicht, was ihr denkt, es ist meine Nichte, die will einmal mit zum Fischen kommen", antwortet der verängstigte Mann schnell.

„Zeig dich mal, du süßes Küken. Los, aussteigen."

Chenxi bleibt nichts anderes übrig, sie klettert unter dem Sitz heraus und steigt an Land.

„Das ist doch die Kleine von Genosse Zou Qi, die haben wir doch vor einigen Wochen aus dem frommen Nest geholt."

Chenxi weiß, dass jetzt alles zu Ende ist, deshalb macht sie einen verzweifelten Versuch: „Bringt mich mit euerm Motorboot wieder zurück nach Zion. Mein Vater hat es versprochen und ihr müsst ihm gehorchen, weil er ein großer Führer ist."

„Du kleiner Krautfurz, du wolltest also abhauen", brüllt einer der Männer los. „Du weißt wohl gar nicht, dass wir dich erschießen müssen, wenn du abhaust."

Darauf der andere: „Du, das ist die Tochter von Zou Qi, das könnte Schwierigkeiten geben. Lass das mal die Parteileitung entscheiden. Die können sie immer noch an die Wand stellen." Und zum Fischer: „Und du wolltest sie wohl von hier wegbringen, du imperialistischer Maulwurf, du." Ehe der Fischer noch etwas erwidern kann, schießt der andere Bewacher ihn dreimal in die Brust. Ein Schuss trifft ihn genau ins Herz, sodass er vornüber zwischen die Boote ins Wasser stürzt.

Chenxi binden sie die Hände und Füße zusammen und tragen sie abwechselnd zum Kloster, indem sie sie über die Schulter legen wie ein krankes Schaf. Der eine sagt, während er Chenxi auf den Schultern hin- und herschiebt: „Sollten wir uns nicht erst noch etwas mit ihr vergnügen? So was Junges habe ich noch nicht unter mir gehabt."

„Mach keinen Ärger", antwortet der andere. „Wenn das Zou Qi erfährt, schneidet er dich bei lebendigem Leib in zehntausend Stücke und er fängt bei deinem besten Stück an."

Darauf der erste wieder: „Du denkst doch nicht, dass der noch lebt. Wen Mao zu sich bestellt, der wird entweder Minister oder Mist. Mao hat erst kürzlich gesagt, dass ein paar Tausend Tote nicht so schlimm sind, sie sind guter Dünger für den Boden."

Chenxi wird im Kloster in der Eingangshalle auf eine Bank gelegt. Die beiden prüfen noch einmal die Knoten der Fesseln, wobei der eine mit einem Schnalzen der Zunge an ihren kleinen Brüsten herumfingert.

Ungefähr drei Stunden liegt sie hier, ohne dass etwas passiert. Nur die Ahnung einer schlimmen Strafe ist in ihr. Am Anfang weint sie, aber die Angst lässt ihr die Tränen versiegen, die Schmerzen an den Hand- und Fußgelenken spürt sie nur manchmal.

Im Morgengrauen kommen einige Männer vorbei, stellen sich vor Chenxi und beraten, was mit ihr zu machen sei. Schließlich sagt der mit einem auffallenden runden Kopf und Glatze, den sie von der Befragung kennt, dass man sie ins „U" schaffen soll. „Wir werden sie weich machen und ihr zeigen, wo es langgeht."

Zwei andere packen das Leichtgewicht und schleppen Chenxi wie einen zusammengerollten Teppich in einen Raum, der im Untergeschoss des Klosters liegt. Er ist muffig, feucht und es scheint nur ein schwaches Licht aus einem handbreiten Mauerspalt unterhalb der Decke herein. Es sind keine Möbel vorhanden, nur ein breites Brett, auf das sie Chenxi niederlegen. Einer schneidet mit einem Messer die Fußfesseln durch, aber dann beginnt er mit dem Messer ihr das Kleid aufzuschneiden. Auch das Hemd und den Rest schneidet er auf und reißt ihr alle Kleidung vom Leib. Chenxi möchte ihre Blöße mit den Händen verdecken, aber die sind nach wie vor auf dem Rücken gefesselt. Verzweifelt windet sie sich zur Seite, ihre Augen sind angstgeweitet.

Doch der Bewacher zieht sich zurück und lässt sie nackt liegen. Später kommt er noch einmal mit einer Schüssel dünner Suppe und einem Klumpen gekochtem Reis auf einem Krautblatt. Er bindet Chenxi die Hände los und fordert sie auf zu essen. Doch sie will nicht. Ihr ist die Situation, so nackt vor einem Mann zu sitzen, unheimlich. „Entweder du isst jetzt oder ich binde dich wieder zusammen. Du wirst heute nicht noch einmal etwas zu essen bekommen. Also los, in fünf Minuten muss ich dir die Krallen wieder zusammenbinden."

Obwohl Chenxi keinen Hunger verspürt, sagt ihr der Instinkt, dass es doch besser ist, etwas Nahrung zu sich zu nehmen. Die Suppe ist salzig, aber die Flüssigkeit tut ihr gut. Kaum ist das Krautblatt leer gegessen, greift der Bewacher wieder brutal nach ihren Armen und bindet sie auf dem Rücken zusammen.

Chenxi schaut sich jetzt etwas genauer in dem Raum um. Die Tür ist grau verschimmelt, an den Wänden sind Kratzspuren und dort, wo das Licht aus dem Schacht einfällt, hat sich grünes Moos an der feuchten Wand gebildet. An der Decke sieht sie einen Haken, der vielleicht einmal eine Lampe gehalten hat, vielleicht …, sie will gar nicht weiter denken. In einer Ecke ist eine Vertiefung im Boden. Dort riecht es widerlich und ihr ist klar, dass sie ihre Notdurft dort verrichten muss.

Sie hat kein Zeitgefühl, aber sie muss jetzt drei oder vier Stunden in dieser Zelle sein. Da wird der Riegel an der Tür zurückgeschoben und es treten fünf Männer in den Raum. „Steh auf, du Kröte!", brüllt sie der Glatzkopf an, den sie auch im

Halbdunkel wiedererkennt. Er hat einen glatten Knüppel in der Hand und schlägt ihn rhythmisch in die andere Handfläche. Aber wie soll sie sich vor den glotzenden Männern hinstellen? Sie kann nicht. Wimmernd hockt sie auf dem Schlafbrett und hält den Kopf so tief, dass sie ihre Blöße wenigstens annähernd verdecken kann. Da trifft sie ein Stockschlag auf der Schulter, der sie fast umwirft. „Stell dich hin oder sollen wir dich aufhängen? Mit den Füßen zuerst, da siehst du bestimmt recht appetitlich aus." Er klopft mit seinem Stock an den Haken an der Decke. „Hoch jetzt mit dir!"

Chenxi quält sich hoch und stellt sich seitlich zu den Männern. „Dreh dich herum, zeig mal, was du hast." Für Chenxi ist der Zeitpunkt gekommen, an dem sie sich nur noch dem Schicksal überlässt. Was kann sie gegen die Gewalt tun! Sie stellt sich den Männern gegenüber und schaut dem Glatzkopf ins Gesicht. Doch das verzieht sich zu einer hässlichen Grimasse und er brüllt sie an: „Die Beine auseinander." Diese Aufforderung ist für Chenxi so außerhalb alles Vorstellbaren, dass sie erstarrt und unfähig ist, auch nur mit den Wimpern zu zucken.

Im nächsten Moment saust der Knüppel des Glatzkopfes ihr genau auf den Unterleib. Mit einem Aufschrei stürzt Chenxi zusammen. Da sie sich mit den Händen nicht abfangen kann, schlägt sie im Fallen mit dem Kopf an die Wand. Der Glatzkopf blickt sie mit bedauerndem Blick an, leckt den Stab demonstrativ und genüsslich ab und sagt unheilschwanger: „So, mein kleiner Käfer. Nur dass du weißt, wie es hier langgeht. Du wirst jetzt schön gehorsam sein." Dann entfernt er sich mit den anderen, die enttäuscht klingende Bemerkungen machen.

Chenxi merkt, dass sie am Kopf blutet. Aber es scheint keine schlimme Wunde zu sein. Sie kann sie ja leider nicht betasten. Der Unterleib schmerzt bei jedem Atemholen und der Schmerz breitet sich auf den ganzen Bauch bis in den Rücken aus. Die

Gedanken quälen sie, was die Männer nur von ihr wollen. Von „weich machen" hat der Glatzkopf am Morgen in der Eingangshalle gesprochen. Was meint er damit? Was wollen sie überhaupt von ihr?

Sie würde sich gern etwas bequemer hinlegen, aber mit den gebundenen Armen ist das nicht möglich. So liegt sie halb auf dem Bauch, das Gesicht auf das feuchte, stinkende Brett gedrückt. Die Angst wird so zwingend, dass sie nicht liegen bleiben kann. Sie quält sich wieder auf die Beine. Unruhig geht sie im Raum herum. Durch die Bewegung lässt der Schmerz im Bauch langsam nach, aber wenn sie zur Tür blickt, dann rast das Herz vor Angst. Was wird sein, wenn sie das nächste Mal hereinkommen?

Darauf muss sie bis zum nächsten Tag warten – obwohl sie alles andere als darauf gewartet hat.

Am Morgen gibt es wieder eine Suppe, allerdings heute ohne Reis und Gemüseblatt. Als ihr der Bewacher die Arme losbindet, betastet sie ihren Kopf und merkt, dass geronnenes Blut ihre Haare verklebt hat. Aber die Wunde blutet nicht mehr. Die Schmerzen im Bauch sind die ganze Nacht nicht weggegangen. Sie würde sich gern den Unterbauch etwas massieren, aber das traut sie sich nicht, so lange ein Mann in ihrem Raum ist. Doch es gelingt ihr auch später nicht, weil ihr nach dem bescheidenen Essen die Hände wieder auf den Rücken gebunden werden.

Dann öffnet sich die Tür und der Glatzkopf mit seinen vier Begleitern betritt wieder den Raum. „Aufstehen!" Chenxi weiß, dass Widerstand oder Zögern nur noch mehr Leiden bringen würden, und steht auf. Sie stellt sich wie gestern vor die Männer. Einer ruft: „Na, Alter, hast wohl gestern einen Farbstock verwendet. Die Kleine ist ganz blau unter dem Flaum." Die anderen grölen lüstern. „Beine auseinander", brüllt der Glatzkopf jetzt. Chenxi hat nur einen Gedanken: nicht noch einmal diesen Knüppel. Nicht noch einmal diese fürchterlichen Schmerzen. Die Angst treibt sie dazu, sich breitbeinig hinzustellen. Alle Blicke liegen auf ihr. Da holt der Glatzkopf unvermittelt mit seinem Stock aus und schlägt ihr von unten genau zwischen die Beine. Chenxi bleibt die Luft weg, sie kann nicht schreien. Ihr wird schwarz vor Augen und lautlos sinkt sie in sich zusammen.

Als sie wieder zu sich kommt, ist sie allein in der Zelle. Ihr Unterleib brennt wie Feuer. Ihr ist, als hätte man ihr ein Schwert längs durch den gesamten Körper gestoßen. Es sind unerträgliche Schmerzen und nun muss sie schreien, einfach nur schreien. Sie brüllt wie ein Tier, bis ihr der Mund trocken wird und die Stimmbänder schmerzen. Sie spürt auch, dass ihr Blut zwischen den Beinen herunterläuft und ihr kommt ein Gedanke, den sie noch nie gedacht hat. Ein Gedanke, der manchen Menschen in ausweglosen Lage schon Trost gegeben hat – sterben. Ja, sie möchte jetzt sterben, tot sein, nicht mehr diese furchtbare Zelle, die Schmerzen, die Demütigung, den Glatzkopf ertragen müssen. Sie hofft, dass sie schnell viel Blut verliert und der Tod bald eintritt.

Doch die Blutung hört anscheinend auf, obwohl das Brett, auf dem sie liegt, vom Blut schmierig und verklebt ist. Sie krümmt sich zusammen, weil diese Haltung den Schmerz ein wenig lindert, aber sie flüstert unaufhörlich: „Sterben, sterben, ich kann nicht mehr leben. Tod, erlöse mich, Tod, lass mich sterben."

Am Abend hört sie, dass die Tür zu ihrer Folterkammer wieder geöffnet wird. Nicht so brutal, leiser, aber sie hat eine panische Angst. Ihr Entschluss ist, sich nicht zu bewegen, auch wenn sie sonst etwas von ihr fordern. Sollen sie mich doch totschlagen, dann wäre alles vorbei. Eine Hand berührt sie am Nacken und die rauchige Stimme von Mama Yu Ji sagt: „Dir geht es nicht gut, Kleines?" Vorsichtig versucht sie Chenxi auf den Rücken zu drehen. Dabei sieht sie die Blutlache unter ihr. „Du hast Blut verloren. Haben sie dich sehr gequält? Komm, lass dir das Blut abwischen." Mit einem feuchten Lappen versucht Mama Yu Ji das geronnene Blut von Chenxis Beinen zu wischen. Sobald sie etwas höher kommt, schreit Chenxi vor Schmerzen auf.

Schließlich sagt Yu Ji: „Komm, zeig mal her, was sie mit dir gemacht haben." Als sie die Platzwunden sieht, sagt sie nur: „Diese Schweine. Wer war das?"

„Der Glatzkopf", sagt Chenxi leise.

„Dacht ich mir's doch, dieser Sadist." Dann knüpft ihr Yu Ji die Hände los, sodass sich Chenxi wenigstens richtig hinlegen kann. Sie genießt die freie Rückenlage, obwohl die Schmerzen wieder unerträglich werden, wenn sie den Bauch so anspannt. Chenxi legt sich auf die Seite. Ihr tut die menschliche Nähe gut, obwohl sie ihrer Betreuerin eigentlich nicht vertrauen kann. Auch sie hat sie ja schon geschlagen.

Chenxi blickt von unten zu ihr auf und fragt leise: „Warum tut ihr das mit mir?"

Mama Yu Ji überlegt einen Moment, ehe sie antwortet: „Kleine, die Grundregel der kommunistischen Revolution heißt: Gewalt. Schmerzen und Terror locken die wahre Gesinnung aus den Menschen heraus. Sie schlagen dich immer wieder, bis du selbst anfängst zu schlagen. Im Kampf ums Überleben wird nur der Gewalttätigste siegen. Schon der große Sowjetführer Stalin hat gesagt: ‚Die Welt lässt sich nur mit Terror regieren.'

Und hassen musst du lernen, hassen, verstehst du? Der Hass ist eine Kraft, die dich schützt und die dich zu großen Taten antreibt. Hasse den Glatzkopf mit ganzer Seele. Wünsche ihm täglich den Tod, und wenn du die Gelegenheit dazu hast, dann töte ihn. Es wird dir keiner übel nehmen, wenn du stärker bist als er, denn er hat keine Berechtigung zum Leben, wenn jemand stärker ist als er. Aber es wird nicht leicht sein. Schon viele haben den Kampf mit ihm verloren und sind jämmerlich krepiert.

Hasse ihn, bis du ihn erledigt hast. Nur fange nicht hier im ‚U' an. Hier bist du ihm ausgeliefert. Hier musst du einstecken, aber zeige ihm, dass du dich nicht kleinkriegen lässt."

„Was soll ich denn tun? Ich bin nackt, blutig und habe fürchterliche Schmerzen."

„An die Schmerzen musst du dich gewöhnen. Er wird dich weiter schlagen, aber lass es dir nicht wehrlos gefallen. Wenn du dich wehrst, wird er dich schlagen, aber er wird dich auch schlagen, wenn du dich nicht wehrst. Er will dich weich machen, bis du beginnst zu hassen. Spucke ihn an, wünsche ihm den Tod auf den Kopf, verfluche ihn, dass er anfängt, deinen Hass ernst zu nehmen. Erst wenn du abgrundtief hasst und bereit bist, andere Menschen zu terrorisieren, hast du die Prüfung im ‚U' bestanden."

Yu Ji hat eine Decke dabei. „Hier, wenn du allein bist, hülle dich hinein, und wenn sie kommen, verstecke sie unter dem Brett. Du musst nur schnell machen, wenn sie den Riegel zurückschieben."

„Kann ich nicht ein Kleid oder ein Hemd haben?", fragt Chenx vorsichtig.

„Tut mir leid, Kleines, es gehört zur Strategie, die U-Opfer auch damit zu demütigen. Du musst dir nur sagen, dass es hier im ‚U' normal ist, ohne Kleider eingesperrt zu sein. Und vor Vergewaltigung brauchst du keine Angst haben, das ist das Einzige, was die Bewacher nicht machen dürfen. Aber auf alles andere stell dich schon mal ein." Mama Yu Ji knotet die Hände von Chenxi wieder locker auf dem Rücken zusammen und verschwindet fast lautlos aus dem „U".

Die Aussicht, dass das Prügeln und die Schmerzen hier noch eine Weile weitergehen sollen, ist furchtbar. Das mit dem Terror, das ist Chenxi total unverständlich. Warum tun sich Menschen so etwas an? Seit sie hier liegt, muss sie jetzt ständig an Zion denken. Dort wäre so ein Denken oder gar Geschlagenwerden völlig unvorstellbar. Wie wird es in Zion gehen? Sie vermisst die zärtlichen Hände ihrer Mutter und die freundlichen Stimmen von Ewald und Henriette. Eine große Sehnsucht nach dem Paradies dort am Fluss holt sie ein und so weint sie sich in den Schlaf, nicht ohne dankbar die Decke über den geschundenen Körper zu ziehen.

Noch einige Tage muss sie im „U" bleiben. Noch mehrmals macht sie Bekanntschaft mit dem Knüppel vom Glatzkopf. Sie hat ansatzweise versucht, sich zu wehren, wie ihr von Mama Yu Ji geraten wurde, aber außer höhnischem Gelächter gab es keine Reaktion.

Im Dienst der Kommunisten

Endlich kommt der Bewacher, bringt ihr Unterwäsche, ein Kleid und Schuhe, die viel zu groß sind. Chenxi bekommt von der Leitung eine Aufgabe. Sie soll die neuen Parteimitglieder betreuen, die fast täglich beim Kloster anklopfen und hinter denen sich die Klostertüren für immer verschließen. Sie kommen aus dem ganzen Land, haben von der Idee des Kommunismus gehört und möchten selbst gute Parteimitglieder werden. Viele sind nach wenigen Tagen so ernüchtert, dass sie wieder zurückwollen – aber das geht nicht. Wer den Antrag auf Entlassung stellt, wird in die intensive Schulung geschickt. Bis zu zehn Stunden müssen sie Parolen von Mao, Stalin und Karl Marx lesen beziehungsweise laut vor sich hersagen. Wer nachlässig wird oder nicht richtig mitspielt, bekommt schon mal das „U" zu spüren. Wer heimlich flieht, den ereilt im günstigsten Fall das gleiche Schicksal wie Chenxi. Werden es zu viele, dann erschießt man einige von ihnen. Nur keine Gnade. Stattdessen Terror und Härte. Bald ist den jungen Menschen klar, dass jeder, der dieses Kloster überlebt, ein Bevorzugter ist.

Chenxi ist ein Rädchen im Getriebe geworden. Den Anwärtern werden alle persönlichen Dinge abgenommen. Widerspruch wird mit dem Hinweis auf kommunistische Gleichheit abgetan und es heißt: „Wegen der kommunistischen Revolution seid ihr doch hergekommen." Dann werden sie zum Führungsoffizier gebracht. Er fragt nach Herkunft und Familie. Er prüft das theoretische Wissen über den Kommunismus und wo sie das Wissen herhaben. Dann gibt er die Regeln bekannt, wozu die Endgültigkeit ihrer Entscheidung gehört. Manche der jungen Männer und der langsam mehr werdenden Mädchen sind darüber erschrocken, und man sieht an ihrem Blick, dass über die harten Sitten im „Kloster" draußen im Land nichts bekannt ist.

Doch die Zukunftsvisionen der Leiter zerstreuen mit der Zeit die Zweifel, denn ihnen gelingt es, die Begeisterung für das neue revolutionäre China wieder zu entfachen. Wer es nicht glauben will, dem wird die Gehirnwäsche der täglichen Maoparolen schon noch zur Einsicht verhelfen.

Chenxi muss die Jugendlichen im Seitengebäude unterbringen. Dort schlafen in manchen Zimmern, nicht größer als eine Bauernstube, bis zu sechzehn Jugendliche. Mädchen und Jungen getrennt, aber sonst wird kein großer Unterschied zwischen den Geschlechtern gemacht. Alle müssen die gleichen schweren Arbeiten leisten und es herrscht ein starker Zeitdruck. Vom Morgensport an bis zur Bettruhe ist der Tag genau in Minuten eingeteilt. Freizeit ist nicht vorgesehen. Frauen bekommen für ihre Hygiene zwei Minuten mehr Zeit am Tag als Männer.

Den größten Teil des Tages nehmen die politischen Schulungen ein. Es gibt mehrere Politoffiziere, die sich in den Vorlesungen abwechseln, da einer gar nicht so lange reden kann. Chenxi ist meist mit dabei, um die Schüler zu beobachten. Die Parolen und Phrasen gehen in sie ein, sodass sie den Wortlaut fehlerfrei aufsagen und später kontrollieren kann. Fragen sind nur in einer kleinen Pause erlaubt. Wer mit seiner Frage das System oder den Kommunismus infrage stellt, wird notiert und bekommt in der nächsten Zeit verstärkten Unterricht. Dieser Sonderunterricht besteht darin, Lehrsätze und Parolen der Parteiführer immer wieder aufzusagen, auswendig zu lernen und aufzuschreiben. Das Ganze findet am Abend statt. Und damit der Straflernende die anderen nicht stört, muss er oder sie auf einer Matte im Unterrichtsraum übernachten.

Über diese Nachsitzer hat Chenxi zu wachen. Sie hat die Order, den störrischen Lernern mit einem Stock über die Finger zu schlagen, wenn die Sätze nicht korrekt gesprochen werden oder die Schriftzeichen nicht sauber genug gezeichnet sind. Am Anfang tut es ihr selbst weh, wenn sie zuschlägt, aber bald hat sie sich daran gewöhnt. Sie muss Terror ausüben, sagt sie sich, und einige der Parolen, die sie ständig zu hören bekommt, drücken das ja selbst aus: „Alles Reaktionäre muss niedergeschlagen werden. Gegen Unwissenheit muss man lernen und nochmals lernen. Gegen Dummheit muss man schlagen und nochmals schlagen." Wenn sich ein Straflernender beschwert oder gar versucht zurückzuschlagen, zielt Chenxi mit ihrem Stock auf den Nacken, den Hinterkopf oder aufs Gesicht. Das ist Vorschrift.

Eines Tages wird ihr deutlich, dass sie eine besondere Stellung im Kloster hat. Sie ist jetzt fünfzehn Jahre und kann mit ihrem Stock Männer prügeln, die zwanzig Jahre und älter sind. Sie ist eine Respektsperson und die Lehrer unterlassen es nicht, den Schülern gegenüber die Autorität von Chenxi zu betonen.

Bei einem Gang durch das Gelände des Klosters entdeckt sie kurz über dem Boden den Mauerschlitz, der ihr im „U" ein wenig Licht und Hoffnung gegeben hat. Sie beugt sich hinunter und versucht in den Raum zu blicken. Aber es ist zu finster, deshalb ruft sie mit gedämpfter Stimme: „Hallo, ist da jemand?"

„Ja, ich bin Shun aus Wuhan, wer bist du?"

Chenxi ist vorsichtig, deshalb fragt sie. „Brauchst du etwas? Wie geht es dir?"

Erst kommt lange keine Antwort, dann hört sie: „Ich werde unschuldig gequält und immer wieder geschlagen. Ich habe keine Kleidung mehr, mir ist kalt und ich habe auch Fieber. Aber sie hören nicht auf mich, sondern sie schlagen immer gleich zu, wenn ich etwas sage."

„Schau mal unter das Schlafbrett, da könnte eine Decke liegen. Ich bringe dir morgen ein paar Kräuter gegen das Fieber vorbei. Die musst du dann nur kauen. Aber sag mal, warum musst du denn im ‚U' sein? Bist du auch geflohen und sie haben dich erwischt?"

„Nein", antwortet Shun, „ich habe ihnen gesagt, dass ich Christ bin, und sie wollen den alten Glauben aus mir herausprügeln, haben sie gesagt."

„Christ? Aber warum bist du dann hierher ins Kloster gekommen?", fragt Chenxi flüsternd.

„Bei uns auf der Uni haben sie gesagt, dass auch im neuen China die Christen gebraucht werden und da habe ich gedacht … aber pst, sie kommen an die Tür."

Als Chenxi am nächsten Tag wieder zum Lüftungsschlitz kommt, hört sie Shun unten fürchterlich schreien. Es sind Schläge auf nackter Haut zu hören. Sie glaubt auch die Stimme des Glatzkopfs dazwischen zu erkennen. Natürlich kann sie jetzt nicht mit Shun reden, deshalb verschiebt sie ihren Besuch auf später. Aber leicht ist das auch nicht. Sie wird von den Lehrern beobachtet und auch Mama Yu Ji registriert sehr genau, wann Chenxi Kontakt mit den Schülern hat, wann sie selbst ihre Dienstaufgaben erledigt und was sie in ihrer Freizeit macht.

Neuankömmlinge haben keine Freizeit, aber weil Chenxi jetzt zu den „Angestellten" gehört, muss sie nicht pausenlos arbeiten. Auch das gehört zu ihrer Sonderstellung.

Am Abend gelingt es ihr wieder, den Beobachtern zu entkommen, und sie schleicht sich zum „U". Shun weint leise vor sich hin, er muss schreckliche Schmerzen haben. „Shun, hier bin ich. Komm direkt unter den Schlitz, ich werfe dir die Kräuter hinunter."

„Danke, du guter Engel, wer du auch bist", kommt es von unten.

„Hast du die Decke gefunden?", ruft Chenxi hinunter.

„Ja, aber sie haben sie mir heute abgenommen und mich zu dritt dafür verprügelt. Sie wollten wissen, woher ich die Decke habe, und sie haben mir nicht geglaubt, dass sie unter dem Brett lag. Sie wollten einen Namen aus mir herausprügeln, es war schlimm, mir tut alles weh."

Chenxi war in dem Moment froh, dass sie ihm noch keinen Namen gesagt hat. Ihr ist der eigene Aufenthalt im „U" wieder vor Augen. Sofort kommen die Erinnerungen an die Schmerzen, die sich heute noch bemerkbar machen, wenn sie auf Toilette muss.

In der Nacht kann sie nicht schlafen. Einmal, weil heute einige der Frauen so entsetzlich schnarchen, aber auch, weil sie glaubt, Shun immer wieder schreien zu hören. Er tut ihr mehr leid als sie sich selbst in dieser Hölle da unten. Am Morgen ist ein Entschluss in ihr gereift, den sie die nächsten Tage in die Tat umsetzt.

Die Treppe zum „U" hinunter ist nicht leicht zu finden. Chenxi kann sich nicht mehr erinnern, wie sie dort hinuntergekommen ist. Dann fällt ihr ein, dass man sie ja gefesselt hinuntergetragen hat. Aber auch der Weg zurück ist ihr nicht in Erinnerung. So begibt sie sich mit einem Stapel geschriebener

Strafarbeiten in die Eingangshalle und sucht den Zugang. Es gehen mehrere Türen von der Diele ab, aber eine muss nach unten führen. Sie überlegt, an welcher Seite des Hauses sich der Lüftungsschlitz zum „U" befindet. Es muss die Gartenseite sein, also rechts vom Eingang.

Zwei Türen sind an dieser Seite. Mutig öffnet sie eine und blickt in das Gesicht des Glatzkopfs. Er raucht mit anderen Männern und sie haben zwei Flaschen Schnaps auf dem Tisch. „Was willst du Göre hier?", brüllt er sie an.

In Chenxi beginnt der Hass zu arbeiten, wie immer, wenn sie ihren Peiniger sieht. „Ich habe hier Arbeiten von Schülern, die die Lehren von Mao und Marx aufmerksam und kunstvoll abgeschrieben haben. Das sind fleißige, revolutionäre Jugendliche, die nicht faul herumsitzen, rauchen und Schnaps trinken." Und schon ist sie wieder draußen. Von drinnen hört sie noch, wie Stühle rücken und Schritte zur Tür kommen. In panischer Angst, die den Hass wieder verdrängt hat, öffnet sie die nächste Tür und schließt sie leise hinter sich. Hier ist es dunkel, aber in dem kurzen Moment, in dem Licht durch die offene Tür in den Raum fiel, erkannte sie, dass hier eine Treppe nach unten führt – der Zugang zum „U".

Vorsichtig sich an der Wand entlangtastend geht sie einige Stufen nach unten, damit sie nicht entdeckt wird, wenn jemand die Tür oben öffnen sollte. Ihr ist aber auch klar, dass sie hier Licht braucht, wenn sie etwas unternehmen will. Als oben wieder Ruhe eingekehrt ist, geht sie vorsichtig zurück.

Die Freizeit der nächsten Tage ist angefüllt mit dem Beschaffen von Kleidung, Proviant und Schuhen. Das Schwierigste ist die Männerkleidung, die sie braucht. Ihr Zugang zu den Neuankömmlingen verschafft ihr aber die Möglichkeit, hier einmal eine Hose, dort eine Jacke oder Unterwäsche zu entwenden. Sie hat kein schlechtes Gewissen dabei. Mao selbst hat gesagt, dass der Zweck die Mittel heiligt und für die Revolution kein Opfer zu groß ist. Sollen doch die zukünftigen Parteimitglieder ein Opfer bringen.

Nun plant sie zwar keine kommunistische Revolution, aber so etwas wie eine Revolution im „Kloster" wird es sicher werden. Noch schwieriger ist es, die Kleidung zu lagern. Wenn Mama Yu Ji die Sachen bei ihr finden würde, wäre das nicht nur peinlich, sondern würde schlimme Konsequenzen haben.

In den wenigen Augenblicken, die Chenxi im Raum des Glatzkopfs war, hat sie gesehen, dass da in einer Ecke noch ein verstaubter Buddhaschrein steht. Ein Tuch verhüllt den Ecktisch und hinter dem Vorhang könnte sie ihr Depot einrichten. Das ist kein schlechtes Versteck: Erstens würden der Glatzkopf oder seine Saufbrüder nie einen Buddhaschrein anfassen, und zweitens, wenn sie wieder dabei sind, die Gefangenen zu quälen, ist das Zimmer frei und sie kann Kleidung verstecken. Dazu kommt noch: Wenn Shuns Flucht beginnt, sind die Dinge gleich in greifbarer Nähe.

Nach und nach füllt sich das geheime Depot.

Diese Nacht wird Chenxi nicht vergessen. Als im Schlafsaal der Frauen das Licht gelöscht wird und die ersten zu schnarchen beginnen, ist bei ihr an Schlaf nicht zu denken. Immer wieder geht sie in Gedanken die einzelnen Wege, wägt Unvorhergesehenes ab und überlegt sich Ausreden, wenn sie erwischt wird. Sie muss noch warten, bis nach ein Uhr, weil da immer eine von den älteren Frauen auf Toilette poltert. Als es wieder ruhig ist im Schlafraum, kleidet sich Chenxi unter der Decke lautlos an. Eine Kerze und Streichhölzer hat sie im Ärmel ihrer Jacke versteckt. Ohne an ein anderes Bett zu stoßen und ohne beim Gehen Geräusche zu machen, kann sie unbemerkt den Schlafsaal verlassen. Das Parteihauptquartier ist ihr inzwischen so vertraut, dass sie auch im Dunkeln keine Probleme hat, den Weg zu finden.

Auch im Haupthaus, wo sich die Diele und das „U" befinden, ist alles finster. Inzwischen kennt sich Chenxi im Zimmer des Glatzkopfs so gut aus, dass sie kein Licht benötigt. Vorsichtig holt sie unter dem Tuch des Buddhaschreins die Kleidung und die Verpflegung heraus. Eigentlich müsste sie Shun ja auch noch etwas Geld geben, aber da kann sie leider nicht helfen. Geld hat sie hier im „Kloster" überhaupt noch nicht gesehen.

Plötzlich geht die Tür auf, das elektrische Licht wird angeknipst. Chenxi ist, als ob ihr das Blut in den Adern gefrieren würde. Herein stürmt der Glatzkopf in einem seidenen Schlafrock. Er eilt auf den Schreibtisch zu, ohne Chenxi zu entdecken. Laut flucht er vor sich hin und scheint sehr erregt zu sein. Wenn er sich umdreht, ist sie verloren. Chenxi hört wieder die Stimme von Mama Yu Ji: „Hasse ihn, töte ihn, wenn du kannst." Auf dem Tisch liegt der Knüppel, mit dem der Glatzkopf seine Opfer quält, mit dem er auch sie fürchterlich zugerichtet hat. Langsam schleicht Chenxi um den Tisch, nimmt vorsichtig den Prügel in die Hände, geht noch drei Schritte bis hinter den Glatzkopf und schlägt dann mit aller Wut und mit dem Mut der Verzweiflung zu.

Sie trifft ihn am Hinterkopf und der Glatzkopf geht ohne einen Ton zu Boden. In den Händen hält er einige Geldscheine, die er scheinbar gerade aus dem Schreibtisch gekramt hat. Chenxi verbietet sich das Mitleid mit dem am Boden liegenden Mann. Hat sie ihn getötet? Ist er nur bewusstlos? Sie weiß, dass jetzt alles ganz schnell gehen muss. Sie greift instinktiv nach dem Geld, klemmt die gesammelten Kleidungsstücke unter den Arm, löscht das elektrische Licht und steigt in den Keller hinunter. Nach drei oder vier Stufen hält sie inne, und weil alles ruhig ist, entzündet sie die mitgenommene Kerze.

Das „U" ist nur mit einem Riegel verschlossen. Als Chenxi die Tür aufschiebt, sieht sie den nackten jungen Mann dort liegen, der angstvoll ins Licht blickt. „Shun, ich bin dein Engel. Hier sind Kleider, Schuhe und Verpflegung. Bist du einigermaßen gesund, kannst du fliehen? Hier, ich habe auch Geld dabei. Zieh dich schnell an, ich bringe dich zu einem sicheren Ausgang."

Shun ist nicht mehr gefesselt, Vielleicht war seine „Entlassung" bald vorgesehen. Er versucht unter Schmerzen aufzustehen. Jetzt entdeckt Chenxi im Licht der Kerze, dass sein ganzer Körper von blauen Flecken und Beulen überzogen ist. Sie müssen ihn bestialisch gequält haben. Ihr zieht es richtig das Herz zusammen. Warum haben sie ihn noch mehr gequält als sie? Inzwischen ist sie mit der Kerze so weit in den Raum gekommen, dass auch Shun seinen „Engel" das erste Mal sieht. Plötzlich ist es ihm sehr peinlich, dass er nackt vor einem Mädchen steht, und er wendet sich zur Seite weg.

„Komm", mahnt ihn Chenxi, „zieh dich jetzt an und dann hör mir gut zu! Wir gehen zum Abfallloch des Klosters. Dort musst du durchrutschen und unten am Kanal bis zum Fluss laufen. Am Fluss läufst du immer stromauf. Nach vielleicht zehn Tagen kommt ein kleines Dorf mit einer Kirche. Dort sind auch Christen wie du, die werden dich aufnehmen. Grüß bitte von Chenxi. Sag ihnen, dass ich sie alle sehr vermisse."

Weiter schärft sie ihm ein: „Wichtig ist: Versuch die ersten drei Tage keinen Menschen zu treffen. Geh im Schilf, versteck dich in den Feldern, sprich mit niemandem, und wenn dich die Polizei erwischen sollte, dann bring dich lieber gleich um, dann hast du sowieso keine Chance mehr."

Sie verschließen das „U" wieder mit dem Riegel und gehen auf die Treppe zu. Als sie die letzten Stufen erreicht haben, löscht Chenxi die Kerze und nimmt Shun an die Hand. In der Diele und auch im Zimmer des Glatzkopfs ist es ruhig. Chenxi zieht Shun hinter sich her durch das Gelände des Klosters bis zum Abfallloch in der Mauer. Es stinkt nach verdorbenen Lebensmitteln und Fäkalien. „Hier musst du durch. Ekele dich nicht, du kannst deine Kleider später ausklopfen, wenn sie von der Sonne wieder getrocknet sind."

Shun presst die Verpflegung mit der einen Hand an den Körper, mit der anderen versucht er die Hand von Chenxi zu erreichen. Er drückt sie fest, das ist sein lautloser Dank. Chenxi hört noch, wie Shun auf den Berg von faulendem Unrat fällt. Dass er nicht bis in den Kanal gerutscht ist, registriert sie dankbar. Sehen kann sie nichts, aber sie hört Shun durchs Schilf laufen. Die richtige Richtung hinunter zum Fluss hat er genommen. Bald ist nichts mehr zu hören, nur noch der leichte Wind streicht durch Schilf und Bambus. Und da ist es wieder, das Geräusch vom Fluss, dem sie mit ihrer Mutter gelauscht hat – der Bambus singt im Wind.

Vorsichtig, aber glücklich schleicht sie sich zurück in den Schlafraum. Sicher erreicht sie ihre Liege, niemand scheint etwas gemerkt zu haben. Kaum hat sie sich unter die Decke gestreckt, beginnt sie so sehr zu zittern, dass sie befürchtet, die anderen Frauen damit zu wecken. Hat sie einen Mann erschlagen? Was ist, wenn herauskommt, dass sie Shun zur Flucht verholfen hat? Wird Shun durchkommen? Irgendwann gegen Morgen hat sie wirre Träume und muss wohl auch aufgeschrien haben, denn Mama Yu Ji steht neben ihrer Liege und rüttelt sie unsanft an der Schulter. Die meisten Frauen sind schon aufgestanden und Chenxi muss noch ihre Gedanken zwischen Traum und Wirklichkeit ordnen, da hört sie im Flur aufgeregte Stimmen. Viele reden durcheinander, sodass Chenxi nicht mitbekommt, worum es sich handelt, aber sie ahnt den Grund der Unruhe.

Es wird zum Appell befohlen. Das geschieht nur ungefähr einmal im Monat oder wenn es unvorhergesehene Dinge gibt oder eine Botschaft aus Beijing eingetroffen ist. Heute ist es der nächtliche Raubüberfall auf den Glatzkopf. Chenxi weiß nicht, ob sie sich freuen oder ob sie es bedauern soll, jedenfalls steht der Glatzkopf mit einem Verband um den Kopf am Mikrofon. Sein wutverzerrtes Gesicht verheißt nichts Gutes. Aber seine Stimme versagt nach wenigen Worten und ein anderer leitender Offizier erklärt: „Heute Nacht ist ein verbrecherischer Gewaltakt an unserem Befragungsoffizier Heng Xin verübt worden. Er wurde in seinem Zimmer niedergeschlagen und beraubt. Wir wissen auch, wer die gemeine Schandtat begangen hat." Damit blickt er über die angetretenen Funktionäre, die Parteianwärter und die Neuankömmlinge.

Chenxi überfällt wieder die panische Angst von heute Nacht, als der Offizier sie anschaut. Aber seine Augen schwenken weiter nach links bis zu den Kandidaten der Partei. „Es war der in Umerziehung befindliche Shun aus Wuhan. Er hat sich aus dem ‚U' befreit und ist scheinbar überrascht worden, als er Geld aus dem Büro der Umerziehung stehlen wollte. Verbrecherisch hat er den Genossen Befragungsoffizier niedergeschlagen und ist mit dem Geld geflohen. Shun ist noch flüchtig, aber er hat keine Chance und wird sein gerechtes Urteil empfangen."

Jetzt meldet sich doch wieder der Glatzkopf und krächzt ins Mikrofon: „Ich werde ihn an dieses Tor dort nageln und dann mit meinem Knüppel von außen nach innen zu Brei schlagen. Von den Füßen und den Händen angefangen, aber schön langsam, bis er krepiert ist, dieses konterrevolutionäre, aussätzige Schwein."

Allen auf dem Platz ist klar, dass er jedes Wort davon wahr machen wird. Chenxi ist es so übel, dass sie sich übergeben muss. Zum Glück hat sie noch nicht gefrühstückt. Als sie sich würgend zusammenkrümmt, merken es nur diejenigen, die in ihrer unmittelbaren Nähe stehen.

Die kommenden Tage sind davon bestimmt, dass man täglich auf die Anlieferung von Shun wartet. Der Glatzkopf läuft aufgeregt wie ein Tiger vor dem Sprung durch das Gelände. Am liebsten würde er selbst auf die Jagd nach Shun gehen, doch es sind genügend Polizisten und Helfer unterwegs.

Bald wird das Kloster von neuen Aufregungen bestimmt. Zehn Parteianwärter sollen delegiert werden, nach Beijing zu reisen, um bei der Ausrufung der Volksrepublik dabei zu sein. Beijing ist viele Hundert Kilometer weg und die meisten haben keine richtige Vorstellung von der riesigen Stadt im Norden. Die meisten Parteianwärter und Jungkommunisten kommen aus der näheren Umgebung von etwa hundert Kilometern. Kaum jemand hat jemals eine so große Stadt gesehen und die Erwartung ist groß, dass man für die Reise delegiert wird. Dafür melden kann man sich nicht, ein sorgfältiges Auswahlverfahren läuft hinter den Türen der Parteibüros ab.

Schließlich werden die Namen beim Appell verlesen – Chenxi ist dabei. Sie ist sehr überrascht und folgert daraus, dass man sie in keiner Weise verdächtigt, Shun geholfen zu haben. Während sich die anderen neun jubelnd Gedanken machen und eifrig Informationen über Beijing sammeln, hat Chenxi nur einen Gedanken: In Beijing werde ich meinen Vater treffen. Er ist nun schon über ein Jahr dort und hat noch kein Zeichen an mich gegeben, keine Post, aber auch keinen Gruß über irgendeinen Parteifunktionär, der aus Beijing ins Kloster gekommen ist.

Täglich sind jetzt Vorbereitungssitzungen für die Delegierten und sie müssen eine Menge Aussprüche von Mao Zedong auswendig lernen. Es gibt auch einen Plan vom Platz des Himmlischen Friedens vor dem Kaiserpalast, auf dem ihr Standort eingetragen ist. Genau in diesem kleinen vorgezeichneten Quadrat müssen sie sich aufstellen. Der Platz scheint ja unvorstellbar groß zu sein. Sicherlich können sie auch einmal den Kaiserpalast besuchen, von dem Chenxi schon so viele geheimnisvolle Dinge gehört hat.

Am großen Tag in Beijing

Die Abreise verzögert sich um ein paar Tage, da die neue Kleidung für die Reisenden noch nicht fertig ist. Alle bekommen gleiche Hosen, Jacken, Schuhe und Mützen. Chenxi meint zwar, dass sie mit der bauschigen Mütze ziemlich unvorteilhaft aussieht, aber jetzt nur nicht maulen, nicht auffallen, nicht aus der Reihe tanzen.

Erst geht die Fahrt mit einem offenen Lkw über holprige Straßen in die Kreisstadt, dann von dort mit dem Zug direkt nach Beijing. Für Chenxi ist so ein Gefährt völlig neu und sie bewundert die Lokomotive, die hohen Wagen und die Geschwindigkeit, mit der der Zug über Brücken, durch Tunnel und die weite Landschaft fährt.

Hunderte von jungen Menschen drängen sich im Zug. Sie sitzen dicht gedrängt auf den Holzbänken, andere haben sich auf dem Boden niedergelassen, obwohl dort viel Unrat liegt: Schalen von Erdnüssen und Kürbiskernen, eingetrockneter Speichel und Reste von Lebensmitteln, die Reisende vor ihnen dort gegessen haben. Die Jugendlichen spielen, sie essen oder skandieren die Parolen von Mao. Einige tun sich besonders hervor, indem sie lange Passagen seiner Reden auswendig aufsagen. Sie werden gelobt und mit Beifall bedacht.

Chenxi steht meist am Fenster und schaut den vorüberziehenden Feldern, den ärmlichen Dörfern, den Flussläufen, den Fischteichen mit den im Wasser stehenden Reihern nach. Es ist Ende September und auf den Feldern ist die Ernte in vollem

Gange. Reisbündel stehen zum Trocknen, Gemüse wird in hoch aufgeschichteten Körben vom Feld getragen und die Getreidefelder sind bereits abgeerntet. Nur der Mais steht noch und weicht im Wind des vorbeifahrenden Zuges zurück.

Ein Vater trägt sein Kind in einem Bastkorb durch die Felder. Der Korb wippt an der Bambusstange, die sich der Mann über die Schulter gelegt hat. Als Gegengewicht hängt an der anderen Seite der Stange eine Blechschale, die hoch mit Chinakohl beladen ist. Etwas entfernter sieht sie einen Bauern, der einen störrischen Wasserbüffel durch eine Feldfurche treibt. Eine Frau mit dem typischen Reisstrohhut hockt auf den Fersen neben dem Feld und beobachtet die Vögel, die sich über das Ungeziefer im frisch gepflügten Boden freuen.

Aber dann ist das idyllische ländliche Bild schon wieder vorbei. Der Zug bewegt sich unaufhaltsam gen Beijing. Wird sie ihren Vater in dieser Stadt treffen? „Zou Qi" haben ihn die anderen genannt. Das ist kein so oft vorkommender Name. Der wird es ihr leicht machen, den Mann in den Reihen der Regierung zu finden.

In einer größeren Stadt, deren Namen Chenxi noch nie gehört hat, hält der Zug. Der Bahnsteig steht voller Menschen mit Säcken, Pappkartons und Tüchern über den Schultern. Auch gut gekleidete Menschen sind dabei, die vornehme Reisekoffer neben sich stehen haben. Sie wollen alle in den Zug, aber der Schaffner in seiner tiefblauen Uniform verwehrt ihnen das. Chenxi hört aus dem Schimpfen und Fluchen der Leute heraus, dass sie nun schon zwei Tage hier ausharren, aber es kommen immer nur Züge mit jungen Menschen, die schon voll besetzt sind. Die wütenden Männer und Frauen wollen auch nach Beijing, haben aber keine Chance.

Als der Zug am nächsten Morgen an unzähligen Wohnhäusern, an Fabriken und breiten Straßen vorbeifährt, geht die Unruhe durch die Waggons. Ein junger Mann stellt sich neben Chenxi und sagt: „Das ist die neue Hauptstadt der Welt. Von hier wird die Welt regiert und verändert. Beijing wird größer als Moskau werden und Amerika besiegen."

Chenxi will zuerst fragen, was Moskau ist, aber es muss so etwas wie Amerika sein. Von Amerika hat sie schon gehört, dass dort die bösesten Menschen der Welt wohnen. Aber Moskau und Amerika scheinen weit weg zu sein.

Es dauert einige Zeit, bis der Zug in den Bahnhof einfahren kann. Viele Züge bringen Jugendliche aus dem ganzen Land heran und die müssen aussteigen, empfangen und in ihre Quartiere gebracht werden. Es sind auch Jugendliche aus den noch nicht befreiten Gebieten des Südens dabei. Diese werden besonders herzlich begrüßt. So dauert es, bis die Gleise im Bahnhof wieder frei sind.

Irgendwann ruckt der Zug an und langsam zieht die schnaufende Lokomotive die Wagen mit der erwartungsfrohen Fracht in den Hauptbahnhof. Auf dem Bahnsteig steht eine Musikkapelle und spielt Lieder, die Chenxi alle noch nicht kennt. Dabei fällt ihr ein, dass sie die letzten Lieder in Zion gehört hat. Irgendwie ist ihr die Erinnerung daran unendlich weit weg, fast so, als wäre es nur ein Traum gewesen. Aber diese Lieder hier gefallen ihr auch, der Rhythmus nimmt sie mit und beschwingt ihre Erwartungen.

Noch auf dem Bahnsteig müssen sich alle registrieren lassen. Der gesamte Zug wird eingeteilt, im Stadtteil Yongwai eine große Schule zu beziehen. Hinter einer roten Fahne mit einem blauen Band marschieren sie durch die Stadt. Überall begegnen ihnen junge Menschen. Viele haben die gleiche blaue Uniform, wie auch die Delegierten aus dem Kloster sie stolz tragen. Fröhliche Gesichter überall. Hin und wieder stehen auch Gruppen an der Straße, singen die neuen Lieder und winken den Jugendlichen zu. Die Feststimmung wird von nichts getrübt, sogar die Sonne scheint über der Stadt.

Die Unterkunft in der Schule ist allerdings bescheiden. In jeden Klassenraum werden vierzig Jugendliche eingeteilt. Auf dem Boden liegen Armeeplanen und alte Decken. Auf dem Gang gibt es eine Toilette und einen Wasserhahn. Diese müssen sich etwa vierhundert Jugendliche teilen, die in zehn Räumen des Stockwerks untergebracht sind. In den drei weiteren Etagen der Schule sieht es genauso aus. Das Nachtlager wird hart, aber der besondere Tag erfordert auch besondere Umstände.

Unten im Eingangsbereich steht eine fahrbare Küche. Es gibt dampfenden dicken Reis und gebratenes Gemüse dazu. Auch bekommen sie endlich wieder heißen Tee. Nach der Trockenverpflegung im Zug ein Genuss, den sich keiner entgehen lässt. Die meisten der Jugendlichen legen sich erst einmal hin. Die zwei Nächte im Zug waren doch ziemlich anstrengend, kaum jemand konnte sich ausstrecken, um ein wenig zu schlafen.

Chenxi aber hält es nicht in der Schule. Sie ist angesteckt vom Festfieber. Sie will auf die Straße, die großen Häuser sehen, unter den vielen jubelnden Menschen sein. Vielleicht entdeckt sie auch den Platz des Himmlischen Friedens, auf dem morgen die Gründung der Volksrepublik stattfinden soll. Sie will heute schon einmal etwas von dem großen Fest spüren. Vielleicht kann ihr jemand sagen, wo die Regierung wohnt. Sie ist unheimlich stolz, dass sie bei diesem großen Ereignis dabei sein kann. Alle Entbehrungen, die Schläge und Schmerzen in den Klosterwänden sind vergessen. Sie ist ein Teil des neuen Chinas und später – so hat Mama Yu Ji gesagt – wird sie einmal selbst das Land mitregieren.

Mit erhobenem Kopf läuft sie planlos eine Straße entlang und summt eins von den neuen Liedern vor sich hin, das sie nun schon mehrfach in Beijing gehört hat. An jeder Straßenkreuzung bleibt sie stehen, um sich die Häuser und Schilder einzuprägen, denn sie muss ja wieder zur Schule zurückfinden.

Schließlich kommt sie an einen Park. Auf einem Schild kann sie lesen: Tiantan – Himmelstempel. Am Eingang fragt sie einen älteren Mann, was das für ein Park ist und ob man da hineingehen darf. „Natürlich darfst du da hineingehen. Jetzt dürfen sogar Frauen hineingehen", lacht er. „Hier hat der Kaiser dem Gott des Himmels geopfert, gefastet und gebetet. Ich kann mich noch erinnern, wie ich ein Kind war und der lange Prozessionszug drei Tage vor der Wintersonnenwende aus der Verbotenen Stadt hierherkam. Prunkvolle Gewänder, sag ich dir, und bis zu fünftausend Diener, Minister, Eunuchen und Begleiter des Kaisers, auch Musiker waren dabei, auch Elefanten und viele Pferde. Uns Bewohnern von Beijing war es verboten, auf die Straße zu gehen, ja, wir durften nicht einmal hinter dem Fenster auf den Prozessionszug schauen. Aber ich war ja ein neugieriger Junge, ich habe mir alles vom Dach unseres Hauses aus angesehen." Er lacht wieder ganz schelmisch.

Chenxi ist begeistert und stellt sich vor, wie ein seltsamer Zug würdevoller Menschen in bunten und festlichen Kleidern die Straße hier entlangkam. „Ist die Verbotene Stadt weit weg von Beijing?", will sie wissen.

„Ach, Kind, die Verbotene Stadt ist mitten in Beijing. Sie ist der Kaiserpalast und wurde nur so genannt, weil niemand diesen riesigen Palast betreten durfte, außer dem Kaiser und seinen Bediensteten. Auch hier in den Park des Himmelstempels durften wir früher nicht hinein. Aber jetzt ist er offen für das Volk, alles ist offen fürs Volk, schau dir's nur mal an."

Die jubelnden Jugendlichen bleiben zurück, der Lärm der Straßen und der großen Stadt ebenso. Weit ausladende Zypressen und hohe Kiefern stehen an den Wegen. Die zentrale Achse des Parks ist mit Marmorplatten belegt. Vorsichtig, fast schüchtern setzt Chenxi die Füsse auf diese Steine. Wieder ist es ihr, als käme der Kaiser mit seinem Gefolge ihr entgegen. Es sind aber nur einzelne Menschen, meist ältere, einige an Stöcken, andere haben ihren Vogelkäfig dabei oder schwatzen miteinander. Es sind nur alte Menschen hier. Die Werktätigen der Stadt sind alle damit beschäftigt, das Fest vorzubereiten, die vielen hunderttausend Besucher in der Stadt zu beherbergen oder mit ihnen Geschäfte zu machen.

Das staunende junge Mädchen kommt am Himmelsaltar mit seinen marmornen kunstvoll geschnitzten Säulen, Mauern und Toren vorbei. Drei Stufen steigt sie hinauf und bis zu dem zentralen Stein, auf dem der Kaiser immer stand und die Opfer dargebracht hat. Hier hat sie den freien Blick zum eigentlichen Himmelstempel, der Halle des Erntegebets. Drei geschwungene runde Dächer decken den kunstvollen Bau ab.

Dort sind es wieder drei Ebenen, die sie hochsteigen muss. Innen ist die Halle blau, rot und golden ausgemalt. Chenxi ist so beeindruckt, dass sie die Wirklichkeit um sich vergisst. Sie schaut an den dicken Säulen zum kunstvollen Dach hinauf, blickt auf die filigranen Ornamente. Hat der Kaiser hier gekniet? Wer durfte mit ihm in das wunderbare Haus? Hat er an Gott geglaubt oder war es nur Zeremonie? Was hat der Kaiser für Kleider getragen? Bunte oder ganz schlichte? Hat die Musik gespielt, als er betete?

Beten? Plötzlich hat Chenxi den Wunsch, auch wieder einmal zu beten. Wie lange ist das her, dass sie gebetet hat? Aber es ist ja alles nur Einbildung, weil es Gott nicht gibt. Wie oft hat sie den Satz gehört und von ihren Schülern abgefragt: „Religion ist Opium des Volkes – schädlich und verdummend, gefährlich und verderblich für das Volk." Aber warum hat der Kaiser ein so schönes Haus gebaut für einen Gott, den es gar nicht gibt?

Eine Frau in mittleren Jahren in auffallend einfacher Kleidung steht seitlich neben Chenxi und beobachtet sie lange. „Du bist zum ersten Mal hier in Beijing, junge Frau?"

Nur schwer kommt Chenxi in die Realität zurück. „Ja, ich bin eigentlich mehr durch Zufall hier in den Park gekommen. Aber der Tempel ist wunderschön." Eigentlich will sie noch sagen, dass sie in einem ehemaligen Kloster lebt und dass dort nichts mehr in so schönen Farben erhalten ist. Irgendwie kommt ihr das aber rückständig vor und sie will ihre Zukunftserwartung mitteilen. „Ich bin hierher nach Beijing delegiert, weil morgen die Volksrepublik ausgerufen wird. Vielleicht werde ich später selbst einmal in der Regierung sein und unser schönes Land noch schöner machen."

Nachdenklich meint die Frau: „Weißt du, es sind schon so viele Kaiser in China gekommen und wieder gegangen. Auch Mao Zedong oder wie der neue kommunistische Kaiser heißen mag, wird nicht ewig leben. Nur einer ist ewig – Gott. Und den haben die Chinesen schon seit Jahrhunderten hier an diesem Platz angebetet. Früher dachte man, es ist ein besonderer chinesischer Gott. Nein, er heißt ‚Gott des Himmels'. Er ist der einzige Gott im Himmel und die Erde ist seine Schöpfung. Die Juden und die Christen beten den Gott des Himmels auch an. Die Christen wissen sogar, dass dieser Gott seinen Sohn auf die Erde geschickt hat, um die Menschen zu erlösen. Das wussten wir Chinesen viele Hundert Jahre nicht, aber jetzt wissen wir, dass es nur den einen Gott gibt und dass dieser Gott uns Menschen liebt. Die Kaiser wollten Gott gnädig stimmen mit ihren Opfern und Gebeten, aber Gott gefiel nur ein Opfer, das seines Sohnes Jesus Christus. Er opferte sich für unsere Sünden und für alle unsere Vergehen. Deshalb komme ich täglich hierher, um dem Gott des Himmels zu danken, und ich hoffe, dass viele Chinesen das auch bald glauben können."

Das sind keine unbekannten Worte. Chenxi kennt sie von Zion her, aber sie sind so weit weg. Bisher war der Christenglaube für sie etwas, was in die Einsamkeit des Dang-Shui-Flusses und seiner ärmlichen Dörfer gehört. Für sie waren die Christen bisher Menschen aus dem fernen Ausland, die von diesem Glauben sprachen und ihn so lebten, dass auch Chinesen Lust darauf bekamen. Die Hebamme, ihre Mutter, zum Beispiel ist jemand, die sich auch dem ausländischen Glauben zugewandt hat. Wie aus der fernen Welt von Zion klingen diese Worte, aber hier spürt Chenxi auch etwas von diesem Gott. Gibt es ihn wirklich?

Die Frau blickt Chenxi noch einmal liebevoll an, drückt ihr dann ein kleines Holzkreuz in die Hand und sagt: „Jesus segne dich, du junge Frau der Zukunft." Dann geht sie um den runden Bau herum und ist den Augen von Chenxi entschwunden.

Nachdenklich bleibt das innerlich aufgewühlte junge Mädchen noch eine Weile vor der beeindruckenden Halle, setzt sich auf den Boden und lehnt sich an eine Seitenwand. Von vorn bescheint sie die Sonne, von hinten kühlt ihr der Marmor den Rücken. Was ist es mit diesem Gott? Gibt es ihn wirklich oder haben sich die Menschen durch die Jahrhunderte das nur ausgedacht? In der politischen Schulung haben sie das immer wieder gesagt und sie weiß auch sehr genau, dass die neuen Herren im Land, die Kommunisten, mit der Religion nichts zu tun haben wollen.

Sie blickt auf das kleine Kreuz in ihrer Hand und spürt den großen Konflikt zwischen Glaube und Wirklichkeit. Aber sie ist hier in Beijing, um die Zukunft des Landes mitzufeiern. Wer den alten Religionen anhängt, wird keinen Platz in der neuen Zeit haben, das hat sie inzwischen gelernt – und sie will in die neue Zeit, sie will den Kommunismus, weil er Chinas Zukunft ist. Sie steht auf, blickt sich um, ob die merkwürdige Frau noch zu sehen ist.

Dann schleudert sie das Kreuz die Terrassen hinunter. Sie sieht es noch auf den Steinplatten aufschlagen, als sie selbst die Stufen nach unten rennt. Nur weg hier, das ist nicht die Wirklichkeit. Im Laufschritt legt sie den ganzen Weg bis zum südlichen Eingang zurück. Ziemlich außer Atem kommt sie zum Eingangstor und da sind wieder die Jugendlichen auf der Straße, die jubelnden Passanten, die Wirklichkeit, das neue China.

Am Abend in der Schule ist Hauptprobe. Mehr als tausend Jugendliche sind im Hof der Schule angetreten. Auch hier sind mit Sägespänen Markierungen auf dem Boden vorgezeichnet, wer sich wohin zu stellen hat. Morgen auf dem Platz wird alles um ein Vielfaches größer sein. Es wird großartig werden, Chenxi spürt ein gespanntes Kribbeln im Bauch.

Jetzt werden Lieder einstudiert und Parolen geprobt. Immer wieder geht es darum, den großen Führer Mao Zedong zu ehren. Er war es, der die Revolution siegreich geführt hat, er hat das Land geeint und den umfassenden Frieden gebracht. Auch der Satz: „Mao soll der große Vorsitzende der Partei sein", wird so geprobt, dass alle die Worte in der gleichen Betonung sprechen. Das neue Lied zu Ehren des Vorsitzenden wird eingeübt:

Der Osten ist rot, die Sonne geht auf.
In China wird Mao Zedong geboren.
Er sucht nach dem Glück des Volkes,
er ist der große Retter des Volkes.

Aber es wird auch gewarnt, dass es andere Sprüche geben könnte. Wer etwas gegen die Kommunistische Regierung oder das neue China oder gar gegen Mao Zedong ruft, der soll mundtot gemacht werden. Es wird vorexerziert, wie man solchen Rufern den Kopf nach hinten biegt, um ihnen dann mit der Handkante auf den Kehlkopf zu schlagen.

„Wenn euch Reporter etwas fragen, dann antwortet nur mit den einstudierten Wahrheiten über die Revolution, so könnt ihr nichts falsch machen. Wer sich nicht an die Weisungen hält, der hat die ganze Härte der Revolution zu fürchten."

Chenxi spürt bei diesen Drohungen wieder den Schmerz im Unterleib. Immer ist das so, wenn sie in Gefahr kommen könnte, der neuen Zeit im Weg zu stehen. Nein, sie will ihr nicht im Weg stehen, sie will Chinas neue Zukunft und da wird sie auch Feinden der Parolen auf den Kehlkopf schlagen. „Der Konterrevolution kann man nur mit Gewalt und Terror begegnen." Diesen Satz sagt man an dem Abend zwar nicht so, aber immer mehr sind ihr diese Worte aus dem „U" einsichtig.

Am Morgen des 1. Oktobers ist bereits ab fünf Uhr Hektik und Unruhe in der Schule. Chenxi hat ordentlich Schlaf nachzuholen und so wird sie unsanft von über sie hinwegstolpernden Mädchen geweckt. Gestern Abend wurde noch befohlen, dass am Morgen alle auf Toilette gehen sollten, da es auf dem Platz des Himmlischen Friedens keine Gelegenheit dazu gibt. Da aber nur eine Möglichkeit für vierhundert Jugendliche vorhanden ist, hocken sich viele auf dem Schulhof hin und erleichtern sich dort. Es gibt auch wieder warmen Reis und heute zur Feier des Tages sogar Hühnerfleisch. Chenxi macht sich Gedanken, woher man nur so viele Hühner beschafft hat – aber das Essen schmeckt vorzüglich. Trinken will sie mal lieber nichts, damit sie auf dem Platz nicht in Schwierigkeiten kommt.

Dann werden sie in Zehnerreihen aufgestellt. Jede Reihe bekommt eine rote Fahne mit den fünf gelben Sternen. In der ersten Reihe bekommt sie der Erste, in der zweiten Reihe der Zweite, in der dritten der Dritte in die Hand. Und so weiter bis zum Zehnten. Dann wieder der Neunte, dann der Achte, sodass über dem Demonstrationszug ein großes rotes Zickzack zu sehen ist. Chenxi ist begeistert von dem Blau ihrer Anzüge und dem Rot der über ihnen wehenden Fahnen, die wie Feuerflammen die Jugendlichen bedecken.

Sie müssen einen Umweg machen, damit sie auf breite Straßen kommen, auf denen zehn Personen nebeneinander gehen können. Aus anderen Straßen kommen weitere Züge mit jubelnden Menschen und schließen sich der Demonstration an. Andere Einwohner von Beijing stehen an den Straßen und winken den Jugendlichen zu. Einige haben bunte Tücher in den Händen, einige die neue chinesische Fahne mit den fünf gelben Sternen. Je näher sie dem Platz kommen, umso öfter muss der Zug anhalten. Es scheint mit der Aufstellung in den vorgesehenen Quadraten nicht ganz zu klappen. Aber man ist geduldig, man übt gleich noch einmal die Parolen und singt die revolutionären Lieder. Einige Jugendliche aus dem Westen des Landes stimmen ein altes Volkslied an, aber sie werden schnell übertönt und ausgelacht.

Als sie endlich auf dem Platz ankommen, stimmt nichts mehr von der vorgegebenen Ordnung. Irgendwo bleiben sie einfach stehen und warten, dass der große Vorsitzende auf dem Balkon am Tor zum Himmlischen Frieden erscheint. Die roten Fahnen der Volksrepublik passen farblich nicht zum Dunkelrot der Mauern, aber daran stört sich keiner. Irgendwo am Tor spielt eine Musikkapelle Marschmusik und neue Lieder der Revolution. Sie haben keine Verstärker zur Verfügung, daher hört man sie auf der Mitte des Platzes kaum noch.

Dann geht von vorn aus ein Jubel und Klatschen über den ganzen Platz. Auf dem Balkon ist ein Mann erschienen, der mit der Hand den Menschen zuwinkt.

Das ist also Mao Zedong, mein Führer, denkt Chenxi, während sie kräftig mit den Armen winkt. Bald kreischt sie mit ihrer hellen Stimme, so wie unzählige Mädchen auf dem Platz. Aber sie kann ihn auf die Entfernung kaum näher betrachten. Was hat er für Augen? Ist sein Gesicht gütig oder streng? Er hat die graue Uniform der Volksbefreiungsarmee an und eine plustrige

Mütze auf dem Kopf, genau wie die Jugendlichen. Aber er sieht gut genährt aus, nicht so abgemagert wie seine Soldaten, die den Platz umstellt haben und überall in der Stadt unterwegs sind.

Mao redet über ein Mikrofon, aber die Übertragung ist schlecht. Chenxi bekommt nur Bruchstücke der Rede mit, auch, weil sie immer wieder von Hochrufen und Beifall unterbrochen wird. Bald ist es nur noch ein Wechselrufen. Die 300.000 Menschen auf dem Platz rufen: „Lang lebe der Vorsitzende Mao", und Mao antwortet: „Lang lebe das Volk." Schließlich hält er beide Arme hoch und bittet um Ruhe. Und dann spricht er die entscheidenden Sätze: „Heute hat sich China erhoben. Heute wird aus unserem geschundenen und zerteilten Land ein einheitliches, friedliches, kommunistisches China. Es lebe die Volksrepublik China."

Der Jubel lässt sich kaum überbieten. Die Menschen schreien hysterisch, viele weinen und sinken auf die Knie. Es sieht aus, als wollten sie Mao anbeten und ihm danken. Noch einmal singen alle gemeinsam:

Der Osten ist rot, die Sonne geht auf.
In China wird Mao Zedong geboren.
Er sucht nach dem Glück des Volkes,
er ist der große Retter des Volkes.

Auch Chenxi hat Tränen in den Augen, so bewegt ist sie von diesem Augenblick.

Für viele Menschen aus den südlichen Provinzen bedeutet die Staatsgründung reale Hoffnung, dass der schreckliche Bürgerkrieg nun auch bei ihnen bald vorbei sein wird. Sie klammern sich an die Propaganda, dass mit dem Kommunismus Wohlstand, Gleichheit und Frieden kommen werden. Dass es genug zu essen geben wird. Von den anderen Chinesen im Norden und in den mittleren Provinzen, die die neue Schreckensherrschaft der Kommunisten schon seit fünf Jahren erleben, sind nur wenige mit nach Beijing gekommen ...

Schließlich verlassen die Menschen den Platz. Viele besuchen die „Verbotene Stadt". Aber die ist inzwischen so verstopft, dass der Zugang unmöglich wird. Die Jugendlichen zerstreuen sich mehr und mehr und auch Chenxi geht mit einer Gruppe langsam in Richtung Süden. Sie kommen an den niedrigen Häusern und den engen historischen Gassen vorbei, die Hutongs heißen, sehen vom Bürgerkrieg zerschossene Häuser und versuchen erst einmal, etwas zu essen zu bekommen. Dafür steuern sie auf ein kleines Teehaus zu und ergattern auch Plätze, da dieser beliebte Treffpunkt der Chinesen am frühen Nachmittag noch nicht so stark besucht ist. Jetzt wird Chenxi erst so richtig klar, dass sie gar kein Geld hat. Aber einige der Jugendlichen sind gut ausgestattet und so bestellt man reichlich für alle Teigtaschen und gedünstetes Gemüse, dazu geröstete Erdnüsse. Auch köstlichen Tee gibt es, wie man ihn eben nur in den Städten trinkt. Endlich wieder etwas zu trinken!

Am Abend in der Schule gibt es eine böse Überraschung. In einigen Schlafsälen fehlen persönliche Gegenstände und Unterwäsche von Mädchen. Hier ist eingebrochen worden, obwohl die Schule abgeschlossen war. Der Schuldige ist bald gefunden. Ein siebzehnjähriger Junge aus der Provinz Shanxi ist nicht mit zum Platz gegangen. Er hat sich einschließen lassen und dann in den Säcken und Körben der Mädchen nach brauchbaren Dingen und nach Schlüpfern gesucht.

Alle müssen wieder auf dem Schulhof antreten, obwohl viele vom Parolenrufen und von der Anstrengung des Tages erschöpft sind. Noch einmal werden Reden über die Volksrepublik gehalten, Programme entfaltet und neue Gesetze verkündet. Die Begeisterung vom Vormittag ist jedoch verpufft. Keiner hört mehr richtig zu, bis die Rede auf den Dieb kommt. Er wird an den

Händen gefesselt vor die versammelte Schulbelegung geführt. Sie haben ihm die blaue Uniform ausgezogen und er steht, nur mit einem Mädchenschlüpfer bekleidet, vor den Jugendlichen. Über tausend Augenpaare starren ihn an. Es ist ihm so peinlich, dass er den Kopf tief auf die Brust beugt, um ja niemanden ansehen zu müssen.

Schließlich wird sein verbrecherisches Handeln scharf verurteilt. Er wird als Feind des neuen Chinas, als Saboteur der neuen Ordnung und als Klassenfeind beschimpft. Schließlich ruft der Leiter der Schulkommission aus: „Wer so hinterhältig die Mitglieder der Gründungsfeier bestiehlt, dazu noch seinen perversen Trieben nachgeht, der hat nichts weiter als den Tod verdient."

Bei dem Wort „Tod" geht ein kurzes Raunen durch die Zuschauer und sie werden alle Augenzeugen, wie drei Männer den Jungen festhalten, einer ihm eine Schlinge um den Hals legt und er am Fahnenmast nach oben gezogen wird. Er stirbt nicht, wie sonst beim Erhängen, an Genickbruch, sondern zappelt noch lange, bis er schließlich qualvoll erstickt. Aus seinem Mund quillt die Zunge hervor und seine Augen drücken sich aus den Höhlen – ein fürchterlicher Anblick. Auf dem Hof herrscht eine eisige Stille des Grauens. Viele haben überhaupt das erste Mal jemanden sterben sehen.

Ohne weitere Anweisungen, wie der Tag zu Ende gehen soll und was morgen geschieht, wird die Versammlung aufgelöst. Die Mädchen in Chenxis Schulraum diskutieren noch eine Weile über das furchtbare Geschehen. Eine sagt: „Ich hätte ihm doch gern meine Schlüpfer geschenkt, er sah doch recht gut aus." Allen ist die Strafe zu hart.

Da hört sich Chenxi plötzlich zu ihrer eigenen Verwunderung sagen: „Das neue China braucht verlässliche Jugendliche, die das Land aufbauen und sich nicht an anderen bereichern. Wir können uns solche Subjekte nicht leisten. Eins ist doch klar:

Von den tausend Jugendlichen unten im Hof wird keiner mehr stehlen. Es ist ein hilfreiches Beispiel für Führung durch Terror. So werden wir das Land regieren und nur so kann es gelingen." Die Mädchen schweigen betroffen und eine ältere Betreuerin macht sich auf einem Zettel eine Notiz.

Der nächste Morgen beginnt chaotisch. Es gibt kein Essen, keinen Tee. Die Essensausgabe bleibt einfach leer. Die zehn Delegierten aus dem Kloster wissen nur, dass ihr Zug am Nachmittag wieder gen Heimat fahren soll. Chenxi will zwar noch nach der Regierung suchen und nach ihrem Vater fragen, aber ihr ist klar, dass dies in der großen Stadt nicht einfach sein wird. Die anderen drängen zum Bahnhof, weil sie den Sonderzug nicht verpassen wollen. So muss Chenxi ihren Plan aufgeben, zumindest jetzt für diesen Aufenthalt in Beijing. Aber auch heute blickt sie jedem Mann, der ihnen begegnet, ins Gesicht, ob er vielleicht ihr Vater sein könnte. Doch sie weiß auch, dass er sich sicher nicht im Gedränge des Bahnhofs aufhalten wird, er gehört ja zur Regierung.

Auf dem Bahnhof ist das Durcheinander unbeschreiblich. Mehrere Tausend Jugendliche suchen, rufen und schreien durcheinander. Mit Kreide ist auf einer schwarzen Holztafel zu lesen, wann welche Züge fahren, aber weil das immer wieder verändert wird, kann man bald überhaupt nichts mehr lesen. Von einem fliegenden Händler können sie etwas Reis in Maisblättern organisieren, aber das muss für zwei Tage bis nach Hause reichen.

Da die Anspannung und die Erwartung der Anreise nicht mehr da sind, ist die Rückfahrt im überfüllten Zug öde und geht allen an die Nerven. Es gibt Streit um die besten Plätze oder zumindest um einen Platz, der ein kleines Nickerchen erlaubt. Die Toilette ist so schmutzig, dass man sich die Schuhe anschließend säubern muss, weil sonst das ganze Abteil nach Fäkalien stinkt.

Im Kloster angekommen, müssen die Delegierten beim Appell von ihren Eindrücken der Reise berichten. Chenxi hat die Strapazen der Rückfahrt schnell vergessen und berichtet anschaulich von der Stimmung in der Stadt, von der Begeisterung der Massen und von der Erscheinung des Großen Führers, der sie so beeindruckte. Besonders ihre „Schüler" wollen die folgenden Tage viel von ihr wissen. Chenxi merkt, dass sie andere Menschen begeistern kann. Auch die Leitung des Klosters hat dies festgestellt.

Im Kloster hat es, während Chenxi in Beijing war, in Sachen Shun einen Zwischenfall gegeben. Ein Schüler von Chenxi wurde verdächtigt, Shun bei der Flucht geholfen zu haben. Er hat seine Unschuld immer wieder beteuert, aber der Verdacht der Partei war fast schon wie ein Beweis gegen den Beschuldigten. Täglich wurde er verhört – am Schluss gar nicht mehr wegen der Fluchthilfe, sondern weil er der Partei zutraute, ihn unschuldig zu verdächtigen. Schließlich hat er sich an einem Balken im Lagerschuppen erhängt. Damit war der Fall Shun für das Kloster abgeschlossen.

Aufgetaucht ist der flüchtige Shun nicht wieder. Chenxi schwankt zwischen zwei Deutungen: Entweder er ist in Zion angekommen oder auf der Flucht getötet worden. Sie vermutet eher das Letztere.

Chenxi kannte den jungen Mann, der sich das Leben genommen hat, natürlich gut. Er war fleißig und auch immer freundlich. Er wollte alles genau wissen und war an der Wahrheit interessiert. Auf die Seele von Chenxi legt sich nun die Last, einen Menschen auf dem Gewissen zu haben. Sie hat zwar einen gerettet und ihm zur Flucht verholfen, aber darf deswegen ein anderer, ein Unschuldiger, sterben? Als ihr der Glatzkopf begegnet, sieht sie noch ein Pflaster an seinem Hinterkopf und denkt: Wenn er doch wenigstens bei der ganzen Aktion draufgegangen wäre! Ich hätte noch kräftiger zuschlagen sollen.

Die Volksrepublik ist ausgerufen, Chiang Kai-schek hat China verlassen und damit steht der Süden den Kommunisten offen. Es gibt kaum noch bewaffneten Widerstand und die neue Staatsordnung wird überall im Lande eingeführt.

Das ehemalige Kloster wird umbenannt in „Revolutionäre Kaderschmiede der Volksrepublik". Der Glatzkopf wird zum Oberbefehlshaber ernannt und er beginnt mit den Schülern und Handwerkern den Gebäudekomplex so umzubauen, dass vom Kloster nicht mehr viel zu erkennen ist. Fast täglich kommen jetzt Jugendliche, die sich als kommunistische Kader ausbilden lassen wollen. Sie kommen meist aus den südlichen Provinzen, wo der Kommunismus erst eingeführt wird und die sozialistische Umgestaltung gerade beginnt. Die meisten Jugendlichen sind von ihren Städten und örtlichen Parteiorganisationen geschickt, sie wissen nicht, was sie erwartet. Die Umerziehung zu guten Funktionären ist das oberste Ziel des Glatzkopfs und er will in Beijing gut angesehen sein, denn dann hat auch er Aufstiegschancen. Er will endlich dieses Provinznest verlassen und in einem herrschaftlichen Haus in der Hauptstadt sein Leben verbringen. Nicht nur seine Erfolge bei der Umerziehung sollen bekannt werden, sondern auch seine Brutalität, denn die beeindruckt Mao am meisten.

Weil man Platz braucht, werden einige, die nun schon lange im Ausbildungslager sind, in die neuen Provinzen ausgesandt. Eines Tages wird Chenxi ins Büro der Parteileitung befohlen. Auch der Glatzkopf sitzt unter den Leitern am rohen langen Tisch. „Wir haben gehört, dass du dich in Beijing hinter die Beschlüsse der Schulleitung gestellt hast. Auch sind wir mit deiner Arbeit hier in der Revolutionären Kaderschmiede der Volksrepublik sehr zufrieden. Wir wollen dir einen größeren Arbeitsbereich zuteilen. Du gehst als Anführerin eines revolutionären Stoßtrupps von vier Agitatoren in die Provinz Hubei und wirst die ungebildeten Idioten in den Büffelnestern auf den Kommunismus vorbereiten."

Chenxi will ihre Freude, endlich das Kloster hinter sich zu lassen, nicht so offen zeigen. Deshalb versucht sie schüchterne Zurückhaltung zu zeigen, obwohl sie weiß: Wenn die Parteileitung das einmal beschlossen hat, dann gibt es keine Widerrede. Aber sie will ihr Gesicht nicht verlieren und antwortet: „Die Parteileitung entscheidet immer klug, aber ich bin ja gerade erst sechzehn Jahre alt und kann die Verantwortung nur schwer tragen."

„Wir schicken dir drei Leute mit: den langen Jingtan, den starken Zou und die geschickte Linan. Damit seid ihr ein gutes Team, aber du bist der Führungsoffizier."

„Wann fahren wir ab?", wagt sich Chenxi noch zu fragen.

„In drei Tagen. Ihr könnt für die Reise Lebensmittel mitnehmen, ebenso Propagandamaterial, warme Decken und dicke Kleidung, denn in den Bergen von Hubei kann es nachts kalt werden. Sonst ist es meist warm, wenn es nicht gerade regnet."
Der Glatzkopf lacht höhnisch, sodass seine vom Zigarettenrauch gelb gefärbten Zähne zu sehen sind.

Chenxi weiß, dass Hubei in Zentralchina ist und die Menschen dort arm und ungebildet sind. Also wird sie noch weiter von Beijing und von ihrem Vater entfernt sein. Die Chance, ihn jemals wiederzusehen, verringert sich erneut. Deshalb wagt sie eine Frage: „Herr Kommandant, Sie kennen mich ja nun schon fast drei Jahre und Sie wissen, dass ich die Tochter von Zou Qi bin. Warum kommt mein Vater nicht aus Beijing zurück? Haben Sie ihn dort einmal getroffen? Kennen Sie seine Adresse? Kann ich ihm nicht einen Brief schreiben?"

Der Glatzkopf bewegt den Unterkiefer wie ein Goldfisch und sagt dann, jedes Wort auskostend: „Dein Vater ist in Ungnade gefallen. Er wollte Mao kritisieren. Das endet immer im Aus. Meines Wissens ist er bei einer Massenerschießung von Konterrevolutionären mit dran gewesen. Kurz nachdem du hier angekommen bist, wurde uns die Todesnachricht mitgeteilt. Wir wollten dir damals die Nachricht ersparen."

Chenxi atmet tief, sie will die Worte nicht glauben, ahnt aber, dass der Glatzkopf heute nicht lügt. Schließlich sagt sie: „Es trifft immer wieder die Falschen", und verlässt das Büro mit gesenktem Kopf.

Sie eilt zu Mama Yu Ji und erzählt ihr die schreckliche Nachricht. Yu Ji deutet auf einen freien Platz auf der Bank neben ihr und sagt zu dem sich zaghaft setzenden Mädchen: „Chenxi, du weißt, der Kommunismus ist hart, aber er ist gerecht. Dein Vater wurde kurz nach deiner Ankunft hier nach Yenan befohlen, weil er sich negativ über Mao geäußert hatte. Er hat ihn in seiner Verschwendungssucht kritisiert, weil er das einzige Fahrzeug, einen Krankenwagen, als Privatauto benutzte. Aber wer Mao kritisiert, hat keine Chance, so ist das. Dein Vater ist zum Abweichler geworden und das ist das Schlimmste, was einem Genossen geschehen kann. Er wurde mit hundertzweiundvierzig weiteren Funktionären – alles Abweichler – erschossen, meine Kleine, er war nicht klug genug."

Also doch! Chenxi spürt jetzt wieder den Schmerz im Unterleib, aber der Schmerz in der Brust ist schlimmer, bohrend, luftraubend, eisern, einzwängend und eiskalt. Erst die Mutter, jetzt den Vater und die zweite Mutter in Zion hat man ihr auch geraubt, zumindest ist sie unerreichbar. Vielleicht ist sie auch schon getötet worden. Nur noch Härte und Kälte um sie, die sie von innen heraus unbarmherzig umklammern.

Nach einer Nacht, in der sie trotz kompletter Kleidung in ihrem Bett gefroren hat, steht der Entschluss fest: Der Glatzkopf stirbt für meinen Vater, das schwöre ich beim Gott des Himmels.

Bitterer Abschied

Das Hauptquartier der Provinzregierung in Anhui ist ein wunderbarer Palast in der Stadt, ein ehemaliges Kloster mit einer Mauer und vielen Gebäuden. Kunstvolle Schnitzereien und geschwungene Dächer, umgeben von Teichen und einem imposanten Steingarten. Aber Mönche gibt es schon lange nicht mehr hier. Der Mandarin hat mit den Truppen Chiang Kai-scheks zusammengearbeitet. Seine Soldaten leisteten den heranrückenden Kommunisten Widerstand, hatten aber keine Chance gegen die riesige Übermacht. Als der Kampf verloren schien, flohen die einen in die Felder, andere ergaben sich; und wer nicht rechtzeitig die Arme nach oben reißen konnte, wurde erschossen.

Dem Mandarin hängten sie das Kiang um den Hals, ein Holzbrett, das verhindert, dass man sich mit den eigenen Händen etwas zu essen in den Mund schieben kann. Wer so verurteilt ist, überlebt nur, wenn er Freunde findet, die ihn füttern. Sollte der Mandarin ein guter Herrscher gewesen sein, würde er Freunde finden – wenn nicht, würde er seine gerechte Strafe erleiden.

Die einen trauten sich nicht, weil sie als Unterstützer des Mandarins und damit als Feinde der Kommunisten gelten konnten. Andere wollten ihm jetzt mit ihrer Verweigerung die Gemeinheiten zurückzahlen, die sie durch ihn erlebt hatten. Im Abfall der Stadt versuchte er, wie ein Schwein mit dem Kopf wühlend, einige essbare Dinge zu finden.

Die kleine Gruppe der Christen wollte sich auch nicht gefährden, hatte aber auf eine horizontale Stange am Flussufer gekochte Süßkartoffeln aufgespießt, die er mit dem Mund erreichen konnte. Doch dieser „Rastplatz" wurde bald entdeckt und vernichtet. Nach zehn Tagen ist der einst so stolze Mandarin am Stadtrand im Abfall elendig krepiert, wie die Roten feststellten.

In seinem Palast erinnert noch vieles an die ehemalige Pracht, obwohl die neuen Besitzer viele der Gegenstände an Bewohner der Stadt verschenkt und Denunzianten damit belohnt haben. Den mit kostbaren Schnitzereien umfassten Innenhof des Klosters haben sie mit einer Militärplane überspannt. So entsteht ein Versammlungsraum für etwa hundertfünfzig Personen. Die kommen jeden Morgen zum Appell zusammen. Die Lehren von Marx und Lenin werden rezitiert und zunehmend werden auch Aussprüche des großen Führers Mao Zedong verlesen. Ein „Dirigent" spricht die Sätze vor und gemeinsam sprechen alle nach. Bis zu zehnmal den gleichen Satz. Der Appell ist unüberhörbar und die Bewohner der Stadt stehen vor dem Palast, um die Lehren zu hören und zu lernen. Sie wissen, dass jetzt eine andere Zeit angefangen hat. Es kann sehr vorteilhaft sein, die Sprüche zu kennen …

Einzelne gehen anschließend in den Park zu den Tai-Chi-Übenden und verbreiten die Sätze, die nun willkürlich und ohne Zusammenhang rezitiert werden. Kleine „Dirigenten" suchen sich ein Publikum und es macht vielen richtig Spaß, die Parolen der neuen Zeit zu brüllen. „Die Ideologie und die Gesellschaftsordnung des Feudalismus sind bereits ins Museum gewandert. Die Ideologie und die Gesellschaftsordnung des Kapitalismus befinden sich in der Sowjetunion auch schon im Museum, und wo das nicht der Fall ist, gleichen sie einem Sterbenden, der niedersinkt ‚wie die untergehende Sonne hinter den Westbergen' und sie kommen auch bald ins Museum. Allein die kommunistische Ideologie und Gesellschaftsordnung sind voller Jugendfrische und Lebenskraft, sie gleichen einer allmächtigen Naturgewalt, die mit unwiderstehlicher Kraft über das ganze Erdenrund hinwegfegt." Wer diese Sätze, die Mao bereits 1940 gesagt hat, richtig zitieren kann, wird gefeiert, auch wenn er nicht versteht, was er da brüllt.

Die kleine Christengemeinde, die sich in einer Torhalle des Parks versammelt, hat am Sonntag Schwierigkeiten mit den Gegenveranstaltungen im Park. Der Gesang der Christen scheint unterzugehen im Rhythmus der revolutionären Chöre. Sie wollten sich schon lange eine kleine Kirche bauen. Nach langen Verhandlungen und vielen Geschenken hat der Mandarin endlich die Erlaubnis gegeben. Aber nun hat sich die Zeit gewendet und an einen Kirchenbau ist wohl nicht mehr zu denken.

Missionar Eric Millison aus England betreut diese und weitere vier Gemeinden in der Stadt. Einmal in der Woche muss Millison ins Parteigebäude, um zu berichten, wie viele zum Gottesdienst kommen, wer getauft wurde und wie viel Kollekte sie eingesammelt haben. Verboten sind ihnen die Gottesdienste noch nicht, aber sie dürfen dafür keine Einladungen aussprechen, weder schriftlich noch mündlich.

Es werden mit der Zeit auch deutlich weniger Menschen, die zu den Gottesdiensten kommen. Die Angst greift langsam um sich, dass es schwierig werden könnte, einen anderen Glauben zu haben als den Kommunismus. Klar, der Kommunismus ist kein Glaube, aber die einfachen Chinesen machen da keinen Unterschied. Ob Buddha, Jesus oder Mao, das ist doch ziemlich gleich und Mao scheint die größere Macht zu haben, also hängen sie sich an Mao, hängen seine rote Fahne an die Eingangstür und schreien seine Parolen.

Christen, die mehr begriffen haben, bei denen das Evangelium eine innere Wandlung gebracht hat, denken nicht so. Sie fürchten, dass eine schwere Zeit auf sie zukommen könnte. Aber sind die ersten Christen nicht auch verfolgt worden? Waren Christen nicht immer Außenseiter und sind gegen den Strom geschwommen?

Eric Millison versucht, den verbleibenden Treuen in der Gemeinde Mut zu machen. Er fordert keine heldenhaften Bekenntnisse, sondern betont in seinen Predigten die Treue zu Gott. Für jeden sieht diese Treue anders aus – für ihn, dass er das Land jetzt in diesen unsicheren Zeiten nicht verlässt. Manche seiner Kollegen sind zurück in ihre Heimatländer gegangen, weil sie keine Zukunft für die Kirche in China sahen. Andere mussten gehen, weil sie mit der Kuomintang zusammengearbeitet und deshalb mit ihrer Arbeit dem neuen China „geschadet" hatten. Darunter zählt nicht in erster Linie die reine Missions- oder Sozialarbeit, aber es gab Missionare, die sich wie kleine Mandarine verhalten hatten, Angestellte wie Kulis behandelt und Chinesen mit Geschenken zum christlichen Glauben gelockt hatten. Wer so gearbeitet hat, ist meist auch sehr schnell dabei, seine eigene Haut zu retten und außer Landes zu bringen.

Millison kommt nicht auf die Idee, seine Schäfchen zu verlassen. Für sie hat er sein Jurastudium in Oxford abgebrochen und ist nun schon fünfzehn Jahren hier. Er hat kleine Erfolge und große Enttäuschungen gesehen. Die Menschen sind ihm ans Herz gewachsen, für sie gibt er seine ganze Zeit. Zu heiraten hat er vergessen – sagt er zumindest mit einem ehrlichen Lächeln, wenn er danach gefragt wird.

Sein Freund Simsons ging auch nach England zurück, aber das kann Millison verstehen. Simsons leitete die größte Missionsstation in der Stadt Zhongzou. Dazu gehörten ein Krankenhaus, ein Haus für behinderte Kinder, eine öffentliche Suppenküche, zwei Schulen und ein Internat für Jugendliche, die in der Stadt eine Ausbildung zum Handwerker machten. Simsons war auch zuständig für drei Gemeinden, in denen er jeden Sonntag predigte. Er wurde von den Menschen in Zhangzou sehr verehrt und viele Menschen ließen sich in dieser Zeit taufen.

Unglücklicherweise wurde in der Stadt aber Fun Chi Yong als Parteiführer eingesetzt, der ebenfalls sehr aktiv arbeitete und dem der große Zulauf zu den Christen ein Dorn im Auge war.

Am Anfang war es mehr eine Konkurrenz zwischen den beiden und sie trafen sich auch hin und wieder zum Tee. Aber mit der Zeit wurde aus der Konkurrenz eine erbitterte Feindschaft. Während Simsons in seinen Predigten den Kommunismus scharf angriff, verbreitete der Parteifunktionär Halbwahrheiten und Lügen über die Christen in der Stadt. Simsons wurde in Flugblättern als imperialistischer Feind des Volkes beschimpft, und als im Krankenhaus die Mutter des Parteiführers starb, wurde dies als vorsätzlicher Mord ausgelegt. Der Arzt war ein Chinese, aber Simsons wurde die Schuld gegeben. Vor dem Krankenhaus wurden Schilder angebracht: „Immer herein, wer schnell sterben will" und: „Besser zu Hause auf einem Brett als hier auf dem Totenbett".

Als Simsons mit einigen Krankenpflegern die Schilder abnehmen wollte, kam es zu Handgreiflichkeiten. Mit Stöcken und Stangen schlug eine aufgebrachte Meute auf die Pfleger ein. In dem Tumult und Durcheinander bekam auch der Sohn von Fun Choi, der sich unter der protestierenden Meute befand, einen Hieb mit einer Eisenstange ab. Das musste im Durcheinander einer von Fun Chois Schlägern gewesen sein, denn die Krankenpfleger hatten keine Waffen dabei. Ohnmächtig und blutend wurde der Junge seinem Vater Fun Choi übergeben, der laut Rache gegen die Christen schwor.

Am nächsten Tag sperrte die Polizei das Missionsgelände ab und Simsons wurde mit einigen Leitern, dem Arzt und allen Lehrern verhaftet. Schon bei der Verhaftung ging man brutal gegen sie vor. Was aber dann im Polizeirevier geschah, das konnte man nur mit grausamer Folter bezeichnen. Man band ihnen die Hände auf den Rücken und hängte sie an den Armen auf. Vor Schmerzen wurden einige ohnmächtig. Die schlug man aber so lange mit Stöcken und Peitschen, bis sie wieder zu Bewusstsein kamen und die fürchterlichen Schmerzen aushalten mussten.

Regelmäßig kamen die Peiniger wieder und ließen ihre Wut an den wehrlos hängenden Männer aus.

Nach zwei Tagen gab es auf dem Marktplatz einen Schauprozess. Lange Anklageschriften wurden verlesen, von denen kein Punkt stimmte. Die Gedemütigten hatten keine Möglichkeit, sich zu rechtfertigen. Ihnen waren spitze Papierhüte über den Kopf gezogen worden, auch, damit man ihre misshandelten Gesichter nicht sehen konnte. Dann wurden Zeugen aufgerufen, die von Willkür im Krankenhaus berichteten. Sie hätten als medizinische Versuchskaninchen herhalten müssen, um die medizinische Versorgung der Ausländer zu verbessern. Frauen sprachen von Vergewaltigung durch die Krankenpfleger und Schüler aus dem Internat klagten Zwangsarbeit, Nahrungsentzug und sexuellen Missbrauch an.

Sehr geschickt unterbrach Fun Chi Yong die Verhandlung immer wieder mit dem Ruf: „Wollt ihr euch das weiter gefallen lassen?", und: „Hat unser chinesisches Volk so etwas verdient?" Die auf fast fünfhundert Menschen angewachsene Menge wurde wütend und wütender. Steine flogen gegen die Angeklagten, Frauen traten nach vorn, spuckten die Gefesselten an, und wenn ein Polizist ungeduldig mit seinem Schlagstock gegen einen Angeklagten schlug, johlte die Menge Beifall.

Obwohl es kein ordentliches Gerichtsverfahren war, sondern nur eine von der Partei angesetzte öffentliche Anklage, schloss Fun Chi Yong mit dem Urteilsspruch, dass Simsons und der Arzt zum Tode und alle anderen zu lebenslanger Zwangsarbeit verurteilt seien. Damit sie ihr Treiben nicht wieder beginnen könnten, forderte Fun Chi Yong die Menge auf, die Missionsstation zu zerstören.

Wie besessen stürmte die Menge los. Die aufgehetzten Menschen nahmen unterwegs Eisenstangen und dicke Bretter mit und schlugen unbarmherzig auf alles ein, was sich im Krankenhaus und im Behindertenheim bewegte. Mit irrsinniger Freude wurde Feuer gelegt und es schien, als wären alle Dämonen und Teufel losgelassen. Fünfundzwanzig Kranke, siebzehn Menschen mit Behinderungen und dreizehn Krankenschwestern und andere Angestellte kamen bei der Erstürmung der Missionsstation ums Leben.

Nach drei Tagen standen nur noch verkohlte Trümmer, wo einstmals ein Ort der hundertfachen Nächstenliebe gewesen war. Auch zwei der Kirchen, in denen Simsons regelmäßig gepredigt hatte, wurden Opfer der Verwüstung und der geschickt gelenkten Wut.

Bei der öffentlichen Verurteilung war auch ein chinesischer Professor dabei, der sich anschließend sofort mit dem britischen Konsulat in Verbindung setzte. Die Provinzregierung wurde benachrichtigt und am nächsten Tag kamen Polizisten von dort nach Zhongzou und konnten so den sicheren Tod von Simsons verhindern. Er wurde mitgenommen und schließlich aus China ausgewiesen. Der Arzt hatte sich aus Furcht vor weiterer Folter und Grausamkeit in der Nacht erhängt. Die anderen Verurteilten bekamen mildere Haftstrafen und Fun Chi Yong wurde ebenfalls aus Zhongzou abgezogen – er bekam später einen führenden Posten bei der kommunistischen Partei in Schanghai.

So ein Schicksal wie das von Simsons soll Eric Millison nicht passieren. Deshalb bleibt er im Hintergrund, tut treu seinen Dienst, besucht die Christen in ihren Häusern, hilft, wo er kann, und wenn die Partei ruft, dann gibt er bereitwillig Auskunft.

Doch als aus Beijing die Order kommt, dass alle ausländischen Missionare, Schwestern und Missionsangestellte das Land verlassen müssen, bleibt ihm auch nichts anderes übrig, als sich zu den etwa zehntausend ausländischen Missionaren, Schwestern und Ärzten zu gesellen, die das Land bis August 1950 zu räumen haben. Begründet wird diese Kampagne damit, dass das Christentum eine ausländische Religion und somit schädlich für China sei. Sie habe nichts mit chinesischer Kultur zu tun und Religion sei Opium des Volkes, was nicht zum Aufbau des kommunistischen Chinas passe.

Außerdem ist China in den Koreakrieg eingetreten. Nun sind die Amerikaner die erklärten Gegner des Landes und Amerikaner haben in China nichts mehr verloren.

Eric Millison will die letzte Nacht vor der langen Schiffsreise noch einmal richtig ausschlafen und beschließt, zeitig ins Bett zu gehen. Die wenigen Sachen, die er mitnehmen kann, sind gepackt. Dazu gehört seine chinesische Straßenkleidung. Eigentlich wäre sie hier besser aufgehoben, sie könnte einem armen Christen aus der Gemeinde gute Dienste tun, aber sie bedeutet ihm viel. Eric möchte ein Stück seines geliebten Chinas mitnehmen und er wird sie brauchen, um seine Trauer zu verarbeiten. Er wird sie anziehen, immer wenn der Schmerz kommt, und bei öffentlichen Vorträgen, wenn er über sein geliebtes und geschundenes Land erzählt. Tränen kommen ihm, was er bisher an sich nicht kannte. Aber zu tief sind die Sorge und der Schmerz. Sollen diese schweren fünfzehn Jahre ohne Erfolg gewesen sein? Wird jetzt alles kaputtgehen, was er mühevoll und entbehrungsreich aufgebaut hat?

Bevor er sich hinlegt, geht Eric noch einmal hinüber in den kleinen Schuppen, der ihnen als behelfsmäßige Kirche dient. Wie oft hat er hier mit Gott gerungen, um einzelne Menschen, um die ganze Situation des Landes, um die Stadt. Oft hat er die leitenden Kader der Partei namentlich vor Gott genannt. Heute muss er für sich selbst beten. Haltlos, wie ein von der Mutter verlassenes Kind, wie ein Strohhalm im Strudel eines Wildbaches kommt er sich vor. Nein, er zweifelt nicht an Gott, aber ist er so ohnmächtig, dass er dies zulässt? Eric weiß, dass er hier an der richtigen Stelle war, aber hatte das überhaupt einen Sinn? Welchen Langzeitwert hat eine Berufung Gottes? Er hatte sich eigentlich immer vorgestellt, dass er einmal in China beerdigt werden wird – oder zumindest, dass er aus China in einem Sarg hinausgetragen wird. Dass er nun mit seinen eigenen Füßen, bei vollem Bewusstsein dieses Land verlassen muss, das schmerzt. Instinktiv greift er nach dem einfachen schmiedeeisernen Kreuz auf dem Altar. Er spürt, wie das kalte Eisen sich langsam durch seine Hände erwärmt. Sollte er dieses Kreuz auch mitnehmen? Soll es lieber bei ihm sein und ihn trösten? Das wäre kein Diebstahl an der Gemeinde, es wäre ein Sicherstellen des Kreuzes. Hier wird es keine Zukunft haben. Wenn sich die wenigen verbliebenen Gläubigen verlaufen haben, kommen die Schrottsammler und werfen dieses Kreuz zum Altmetall. Der Gedanke ist ihm unerträglich. Das Kreuz auf einem Schuttberg!

Da wird ihm klar, dass das Kreuz von Jesus ja auch auf einem Schuttberg stand, hoffnungslos vor der Stadt Jerusalem auf dem Abfallberg Golgatha. Und was hat dieses Kreuz damals alles bewirkt! Nein, er kann das Kreuz hier nicht mitnehmen, es wäre ja, als würde er symbolisch Jesus aus China mit hinaustragen. Aber Jesus bleibt hier. Jesus wird China niemals verlassen! Er ist der Verachtete, der Verspottete, der Gequälte, aber eben auch der Auferstandene. Seine Auferstehung hat damals alles Vorstellbare auf den Kopf gestellt, es hat die Welt verändert – warum nicht eines Tages auch China? Nein, das Kreuz bleibt hier und vielleicht kann es auch beim Kirchenplünderer oder Schrotthändler noch etwas bewirken.

Eric stellt das Kreuz wieder zurück, akkurat in die Mitte des Altars. Es ist ein bisschen sein Tick, bei allem auf Symmetrie und Rechtwinkligkeit zu achten. Ein schiefes Bild in einem Zimmer macht ihn so unruhig, dass er es erst geraderücken muss, eher er weiterspricht. Aber solche Eigenheiten sind jetzt vollkommen unwichtig geworden. Dennoch geht er zwei Schritte vom Altar zurück, um genau die Mitte auszutaxieren. Dann rückt er das Kreuz zwei Millimeter nach links.

Als er den Schuppen wieder verlassen will, sieht er, dass in der hintersten Reihe Chan sitzt, den Eric erst vor drei Monaten getauft hat. Chan ist siebzehn Jahre alt und hält sich seit drei Jahren treu zur kleinen Gemeinde. Seine Eltern waren Kohlengräber, wie viele hier in der Stadt, aber sie sind bei einem Bergwerksunglück ums Leben gekommen.

Die Gegend hier steht auf Kohle. Man gräbt einfach los; meistens hat man Glück und stößt auf ein Flöz. Dann folgt man der Ader planlos in die Tiefe. Die Gänge werden notdürftig abgestützt, aber es geschieht immer wieder, dass diese wilden Gruben einstürzen und Menschen unter sich begraben. Oft geschieht das unbemerkt, sodass Rettung für die Verschütteten nicht oder viel zu spät kommt. Die Mutter von Chan hat ihrem Mann bei dieser illegalen und schmutzigen Arbeit geholfen und ist bei einem Erdrutsch mit verschüttet worden. Chan war am Vormittag in der Schule, sonst hätte es ihn womöglich auch mit erwischt. Als die Eltern am Abend nicht nach Hause kamen, lief er zu „ihrem" Schacht und begann, die Eltern mit den bloßen Händen auszugraben. Keiner wollte ihm helfen, weil es zu gefährlich ist, in einen Schacht zu steigen, der bereits einmal eingebrochen ist. Ununterbrochen schleppte Chan die ganze Nacht Steine, Geröll und Kohle aus dem Schacht. Doch die Hilfe kam zu spät. Die Eltern sind von herabstürzenden Steinen erschlagen und zerquetscht worden.

In seinem Schmerz ging Chan in den daoistischen Tempel. Aber dort schickte man ihn weg, weil Kinder und Jugendliche den Tempel nicht betreten dürfen. Eine ältere Nachbarin nahm ihn auf, weil ihr Sohn von der Kuomintang erschossen worden war, als er sich weigerte, ihr Soldat zu werden. Am Sonntag nahm sie ihn mit in die evangelische Kirche. Dort lernte er dann Eric Millison kennen. Es weiß genau, dass die Kommunisten die christliche Erziehung verboten haben, aber wer von sich aus in die Kirche kam, dem wies Eric nicht die Tür.

Schnell haben sie sich angefreundet und Eric hat mit ihm viele tief gehende Gespräche geführt. Eric war erstaunt über die Offenheit und die schnelle Auffassungsgabe des Jungen. Bald wollte Chan ganz zur Gemeinde gehören, aber Eric ließ ihm Zeit. Er wusste: Wenn sich ein junger Mensch für Jesus entschied, dann hatte das Auswirkungen. Nur keine vorschnellen Entscheidungen, welche der junge Mensch dann nicht tragen könnte. Sein Gebet war ab diesem Tag, dass Jesus Chan nicht nur die tiefe Sehnsucht des Glaubens ins Herz gab, sondern dass er Chan auch vorbereitete, für Jesus einzustehen, ein mutiger Bekenner für den einen Gott des Himmels zu werden.

Und nun steht Chan im Halbdunkel der Kirche vor ihm. Sofort schießen Eric ängstliche Gedanken durch den Kopf. Was wird aus dem aufgeweckten Jungen? Wer führt ihn jetzt weiter? Wird ihn seine Begeisterung für Jesus schon bald ins Leiden führen? Um sich abzulenken und keine zu peinliche Stille entstehen zu lassen, fragt Eric: „Xiao Chan, was machst du hier?"

„Pastor Eric, ich wusste, dass Sie noch einmal hierherkommen. Ich wollte Ihnen Zaijian sagen. Ich glaube, Sie sind auch sehr traurig, dass Sie China verlassen müssen."

Soll Eric Chan seine ganze Verzweiflung sagen? Soll er ihm Mut machen, den er selbst nicht mehr hat? Was ist das Wort, was Chan jetzt hilft und auch morgen noch tröstet?

Chan nimmt ihm die Entscheidung ab und sagt: „Pastor Eric, es stimmt doch: Und wenn ich wandere im tiefen Tal, fürchte ich mich doch nicht, denn du bist bei mir, dein Stecken und Stab trösten mich."

„O ja, mein Freund Chan, das allein stimmt, darauf wollen wir hoffen und damit wollen wir leben. Du hier in unserem

China und ich in meiner fremden Heimat." Dann nimmt Eric ihn in den Arm und drückt ihn mit der ganzen Liebe eines Freundes, der es ehrlich meint. „Chan, du bist mir lieb geworden wie ein eigener Sohn. So segne ich dich zum Abschied. Es segne dich Gott der Vater, der Sohn und der Heilige Geist. Er lasse seine Freundlichkeit mit dir sein, er sei dein Schutz und dein unerschütterlicher Grund."

„Danke, mein Vater", und jetzt lächelt Chan wieder so unbeschwert, „ich werde Sie nicht vergessen, bis wir uns einmal wiedersehen. Ich glaube daran."

„Ich will glauben, dass deine Hoffnung Berge versetzen kann. Zaijian, mein Chan."

Mit dem frühen Schlafen ist es nun doch nichts geworden und es soll so schnell nicht dazu kommen. Kaum ist Eric in seinem Häuschen verschwunden, machen sich im Schutz der Dunkelheit einzelne Gemeindeglieder auf und wollen sich verabschieden. Morgen am Bahnhof wird sich keiner in die Öffentlichkeit trauen, aber im Schutz der hereinbrechenden Nacht kommt einer nach dem anderen. Viele Tränen werden geweint und sie sind echt. Worte der Ermutigung wechseln mit Befürchtungen und ängstlichen Fragen ab. Eric Millison ist noch einmal gefordert, Hirte zu sein. Er darf jetzt keine Schwäche zeigen, sondern muss trösten und immer wieder auf Jesus und seine Kraft hinweisen. Viele der guten Worte aber sagt er sich selbst.

Nachts gegen zwei Uhr ist der letzte Besucher gegangen. Am liebsten hätte Eric all die Namen der nächtlichen Besucher mit Kreide an die Wand geschrieben, um sich in den letzten Stunden aufzubauen und der Nachwelt ein Zeichen zu hinterlassen, dass die Gemeinde lebt. Aber so eine Liste wäre für die Parteispitzel ein Leckerbissen und solchen Gefahren darf er seine Gemeinde nicht aussetzen. So lässt er sie alle noch einmal vor seinem inneren Auge vorbeiziehen, prägt sie sich ein. Für die nächsten Jahre soll das seine ungeschriebene Gebetsliste sein.

Am Bahnhof herrscht das übliche Gedränge. Auf dem Bahnsteig wollen die Marktweiber, die Wasserverkäufer, die Bäcker und Apotheker ihre Ware an die Reisenden bringen. Hunderte Fahrgäste pressen sich in die Wagen. Eine Frau, die ihr Kopftuch auffällig weit ins Gesicht gezogen hat, trägt ein Tablett mit Teigtaschen. Energisch bis brutal schiebt sie sich durch die Menge und steuert auf Eric Millison zu. „Wollen Sie Teigtaschen, beste Boatse, in frischem Öl gebacken?"

Eric winkt ab und will sich schon wegdrehen, als die Frau ihm eine Teigtasche in die Hand drückt. Erstaunt schaut er auf und erkennt unter dem Kopftuch die ehrenamtliche Kantorin der Gemeinde, die sich als Bäckersfrau verkleidet hat. Ein stiller Händedruck und schon ist sie in der brodelnden Menge verschwunden.

Als der Zug sich endlich Richtung Schanghai in Bewegung setzt, hat Eric Zeit, das typisch chinesische Gebäck zu essen. Wie üblich bei diesem Glücksgebäck ist ein Zettel eingebacken, aber es ist kein Orakelspruch und kein Horoskop. Mit ausgesprochen künstlerischen Zeichen sagt ihm die Botschaft: „Vielen Dank für alle Mühe mit uns. Gott segne Sie mit zehntausendfachem Segen." Und dann das Bibelwort aus Josua 1,9: „Siehe, ich habe dir geboten, dass du getrost und unverzagt bist. Lass dir nicht grauen und entsetze dich nicht, denn Gott ist mit dir in allem, was du tun wirst." Als die grünen Reisfelder und die Kanäle immer schneller an ihm vorüberziehen, keimt in Eric die Hoffnung, dass fünfzehn Jahre China doch keine verlorenen Jahre gewesen sind.

Nie ist Eric Millison so widerstrebend auf ein Schiff zugegangen. Dieses riesige Transportschiff ist zur Beförderung von Personen umgebaut worden. Kein Luxusliner, kein Ausflugsboot, keine Fähre – auf einem Stahlkoloss wird Eric fahren. In seinem Bauch gibt es primitive Abtrennungen, sie sollen Kabinen darstellen. Feldbetten und notdürftig gezimmerte Toiletten sind die ganze Einrichtung. Schon die Toiletten sind eine Zumutung. Täglich müssen die Eimer nach oben getragen und über die Reling entleert werden. Das Wasser für die Körperpflege befindet sich in leeren Öltanks. Es stinkt schon nach einer Woche ekelerregend, sodass man es schließlich vorzieht, sich lediglich mit dem knapp bemessenen Trinkwasser und billigem Parfüm abzutupfen. Aber es sind nicht die Umstände, die ihn traurig machen, er lässt ein Stück seines Lebens und ein noch größeres seines Herzens zurück.

Es ist ein Schiff der Traurigkeit. Träge quält sich der schwarze Rauch aus dem Schornstein, ehe er von den Windböen des Meeres aufgewirbelt und zerteilt wird. Das Klopfen der Maschinen des altersschwachen Rostkahns ist auf dem ganzen Schiff zu spüren. Was nicht doppelt genietet ist, vibriert, und wenn man sich auf den Boden aus Blech stellt, hat man durch das Zittern den Eindruck, die Füße schlafen ein und werden taub.

Deprimiert und traurig sind auch die Passagiere. Siebenhundertachtundachtzig Personen sind an Bord. Hauptsächlich Missionare, Ärzte, Krankenschwestern, Ordensschwestern und technisches Personal aus Missionsstationen und Krankenhäusern. Ehepaare, Familien, die einer ungewissen Zukunft entgegenfahren, Menschen, die ihren Lebensinhalt verloren haben. Einzelne Missionare sind dabei, die ihre Familien schon vorausgeschickt haben. Sie wollten aushalten und müssen nun doch das Land verlassen. Eric steht neben einem Ehepaar an der Reling. Langsam verschwindet das Land im nebligen Horizont. Die Frau hat Tränen in den Augen, ihr Mann versucht sie stumm zu trösten, indem er ihr den Arm um die Schulter legt. Eric denkt, es ist sicher gut, wenn wir reden, wir müssen uns unseren Kummer sagen. „Wenn Traurigkeit auf Einsamkeit trifft, ist der Tod nicht mehr weit", hat er vor Jahren einmal in einer chinesischen Spruchsammlung gelesen. „Wo waren Sie eingesetzt?", fragt Eric vorsichtig. „Missionsstation Zion", antwortet der Mann, „aber das wird Ihnen nichts sagen. Tausendsiebenhundert Kilometer den Jangtse hinauf, dann dem Qingyi Jiang nach und in den Dang Shui." Er reckt den Kopf zum Land hinüber, als wollte er noch einmal den Duft des fernen Dorfes, der Einsamkeit und der Hoffnung, die sie hatten, einatmen. „Aus dem Nichts haben wir dort eine Anlaufstelle für die Menschen aus den versprengten Dörfern und für die Minderheiten der Xui geschaffen. Eine Krankenstation mit Entbindung, eine Schule, einen Kindergarten, eine Armenküche, Werkstätten und ein wunderschönes Wohnhaus." Dabei legt er wieder den Arm um seine Frau, die sich jetzt das erste Mal Eric zuwendet.

Er sieht ein sorgenvolles Gesicht, die Augen liegen tief in den Höhlen und strahlen keinen Glanz aus. Die Mundwinkel sind nach unten gezogen und es scheint Eric, dass die linke Gesichtshälfte in Abständen zuckt. „Zwei Kinder haben wir dort begraben, eine Flut, einen Überfall von Banditen und die quälende Einsamkeit haben wir überstanden, Millionen von Moskitos haben uns zerstochen und es sind in den ganzen Jahren nur wenige zum christlichen Glauben übergetreten", kommt es bitter von ihr. Jetzt füllen sich ihre Augen mit Tränen. „Kann denn Gott so grausam sein? Wir haben ihm doch wirklich alles gegeben und er tut nichts. Nichts tut er. Er lässt unser Lebenswerk zerbrechen und straft uns mit Krankheit und Tod."

Ihr Mann sagt nichts, um die Bitterkeit zu mildern. Er braucht es auch nicht. Viele auf dem Schiff denken so und die hier auf jedem Quadratmeter hockende Verzweiflung ist auch eine Anklage gegen Gott.

Eric will die Frau nicht zurechtweisen, er kann sie ja nur zu gut verstehen. Er beginnt von sich zu erzählen, von seiner Gemeinde, dem behelfsmäßigen Schuppen, von den Bauplänen für eine kleine Kirche, von Chan und der Kantorin, die ihm den letzten tröstlichen Gruß mitgegeben hat.

Ewald Burker zieht eine kleine Bibel aus der Tasche, schlägt das Buch auf und beginnt den Psalm 73 zu lesen. Einfach so, ohne Kommentar, ohne Pathos. Der aufkommende Wind verweht manche Worte, aber dieser Psalm ist allen gut bekannt. In den letzten Wochen ist er immer und immer wieder gebetet worden:

Gott ist dennoch Israels Trost für alle,
die reinen Herzens sind.
Ich aber wäre fast gestrauchelt mit meinen Füßen;
mein Tritt wäre beinahe geglitten.
Denn ich ereiferte mich über die Ruhmredigen,
als ich sah, dass es den Gottlosen so gut ging.
Denn für sie gibt es keine Qualen,
gesund und feist ist ihr Leib.
Sie sind nicht in Mühsal wie sonst die Leute
und werden nicht wie andere Menschen geplagt.
Darum prangen sie in Hoffart und hüllen sich in Frevel.
Sie brüsten sich wie ein fetter Wanst,
sie tun, was ihnen einfällt.
Sie achten alles für nichts und reden böse,
sie reden und lästern hoch her.
Was sie reden, das soll vom Himmel herab geredet sein;
was sie sagen, das soll gelten auf Erden.
Darum fällt ihnen der Pöbel zu und läuft ihnen zu
in Haufen wie Wasser.
Sie sprechen: Wie sollte Gott es wissen?
Wie sollte der Höchste etwas merken? ...
Dennoch bleibe ich stets an dir;
denn du hältst mich bei meiner rechten Hand,

du leitest mich nach deinem Rat
und nimmst mich am Ende mit Ehren an.
... Das ist meine Freude, dass ich mich zu Gott halte
und meine Zuversicht setze auf Gott, den Herrn,
dass ich verkündige all dein Tun.

„Amen", sagt Eric. „Ach übrigens, ich bin Eric Millison von der China-Inland-Mission aus England", mit diesen Worten hält er den beiden die Hand hin.

„Entschuldigung, wir haben uns ja auch noch nicht vorgestellt: Ewald und Henriette Burker aus Deutschland. Wir waren mit der Schanghai-Mission hier."

„Sehr angenehm, ich habe von euch nur Gutes gehört. Viele Geschwister haben großes Leid auf sich genommen, um China zu dienen", antwortet Eric.

Henriette will schon wieder ansetzen, ihren Schmerz herauszulassen, aber dann stoppt sie plötzlich und sagt nur: „Wollen wir uns morgen Abend wieder hier treffen?"

„Okay", antworten die beiden Männer gleichzeitig, wobei das Okay von Ewald erleichtert und fast ein wenig hoffnungsvoll klingt.

Schwere Entscheidung

In der „Straße zum ersten Frühlingsduft", nahe dem stinkenden Abwasserbach, steht die niedrige Hütte von Lui Cuan. Die fauligen Gerüche vom Bach stecken in jedem Raum und haben sich im stark strapazierten Sofa niedergelassen. Auch seine Bettdecke hat diesen muffigen Geruch angenommen. Lui Cuan riecht es nicht mehr, zu lange muss er nun schon mit diesem Übel leben. Aber die Besucher registrieren es und ziehen die Nase hoch, wenn sie sein Haus betreten. Nach einiger Zeit haben auch sie sich daran gewöhnt, nur ihre Kleidung wird den ätzenden Geruch mit in die anderen Hütten verteilen.

Jeden Sonntag versammeln sich hier etwa zwanzig Christen, um miteinander Gottesdienst zu feiern. Ihre kleine methodistische Kirche mussten sie aufgeben, sie wurde von den neuen Machthabern als ein Hort des Imperialismus bezeichnet und geschlossen. Für die Gemeinde gab es keinen Ersatz und für die Partei ist damit das Problem der Christen in dieser Stadt abgehakt. Ihr amerikanischer Missionar, ein treuer methodistischer Pastor, musste das Land auch verlassen. Der chinesische Kirchendiener kam ins Gefängnis, weil er mit den Imperialisten gemeinsame Sache gemacht hatte. Jetzt ist in der Kirche ein Lager für Propagandamaterial eingerichtet. Die Bänke und der Altar eignen sich gut für die übersichtliche Auslage der Plakate und Flugblätter der Partei. Im Taufbecken hat man Kleister angerührt, der in Eimern mit durch die Straßen genommen wird.

Einzeln kommen die Christen jetzt zum Stinkhaus am Bach. Lui Cuan ist kein Pastor, aber er wird als Gemeindeältester anerkannt. Vom Missionar hat er eine bescheidene Ausbildung bekommen. Kurz vor seiner Abreise hat der Missionar Lui Cuan eingesegnet und ihm die Leitung der Gemeinde anvertraut. Lui Cuan besitzt eine chinesische Bibel und kennt sich gut aus in diesem zerlesenen Buch. So ruft er die kleine Gemeinde von Wanyan in der Provinz Shaanxi jede Woche zusammen. Zuerst singen die Christen ihre stärkenden Evangeliumslieder. Nicht zu laut, aber doch so, dass sie Freude daran haben und es ihnen wieder leichter ums Herz wird.

Inzwischen sind auch alle eingetreten, die man erwartet hat. Seit mehreren Wochen ist niemand Neues dazugekommen, einige sind weggeblieben. Dann kommt der große Augenblick, wenn Cuan die Bibel aufschlägt, die schon seit Beginn der Zusammenkunft auf dem Tisch liegt. Heute darf die alte Mong sich einen Text wählen. Sie wünscht sich nun schon zum dritten Mal die Geschichte von Isaaks Opferung. Einige protestieren, aber Cuan betont, dass jeder das Recht hat, sich eine Geschichte zu wünschen, und heute ist eben die Mong dran. Sie lesen die Geschichte aus dem ersten Mosebuch. Dann predigt Lui Cuan nicht darüber, sondern fragt die alte Mong, warum sie die Geschichte so liebt. „Ich liebe die Geschichte nicht, sie ist grausam. Welcher Vater kann sein eigenes Kind schlachten wollen? Aber Gott will uns prüfen, ob wir auch das Liebste hergeben, wenn er das von uns will. Wir mussten unseren Missionar ziehen lassen. Wir haben unsere geliebte Kirche aufgeben müssen. Mein Sohn, der Kirchendiener, ist ins Gefängnis gekommen. Gott fordert viel von uns, aber er kennt auch den Schafbock im Dickicht und er wird uns wie Abraham belohnen, wenn wir ihm geben, was er fordert." Ihr Sohn ist ihre einzige Altersversorgung. Andere Kinder hat sie nicht und ihr Mann ist beim Fällen von Bäumen ums Leben gekommen.

„Mong", fragt einer der Männer, „wie soll das denn aussehen, wenn Gott dir einen Schafbock zum Opfer gegen deinen Sohn eintauscht?"

„Das weiß Gott allein. Dachtest du, der Abraham hat gewusst, wie Gott ihm helfen würde?"

Lui Cuan beginnt mit einer Auslegung, wie er sie vom Missionar gehört hat und wie er sie auch schon zweimal der Gemeinde gepredigt hat: „Gott hat Abraham geprüft. Er wollte seinen Glauben testen und Abraham hat die Prüfung bestanden. Gott will, dass wir ihm gehorsam sind und tun, was er sagt, dann wird alles am Schluss ein gutes Ende nehmen. Aber er wird niemals ein Menschenopfer von uns erwarten oder annehmen. Er hat das Opfer selbst gebracht. Seinen Sohn lässt er sterben, damit wir leben können. So groß ist seine Liebe, dass er das Beste für uns gab und deshalb ..."

In diesem Moment wird die Tür aufgerissen und fünf Polizisten drängen in die Hütte. Sie haben keine Uniformen an, aber die roten Armbinden und Knüppel in den Händen zeigen an, dass sie die Autorität der neuen Machthaber in China besitzen. „Was geht hier vor? Was haltet ihr für eine Zusammenkunft ab? Wisst ihr nicht, dass Zusammenrottungen verboten sind?" Mit einem schnellen Schritt ist einer der Polizisten beim Tisch und nimmt die Bibel in die Hand. „Ist das so ein Buch des ausländischen Aberglaubens?", ruft er streng in den Raum.

Lui Cuan überfällt panische Angst, dass ihm sein größter Schatz genommen werden könnte. „Herr, es ist ein chinesisches Buch, bitte schaut die Schriftzeichen an."

„Sag nicht Herr zu mir, sondern Genosse, das ist die Anrede für Menschen des neuen patriotischen Chinas", belehrt ihn der offensichtliche Leiter der Gruppe.

„Ja, Genosse, bitte überzeuge dich selbst, es ist ein chinesisches Buch."

„Und was steht da drin?", will der wissen.

Geschickt schlägt Lui Cuan eine Passage aus dem Römerbrief auf und liest laut vor, indem er mit dem Finger den Buchstaben von oben nach unten nachgeht, sodass der Polizist verfolgen kann, dass er nicht täuscht: „Die Liebe sei ohne Falsch. Hasst das Böse, hängt dem Guten an. Einer komme dem anderen mit Ehrerbietung zuvor. Seid gastfrei, seid auf Gutes bedacht gegenüber jedermann."

„Das klingt gut und wird unserem Volk helfen, das neue China aufzubauen. Aber sag mir, welcher chinesische Lehrer hat dies geschrieben?"

„Es war ein kluger Mann, der den Gott des Himmels angebetet hat", sagt Cuan, jetzt wieder mit etwas mehr Sicherheit in seiner Stimme.

„In welcher Dynastie hat er gelebt?", fragt der Polizist weiter.

„Es muss so in der Han-Zeit gewesen sein."

„Gut, wir werden das Buch mitnehmen und prüfen und ihr geht nach Hause, bis wir im Komitee eine Entscheidung gefällt haben, ob ihr euch weiter versammeln könnt."

„O nein, Herr, Entschuldigung", Cuan macht eine Verbeugung und verbessert sich sofort geistesgegenwärtig: „O nein, Genosse, ich möchte dieses Buch nicht hergeben, es ist für mich sehr, sehr wichtig und ein wertvoller Besitz."

„Gut, dann kommst du mit und kannst dein Buch bewachen."

Die alte Mong unterdrückt einen Aufschrei. Auch den anderen steht der Schreck ins Gesicht geschrieben. So haben sie auch schon ihren Sohn aus der Gemeinde gelockt und er kam nie wieder. Doch Cuan nimmt ein Tuch vom Regal und wickelt behutsam und sorgfältig seine Bibel ein. „Ich sage euch Bescheid, wenn wir uns wieder treffen", und dann geht Cuan sehr bewusst über die Schwelle seiner Hütte. Als sie zwanzig Meter gegangen sind, dreht er sich noch einmal um, will Abschied nehmen von seinem Stinkhaus. Die Haustür steht noch auf. Wie Schatten erkennt er einige Gestalten, die unschlüssig im Türrahmen stehen. Es ist die Gemeinde, die wieder einen Leiter verloren hat. Plötzlich sind ihm die Worte der alten Mong wieder im Bewusstsein. „Gott will uns prüfen, ob wir das Liebste hergeben, wenn er das von uns will."

Der Politoffizier hinter seinem Schreibtisch rümpft die Nase. „Wo kommt ihr denn her, das stinkt ja wie Schweinepisse." Er zündet sich erst mal eine Zigarette an, um den Gestank zu vertreiben. „So, und ihr seid also solche ausländischen Christen", kommt er jetzt zur Sache.

Lui Cuan bemüht sich, keine Formfehler zu begehen: „Genosse, wir sind Christen, ja, aber wir sind chinesische Christen."

„Ja, aber ihr wart mit den Amerikanern zusammen und die Amerikaner sind unsere Feinde. Sie sind Imperialisten, die in Korea ein friedliebendes Volk überfallen und einen schmutzigen Krieg gegen alle guten Menschen führen."

„Wir chinesischen Christen führen keinen Krieg, höchstens gegen uns selbst, damit wir liebevoller werden, ehrlich sind und den Menschen in unserem Volk am besten dienen können. Wir haben keine Verbindung mehr mit den Amerikanern oder mit anderen Menschen aus dem Ausland. Wir versammeln uns als Chinesen, wir wollen das Beste für unser Volk und die Lehren von Jesus sind gut für unser Volk."

„Die Lehren von Mao Zedung, von Josef Stalin und Karl Marx sind aber besser. Das sind die Lehren für die Zukunft. Diese Worte werden unser Volk verändern und ein neues China aufbauen."

„Wir wollen auch am neuen China bauen. Die Liebe der Menschen zueinander muss wieder wachsen. Die Kraft dazu gibt uns Jesus Christus. Ich denke, unser China braucht alle guten Kräfte, um ein starkes und neues Land zu werden."

Der Offizier schaut Lui Cuan lange ins Gesicht, als suche er einen Beweis, dass die Worte wahr sind. Schließlich sagt er: „Gut, du bist ein kluger und ehrlicher Mann. Tut mit euerm Glauben alles, was China hilft. Rede mit deinen Leuten und beratet, wie ihr mithelfen könnt, das neue China zu bauen. Ich will dich jede Woche einmal hier sehen und wir sprechen über eure Erfolge."

Dass diese Vorladung so ausgehen könnte, hat Cuan nicht erwartet. Deshalb wagt er einen verwegenen Schritt und sagt: „Genosse, um mit meinen Leuten über den Glauben in dem neuen China sprechen zu können, müssten wir eigentlich unsere Kirche wieder benutzen können. Du verstehst, es fehlt uns ein geeigneter Raum" – und dabei riecht er demonstrativ an seinem Ärmel.

Der Offizier lächelt und sagt: „Mal sehen, was sich machen lässt."

Jede Woche nach dem Gottesdienst in seinem Stinkhaus geht Lui Cuan zum Parteigebäude, immer mit der sorgfältig eingeschlagenen Bibel unterm Arm. Der Politoffizier stellt Fragen über den Glauben und will auch alles über die Gemeinde wissen. Besonders, ob sie Verbesserungsvorschläge für eine gute Arbeit in der Stadt oder für den Umgang der Menschen miteinander haben. Lui Cuan hat nicht den Eindruck, dass er ausgefragt wird, es ist mehr ein echtes Interesse des Offiziers am Leben der Gemeinde. Wenn ein neuer Besucher zur Gemeinde kommt, dann verschweigt das Lui Cuan möglichst lange, bis der Besucher getauft ist. Dann ist dieser auch stark genug, eventuelle Schwierigkeiten durchzustehen. Erstaunlicherweise finden sich viele Neugierige ein, besonders, als sie ihr kleines Kirchlein wieder nutzen dürfen. Seit wenigen Wochen müssen sie sogar zwei Gottesdienste anbieten, damit alle einen Sitzplatz bekommen.

Eines Tages, als Cuan zu seinem wöchentlichen Besuch kommt, sitzt der Politoffizier auf der vorderen Stuhlkante und ist ungeduldig zu hören, wie es in der Gemeinde geht. Aber er hört nur mit halbem Ohr zu und fragt plötzlich: „Was steht über die Zusammenarbeit mit der Regierung in deinem Buch?" Dabei zeigt seine Hand auf die im Tuch eingewickelte Bibel, die Cuan immer bei sich hat.

„Es steht genau das darin, was wir versuchen zu leben", antwortet Cuan unsicher.

„Nein, sag mir's, zeig mir's", drängt sein Gegenüber.

Schon oft hat Cuan dem Offizier aus der Bibel Stellen vorgelesen. Jetzt schlägt er Jeremia 29, Vers 7 auf: „‚Suchet der Stadt Bestes.' Das hat der Prophet Gottes zu den Israeliten gesagt, als sie in der Verbannung waren."

„Das überzeugt mich nicht, ihr seid nicht in der Verbannung – oder fühlt ihr euch so?"

„Nein, nein, wir können hier gut leben und wir sind dankbar, dass ihr uns die Kirche zurückgegeben habt. Wir möchten auch für unsere Stadt und die Menschen das Beste tun." Währenddessen hat er den Römerbrief aufgeschlagen und liest etwas unschlüssig vor, da er nicht weiß, ob ihm daraus ein Strick gedreht werden könnte: „Jedermann sei untertan der Obrigkeit, die Gewalt über ihn hat. Denn es ist keine Obrigkeit außer von Gott."

„Das klingt gut, obwohl unsere Regierung nicht von Gott ist, sondern vom Volk."

„Gott handelt auch manchmal durch das Volk, manchmal auch durch seine Feinde", erwidert Cuan schlagfertig und ist selbst überrascht. Dann wartet er die Wirkung seiner Worte ab.

Die kommt aber mit einer Gegenfrage: „Wie viele solche Kirchengruppen wie euch gibt es im Land?"

„Genosse Offizier, das weiß ich nicht. Es gibt in der Provinzstadt eine große anglikanische Kirche, und im Dorf meiner Mutter gibt es eine baptistische Gemeinde, die aber keine Kirche hat. Ich habe gehört, dass sich drüben, über dem Fluss, eine neue Gemeinde gebildet hat. Sicher gibt es noch viele Gemeinden, aber ich kenne sie nicht."

„Hast du Lust, sie kennenzulernen?", fragt er gespannt.

Damit ist Cuan überfordert. Was soll das und wie soll das gehen? Ist das eine Falle, soll er aus der Stadt vertrieben werden? „Ja, es wäre gut, mit anderen Christen in Kontakt zu kommen, aber ich kann meine Herde hier nicht lange allein lassen."

„Das ist auch nicht nötig. Hör zu: In Beijing hat sich eine neue Vereinigung gebildet. Die nennt sich ‚Drei-Selbst-Bewegung'. Darin versammeln sich alle Christen, die das neue China mit aufbauen helfen. Ich weiß nicht, was ihr da alles für Richtungen habt, aber es sind wohl alles evangelische Christen, die sich in der patriotischen Vereinigung zusammengefunden haben. Einige Leiter waren mit Premierminister Zhou En-lai zusammen und er findet die Bewegung gut."

Für Lui Cuan ist dies wirklich eine neue Nachricht. Er wusste zwar, dass sich die wenigen chinesischen Pastoren bemühen, von der kommunistischen Führung die Berechtigung zu bekommen, als Kirche weiter existieren zu können, aber von einer „Drei-Selbst-Bewegung" wusste er bisher nichts, auch nicht, was das bedeuten könnte. „Genosse Offizier, davon habe ich noch nichts gehört. Sag, weißt du, was das bedeutet – Drei Selbst?" Einen Moment denkt Lui Cuan, dass dies etwas mit dem dreieinigen Gott – Vater, Sohn, Heiliger Geist – zu tun hat, aber es passt nicht zusammen, zumal nie in dieser Weise von der Dreieinigkeit in der Bibel zu lesen ist.

Der Offizier holt ihn aus seinem Grübeln: „‚Drei Selbst' hat wohl etwas mit Selbstbestimmung, Selbstausbreitung und noch so etwas zu tun." Er merkt, dass er keine richtige Erklärung geben kann, und redet dann ziemlich bestimmend weiter: „Ich habe dich nun schon lange beobachtet. Du bist ein ehrlicher Mensch. Was du erzählst, ist die Wahrheit. Du versuchst nicht, dein Gesicht zu wahren, wenn es um die Wahrheit geht. Ich weiß, dass dir das neue China am Herzen liegt und dass du mit deinen Christen eine positive Kraft in unserem Land bist. Ich habe deshalb beschlossen, dass du nach Beijing reist und dich der Drei-Selbst-Bewegung anschließt."

„Aber", will Cuan einwenden.

„Kein Aber. Du bist ein positiver Mann und wir brauchen alle fortschrittlichen Kräfte für das neue China."

„Aber", wendet Cuan erneut ein, weil ihm tausend Gedanken durch den Kopf jagen.

„Ich habe gesagt: Kein Aber! Du fährst nächsten Freitag. Das Fahrgeld zahlt dir die Partei." Damit ist ein Aber geklärt, denn

Lui Cuan kann unmöglich so viel Geld für die weite Reise aufbringen. Beijing – so eine riesige Stadt, über tausend Kilometer entfernt. Er ist noch nie dort gewesen.

„Aber ..." Er stockt, weil ihm sein Aber jetzt plötzlich selbst blöde vorkommt, „wo finde ich denn die Drei-Selbst-Bewegung?"

„Das wird dir ein Genosse sagen, der mit dir fährt."

Auf dem Weg zurück ins Stinkhaus geht Cuan bei einigen Gemeindegliedern vorbei und bittet sie für den Abend, in die Kirche zu kommen. Sie setzen sich im Halbkreis um den Altar und Lui Cuan erzählt, was er im Parteibüro erfahren hat. Über die „Drei-Selbst-Bewegung" kann er wenig sagen, ihm ist alles so unwahrscheinlich und auch rätselhaft, gefährlich. Er kann es immer noch nicht fassen, dass er nach Beijing soll. Er möchte, dass seine Gemeinde davon weiß und dieses Vorhaben unterstützt oder ablehnt. Aber kann er denn überhaupt ablehnen?

Die Emotionen gehen hoch. Einige sind dafür, dass er fährt. Sie sagen, dass alle Möglichkeiten ausgenutzt werden müssen. Gerade sie in ihrer Gemeinde haben ja erfahren, dass man mit den Kommunisten zusammenarbeiten kann. Hätten sie sonst ihre Kirche wiederbekommen?

Andere sind strikt dagegen. Das sei eine Falle, man könne den Kommunisten nicht trauen. In der Bibel steht: „Ziehet nicht mit den Ungläubigen am selben Joch."

Besonders der Händler Zhou Yong, der mit den neuen Machthabern im Land nichts zu tun haben will, ist gegen eine Verbindung nach Beijing. Wenn er sich selbst gegenüber ehrlich wäre, würde er sich eingestehen, dass er lieber selbst nach Beijing reisen möchte. Es gehört zu seinen Träumen seit der Jugendzeit, einmal die Kaiserstadt zu besuchen. Er kann den Neid bei seinen Argumenten nicht ganz unterdrücken. Für ihn ist Lui Cuan sowieso schon zu viel im Parteibüro. Dass Cuan gar nichts anderes übrig bleibt, will er nicht einsehen.

Noch einmal holt er ein Argument aus der Bibel: „Steht nicht auch geschrieben: ‚Gehet ein durch die enge Pforte. Der breite Weg führt in die Verdammnis'? Beijing ist der breite Weg, den du nicht gehen solltest."

Lui Cuan ist still geworden. Was soll er hier sagen? Versteht Zhou Yong überhaupt, worum es geht? Die Kirche ist in China immer eine ausländische Kirche gewesen, die von Missionaren und Lehrern aus Amerika, England und Deutschland bestimmt wurde. Diese sind nun alle weg. Ist es nicht an der Zeit, eine chinesische Kirche aufzubauen? Ist es das, was da in Beijing versucht wird? Vielleicht ist es die einzige Möglichkeit, dass das Christentum in China überlebt, wenn sie sich als Chinesen auf einen anderen Weg einlassen?

Wieder gehen die Argumente hin und her. Auch die alte Mong ist strikt dagegen, sich der Regierung anzunähern. Die haben ihren Sohn inhaftiert und sie weiß nicht einmal, in welchem Umerziehungslager er ist. Wie es in diesen Lagern zugeht, weiß niemand, aber es machen schlimme Gerüchte von Folter und Tod die Runde. Cuan hat schon versucht, etwas für den Sohn zu erreichen, aber der Parteioffizier sagte immer wieder, dass seine Kompetenz da nicht hinreicht. Er könne nichts machen.

Die Gedanken rasen durch Cuans Kopf. Ist der Offizier vielleicht ein Hinweis Gottes? Würde er ohne die Reise von der neuen Bewegung in Beijing überhaupt etwas mitbekommen? Ihm ist klar, dass die Kirche in China eine Zukunft braucht. Dieser Weg ist vielleicht ungewöhnlich, neu und abenteuerlich, aber eine Chance.

Alle Argumente sind ausgetauscht, die Entscheidung muss Cuan allein fällen. Es bleibt ein ungewisser emotionaler Nebel über den Teilnehmern, der den Gemeindeleiter niederdrückt. Soll er jetzt mit einem Gebet die Diskussion beenden? Aber was soll er jetzt beten, ohne sich gegen eine Gruppe zu wenden? Er schlägt seine Bibel auf und liest einen Psalm. Dann sagt er: „Ich werde die nächsten zwei Tage in der Stille vor Gott verbringen. Bitte besucht mich nicht. Ich werde in die Berge gehen und Gottes Gegenwart suchen, so wie es Jesus gemacht hat. Ihr könnt gern in die Kirche kommen, um für eine gute Entscheidung zu beten. Betet nicht um Erfüllung eurer Vorstellung, betet mit mir: ‚Dein Wille geschehe.'"

Licht und Dunkel über der Stadt

Noch nie ist Lui Cuan eine so lange Zugstrecke gefahren. Die Wagen sind schlecht gefedert, die Sitze hart und die Schienenstöße schlagen einen monotonen Takt. Vor den schmutzigen Fenstern ziehen Landschaften vorüber, die er bisher noch nie gesehen hat. Der Zug windet sich durch tief eingeschnittene Täler, dann eilt er durch weite Ebenen, in denen die grünen Gemüsefelder vorüberziehen. Cuan sieht aber auch zerstörte Städte und niedergebrannte Dörfer. Hier hat der Bürgerkrieg zwischen der Roten Armee und der Kuomintang gewütet und nichts als verbrannte Erde hinterlassen. Oder waren es die Japaner? Nein, bis hierher ins Binnenland sind sie nicht gekommen. Aber die Felder sind bestellt, scheinbar hausen die Menschen in den Ruinen und versuchen das Beste aus ihrer schlimmen Lage zu machen.

Jetzt winkt draußen ein Mädchen im zerrissenen, schmutzigen Kleid der Eisenbahn zu und sie lächelt, als sei es ein besonderes Glück für sie, dort auf dem grünen Streifen zwischen den Feldern zu stehen. Weiter hinten bückt sich die Mutter in die Gemüsereihen und schlägt das Unkraut nieder. Dann zieht ein üppiges Maisfeld vorbei, daneben steht der Reis in Garben gebündelt zum Trocknen auf sumpfigem Grund. Hinter einem Ziehbrunnen arbeitet ein Bauer mit seinem Wasserbüffel im Feld, das von einem Fischteich begrenzt wird. Im nächsten Moment donnert der Zug über eine Stahlbrücke, die einen Fluss überspannt. Das Dröhnen der Stahlkonstruktion überträgt sich auf den ganzen Waggon. Es tut fast körperlich weh, dieses Geräusch aushalten zu müssen. Vier oder fünf Brückenbogen aus rostigem Stahl schwingen vorüber, dann beruhigt sich der Wagen wieder und das gleichmäßige Tackern der Schienenstöße legt sich beruhigend auf die Seele.

Das Abteil ist gut gefüllt. Lui Cuan hat einen Fensterplatz. Er kann seinen Gedanken nachhängen, während er neue Seiten seines Landes kennenlernt. Nachts kann er in seiner Ecke sogar schlafen, zumindest hin und wieder in kurzen Etappen. Sein Gegenüber ist Genosse Cai Cui, der zu Parteigesprächen nach Beijing muss. Er ist zu Lui Cuans Begleitung abgeordnet. Was sie da besprechen, ist irgendwie geheime Parteisache. Cuan hat den Eindruck, dass es nicht gut ist, näher nachzufragen, zumal die anderen Reisenden sich in Schweigen hüllen. Chinesen reden gern miteinander über ihre Familie, über die Schwiegermutter, die Arbeit und über den Glauben. Aber seit der Machtübernahme durch die Kommunisten ist man vorsichtiger geworden. Zu viele Spitzel gibt es an allen Orten. Die Machtfrage in China ist zwar geklärt, aber die Angst vor Denunziation und Verrat, vor falschen Anschuldigungen oder einem verkehrten Wort ist geblieben.

Sogar innerhalb der Kommunistischen Partei gibt es Rivalitäten und Verrat. Erst kürzlich sind wieder einige hohe Parteiführer verurteilt und hingerichtet worden. Warum, das begreift aus dem einfachen Volk niemand. Sie sollen nicht linientreu gewesen sein und haben den großen Vorsitzenden Mao kritisiert. Daher weiß sicher auch Cai Cui nicht, was ihn in Beijing erwartet. Aber er kennt die Adresse, wo sich Lui Cuan einfinden soll. Es ist das Haus des Christlichen Vereins Junger Menschen, des YMCA. Natürlich hat Cuan keine Ahnung, was sich hinter dem Verein verbirgt, aber da es irgendetwas Christliches ist, hat er Vertrauen.

Plötzlich wird der Zug von einem mächtigen Stoß erschüttert, Stahl kreischt und der Waggon beginnt wie wild zu hüpfen, bis er sich schließlich bedenklich zur Seite neigt, als die Bahn zum Stillstand kommt. Die Männer sind übereinander gefallen, versuchen sich aufzurichten und hängen doch schräg im Abteil. Die Luft ist von Dreck und Staub erfüllt, alle müssen husten. Schließlich ist ihnen klar, dass einige Waggons entgleist sind. Die Tür lässt sich öffnen und sie springen ins Freie. Hunderte von Menschen stehen jetzt um den Zug herum und betrachten den Unfall. Der Schaffner brüllt und flucht, dass dies nun schon der dritte Unfall in diesem Monat sei.

Doch es ist niemand ernsthaft verletzt. Die Unfälle häufen sich, weil die Bahnstrecken nach dem Bürgerkrieg nur notdürftig geflickt wurden und es an Geld und Fachkräften fehlt, um das Streckennetz wieder sicher und stabil zu machen. Sie verlieren mehr als einen ganzen Tag. Einige der Passagiere gehen in das nahe gelegene Dorf und kaufen Lebensmittel, andere liegen im Feld und schlafen oder sie helfen mit, den Zug wieder auf die Gleise zu bringen.

Cuan ist begeistert, wie die Männer mit einfachster Technik den Zug wieder einsatzfähig machen. Eine Lokomotive kommt von hinten und zieht die entgleisten Waggons langsam zurück. Mit Stangen, Hebeln und Eisenkeilen gelingt es dem angerückten Bautrupp, die Waggons wieder in die Spur zu setzen. Auch die Gleise müssen neu gerichtet werden, damit sie beim Befahren die Wagen zwischen den Stahlschienen halten.

Am Abend setzt sich der Zug wieder in Bewegung und rollt langsam in die nächste Stadt. Dort werden zwei Waggons ausgetauscht, die Lok nimmt neu Kohle und Wasser auf und nach einer weiteren Nachtfahrt taucht im Morgengrauen vor ihnen Beijing auf, das von der Regierung wieder als Hauptstadt von China ausgerufen worden ist. Als die ersten Häuser am Fenster vorübergleiten, will sich Cuan schon fertig machen, aber Cai Cui drückt ihn wieder in den Sitz. Es wird noch über eine Stunde dauern, bis sie den Bahnhof erreicht haben, bedeutet er ihm. Cuan ist überwältigt von so einer großen Stadt.

Das Durcheinander am Bahnhof ist beängstigend. Unvorstellbare Menschenmassen drängen sich auf den Bahnsteigen und in der Schalterhalle, überqueren unter Lebensgefahr die Gleise, schieben und schubsen an Schaltern und Türen und alle rufen durcheinander, als würde sich dadurch irgendetwas ändern. Es macht den Eindruck, als riefen sich die Menschen Mut zu und trieben sich selbst an.

Cai Cui zieht Lui Cuan hinter sich her und kämpft sich zum Ausgang durch. Auf dem Bahnhofsvorplatz ist das Durcheinander nicht geringer, nur dass sich hier zusätzlich unzählige Rikschas durch die Menschenmassen quälen. Auf einer Rikscha steht ein junger Mann mit einem Schild, auf dem kein chinesisches Zeichen gemalt ist, sondern ein englisches Y. Der obere Teil des Y ist ein rotes Dreieck. Cai Cui steuert auf den Schildträger zu und übergibt ihm Lui Cuan.

Der junge Mann stellt sich vor: „Ich bin Lui Shan vom YMCA und warte hier seit gestern auf dich. Gut, dass du endlich angekommen bist."

„Danke für deine Mühe, Lui Shan, es tut mir leid, wir hatten einen Zugunfall", kann Cuan nur bedauernd erklären.

„Das ist doch leider normal, ich hoffe nur, dass niemand zu Tode gekommen ist. Erst gestern ist ein Zug aus Xi'an verunglückt und in einen Fluss gestürzt. Es muss mehrere Hundert Tote gegeben haben."

„Nein", antwortet Cuan erleichtert, „bei uns hat es keine grösseren Verletzungen gegeben, es sind nur drei Wagen entgleist – natürlich auch der, in dem ich gesessen habe." Er versucht ein Lachen, was ihm aber nicht so richtig gelingen will. „Übrigens, ich heisse auch Lui mit Familiennamen, aber Cuan mit meinem Taufnahmen."

„Na, wieder mal einer aus der grossen Familie der Luis, zwanzig Prozent der Chinesen sollen Lui heissen. Da wird es ja endlich Zeit, dass wir uns kennenlernen. Jetzt müssen wir nur noch die anderen hundertneunzehn finden", und er lacht aus vollem Halse, während er in die Pedale seiner Rikscha, seiner Pedicab, tritt. Die traditionellen Lauf-Rikschas sind nach der Machtergreifung der Kommunisten bald abgeschafft worden, weil sie den Läufer diskriminieren.

Cuan ist beeindruckt, wie geschickt Shan sein Gefährt durch das Labyrinth von verstopften Gassen und quirligem Verkehr lenkt. Obwohl es oft um Haaresbreite geht und jeder einen Vorteil von wenigen Zentimetern ausnützt, stossen die Rikschas doch nicht aneinander. Es scheint ein ehernes Gesetz zu sein, dass man sich gegenseitig an seinen wertvollen Fahrzeugen keinen Schaden zufügt. Wertvoll ist relativ. Manche der umgebauten Lauf-Rikschas sind schon über hundert Jahre alt. Alles, was aus Eisen ist, rostet kräftig vor sich hin, die Sitzpolster sind zerrissen und die Speichen auch nicht mehr vollzählig – aber so ein Gefährt hilft einer ganzen Familie zu überleben. Wer eine Rikscha besitzt, hat einen Job und verdient wenigstens etwas Geld. Diese Rikscha hier gehört jedoch nicht Shan, sie gehört dem YMCA, der sie von einem Missionar geschenkt bekam, als dieser das Land verlassen musste.

Das Haus des YMCA liegt zentral im zweiten Stadtbezirk. Es ist ein dreistöckiges Haus und beherbergt Büros, auf dem Dachboden zwei kleine Wohnungen und in den Hauptetagen zwei große Säle. Im Keller befinden sich eine Küche und ein Schlafraum für Gäste. Cuan hat vorläufig nur Sinn für die Küche und da sind zwei Köche eifrig an der Arbeit. Es riecht verführerisch nach gebratenem Gemüse.

Nach einer halben Stunde sitzt Cuan mit achtzehn Männern am Tisch und lässt es sich schmecken. Wie sich bald herausstellt, sind sie aus unterschiedlichen Provinzen angereist. Einige kennen sich schon, andere sind fremd, so wie Cuan. Die meisten sind Pastoren und leitende Christen. Sie wurden von den Kirchen hierher eingeladen. Dass Cuan die Einladung über die Partei bekommen hat, verwundert einige und er merkt, wie sie vorsichtiger mit ihrem Berichten werden. Sehen sie in ihm einen Judas? Ist er vielleicht tatsächlich als Spitzel hierhergeschickt worden?

Cuan weiß, dass jetzt nur noch die ganze Wahrheit helfen kann, damit kein Missverständnis aufkommt. Am Abend hat er Gelegenheit dazu. Der Leiter des YMCA, Wu Yaozong, begrüßt alle neu Angereisten und erklärt, dass sie hier schon seit Wochen christliche Leiter aus ganz China gewinnen wollen, um die neue chinesische Kirche aufzubauen. Immer wieder kommen Verantwortliche der verwaisten Gemeinden, lassen sich beraten und suchen Wege, wie sie in der neuen kommunistischen Ära als Christen in China leben können. Inzwischen sind mindestens vierzig Männer anwesend, auch eine Frau ist dabei, die jetzt eine große Gemeinde in Wuhan leitet, seit ihr Mann verhaftet ist. Jeder stellt sich vor und berichtet, wie es der Gemeinde geht, für die er oder sie verantwortlich ist.

Viel Schreckliches wird berichtet, von grausamen Hinrichtungen, von Lynchjustiz und Folter, aber immer wieder klingt der Mut durch, die Situation jetzt zu nutzen und den engen Spielraum, den man bekommt, nicht ungenutzt zu lassen. Wu Yaozong leitet die Versammlung geschickt, fragt nach, ermutigt und tröstet.

Auch Lui Cuan erzählt von der Stinkkirche, von seinen Besuchen beim Politoffizier, von der Rückgabe der Kirche und dem Wachstum der Gemeinde. Er sagt aber auch, dass nicht alle Gemeindeglieder seine Reise nach Beijing gutheißen. Als er berichtet, dass die Partei ihn für die Reise vorgeschlagen und ihm das Fahrgeld bezahlt hat, geht ein Raunen durch den Saal. Doch Wu Yaozong sagt nur, dass für Gott nichts unmöglich ist. „Auch König Kyros von Persien musste Gottes Willen tun, obwohl er es nicht wollte. Wir freuen uns, dass du hier bist, und es kann ein gutes Zeichen sein, dass die Partei unsere Bemühungen um eine neue Kirche positiv sieht."

Weil es so viele bewegende Berichte aus den unterschiedlichen Gegenden des Landes sind, wird an dem Abend nichts weiter unternommen. Mit Singen und Gebeten geht der Tag zu Ende. Cuan schläft mit den meisten Gästen im Saal auf Turnmatten, einige liegen nur auf einer Decke direkt auf dem Boden.

Am nächsten Tag wird mit Spannung Professor Chao erwartet, der kürzlich, am 13. Mai 1950, mit anderen kirchlichen Vertretern bei Ministerpräsident Zhou En-lai war. Er berichtet von der Offenheit der Regierung und dem Willen, den Gläubigen, die sich nicht von ihrem Glauben abwenden wollen, einen Lebensraum zu ermöglichen. Zwar sei es nicht im Sinne der neuen Regierung, die alle Religionen als veralteten Unfug ansieht, aber man wolle die religiösen Gefühle der Menschen nicht verletzen. Immerhin sei das chinesische Volk seit Jahrtausenden religiös und dies sei auch ein Stück der alten chinesischen Kultur. Dabei sei egal, ob es sich um Buddhisten, um Daoisten, um Konfuzianer oder Christen handele.

Christentum sei zwar eine westliche und damit imperialistische Religion, aber die Lehre des Christentums könnte für China positive Auswirkungen haben. Wenn die Religionen den Aufbau des Kommunismus nicht behinderten, könnten sie weiter existieren, bis sie sich durch die zunehmende Vernunft der Menschen selbst auflösten. Nur eins – und da sei Zhou En-lai laut geworden – werde die Regierung auf keinen Fall dulden: Einmischung von außen. Er verlange die strikte Trennung von westlicher Beeinflussung. Das heißt, keine Verbindung zu christlichen Organisationen im Ausland und keine neuen Missionare im Land – auch keine verkappten, die sich als Händler oder Techniker ausgäben. Für die evangelischen Kirchen heiße das, keine Verbindungen zu den Missionsgesellschaften, und für die katholische Kirche, keine Verbindung zum Papst nach Rom. „Wenn ihr Evangelische oder Katholiken sein wollt, dann hier im Land. Wir werden nur eine Kirche akzeptieren, die in erster Linie chinesisch ist", so zitiert er Zhou En-lai.

Professor Chao wirkt sehr müde, wie er von diesem Besuch berichtet. Vielleicht hat er noch andere Dinge erfahren, die er hier in der Öffentlichkeit nicht weitergeben will.

Ein anderer Geistlicher, der sich als Ting oder so ähnlich vorstellt, betont, dass das Evangelium Jesu ein soziales Evangelium gewesen sei. Es habe die Armen im Blick und wolle für soziale Gerechtigkeit in der Welt sorgen. Hier habe das Christentum in China in den letzten Jahren versagt. Es habe nicht das gesucht und gefördert, was die Gesellschaft verändert hat. Nun hätten dies die Kommunisten übernommen. „Wir müssen uns schnell bemühen, den Aufbau des neuen Chinas mitzugestalten, weil uns das Evangelium dazu den Auftrag gibt. Wir müssen die revolutionären Strukturen des Christentums wieder entdecken. Die nationale Erlösung des chinesischen Volkes hat etwas mit praktischem Christsein zu tun. Es geht nicht um Befreiung, sondern um Versöhnung. Wir müssen uns mit dem ganzen chinesischen Volk identifizieren, dem wir uns entfremdet haben."

Ein Mann aus dem YMCA pflichtet ihm bei: „Wir müssen auch den Intellektuellen die Chance geben, das Evangelium zu verstehen. Viele sozial denkende Jugendliche bei uns im YMCA sind von der Idee des Kommunismus begeistert. Wir werden dafür sorgen, dass sie keine Kommunisten werden, aber wir sollten mit ihnen zusammenarbeiten, ja, wir müssen mit ihnen zusammenarbeiten, sonst gehen wir unter."

Ein Delegierter, der sich mit Fung Choi vorstellt, erwidert: „Die Grundidee des Kommunismus ist die Gleichheit aller Menschen. Das ist, denke ich, mit dem Christentum zu vereinbaren. Aber bedenkt, dass die kommunistische Idee von Grund auf atheistisch ist. Wir können keine Lehre gutheißen, die den Glauben an den lebendigen Gott ablehnt oder gar bekämpft."

Als nächster Redner kommt Wu Yaozong ans Pult und berichtet von der Idee einer Drei-Selbst-Kirche. „Das war nicht die Idee von Zhou En-lai, aber dieser Vorschlag von uns hat ihn zumindest zuhören lassen. Er fand ihn bedenkenswert. Die besonderen Merkmale dieser Kirche werden sein: Selbstverwaltung, Selbstfinanzierung, Selbstausbreitung. Das bedeutet auch, dass wir nur innerhalb der vom Staat genehmigten Gebäude das Evangelium verkündigen. Der Kontakt zum Ausland ist vorläufig nicht möglich und den brauchen wir auch nicht, wenn wir den Kontakt zu Gott haben. Er ist unser Fels, auf ihn können wir bauen. Auch der Kommunismus kann ein Vehikel sein, durch das Gott uns den Weg in eine neue Zukunft zeigt. Weigert euch nicht, das Licht Gottes zu sehen, auch wenn es durch ganz andere Kanäle zu uns kommt.

Die neue Kirche kann nur chinesisch sein und wir sind als Christen in diesem Land auch stark genug, wenn wir zusammenhalten. Von daher wird es in dieser Kirche keine Denominationen mehr geben. Die Zersplitterung der Gemeinden in Anglikaner, Baptisten, Lutheraner, Methodisten, Freikirchen und so weiter hat China bisher geschadet. Jeder sah nur auf seinen Weg. Wenn wir diese Unterschiede zurücklassen und uns auf die Schrift, auf Jesus und den Heiligen Geist und auf die positiven Kräfte unseres Landes verlassen, werden wir eine vollwertige Kirche Gottes in diesem Lande sein. Wir Chinesen lieben unser Land, lasst uns die Liebe zum Vaterland und die Liebe zur Kirche miteinander verbinden. Wir brauchen eine chinesisch geprägte Kirche."

Darauf noch einmal Ting: „Diese Kirche sollte schon im Namen deutlich machen, dass sie eine patriotische, dem chinesischen Volk verpflichtete Kirche sein will."

Aber da geht die Diskussion los. Viele melden sich zu Wort, und die Beiträge drehen sich meist darum, das eigene baptistische oder lutherische Erbe zu bewahren. Ein anglikanischer Pastor bricht in Tränen aus. „Wenn ich nicht mehr mit der Schrift auf den Armen in die Kirche einziehen kann, fehlt mir das Wichtigste am Gottesdienst. Soll ich meine wertvollen Gewänder nicht mehr tragen können?"

„Deine Sorgen in allen Ehren", meldet sich ein bäuerlicher Gemeindeleiter, „aber wir im Norden wären froh, wenn wir wenigstens noch unsere Kirche hätten. Alles hat man uns weggenommen und unser Pastor ist seit mehreren Monaten in Haft. Es gibt keine guten Nachrichten von ihm. Wir versammeln uns jetzt heimlich im Wald und da spielt es keine Rolle mehr, aus welcher Tradition wir kommen. Wir besitzen eine einzige Bibel und die wird von Haus zu Haus weitergegeben."

Andere melden sich zu Wort, dass es doch wichtig ist, die Erfahrungen der ausländischen Missionare weiterzuführen. Dagegen spricht sich aber Wu entschieden aus. „Wir können nur überleben, wenn wir uns vom Ausland lösen. Die Regierung hat das sehr deutlich gemacht, dass wir nur als chinesische Christen eine Chance haben. Lasst uns keine Mauern bauen, sondern Brücken zur neuen Gesellschaft, in der wir leben."

Am nächsten Tag bringt ein Delegierter aus Schanghai den Vorschlag, dass die „Drei-Selbst-Kirche" die Bezeichnung für alle evangelischen Christen in China sein sollte, aber die Gottesdienste könnten ja in der Tradition der einzelnen Denominationen stattfinden. Diesen Vorschlag finden schließlich alle akzeptabel und man bittet Professor Chao und Wu Yaozong, ein Christliches Manifest zu verfassen, welches die Ausrichtung der Drei-Selbst-Kirche festlegen soll. Dieser Kirche könnten sich dann alle evangelischen Gruppen anschließen. Ting betont noch einmal, dass die Kirche „Patriotische Drei-Selbst-Kirche" heißen müsse.

Es wird beschlossen, das Manifest möglichst bald zu verfassen, es dann durch das Land zu schicken und die Gemeinden unterschreiben zu lassen. Wer unterschreibt, gehört damit zur Patriotischen Drei-Selbst-Kirche.

Später werden diese Gruppen offiziell von den Regierungsbüros für religiöse Angelegenheiten registriert und haben damit die staatliche Legitimation, Kirchen zu unterhalten und Gottesdienste zu feiern. Wer registriert ist, muss mit dem Staat kooperieren, darf keine Predigten gegen die kommunistische Lehre halten und muss jederzeit Auskunft geben über Wachstum und Aktivitäten in der Gemeinde. Diese Gemeinden dürfen dann keine Arbeit mit Kindern oder Jugendlichen machen und keine Evangelisation außerhalb der Kirchen veranstalten. Dafür ist die Drei-Selbst-Kirche staatlich geschützt und bekommt Unterstützung beim Bau von Kirchengebäuden.

Während Lui Cuan in Beijing ist, bricht der Koreakrieg aus. Obwohl es sich bei diesem Krieg um einen Stellvertreterkrieg zwischen den USA und der Sowjetunion handelt, ist China mit über vierhunderttausend „freiwilligen" Soldaten beteiligt. Die

USA werden zum Gegner des gesamten kommunistischen Lagers erklärt und es entwickelt sich auch in China ein von oben geschürter Hass gegen Amerika. Jegliche Zusammenarbeit oder auch nur ein Kontakt zu amerikanischen Missionaren führt unweigerlich zu Verhaftung, Anklage und nicht selten zur abschreckenden Hinrichtung. Auch derjenige, der früher mit Amerikanern zusammengearbeitet hat, kann angeklagt werden. Allein der Verdacht reicht aus, einen Menschen in die Maschinerie des Todes zu bringen.

Unsanftes Erwachen

Die christlichen Leiter müssen ihre Beratung beenden und verlassen Beijing. Da viele aus Gemeinden kommen, die durch Amerikaner gegründet wurden, sind sie jetzt in großer Gefahr. Einige werden bei ihrer Rückkehr sofort festgenommen, angeklagt und verurteilt.

Lui Cuan merkt auf dem Bahnhof, dass er von der Partei nur die Fahrkarte nach Beijing bekommen hat, für die Rückfahrt ist kein Stempel auf seiner Karte. Nun muss er selbst sehen, wie er die tausendeinhundert Kilometer zurückkommt. Er hat nur wenige Yuan, die aber nie und nimmer für die Fahrkarte reichen.

Lui Shan vom YMCA erweist sich als Organisationstalent. Er besorgt Cuan einen Platz auf einem Schampan, einem offenen, kleinen, primitiv gebauten Boot, das flussauf in Richtung der Stadt Datong fährt. Auch Pastor Liao Wu ist mit auf dem Schiff. Er hat die Konferenz in Beijing mit organisiert und will zurück in seine Gemeinde Xicheng, zweihundert Kilometer von Beijing entfernt.

Auf dem Flussschiff müssen sie sich selbst versorgen, aber auch dafür hat der junge YMCA-Mitarbeiter vorgesorgt. Weil die Konferenz früher zu Ende ging als geplant, war noch genügend Reis vorgekocht. Lui Shan hat einiges in Dosen gefüllt und den Reisenden mitgegeben. „Entschuldigt, ich habe noch einmal reichlich Salz dazugegeben, damit er nicht fault. Wenn ihr noch etwas Gemüse organisieren könnt, dann braucht ihr das dafür nicht zu salzen." Er lacht über das ganze Gesicht und überreicht den beiden die Dosen.

„Das wird für die nächsten fünf Tage reichen", meint Cuan und bedankt sich überschwänglich.

„Wichtig ist, dass ihr heil ankommt. Gott der Vater segne euch auf der Reise", sind Lui Shans Abschiedsworte. Dann radelt er mit seiner Rikscha schnell davon.

Lui Cuan und Liao Wu machen es sich auf dem engen Boot so bequem wie möglich. Weitere fünf Passagiere sind an Bord. Gefahren werden sie von einem Bootsführer und einem Gehilfen. Ein Dieselmotor tuckert gleichmäßig und auf der linken Seite des Schiffes riecht es stark nach den Abgasen. Deshalb hocken sich die beiden auf die rechte Seite. Sie reden über die Gemeinde Gottes in diesem Land. Was wird die Zukunft bringen? Ist die Drei-Selbst-Kirche wirklich die Lösung in der gegenwärtigen schwierigen Lage? Liao Wu hat früher einmal Werke von Karl Marx und Lenin gelesen. Er ist der Meinung, dass die kommunistische Idee sich nicht mit den Religionen verträgt. Bei Premierminister Zhou En-lai vermutet er nur eine Taktik, der christlichen Kirche scheinbar eine Chance zu geben. „Will man uns nur ruhigstellen? Vor den Christen im Volk haben sie keine Angst, hier sind wir leider zu wenige. Wenn wir Millionen wie die Buddhisten wären, da würden sie sich eher vor uns fürchten, aber wir sind ja gerade mal siebenhunderttausend Christen, habe ich einmal gehört."

„Siebenhunderttausend Christen", Cuan ist überwältigt. „So

viele sind wir? Das habe ich nicht gewusst. Ich dachte, wir sind vielleicht fünfzigtausend oder so."

„Ja, bedenke mal, wie groß China ist", versucht ihm Wu zu erklären. „Wir haben sechshundert Millionen Menschen in China, da sind wir Christen noch nicht mal ein Prozent."

Das leuchtet Cuan ein, aber in solchen Dimensionen hat er noch nie gedacht. Er überlegt bei sich: Ich bin eben zu weit weg von Beijing. Liao Wu wohnt halt näher dran.

Nach zweieinhalb Tagen sind sie in Xicheng angekommen. Liao Wu lädt Cuan ein, bei ihm einen Tag zu ruhen, ehe er sich auf die weitere Reise Richtung Heimat macht. Das nimmt Cuan gern an.

Aber kaum haben die beiden den Marktplatz erreicht, sehen sie mit Schrecken, dass die Kirche ausgebrannt ist. Nur noch der Giebel und eine Seitenwand stehen. Die Trümmer sind verrußt und einige Männer und Frauen sind dabei, aus dem Schutt noch brauchbare Ziegel zu bergen, um diese zu ihren Grundstücken zu tragen. Das Pfarrhaus daneben ist zugenagelt, die Fenster eingeschlagen. Liao Wu rennt los, auf die Trümmerleute zu, und schreit: „Was ist hier los? Wo ist meine Familie?"

Einige blicken zu Boden, andere schaffen weiter Ziegel beiseite, ohne ihn zu beachten. Keiner sagt ein Wort. Wu geht auf einen Mann zu, hält ihn an der Schulter fest und fragt: „He, Wang Jinbao, kannst du mir erklären, was hier vorgeht?" Doch der dreht sich nur halb herum und spuckt Wu ins Gesicht. Wu ist völlig verwirrt und will wissen, was hier geschehen ist. Deshalb rennt er zur neu eingerichteten Parteizentrale und fordert eine Erklärung.

Dort scheint man nur auf ihn gewartet zu haben. Sie schleppen ihn in einen hinteren Raum ohne Fenster und vier Leuten prügeln mit Holzstöcken und modernen Gummiknüppeln auf ihn ein. Als er regungslos am Boden liegt, hören sie auf und der

Parteisekretär sagt: „Heute Abend werden wir eine Kampfversammlung in der Stadt haben und du wirst uns ein umfassendes Geständnis über deine konterrevolutionären Umtriebe geben."

„Was ist mit meiner Familie?", presst Wu mühevoll heraus. Bei jedem Wort hat er schreckliche Schmerzen.

„Die sind bereits verhaftet und abgeurteilt", antwortet einer, der dabei seinen Gummiknüppel schwingt.

„Wo sind sie?", stöhnt Wu flehentlich.

„Unterwegs zu einem Umerziehungslager", ist die erschütternde Antwort.

Wu schießt es durch den Kopf, dass davon – hinter vorgehaltener Hand – auch in Beijing gesprochen wurde. Die Umerziehung dauert mindestens zehn Jahre, und wer das übersteht, kommt als seelischer Krüppel zurück.

Während sie ihn in diesem Raum in der völligen Dunkelheit liegen lassen, kreisen seine Gedanken nur um die Familie. Sein fünfjähriger Sohn. Seine Frau, die im sechsten Monat schwanger ist, der kranke Vater. Was werden sie mit dem kranken Vater gemacht haben?

Dann kommt wieder ein Mann herein, bringt ihm einen Stift und Papier. Wu solle seine Vergehen aufschreiben und ja nichts vergessen. Dann verlässt der Mann den Raum, schließt aber die Tür ab, sodass es wieder finster wird. Doch nach einiger Zeit beginnt eine Glühbirne an der Decke schwach zu leuchten. Was soll er aufschreiben? Vergehen? Hat er nicht die Gemeinde seit dem Weggang der amerikanischen Missionare treu geleitet? Er hat das Evangelium verkündet ohne politische Angriffe. Er hat das Krankenhaus übernommen und es vor fünf Monaten schweren Herzens an die kommunistische Stadtregierung abgeben müssen. Hat er damals ein hartes Wort in seinen Predigten verwendet? Er weiß es nicht mehr.

Was sind Vergehen in den Augen der neuen Machthaber? Kontakt zu Amerika? Nein, hatte er nicht. Nur die Zusammenarbeit mit Reverend Bill, einem ausgezeichneten Seelsorger und Organisator. Seiner Initiative ist es zu verdanken, dass die Säuglingssterblichkeit in Xicheng um die Hälfte gesunken ist. Er hat mit der Gemeinde zusammen die Kirche gebaut. Viele waren bereit mitanzufassen, auch solche, die gar keine Christen waren. Reverend Bill konnte mit den Gebildeten sprechen, aber zu seinen Predigten kamen auch arme Bauern, oft aus entlegenen Dörfern. Er war es, der ihn, Liao Wu, als Gemeindeältesten ausgebildet hat. Viele Stunden haben sie verbracht, um die Belange der Gemeinde zu besprechen. Mehr und mehr hat Reverend Bill die Entscheidungen Liao Wu überlassen, sodass es ihm leichtgefallen ist, die Gemeinde zu übernehmen, als Reverend Bill und die vielen Missionsmitarbeiter das Land verlassen mussten. Aber an dieser Zusammenarbeit mit dem Amerikaner war keine staatsfeindliche Absicht, nichts Verurteilungswürdiges.

Was soll er aufschreiben? Natürlich kennt er seine Schwachstellen, seine Lieblosigkeiten und seine Versäumnisse. Aber die gehören vor Gott und nicht in eine solche Kampfversammlung. So geht Wu auf die Knie und bittet Gott um Vergebung für alles, was nicht auf den Zettel kommt. Alles, was zwischen ihm und seinem Herrn stehen könnte. Es ist eine merkwürdige Beichte, eine Abrechnung vor Gott, die ihn aber mit einem tiefen Gefühl von Frieden erfüllt. Als er das Amen sagt, weiß er, was er auf den Zettel schreiben soll. Sie haben ihm einen ziemlich stumpfen Bleistift hereingegeben, aber mit der richtigen Drehung gelingt es ihm, kleine chinesische Zeichen deutlich niederzuschreiben:

„Ich habe mich immer an das geltende Gesetz gehalten. Ich habe den Kommunismus nicht beleidigt und stehe dem neuen China aufgeschlossen gegenüber. Ich liebe die Menschen, weil mein Gott, der Gott der Christen, ein großer Menschenliebhaber ist.

Ich bekenne mich schuldig, dass ich nicht konsequent genug die Botschaft von diesem liebenden Gott in und außerhalb der Kirche gepredigt habe. Dieser Gott ist es, der die Welt geschaffen hat, der Herr über Leben und Tod ist.

Ich bekenne, dass ich nicht jeden in unserer Stadt eingeladen habe, an den Herrn Jesus Christus zu glauben. Er ist es, der für die Schuld aller Menschen gestorben ist. Er ist es, der diese Schuld vergibt und neues, ja ewiges Leben schenkt. Er macht durch seinen Geist frei von Menschenfurcht und Lüge. Er ist größer als alle Dinge und alles Denken in dieser Welt.

Ich bekenne mich schuldig, dass ich nicht genug vorgelebt habe, dass Gott alle Menschen liebt. Ich habe Unterschiede gemacht zwischen Christen und Nichtchristen. Doch vor ihm sind alle gleich. Er liebt jeden, auch den, der ihn ablehnt oder hasst."

Hier ist sein Zettel voll. Er hat zwar klein geschrieben, aber mehr bringt er nicht drauf. Er nimmt sich vor: In diesem Sinn will er weiterreden, wenn er sich verantworten muss. Vielleicht ist es seine letzte Predigt, die er halten kann. Er möchte es noch einmal allen sagen, wie groß die Liebe Gottes ist. Er weiß, dass dies in den Augen der Machthaber eine Provokation ist. Vielleicht werden sie ihn nach den ersten Sätzen zusammenschlagen, aber dann werden sie seinen Zettel finden und er betet darum, dass Gott einen Menschen durch diese Predigt zum Leben führt. Bis zum Abend kommen ihm öfters Zweifel, ob er diese Predigt wagen soll, aber in ihm reift die Überzeugung, dass Gott das von ihm heute Abend so will.

Auf dem Marktplatz ist ein offener Lkw-Anhänger aufgestellt. Darauf zehn Stühle, die für die Leiter der Kampfversammlung bestimmt sind. Kampfversammlungen sind in den letzten Monaten üblich geworden. Der ganze Ort wird zusammengerufen. Dann werden die Angeklagten vorgeführt, die ihr Vergehen öffentlich kritisieren müssen. Manchmal werden Zeugen aufgerufen, die das Gesagte unterstreichen oder das Gegenteil behaupten. Die versammelten Bewohner des Ortes werden dann aufgerufen, das Urteil zu sprechen. Das kann heißen: Gefängnis, in dem Maße, wie es die Parteileitung für richtig befindet. Es kann aber auch Straf- und Umerziehungslager bedeuten oder den sofortigen Tod. Liao Wu hat so eine Kampfversammlung einmal miterlebt. Damals war es ein Offizier, der bei Chiang Kai-schek gedient hatte, aber in kommunistische Gefangenschaft kam. Er hat sich in der Versammlung öffentlich von Chiang Kai-schek distanziert, ihn verflucht und dem Kommunismus Treue geschworen. Dafür kam er mit einer Prügelstrafe davon.

Liao Wu rechnet sich aus, dass er wohl zur Umerziehung verurteilt wird. Im Geheimen wünscht er sich, dass er auf diese Weise vielleicht seine Frau wiedersehen könnte. Er kann nicht wissen, dass es für Frauen und Männer getrennte Umerziehungslager gibt. Woher soll er es auch wissen – noch ist keiner aus den Lagern zurückgekommen. Die langjährigen Haftstrafen sind alle länger als die bisherige Existenz der Volksrepublik China.

Sie kommen mit fünf Mann in seine Zelle. Der leitende Parteivertreter fragt, ob das Geständnis fertig sei. Liao Wu bestätigt dies, zeigt aber den Zettel nicht vor. Zwei andere binden ihm die Hände mit Draht zusammen, da Handschellen nicht vorhanden sind. Sie drehen den Draht aber mit einer Zange so fest zusammen, dass ein Stück Haut mit in die Drahtspirale eingedreht wird. Wu schreit auf und bittet, dass sie die Spirale wieder etwas aufdrehen, aber ein anderer im Hintergrund bemerkt: „Lass mal, das ist gut so. Dann machst du uns nicht so lange Schwierigkeiten. Je eher du dich schuldig bekennst, umso eher ist es vorbei." Das Grölen der anderen sagt Wu nichts Gutes.

Der Weg zum Anhänger ist nicht weit, aber sie schlagen ihn immer wieder mit ihren Stöcken, als müssten sie ihn vorwärtsprügeln. Liao Wu geht schon schnell, obwohl der Schmerz an den Handgelenken schrecklich ist. Durch die Laufbewegungen ist die eingeklemmte Haut jetzt aufgeplatzt. Das mindert etwas den Schmerz, aber dadurch läuft Blut an seinen Händen herunter. Irgendwie kommt ihm der Gedanke, ob das an den Händen von Jesus wohl auch so ausgesehen hat?

Auf dem Platz kommt er nicht auf den Anhänger, nicht mit den gebundenen Händen. Sie prügeln wieder auf ihn ein. „Mach dich hoch und stell dich dem Volkszorn, du reaktionärer Verräter!" Er wirft sich mit dem Oberkörper auf den Hänger, aber die Beine kommen so nicht nach. Auch wenn sie ihm mit den Stöcken auf die Beine schlagen – es geht nicht. Schließlich nehmen zwei Männer seine Beine und werfen ihn so nach oben, dass er mit dem Kopf auf der Ladefläche landet. Er schlägt mit dem Gesicht auf einer Schraube auf, die aus dem Boden des Hängers ragt. Jetzt blutet er auch im Gesicht, unterhalb des linken Auges. Liao Wu ist froh, dass er noch sehen kann.

Vor dem Wagen stehen vielleicht dreihundert Menschen. Arbeiter, Arbeiterinnen, Alte, einige Jugendliche und auch Kinder. Von der Gemeinde sieht er niemanden in den vordersten Reihen. Als er sich aufrichtet, entdeckt er einige Gemeindeglieder, die sich hinten zusammengestellt haben. Sie gaffen nicht so sensationsgierig und hämisch wie die anderen, sondern haben die Köpfe gesenkt. Er weiß, dass sie beten. Das erfüllt ihn plötzlich mit dem Gefühl innerer Ruhe. Da entdeckt er auch am linken Rand des Platzes Lui Cuan.

Jetzt bekommt er von hinten einen Schlag in die Kniekehlen, dass er unweigerlich zu Boden geht. Er soll sich gefälligst hinknien, wie sich das für Angeklagte gehört. Kniend sucht er wieder mit den Augen die Gruppe der Christen. Da drückt ihm ein Mann mit roter Armbinde den Kopf nach unten und brüllt ihn an: „Schau zu Boden, du nichtsnutziger Verbrecher, oder soll ich dir den Kopf abschlagen? Dann liegt er endlich richtig unten, dort, wo er hingehört."

Irgendeiner hinter ihm ruft in ein Mikrofon, dass die Kampfversammlung eröffnet ist. Liao Wu kennt die Stimme nicht. Es muss ein höherer Offizier aus der Parteizentrale der Provinz sein. Dann folgen Lobeshymnen auf die neue kommunistische Partei und den großen Führer und Vorsitzenden Mao Zedong. Bald schwenkt die Rede um und der Mann beschimpft und verflucht die Feinde des neuen Chinas. Zwischendurch ruft er immer wieder mit Fragen in die Menge, ob das Volk solche Feinde und alle amerikanischen Teufel auch verurteile. Den Zuschauern bleibt gar keine andere Wahl, sie müssen die Parolen mit ihrem lauten Beifall und Wiederholung der Flüche bekräftigen.

Der Redner nennt Beispiele, wie Mandarine mit den Amerikanern zusammengearbeitet und das chinesische Volk ausgebeutet hätten. Völlig übertriebene Zahlen werden genannt und dann schwenkt der Redner geschickt auf die Christen über. Auch sie hätten am alten Zopf geflochten und China viel Schaden zugefügt. Aber nun seien die amerikanischen und alle ausländischen Missionare aus dem Land gejagt und bald werde Schluss mit dem Christentum sein, welches ja auch nur ein ausländischer Spuk sei. Dann kommt wieder so eine beeinflussende Frage: „Freut ihr euch, dass es endlich zu Ende geht mit diesem christlichen Unsinn? – Ich habe euch etwas gefragt! Oder wollt ihr, dass die Christen unsere chinesische Tradition und die neuen Errungenschaften des Kommunismus wieder zunichtemachen? Wollt ihr das?"

Einige schreien jetzt beherzt: „Nein" und: „Nie", andere folgten ihnen und bald schreit der ganze Platz: „Nieder mit den Christen!"

Der Redner verschafft sich über das Mikrofon Ruhe und fährt fort: „Hier vor uns ist ein solches Subjekt, ein Konterrevolutionär, der mit den Amerikanern an der Zerstörung unseres Landes gearbeitet hat. Er ist schuldig an unserem Volk und schuldig, den Aufbau des Kommunismus zu behindern."

Liao Wu schmerzen die Knie und er kann sich kaum noch aufrecht halten, weil sie ihm bei der Festnahme unter anderem auch in die Nieren geschlagen haben. Mit zitternden Lippen und Schweiß auf der Stirn betet er halblaut: „Jesus, auch du hast unschuldig gelitten. Du hast deinen Peinigern vergeben. Gib mir die Kraft, diesen Männern auch zu vergeben. Ihre Ungerechtigkeit, ihre Dummheit und ihre Gemeinheit zu vergeben. Herr, ich habe Angst, was sie jetzt mit mir vorhaben. Du bist mein Hirte, du bist die Hand, die mich hält. Ich berge mich in deine Hand, dir befehle ich meine Seele und mein Leben an."

Nun werden Zeugen aus der Menge aufgerufen, sie sollen sich melden, hier auf die Bühne kommen und die Untaten des Angeklagten vortragen. Aber es meldet sich niemand. Der Politoffizier ist überrascht und ungehalten. Hat die örtliche Parteileitung versagt? Haben sie keine Zeugen bestellt? Es muss doch auch an ihm etwas zu finden sein. „Nun überlegt doch mal, was er in seiner Kirche gepredigt hat. War das nicht alles gegen unseren neuen Staat gerichtet? Hat er euch nicht etwas weggenommen, um es den Amerikanern in den Rachen zu werfen? Das kann doch noch nicht alles vergessen sein?"

Keiner meldet sich, die meisten schauen zu Boden. „Ihr habt doch seit Jahren mit ihm zusammengelebt. Wer kann etwas gegen ihn vorbringen?"

Da meldet sich ein ärmlich gekleideter Mann und die Menge bildet eine Gasse, damit er schneller zum Wagen kommt. „Wie heißt du und wo wohnst du?", fragt ihn der Verhandlungsführer. „Ich bin Wang Jinbao und wohne seit meiner Geburt in dieser Stadt. Mein Haus steht in der Weißrosengasse."

„Gut, was hast du gegen den Angeklagten vorzubringen?"

„Als ich heute Mittag einen Ziegel von dem Schuttberg der Kirche holen wollte, hat mich der Mann dort angebrüllt und mir auf die Schulter geschlagen. Er hat mir angedroht, mich totzuschlagen, wenn ich ihm nicht sage, was hier mit der Kirche passiert ist."

Darauf der Offizier: „Du hättest dich ja wehren können. Wozu hast du denn den Ziegel benötigt?"

„Ich brauche ihn, weil mein Bett wackelt." Jetzt grölt die Menge. Alle im Ort wissen, dass er im Bett nichts mehr bringt, weil seine Frau es überall erzählt.

Der Offizier merkt, dass diese Kampfversammlung danebengehen könnte. Deshalb fordert er Pastor Liao Wu auf, seine Selbstkritik vorzubringen, aber er sagt es, wie er es versteht: „Angeklagter, jetzt ist es Zeit, dass du deine eigene Anklage vorbringst. Steh auf und komm ans Mikrofon, alle sollen es deutlich hören."

Wu versucht aufzustehen, aber die Knie sind inzwischen so steif, dass er hinstürzt. Er kann sich auf die Seite rollen lassen, damit er nicht wieder mit dem Gesicht aufschlägt. Beim zweiten Versuch gelingt es ihm und er steht nun mit erhobenem Haupt vor der Menge. Sein Gesicht ist blutig und an seinen Händen sieht man das geronnene dunkelrote Blut. Liao Wu dreht sich zu den zehn Personen hinter ihm und entdeckt darunter auch einen aus seinem Kirchenvorstand. War er doch ein Spitzel, was ich immer gedacht habe, aber nicht wahrhaben wollte?, denkt Wu. Er bittet den Verhandlungsoffizier, den er tatsächlich noch nie gesehen hat: „Ich habe meine Kritik auf einem Zettel hier in meiner Tasche. Ich kann da nicht hinfassen. Bitte lassen Sie mir jemanden meine Kritik herausholen oder nehmen Sie mir die Fesseln ab."

„Das könnte dir so passen, die Handschellen abnehmen. Willst wohl flüchten?"

„Nein, Herr Offizier, ich will hier gern meine Verfehlungen benennen. Ich werde nicht flüchten, sondern ich habe etwas Wichtiges zu sagen."

Ein anderer von den zehn steht auf und holt den Zettel aus Wus Tasche. Mit einem verständnislosen Blick schaut er über diesen eng beschriebenen Zettel und reicht ihn Wu so hin, dass er mit den gefesselten Händen das Schriftstück zwischen Daumen und Zeigefinger fassen kann.

Dann beginnt Liao Wu: „Ich habe mich immer an das geltende Gesetz gehalten. Ich habe den Kommunismus nicht beleidigt und stehe dem neuen China aufgeschlossen gegenüber. Ich liebe die Menschen, weil mein Gott, der Gott der Christen, ein großer Menschenliebhaber ist."

Einer aus der Gruppe der zehn brüllt auf: „Halt's Maul, du bist ein Verräter!"

Doch der Verhandlungsführer sagt mit lauernder Stimme: „Mach weiter. Jeder hat das Recht, seine Selbstanklage vorzubringen."

„Ich bekenne mich schuldig, dass ich nicht konsequent genug die Botschaft von diesem liebenden Gott in und außerhalb der Kirche gepredigt habe. Dieser Gott ist es, der die Welt geschaffen hat, der Herr über Leben und Tod ist.

Ich bekenne, dass ich nicht jeden in unserer Stadt eingeladen habe, an den Herrn Jesus Christus zu glauben. Er ist es, der für die Schuld aller Menschen gestorben ist. Er ist es, der diese Schuld vergibt und neues, ja ewiges Leben schenkt. Er macht durch seinen Geist frei von Menschenfurcht und Lüge. Er ist größer als alle Dinge und alles Denken in dieser Welt."

Die Gesichter der zehn kann er nicht sehen, aber die Menge vor ihm schaut zu Boden. Nur die Christen hinten haben jetzt die Köpfe erhoben und schauen mit großen Augen zu ihm. Bewunderung, Anerkennung und Freude ist in ihnen zu lesen.

„Ich bekenne mich schuldig, dass ich nicht genug vorgelebt habe, dass Gott alle Menschen liebt. Ich habe Unterschiede gemacht zwischen Christen und Nichtchristen. Doch vor ihm sind alle gleich. Er liebt jeden, auch den, der ihn ablehnt.

Wang Jinbao, habe ich dir wirklich den Tod angedroht? Ich habe dich doch nur an der Schulter berührt, aber ich vergebe dir und wünsche, dass du die Vergebung und das neue Leben durch Jesus endlich annimmst. Auch eine zerstörte Ehe kann durch Jesus wieder geheilt werden. Vertraue ihm.

Ich weiß nicht, wer unsere schöne Kirche angezündet hat, ich möchte ihm auch sagen, dass ich ihm vergebe. Gott ist der Richter, er wird den Schuldigen bestrafen. Die Kirche konntet ihr zerstören, aber die lebendige Kirche dieses Gottes hat Verfolgung und Zerstörung durch die Jahrhunderte überstanden. Noch keine Macht der Welt hat sich stärker erwiesen als dieser Gott und sein Sohn Jesus Christus."

Der Verhandlungsführer ist bebend vor Wut aufgestanden und steht jetzt direkt hinter Wu. Er hält ihm eine Pistole an den Kopf und brüllt aufgebracht und zu allem entschlossen: „Sprich diesen Namen noch einmal aus und ich erschieße dich auf der Stelle."

Die Bekenntnisrede von Liao Wu hat alle berührt, die Spannung über dem Marktplatz ist fast körperlich zu spüren. Die Menschen starren auf ihn, Fragen und die Erwartung einer Sensation in den Augen.

Wu spricht jetzt noch langsamer, aber ohne Furcht: „Es soll jeder gerettet werden, der seinen Namen anruft, und es ist in keinem anderen Namen Heil als in dem Namen, der über alle Namen ist: Jesus Christus." Ein Schuss zerreißt die unheimliche

Stille. Wu stürzt tot vom Wagen und fällt der entsetzten Menge vor die Füße.

Lui Cuan ist der Letzte, der auf dem Marktplatz steht. Der Schock hat den Ort gelähmt, aber keiner kümmert sich um die Leiche des Opfers. Es ist inzwischen dunkel geworden. Cuan weiß, dass es sehr gefährlich ist, jetzt zu dem Leichnam zu gehen, aber es drängt ihn einfach hin. Er muss zu seinem Freund und Bruder Liao Wu. Seine Schritte sind zaghaft, aber Cuan geht aufrecht über den Platz. Er kniet sich neben Wu, will ihm die Augen zudrücken, da sieht er im letzten Dämmerlicht, dass sie nicht wie bei einem Toten leer ins Nichts starren, sondern sie blicken liebevoll in die Ferne. Cuan scheint es jedenfalls so. Er versucht die Augen zuzudrücken, aber es geht schon nicht mehr, die Totenstarre hat bereits begonnen.

Kann er den Leichnam einfach hier so liegen lassen? Aber was soll er tun? Ihm wird seine eigene hilflose Lage jetzt so richtig bewusst. Es ist die Härte der kommunistischen Regierung, die ihn hier auf dem Marktplatz eingeholt hat und die ihn lähmt. Es ist die Enttäuschung, dass die hoffnungsvollen Tage in Beijing so radikal zunichtegemacht worden sind. Das alles holt ihn hier ein. Er weint Tränen der Verzweiflung und der Hoffnungslosigkeit. Ist das die Zukunft der Gemeinde Jesu in diesem Land? Das Ende wird es nicht sein, das weiß er, aber die Realität ist so schwer zu begreifen und zu ertragen. Cuan möchte seinen Freund gern segnen, ein Kreuz sollte er ihm mit Öl auf die Stirn zeichnen, aber woher nehmen?

Aus dem Hinterkopf von Liao Wu ist viel Blut geflossen. In der Mitte der Blutlache ist das Blut noch zähflüssig. Er mischt es mit seinen Tränen und streicht ihm ein dickes Kreuz auf die Stirn, aus Blut der Treue und Tränen der Hoffnungslosigkeit. Lange hockt er so neben dem Leichnam, weint, betet und trauert um einen wertvollen Menschen. Es ist kein Hass auf die Kommunisten in ihm, es ist mehr eine grenzenlose Ohnmacht, die ihn zu müde macht aufzustehen und die ihn die Gefahr, in der er sich befindet, nicht wahrnehmen lässt. Cuan wartet, ob im Schutze der Dunkelheit jemand kommt, um den Toten wegzubringen und zu beerdigen. Aber es kommt niemand. Er hat zwar die Ahnung, dass er beobachtet wird, aber es bleibt alles ruhig, gespenstig ruhig.

Dann verlässt er diesen unheimlichen Platz und will auch die Stadt hinter sich lassen, um irgendwo in einem Stall oder einem Feldschober zu übernachten. Er wird nicht schlafen können, aber er muss etwas ausruhen, denn ab morgen wird er zu Fuß unterwegs sein, um seinem Heimatort ein winziges Stück näherzukommen.

Als er in der Dunkelheit der Nacht an den letzten Hütten des Ortes auf die von Wagenspuren zerfurchte Straße biegt, ruft ihn ein Mann aus der Tür einer Hütte an: „He, fremder Christ, komm herein, wir brauchen dich." Cuan denkt an eine Falle, aber dann weiß er plötzlich, dass es Gottes Wille ist, in dieses Haus zu gehen.

Das Haus scheint nur aus einem Raum zu bestehen. Auf einem Hocker steht eine Kerze. Darum herum sitzen elf oder zwölf Personen. Einige weinen, alle sehen ziemlich ratlos aus. Der Rufer erklärt kurz: „Wir haben dich heute auf dem Platz und vorhin bei Pastor Liao Wu gesehen. Du bist Christ und du kennst Pastor Liao scheinbar gut. Vielleicht bist du auch Pastor. Wir haben hier fünf Leute aus unserer Stadt, die wollen Christen werden. Die Rede und der Tod von Pastor Liao haben sie so bewegt, dass sie ihr Leben in die Hände von Jesus legen wollen. Wir anderen sind Glieder seiner Gemeinde, aber wir wissen nicht, wie wir Heiden zu Christen machen können."

Liu Cuan schwankt zwischen Angst und Vorsicht, zwischen

Glück und Dankbarkeit. „Ja, ich bin Christ, aber kein Pastor. In unserer Gemeinde im chinesischen Inland gibt es schon lange keinen Pastor mehr, aber ich bin der Gemeindeleiter. Ich war mit Pastor Liao Wu in Beijing ..." Was sie dort an Hoffnung oder Täuschung – oder beides – erlebt haben, das will er hier nicht sagen. Das muss er selbst erst noch unter die Füße bekommen. Hier erlebt er eine ganz andere Welt. Hier wächst plötzlich eine Frucht aus Wus Opfer. Ist das tatsächlich die Realität der Gemeinde von Jesus? Was soll er ihnen hier jetzt sagen, denen der Hirte zum zweiten Mal entrissen worden ist?

„Ich denke, es ist nötig, dass wir Gott um seine Gegenwart bitten. Lasst uns miteinander beten und ihn zu uns einladen." Es beginnt eine Gebetsrunde, die zögernd anfängt. Einige können ihre Tränen über dem Tod von Liao Wu nicht zurückhalten. Mehr und mehr sind die Gebete aber von Vertrauen und Glauben geprägt. Einige beten fließend, andere stockend und unbeholfen. Einer, der unschwer als ein Anwärter des Glaubens zu erkennen ist, betet mehrmals: „Gott, ich bin ein Schwein, ein Schwein bin ich. Mache du mich sauber."

Cuan hat seine Bibel aus dem spärlichen Reisegepäck genommen und schlägt einige Stellen auf, wie Menschen Christen geworden sind. Die Geschichte von Nikodemus, von dem blinden Bartimäus und von Saulus, der zum Paulus wurde. Für den Mann, der sich – sicher zu Recht – als Schwein bezeichnet, liest er die Geschichte vom verlorenen Sohn. Dann erklärt er, dass jeder, der sein Lebenshaus für Jesus zur Verfügung stellen will, dieses Haus reinigen muss, sonst fühlt sich Jesus darin nicht wohl.

Die fünf, die Christen werden wollen, packen aus und bekennen ihre Sünden. Ohne Scheu und ohne Schnörkel werden Dinge benannt, die nie in der Öffentlichkeit gesagt worden wären. Keiner hat Angst, sein Gesicht zu verlieren. Vor Gott und den Brüdern und Schwestern im Glauben sind sie alle gleich. Auch Cuan bekennt seine Angst und seine Hoffnungslosigkeit. Andere Christen reinigen sich neu vor Gott und nehmen die Vergebung von Jesus in Anspruch. Dann spricht Cuan jedem die Vergebung in dem Namen von Jesus Christus zu und macht ihnen Mut, das auch wirklich zu glauben. Sie können es hundertprozentig wissen, dass die Schuld vergeben ist.

Jeder der fünf spricht dann vor den anderen aus, dass er jetzt Jesus als seinen Herrn im Leben annimmt und ihm die Treue halten will. Darauf segnet Cuan die drei Frauen und zwei Männer. Er lässt sich etwas Öl bringen und streicht ihnen das Kreuz auf die Stirn. Für ihn ist es wie das Vermächtnis von Wu, dass durch seinen Tod jetzt fünf Menschen zum Leben, zum ewigen Leben gekommen sind.

Noch lange sitzen sie in der Nacht zusammen. Sie besprechen, wie nun die nächsten Schritte aussehen und wie sie als kleine Gemeinde in dieser gefährlichen Situation überleben können. Heimlich werden sie sich treffen, sie werden mit den neuen Christen ein Bibelstudium anfangen. Sie wollen um einen neuen Pastor bitten, den Gott ihnen schenkt.

Einer der Christen fragt, ob jetzt die fünf nicht noch getauft werden sollten, doch Cuan ist zurückhaltend. Erstens hat er noch nie jemanden getauft, und dann ist es besser, die Neubekehrten lernen erst einmal die Grundbegriffe des Glaubens. Und sie brauchen Zeit, dass sich ihr Glaube bewähren kann. „Ich muss leider weiter, aber ihr sucht in den Gemeinden der Umgebung, ob es einen Bibellehrer oder Pastor gibt, der die Neubekehrten schulen kann. Mit der Taufe solltet ihr mindestens ein halbes Jahr warten."

Das ist einem der neuen Christen viel zu lange. Er protestiert und will möglichst bald getauft werden. Ein Älterer aus der Gemeinde sagt: „Ich kann deinen Eifer verstehen. Aber es ist gut, dass das Reiskorn erst in die Erde kommt. Im Verborgenen muss es reifen, bis es wächst und vom Sturm hin und her gebogen wird. Ihr fünf seid jetzt Christen, ihr gehört zu Jesus, weil er euch eure Sünden genommen hat, und er hat euch das neue Leben geschenkt. Damit ist alles Wichtige geschehen. Die Taufe wird später das gemeinsame Fest im Himmel und auf Erden sein, dass ihr dann fest zur Gemeinde gehört."

Damit sind alle einverstanden, auch wenn Cuan diese Aussage theologisch nicht ganz richtig findet. Doch etwas Besseres hat er nicht dagegenzuhalten. Noch einmal beten sie und dann zerstreut sich die Gruppe lautlos in den anbrechenden Morgen.

Als Cuan in der ersten Morgendämmerung die schlechte Landstraße entlanggeht und das Dorf hinter sich lässt, muss er mit einem Bein in der tiefen Wagenspur laufen, das andere geht oben auf dem hochgedrückten getrockneten Schlamm. So sieht es auch innerlich in ihm aus: Die eine Seite seines Herzens ist immer noch tieftraurig über den Tod von Wu und die dunklen Wolken, die sich über der Gemeinde von Jesus zusammenziehen, die andere Seite ist jubelnd und hoffnungsvoll über Gottes Wirken, mitten im Terror gegen Christen.

Er überschlägt die Zeit und die Strecke, die er noch vor sich hat. Etwa zweihundert Kilometer hat er auf dem Schiff zurückgelegt. Also liegen noch neunhundert Kilometer vor ihm. Wenn er pro Tag vierzig Kilometer schafft, dann kommt er frühestens in einem Monat in seinem Heimatort an. Er ist dann sieben Wochen von seiner Gemeinde entfernt gewesen. Was ist in der Zwischenzeit dort alles geschehen? Hat die harte Welle des Hasses auch seinen Ort erreicht? Hat der Herr sie bisher bewahrt?

Die Gedanken quälen ihn so sehr, dass er immer langsamer wird. Die Sonne kommt hervor und brennt ihm jetzt auf den Rücken. Seine Seele ist wie mit Bleigewichten beschwert. Schließlich setzt er sich in die Fahrspur und sieht am Wegrand zwischen Grasbüscheln und Dreck eine rosa Margarite wachsen. Sie wiegt den Kopf im Wind, als wollte sie ihm etwas sagen. Immer wieder winkt sie zu ihm herüber. Cuan hockt sich neben die Blume. Er ist beeindruckt von ihrer schlichten Schönheit. Da fällt ihm der Spruch von Jesus aus der Bergpredigt ein: „Schaut die Blumen auf dem Felde an. Sie arbeiten nicht, auch spinnen sie nicht. Ich sage euch, dass auch Salomo in aller seiner Herrlichkeit nicht gekleidet gewesen ist wie eine von ihnen. Wenn nun Gott das Gras auf dem Feld so kleidet, das doch heute steht und morgen verbrannt wird: Sollte er das nicht viel mehr für euch tun, ihr Kleingläubigen? Darum sorgt euch nicht!" Das richtet ihn innerlich wieder auf und stellt ihn auf die Füße. Er setzt seine Wanderung auf dem schlechten Weg fort.

Langsam bekommt er Hunger, aber er hat nichts bei sich, was er essen könnte. Der Mais ist noch nicht reif – und sollte er einen Bauern bestehlen, der doch Mühe hat, sein staatlich verordnetes Soll zu erbringen? Etwas Geld hat er noch in der Tasche, aber hier gibt es weit und breit kein Geschäft, in dem er etwas kaufen könnte. So geht er weiter und sagt sich immer wieder einmal: „Sorgt euch nicht." Doch das ist bei knurrendem Magen nicht ganz so einfach. Cuan beginnt leise zu singen, Evangeliumslieder, die eine geheime Kraft haben. Immer, wenn er sie singt, werden ihm die Probleme klein und Gott selbst wird ihm groß. Vertrauen und Glauben geht von diesen Liedern aus, ein herrlicher Schatz der Kirche.

Die Straße führt durch einzelne Reis- und Maisfelder, auch versprengte Streifen mit Gemüse sind dazwischen angelegt. Nahe der Straße arbeitet eine Frau im Gemüsebeet, aber Cuan nimmt sie nicht wahr, weil sie sich mit einer kurzen Hacke in die Furche drückt. Er könnte sowieso nur ihren Strohhut sehen.

Sie aber hört ihn singen. Da streckt sie sich in die Höhe, stützt die linke Hand in den Rücken und ruft zur Straße: „Hallo, Fremder, bist du ein Bruder?"

Cuan ist erschrocken und schaut gegen die Sonne ins Gemüsebeet. „Ich? Du meinst, ich sei Christ?"

„Ja, wer so schön singt, der kann kein böser Mensch sein."

Cuan springt über den zugewachsenen Straßengraben und gibt der Frau die Hand. „Ich bin Lui Cuan, Gemeindeältester aus Wanyuan."

„Wanyuan, hab ich noch nicht gehört, wo ist das?", fragt die Frau zurück.

„Das ist eine kleine Stadt, neunhundert Kilometer von hier."

„Aber was machst du dann hier in unserer Gegend? Bist du auf der Flucht?"

„Nein, nein", antwortet Cuan schnell und schaut sich um, ob sie auch wirklich allein im Feld sind, „ich war in Beijing und wir haben die Drei-Selbst-Kirche gegründet. Nun bin ich auf dem Weg nach Hause."

Die Frau will genau wissen, was das denn sei, diese neue Kirche. Cuan erklärt es ihr, so gut er kann, und muss daran denken, dass er ja zu Hause ebenso eine stichhaltige Erklärung abgeben muss, damit auch die kritischen Gemeindeglieder den neuen Weg verstehen und mitgehen können.

Von dem gewaltsamen Tod von Liao Wu erzählt er nicht. Es würde ihn noch einmal zu sehr aufwühlen und die Frau vielleicht unsicher machen. Was er aber über Selbstverwaltung und chinesisches Christsein erzählt, wird ihr schnell unverständlich und uninteressant, sodass sie mitten in seinem Erzählen danach fragt, ob er nicht hungrig sei. „Wer so eine weite Reise unternimmt, muss doch hungrig sein", sagt sie mit verständnisvollem Blick.

Nun sinkt auch Cuans Interesse an der neuen Organisationsform der Kirche und er gesteht ihr ohne Umwege seinen Hunger ein, obwohl es höflicher gewesen wäre, wenn er ihr etwas von einem kürzlich genossenen Festmahl und einem vollen Magen vorgelogen hätte. Sie winkt ihm, ihr zu folgen, und führt ihn um das Gemüsefeld herum hinter das Maisfeld. Dort hat sie einen kleinen Verschlag gebaut. Ein Dach aus altem Maisstroh ist über krumme Hölzer gelegt und hält die Sonne ab, die allerdings inzwischen schon an Kraft verloren hat. Sie kramt in einer zerschlissenen Basttasche und holt ein Bündel Maisblätter heraus, die sorgfältig übereinandergefaltet sind. Geschickt schlägt sie die Blätter zurück und es kommt ein Klumpen gekochter Reis zum Vorschein. Eine Bastdose enthält gesalzenes Gemüse. Mit Stolz ermuntert sie ihren überraschenden Gast, kräftig zuzulangen. „Das Fleisch musst du dir dazu denken – am besten gegrilltes Spanferkel, dann schmeckt es wie ein Festmahl", sagt sie und lacht, dass ihr Mund das Geheimnis ihrer Zahnlücken freigibt.

„Aber es ist doch dein Essen, ich kann dir doch nicht dein Abendessen wegnehmen", ziert sich Cuan noch etwas aus Höflichkeit, obwohl ihm das Wasser schon im Mund zusammenläuft.

„Nein, nein", wehrt die Frau ab. „Du bist mein Gast und der himmlische Vater wird dich segnen und wird auch mich segnen. Iss, es macht mir Freude, wieder einmal einem Gast etwas zu essen zu geben."

Während Cuan langsam isst, jeden Bissen vielfach kaut und genießt, beginnt die Frau zu erzählen. „Ich habe den Herrn Jesus durch eine norwegische Missionarin kennengelernt. Jeden Tag ist sie in unser Dorf gekommen und hat uns Frauen von der Liebe des Vaters erzählt. Die größte Liebe hat er uns gezeigt, weil er seinen Sohn Jesus zu uns Menschen geschickt hat. Jesus hat auch Frauen gepredigt, er hat sie mit ihren Sünden und ihrer Sehnsucht angenommen und hat sie zu Gottes Kindern gemacht. Das hat mich begeistert. Ich hatte gelernt, dass in unseren Religionen Frauen nichts gelten. Wir sind nichts wert und alles richtet sich nach den Männern. Nur sie durften auf die Schule gehen und sie durften den Ahnen opfern. Wir waren zu Hause drei Jungen und zwei Mädchen. Als meine Schwester schwer krank wurde, haben sie keinen Arzt geholt, weil das zu teuer geworden wäre. Sie ist mit fünf Jahren gestorben. Auch ich habe immer große Angst gehabt, einmal krank zu werden, weil es dann keine Hilfe für mich gegeben hätte. Meine Brüder durften auf die Schule gehen, aber sie waren faul und haben schlecht gelernt. Nicht einmal tausend Zeichen konnten sie mit zwölf Jahren schreiben. Aber ich habe sie heimlich bei ihnen abgeschrieben und konnte bald besser lesen als sie."

Bei diesen Worten lacht sie wie ein übermütiges Schulmädchen und die Erinnerung macht sie glücklich. „Meine Mutter kam aber dahinter und hat mich schrecklich verprügelt. Lesen und Schreiben sei nichts für Mädchen. Frauen müssten auf dem Feld und im Haus arbeiten und dem Mann viele Kinder schenken. So wurde ich mit zwölf Jahren durch meine Mutter mit einem groben und dummen Mann aus dem Nachbardorf verheiratet. Ich wollte fliehen und mich irgendwo in der nahen Stadt verstecken, aber das hätte ganz schlechtes Ansehen über unsere Familie gebracht.

Die Ehe mit meinem Mann war die Hölle. Ich habe viel gelitten und dadurch auch keine Kinder bekommen. Auch darüber wurde mein Mann wütend, hat mich geschlagen und mich im Haus eingesperrt. Schließlich ist er zu den Soldaten von Chiang Kai-schek gegangen. Seitdem habe ich nie wieder etwas von ihm gehört. Geld hat er mir auch nie geschickt. So muss ich mich allein durch das Leben kämpfen. Auch seine Familie hat mich verstoßen, weil ich keine Nachkommen zur Welt gebracht habe. Nur die kleine Hütte im Dorf, die haben sie mir gelassen. So habe ich wenigstens ein Dach über dem Kopf und kann einige Hühner halten. Aber der Vater im Himmel ist gut zu mir. Er lässt meine Hühner gedeihen und mein Feld gibt mir genügend Gemüse, Süßkartoffeln und Reis, dass ich nicht verhungere."

Cuan hat inzwischen aufgegessen und es ist ihm plötzlich peinlich, dass er seiner großzügigen Gastgeberin nicht ein Reiskorn übrig gelassen hat. Aber es ist zu spät. Alles ist verputzt. Doch die Frau lächelt ihm nur zu. Sie leckt die inneren Maisblätter ab und macht den Eindruck, dass das alles so ganz in Ordnung ist.

Cuan interessiert, zu welcher Gemeinde sie gehört und wie es der Gruppe der Christen so geht. „Unsere Gemeinde ist in der Stadt, einen ganzen Tag von hier entfernt. Wir haben einen guten Pastor, der Jesus liebt und sich ganz für die Gemeinde einsetzt. Er soll jetzt einige Wochen in Beijing gewesen sein."

Cuan fragt: „Heißt der Liao Wu?"

„Jaja, du kennst ihn? Ist er nicht ein wunderbarer Mensch? Er ist immer für uns da und hat auch mich schon in meiner alten Hütte besucht." Dabei richtet sie sich auf und der Stolz über den für sie so wichtigen Besuch ist ihr noch anzumerken.

Lui Cuan ist unsicher – was soll er ihr erzählen? Soll er ihr die ganze harte Wahrheit sagen? Soll er sie warnen? Da beginnt sie schon wieder von Pastor Liao Wu zu schwärmen: „Wenn er predigt, dann fühlen wir, wie uns der Heilige Geist berührt. Nach einem Gottesdienst mit ihm ist die nächste Woche wie ein Fest. Die Feldarbeit ist nicht mehr anstrengend und die Lieder vom Gottesdienst begleiten mich durch alle Sorgen der Woche. Aber ich war jetzt länger nicht in der Stadt. Der Weg ist so weit und die Beine machen nicht mehr richtig mit. Ich habe früher beim Großbauern zu lange im kalten Wasser der Reisfelder gestanden."

Cuan kämpft um die richtigen Worte. Wie soll er ihr die schreckliche Tatsache der Hinrichtung von Wu beibringen? Er fasst sie mit beiden Händen an ihren Handgelenken, sodass sie erschrocken zurückfährt und versucht, sich zu befreien. „Meine liebe Schwester in Christus, ich muss dir sagen, dass unser lieber Bruder Liao Wu bereits beim Vater im Himmel ist."

Cuan blickt ihr in die Augen, sieht aber weder Verzweiflung noch Ratlosigkeit, nicht einmal Erschrecken in ihnen.

Die Antwort kommt langsam, aber fest: „Dann hat er sein Leben mit einem großen Sieg gekrönt. Niemand hat größere Liebe, als dass er sein Leben gibt für Jesus." Jetzt werden ihre Augen doch feucht, als sie sich an den von ihr verehrten Prediger und Seelsorger erinnert.

„Sein Tod war nicht sinnlos. Viele haben ihn mutig sterben sehen und es sind fünf Menschen ins Leben gekommen. Noch in der Nacht war ich dabei, als sie ihr Leben Jesus anvertraut haben", versucht Cuan sie zu trösten.

Inzwischen hat die Dunkelheit begonnen und die Frau fragt ihn, wo er denn zur Nacht bleiben will. Cuan sieht sich um und fragt: „Kann ich vielleicht heute Nacht hier in deinem Verschlag bleiben?"

„Ich würde dich ja gern mit in mein Haus nehmen, aber das verbietet mir die Sitte in unserem Dorf. Sie hätten einen neuen Grund, über mich zu schimpfen, und es würde Jesus Schande bereiten, wenn die Leute hässlich über uns Christen sprechen." Sie beginnt sofort von den Maisstauden verwelkte Blätter und Hülsen zu pflücken, um für sein Lager einen besseren Untergrund zu schaffen. Schließlich – es ist inzwischen richtig dunkel geworden – hebt sie vom Dach eine Matte und sagt, dass er sich damit gut zudecken kann. Dann ist sie ohne einen Gruß in der Nacht verschwunden.

Cuan richtet sich einigermaßen ein und findet das Lager richtig luxuriös. Es ist warm, trocken und sicher. Hier hinter dem Maisfeld findet ihn niemand. Bald ist er eingeschlafen. Schließlich fehlt ihm ja eine komplette Nacht, sodass er tief und fest schläft.

Am Morgen wacht er auf, als die Sonne schon wieder beginnt, das Land zu wärmen. Raschelnd und etwas staubig schält er sich aus seinem Lager hervor und entdeckt, dass neben dem tragenden Pfahl der Überdachung ein größerer Bastkorb steht. Interessiert hebt er den Deckel und es kommt ihm ein lang vermisster Duft entgegen. Viel dicker Reis und ein knusprig gebratenes Huhn liegen vor ihm! Auch eine verbeulte Thermoskanne mit grünem Tee steht dabei. Cuan ist bewegt über diese Gastfreundschaft. Ihm ist klar, welches Opfer die Frau da gebracht hat, aber er nimmt es an und beginnt kräftig zu essen. Danach wartet er noch eine Stunde, in der Hoffnung, seine Gönnerin melde sich noch einmal und komme zur Feldarbeit. Doch sie kommt nicht und will weder Dank noch Anerkennung. So macht sich der Wanderer auf zu seiner nächsten Etappe in Richtung Heimat.
Während der Wanderung hat er viel Zeit zum Nachdenken und zum Beten. Wenn der Weg nicht gerade bergauf geht, dann singt er sich Mut und Vertrauen in die Seele.
Zwei Wochen ist er nun unterwegs. Manchmal gelingt es ihm, auf einen Ochsenkarren zu kommen und wenigstens seine Füße für einige Zeit zu schonen. Einmal hatte er den Mut, einen Lkw anzuhalten, der ihn tatsächlich über fünfunddreißig Kilometer mitgenommen hat – fast einen Tagesmarsch weit. Jetzt ist er wieder zu Fuß unterwegs auf einer Straße, die sich in großen Kehren und engen Kurven einen Berg hinaufwindet. Cuan weiß, dass dies die Yunzhong-Shan-Berge sind, und das heißt, dass er die Hälfte seiner Reise hinter sich hat, wenn er den Pass erreicht. Es weht ein kalter Wind, aber das erleichtert ihm den Aufstieg.

Unaufhaltsam steigt die Straße an, ihm brennen die Füße. Zu viel hat er ihnen in den vergangenen Tagen zugemutet. Es liegt auch daran, dass die linke Sohle durchgelaufen ist. Bei jedem Auftreten berührt sein Fußballen den staubigen und steinigen Boden. Das schmerzt und bald beginnt der Fuß auch zu bluten. Mit Blättern und Gräsern versucht er den Schuh zu stopfen, aber das hält nur wenige Meter. Es ist wie ein Geschenk, als er am Straßenrand einen kaputten Fahrradschlauch entdeckt. Mithilfe eines scharfen Steins schneidet er ihn so zurecht, dass er seinen Fuß damit schützen kann. Zwar stechen die Schmerzen bei jedem Schritt, aber die Wunde ist jetzt nicht mehr direkt dem Dreck ausgesetzt.

Diese Nacht bleibt ihm weiter nichts übrig, als sich unter einen Felsvorsprung zu legen, den kalten Gebirgswinden ausgesetzt. Der Schmerz im Fuß klopft so heftig, dass er kaum Schlaf findet. Mit Ungeduld erwartet er den Morgen und will sich sobald als möglich wieder auf die Straße begeben. Er weiß, dass hinter dem Pass eine Stadt liegt, in der er dringend einen Arzt aufsuchen muss.

Die große Angst

Einen ganzen Tag quält er sich weiter, ohne dass ihm ein Lkw oder ein Ochsenkarren begegnet, der in seine Richtung fährt. Am Abend hat er die Passhöhe erreicht und schaut auf die spärlichen Lichter der Stadt, die wenige Kilometer unterhalb liegt. Weit nach Mitternacht erreicht er humpelnd und übermüdet die ersten Häuser. Sein ganzes rechtes Bein ist wie gelähmt und schmerzt entsetzlich. In einem Teehaus brennt noch Licht und Cuan fragt nach einer Unterkunft. Da er durch die Übernachtungen im Freien und jetzt durch die Behinderung mit seinem Bein seine Kleidung nicht richten und säubern konnte, sieht er ziemlich heruntergekommen aus und der Teehauswirt will ihn nicht in seiner Herberge aufnehmen. So schläft Cuan unter den Stufen der Gaststätte, was sein Aussehen auch nicht gerade verbessert.

Am Morgen fragt er sich zu einem Arzt durch, aber der lässt ihn erst einmal lange warten. Cuan kauft sich bei einem Straßenhändler zwei gekochte Maiskolben mit Salz – für ihn eine köstliche Mahlzeit nach den Wochen unterwegs, in denen er sich von rohen Früchten und Blättern ernährt hat. Als ihn der Arzt endlich untersucht, schüttelt er nur den Kopf und sagt: „Das Bein ist hin. Du hast eine Blutvergiftung, die hätte längst behandelt werden müssen. Hier, guck dir die Streifen an, sie gehen schon bis in die Leistengegend und der Fuß ist ja total schwarz. Du musst sofort ins Krankenhaus, das Bein muss heute noch amputiert werden."

Cuan ist unfähig, auch nur einen Gedanken zu fassen. Das Zimmer dreht sich ihm vor den Augen. Er muss sich auf dem Behandlungsstuhl festhalten. Bodenlos scheint ihm der Raum, bodenlos seine Situation. Den Schmerz spürt er nicht mehr, es ist nur noch die hämmernde Nachricht in seinem Kopf: amputieren, Bein ab, humpeln, Krücken, unfähig, es bis nach Hause zu schaffen, Krüppel sein, ausgestoßen.

Der Arzt lässt eine Rikscha kommen und Cuan wird ins Krankenhaus gefahren. Jetzt spürt er wieder den bohrenden Schmerz, es ist fast nicht zum Aushalten. Bei jeder Unebenheit der Straße könnte er aufspringen und dem Rikschafahrer an die Kehle gehen. Doch der läuft unbeirrt seinen gleichmäßigen Schritt und achtet nicht auf Löcher und Rinnen, auf Pfützen und Dreckhaufen.

Das Krankenhaus ist ein altes Gebäude, das lange keine Farbe gesehen hat. Am Baustil erkennt man, dass es einmal einer Mission gehört haben muss. Schwach ist sogar noch zu erkennen, dass über dem Eingang einmal ein Kreuz aus Mauerwerk die Fassade verziert hat. Man hat die erhabenen Steine abgeschlagen, aber das Kreuz ist noch zu erkennen. Es sieht so aus, als wäre dies vor nicht allzu langer Zeit geschehen.

In der Aufnahme hat man keine Eile. Was der Arzt als dringend angesehen hat, wird von einer jungen Schwester mit einer Handbewegung abgetan und Cuan muss wieder warten. Viele Menschen kommen und gehen durch die Eingangshalle. Sie besuchen ihre Verwandten, bringen Essen oder neue Kleidung. Wer mit einem roten Päckchen ans Ärztezimmer klopft, der will sich mit einem Geschenk bei den Ärzten melden, um die Behandlung seines Vaters oder seines Kindes zu beschleunigen. Cuan weiß, dass es niemanden gibt, der sich für ihn einsetzen wird oder der ihm etwas zu essen bringt. Neue Kleidung müsste er auch dringend erhalten, aber wer soll ihm schon helfen? Die Schwester der Aufnahme lässt ihn sehr deutlich merken, dass sie sich vor dem Vagabund der Straße ekelt. Sie macht demonstrativ einen Bogen um ihn, wenn sie durch die Halle geht. Cuan hat inzwischen auch gemerkt, dass sein Fuß entsetzlich stinkt.

Als die Schwester wieder einmal durch den Raum geht, macht sich Cuan bemerkbar und bittet darum, einen Arzt sprechen zu können. „Das geht jetzt nicht, wir haben zu tun."

Cuan erwidert flehentlich: „Aber der Doktor in der Stadt hat gesagt, dass ich noch heute operiert werden muss. Meine Blutvergiftung ist schon so weit fortgeschritten, dass ich mein Bein verlieren werde."

Abschätzig schaut sie ihn an und es kommt bissig aus ihrem viel zu auffällig geschminkten Mund: „Jeder Mensch hat zwei Beine, das ist doch ein Vorteil, oder? Ich habe jetzt bald Feierabend. Die Spätschicht wird sich um dich kümmern." Sie hält sich demonstrativ mit den Fingern die Nase zu und verschwindet wieder in einem der angrenzenden Räume.

Cuan sucht nach einem Bibelwort, was ihn trösten könnte. Viele Worte fallen ihm ein, aber sie klingen entweder fremd in seiner Situation oder sind so unpassend, dass sie schon wie Spott wirken. Während er im Geist durch die ihm bekannten Bibelworte geht, steht plötzlich der Vers aus Jesaja 52,7 vor ihm: „Wie lieblich sind auf den Bergen die Füße der Freudenboten, die da Frieden verkündigen, Gutes predigen und Heil verkündigen." Er will den Gedanken seufzend von sich wegschieben und weiter in seinem Gedächtnis kramen, aber es ist immer wieder dieses Wort, welches sich wie eine Barriere vor seinem Geist aufstellt. Meine Füße werden nicht mehr lieblich laufen. Sie werden Leid und Hilfsbedürftigkeit, Schmerzen und Hinfälligkeit verkünden, denkt er und betet verzweifelt: „Herr, ich werde nicht mehr fröhlich verkündigen können. Ich werde ein Krüppel sein und kann nicht mehr für dich zu Menschen gehen."

Da ist es plötzlich wieder, fast so deutlich, als würde ihm jemand dies Wort zusprechen: „Wie lieblich sind die Füße der Boten …"

„Herr, willst du mich quälen? Meine Situation ist doch schon hoffnungslos genug. Vielleicht sterbe ich auch an der Blutvergiftung, wenn ich nicht bald amputiert werde. Sie vergessen mich, sie lassen mich hier krepieren. Herr, spotte nicht über mich, sondern tröste mich." Und wieder, als würde ein Mensch dies in den Raum sprechen: „Wie lieblich sind die Füße …"

„Herr, was soll das? Willst du mir etwa zeigen, dass ich meine Füße behalten werde? Das ist doch unmöglich – meine Schmerzen, der Gestank, der schwarze Eiter."

Und wieder wie ein großer Gong die Stimme: „Wie lieblich sind die Füße …"

„Vater, wenn du mir die Füße tatsächlich erhalten willst, dann schicke jetzt einen Arzt zu mir."

Da berührt ihn eine ältere Frau an der Schulter und ruft ihn aus seinem Gebet in die grausame Wirklichkeit. „Ich bringe Sie jetzt zu einem Arzt, wir haben die Amputation schon vorbereitet."

Vorsichtig versucht sich Cuan vom Stuhl zu erheben. Das Bein schmerzt so sehr, dass er nicht mehr auftreten kann. Dort, wo es bisher unbeweglich auf dem Boden stand, hat sich ein nasser Fleck von Eiter gebildet. Die Schwester stützt ihn und gemeinsam humpeln sie durch die Halle zum Operationstrakt des Krankenhauses. Cuan geht es durch den Kopf: „Amputation vorbereitet." Also wird er doch sein Bein und den „lieblichen Fuß" verlieren.

Doch aus der Amputation wird nichts. Es hat ein Bergwerksunglück gegeben und es werden fünf schwer verletzte Bergleute eingeliefert, die sofort operiert werden müssen. Der junge Arzt zuckt entschuldigend die Achseln und sagt nur: „Sie müssen verstehen, die Bergleute sind wichtige Proletarier und wir müssen zuerst die Arbeiter und Bauern behandeln." Cuan wird in ein Zimmer mit acht Kranken gelegt. Die Schwester gibt sich viel Mühe, sein schmerzendes Bein zu säubern und ihm die Lage so erträglich wie möglich zu machen. „Ich will versuchen, dir eine Schmerztablette zu besorgen. Wir sind zwar sehr knapp mit Arzneimitteln dran, aber vielleicht gibt mir der Arzt eine für dich, du musst schreckliche Schmerzen haben." Einige der Kranken schlafen schon, einer stöhnt unter seinen Schmerzen, ein anderer flucht ständig leise vor sich hin.

Spät in der Nacht schaut die Schwester noch einmal bei ihm vorbei. „Wie geht es? Hat die Tablette geholfen?"

Cuan antwortet, froh, endlich einen menschlichen Ton in diesem Krankenhaus zu hören: „Ja, die Schmerzen sind nicht mehr so stark, aber werde ich an der Blutvergiftung sterben?"

Die Schwester schaut ihn mit offenem Blick an und sagt betont langsam: „Es sieht schlimm aus mit deinem Bein, aber Gott kann ein Wunder tun."

Cuan meint, er hat nicht richtig gehört. Hat sie von Gott gesprochen? War es nur eine Redewendung aus früherer Zeit oder spielen ihm seine Ohren einen Streich? Deshalb fragt er ohne Umschweife: „Bist du eine Schwester in Christus?"

„Ja", sagt die Schwester und blickt sich vorsichtig im Raum um, ob ein anderer Patient dies mitbekommen hat. „Ich habe hier schon seit der Gründung des Hauses durch die Missionare gearbeitet. Als die Ärzte und Missionare davongejagt wurden, wusste keiner mehr, wie so ein Krankenhaus funktioniert, und da haben sie mich wieder geholt und ich habe die neuen Ärzte und Schwestern angeleitet. Aber viele machen mir hier das Leben schwer, doch Gott ist gut und ich kann immer wieder Menschen helfen. Das ist doch der Sinn meines Berufes."

In Cuan reift ein Plan heran, den er so noch nie gedacht hat. Schließlich sagt er zu der Schwester: „Kannst du mir bitte morgen drei Älteste der Gemeinde schicken? Ich möchte, dass sie für mich beten."

„Ja, das will ich gern versuchen. Du musst aber dem Arzt Bescheid sagen, sonst bekommen wir Schwierigkeiten." Dann legt sie ihm die Hand auf die Stirn und sagt: „Gott segne dich, Bruder."

„Bruder Lui Cuan", ergänzt er und fasst mit beiden Händen nach dieser segnenden Hand.

Die Schmerztablette hat ihre Wirkung nicht verfehlt. Cuan hat gut geschlafen, da die Schmerzen zurückgedrängt wurden. Als ihn eine andere Schwester weckt und ihm eine dünne Reissuppe zum Frühstück bringt, fühlt sich Cuan gestärkt, obwohl die Schmerzen wieder mit Macht eingesetzt haben. Dann humpelt er am Arm der Schwester ins Operationszimmer. Die Schmerzen sind entsetzlich, sie ziehen das Rückgrat hinauf bis ins Genick.

Der junge Arzt ist immer noch im Dienst. Seine Kleidung ist blutverschmiert und sein Gesicht müde, sehr müde. Seine Augen hinter der Brille verraten, dass er sich plötzlich an Cuan erinnert: Das war doch der hoffnungslose Fall mit der fortgeschrittenen Blutvergiftung. Zur Schwester gewandt sagt er: „Stellen Sie seine Blutgruppe fest, ich glaube, wir haben sowieso nicht mehr genügend Blutkonserven." Er setzt sich auf einen Stuhl neben Cuan, gähnt ausgiebig und beginnt, das Bein zu untersuchen. Bis in den Oberschenkel ist das Fleisch angegriffen. „Ich sage Ihnen das nicht gern, aber es ist leider die Wahrheit: Hier ist nichts mehr zu retten. Die Amputation muss am Hüftgelenk vorgenommen werden, wenn es überhaupt noch eine Chance geben soll." Der Arzt erwartet die übliche Reaktion, dass der Patient weint, bettelt oder vor Verzweiflung schreit.

Cuan bleibt ruhig sitzen, zögert mit seiner Antwort und sagt dann mit einfachen Worten ohne besondere Betonung: „Operieren Sie mich nicht. Ich warte auf drei Christen, die für mich beten und dann wird Gott entscheiden, was mit mir geschieht."

Der Arzt weicht zurück, als hätte Cuan eine ansteckende Krankheit. Die Schwester hört auf, mit den Instrumenten zu klappern, und schaut verwundert herüber.

Jetzt klingen Cuans Worte fast wie eine Entschuldigung: „Ich glaube, dass Gott ein Wunder tun kann. Jesus hat unheilbare Menschen gesund gemacht und er hat alle Macht der Welt. Und wenn er mich nicht gesund machen will, dann werde ich bald bei meinem Herrn sein."

Der Arzt ist aufgestanden und geht unschlüssig im Raum hin und her. „Das ist doch alles Aberglauben. Das haben wir doch überwunden. Mann, Sie sind bereits so gut wie tot. Ihr Körper ist total vergiftet. Wenn wir nicht sofort operieren, schwinden Ihre Chancen mit jeder Minute – und Sie haben schon so gut wie keine Chance mehr."

Cuan zitiert ein Bibelwort, aber er sagt es letztlich mehr zu sich als zur Erklärung: „Was bei den Menschen unmöglich ist, das ist möglich bei Gott."

Der Arzt bindet sich die Schürze ab und wirft sie aufgewühlt in eine Ecke. „Gott, Jesus Christus – das ist doch alles Aberglauben. Die Realität heißt Kampf ums Dasein und Sterben." Er dreht sich noch einmal zu Cuan und fragt: „Wollen Sie jetzt operiert werden oder nicht?"

Cuan antwortet fest: „Nein! Danke für Ihre Mühe und die Bereitschaft, mir das Leben zu erhalten. Aber ich vertraue meinem Gott, der sagt: Ich bin dein Arzt, ich helfe dir."

Verständnislos zuckt der Arzt die Schultern und ordnet dann für die Schwester an: „Geben Sie ihm eine Schmerzspritze, dass er nicht so brüllt, wenn er krepiert. Zurück ins Krankenzimmer."

Cuan ist sich unsicher, ob sein Glaubensmut vielleicht doch zu groß war. Die Spritze lässt ihn tatsächlich wieder durchatmen. Sein Denken und die Gefühle sind nicht mehr nur von dem bohrenden Schmerz erfüllt. Jetzt ist es ihm auch wieder möglich, zu beten und Gott zu sagen, dass er ihm vertraut. Er weiß, dass seine Erwartungen gegen alle Naturgesetze sind. Der Arzt hat ja deutlich gemacht, dass er im Grunde schon dem Tod geweiht ist. Aber Gott kann! Cuan hat keine Angst vor dem Tod, ihm tut nur seine Gemeinde leid, die er nicht noch einmal besuchen kann und die vor allem nie erfahren wird, dass er hier gestorben ist. Aber in ihm ist ein anderer Gedanke stärker und er drängt sich immer mehr in den Vordergrund: Gott will ihm das Leben noch einmal schenken. Er hat das Gefühl, dass er hier nicht sterben wird.

Gegen Mittag kommen drei Männer, die nach Cuan fragen. Sie stellen sich vor als „Älteste der Gemeinde" und dass sie von einer Schwester geschickt worden sind, deren Namen sie nicht kennen. Selbstbewusst, wie Abgesandte einer Behörde, stehen sie um das Bett. Doch als sie Cuan sehen und riechen, werden auch sie unsicher, ob ihr Auftrag sinnvoll ist.

Cuan hat die Bibel aus dem Bündel seiner Privatsachen herausgeholt und schlägt die Stelle aus dem Jakobusbrief Kapitel 5, Verse 14 bis 16 auf:

„Ist jemand unter euch krank, der rufe zu sich die Ältesten der Gemeinde, dass sie über ihm beten und ihn salben mit Öl in dem Namen des Herrn. Und das Gebet des Glaubens wird dem Kranken helfen und der Herr wird ihn aufrichten; und wenn er Sünden getan hat, wird ihm vergeben werden. Bekennet also einander eure Sünden und betet füreinander, dass ihr gesund werdet."

Die Männer nicken und einer sagt: „Wenn du das willst, dann vertrauen wir gemeinsam der Kraft unseres Herrn. Er ist es, der Himmel und Erde gemacht hat. Er hat Kranke geheilt, Tote auferstehen lassen und hat seiner Gemeinde Vollmacht gegeben, über den Bösen zu triumphieren."

„Ja, das will ich und ich möchte auch meine Sünde bekennen", antwortet Cuan, der sich mühevoll in seinem Bett aufgesetzt hat. Dann spricht er gedämpft, aber dennoch so deutlich, dass alle drei ihn hören können, über das, was ihn bedrückt. Seine Angst, seine Unsicherheit über alles, was da in Beijing geschehen ist; er bekennt seinen Zorn gegen die Mörder von Liao Wu und das Misstrauen gegen den jungen Arzt.

Anschließend beten alle drei Ältesten lange für ihn. Wie sie es gewöhnt sind, steigert sich mit der Zeit die Intensität und die Lautstärke. Die anderen Männer im Zimmer richten sich auf, hören die Gebete, schweigen aber dazu.

Auch auf dem Gang sind die Gebete schließlich zu hören und so bleiben andere Patienten und Schwestern in der Tür des Zimmers stehen und hören zu. Der junge Arzt kommt in Zivilkleidung ebenfalls vorbei, weil sein Dienst endlich zu Ende ist und er nach Hause gehen will. Aber was da in dem Zimmer geschieht, ist doch interessant und so bleibt auch er stehen und schaut über die Köpfe der Neugierigen hinweg. Schließlich holt einer der Ältesten eine kleine Glasflasche aus der Manteltasche und gießt einige Tropfen auf Cuans Kopf. Mit einem gemeinsamen Amen schließen die Ältesten ihr Gebet ab und auch unter den neugierigen Patienten sagt plötzlich ein Mann Amen.

Der junge Arzt geht kopfschüttelnd weiter und sagt noch einmal unüberhörbar: „Alles ausländischer Aberglaube."

Dann lassen die Ältesten einige Lebensmittel zurück und sagen, dass sie morgen wieder nach Cuan sehen werden. Ein Zimmerkollege ruft ihnen noch nach: „Dann bringt nur die weiße Mütze mit!" Denn bei einer Beerdigung müssen alle eine weiße Kopfbedeckung tragen.

Cuan kann endlich einige Stunden schlafen. Erst als die Schwester ihm noch einmal eine Schmerzspritze gibt, wacht er auf, merkt aber, dass er hohes Fieber hat. Seine Gedanken sind bei Gott. In seinen Gebeten bettelt er nicht um Heilung, vielmehr ist in ihm nur die Sehnsucht, ganz nahe bei ihm zu sein. Einfach seine Nähe zu spüren. Er liest einige Psalmen, aber es ist zu anstrengend. So betet er im Stillen eigentlich immer nur den einfachen Satz vor sich hin: „Jesus Christus, mein Herr, mein Heiland, mein Retter, ich preise dich."

Zur Spätschicht kommt die ältere christliche Schwester wieder zum Dienst. Ihr erster Gang ist an Cuans Bett. Mit ihrem gütigen Lächeln fragt sie: „Hat alles geklappt?"

„Ja, ich danke dir", antwortet Cuan. „Die Ältesten waren hier und der Wille des Herrn geschieht."

Später kommt die Schwester und will die eitrigen Verbände an Cuans Bein durch neue ersetzen. Sie hat den Mundschutz umgebunden, weil dies neuerdings Vorschrift ist und weil sie den beißenden Gestank solcher Wunden kennt. Als das Bein dick, schwarz und glasig vor ihr liegt, hebt sie vorsichtig den Mundschutz, aber sie riecht nichts. Sollte tatsächlich eine Heilung eintreten? Sie kann es nicht glauben, sagt aber Cuan noch nichts davon.

Am nächsten Vormittag ist Visite. Auch der junge Arzt, der wieder zum Dienst erschienen ist, steuert zuerst auf Cuans Bett zu. Die Blutwerte vom Morgen sind überraschend normal und das Bein eitert nicht mehr. Ungläubig tastet er das Fleisch ab bis zur Leistengegend. Kopfschüttelnd, ohne ein Wort zu sagen, geht er weiter zum nächsten Patienten.

Nach drei Tagen ist Cuan gesund. Das Fleisch seines Beines wird wieder rosa und normal durchblutet, auch wenn es fürchterlich juckt. Aber das stört Cuan nun wirklich nicht. Er singt vor sich hin und manchmal ertappt er sich auch, wie sein Singen lauter wird. Gott hat ein Wunder getan, Gott ist groß!

Die Nachricht verbreitet sich im ganzen Krankenhaus. Viele sprechen ihn darauf an und manchmal ist es richtig anstrengend, den verwunderten Menschen zu erklären, dass es der lebendige Gott ist, der dies Wunder getan hat. Cuan muss so viel dazu erklären, weil seinen Mitpatienten der Gott und Vater von Jesus Christus noch total unbekannt ist. Manche Schwester und einzelne Patienten drücken ihm die Hand und sagen ein leises Halleluja. So weiß Cuan sofort, dass es sich um Christen handelt, die sich mit über sein Wunder freuen.

Am Freitag soll er entlassen werden. Zuvor bestellt ihn der junge Arzt in sein Zimmer. „Was mit Ihnen passiert ist, das gibt es nicht. Das hat es noch nie gegeben. Wer waren die drei Zauberer, die Sie letzte Woche besucht haben?"

„Es waren keine Zauberer, sondern Männer, die im Auftrag Gottes handelten und mit mir gebetet haben", antwortet Cuan sachlich.

„Das gibt es nicht, sie müssen etwas mit Ihnen gemacht

haben, was vielleicht die geheimnisvollen Mönche der Tang-Dynastie praktizierten."

Cuan ist vorbereitet und hat seine Bibel dabei. Immer wieder, wie in den letzten Tagen, schlägt er sie auf, liest die Stelle aus dem Jakobusbrief vor und sagt, dass dies die Praxis der Christen ist.

„Dann kann ich ja meinen Beruf in den Jangtse werfen", poltert der Arzt.

„Nein, die Ärzte sind auch Gottes Diener und helfen den Menschen, aber der Arzt Jesus Christus ist noch größer und kann helfen, wohin menschliche Hilfe nicht mehr reicht."

„Ich Gottes Diener, so weit kommt es noch! Ich diene dem neuen China und dem großen Steuermann Mao Zedong."

„Und doch helfen Sie Menschen und das ist es, was Gott von uns will. Auch wir Christen möchten den Menschen helfen, nur sind wir nicht so gut ausgebildet wie Ärzte. So helfen wir ihnen mit Liebe, wenn sie traurig sind, wir helfen den Kindern, fleißig in der Schule zu sein, und wir helfen den Eltern, gute Eltern zu sein. Wir helfen den Armen und möchten allen Menschen Hoffnung geben."

„Steht das alles in dem Buch da?", fragt der Arzt und deutet auf die zerlesene Bibel in Cuans Händen.

„Ja, und noch viel mehr über die Zusammenhänge der Welt. Über ihren Ursprung und ihr Ziel."

„Das klingt interessant", antwortet der Arzt verblüfft. „Wer weiß schon das Ziel? Was kommt nach uns, was nach dem Kommunismus? Was kommt nach dem Tod? Wir reparieren Menschen und bringen sie dazu, ein paar Jahre länger zu leben. Aber was ist danach? Es kann doch nicht alles umsonst sein", sagt er mehr zu sich selbst. „Kann ich das Buch einmal haben?"

Cuan ist in großem Konflikt. Soll er seine Bibel aus der Hand geben? Was ist, wenn der Arzt entdeckt, dass sie ja aus der Zeit der Mission kommt und in Hongkong gedruckt wurde? Wird er sie einbehalten oder der Polizei geben?

Doch das ehrliche Fragen des Arztes macht ihm Mut und lässt ihn sagen: „Die Bibel ist mir sehr wertvoll. Ich brauche sie für meinen Glauben, aber bis morgen würde ich sie Ihnen gern borgen." Er rückt näher an den Arzt heran, schlägt das Markusevangelium auf und erklärt ihm, dass er diesen Teil der Bibel einfach einmal durchlesen soll. Hier wird er mehr über den Glauben und Gott erfahren. Morgen komme er wieder vorbei und nehme die Bibel dann wieder entgegen.

Natürlich möchte Cuan gern die Gemeinde in der Stadt besuchen, ehe er sich wieder auf die Wanderschaft nach Hause begibt. Er hat die Ältesten vergessen zu fragen, wo sich die Christen treffen. So bleibt er vor dem Krankenhaus sitzen, in der Hoffnung, dass die ältere Schwester wieder zum Spätdienst kommt und er sie nach der Adresse fragen kann.

Sein Plan geht auf. Doch er ist vollkommen überrascht, als die Schwester ihm ein dickes Bündel mit Kleidung entgegenhält. „Hier, das sind noch Kleider von meinem verstorbenen Mann. Du kannst sie gut gebrauchen, siehst ja aus wie ein zerlumpter Landstreicher."

Jetzt erst wird dies Cuan auch bewusst. Im Krankenhaus gab es spezielle Kleidung, aber seine Hose, Hemd und Jacke sind in einem erbärmlichen Zustand. So kann er sich eigentlich nicht in die Stadt getrauen. Schnell sind die Kleider gewechselt und außer dem Hemd fliegt alles in eine Häuserecke, in der sich schon allerhand Müll angehäuft hat. Auch die Adressen der Ältesten der Gemeinde erfährt er von der Schwester. So macht sich Cuan auf und besucht einen von ihnen. Dort kann er zur Nacht bleiben, obwohl die Wohnung klein und eng ist.

Die anderen Ältesten kommen dazu und gemeinsam wird ein kleiner Dankgottesdienst gefeiert. Das ganze Haus ist voll

Singen und Jubeln über Gottes Größe und Macht. Als Cuan erzählt, dass er seine Bibel dem Arzt gegeben hat, ziehen die Ältesten ihre Stirn in Falten. „Das kann ein großer Fehler gewesen sein", sagt einer. „Die Kommunisten wollen uns unsere Bibel nehmen, weil sie wissen, welche Kraft davon ausgeht."

Doch Cuan ist der Meinung, dass der Arzt ehrlich wissen will, was es mit der Bibel auf sich hat. Gemeinsam wird gleich für den Arzt und den Erhalt der Bibel gebetet. Cuan erbittet sich von den Christen eine Bibel und ein Blatt Papier. In dieser Nacht schreibt er einige wichtige Bibelstellen ab und gibt sich größte Mühe dabei, die Zeichen nach allen Regeln der Kalligrafie kunstvoll zu schreiben. Am Morgen erbittet er sich rotes Papier und macht eine Schriftrolle aus seinen Abschriften, die er kunstvoll in das rote Geschenkpapier einwickelt.

Wieder sieht der Arzt müde aus, als ihn Cuan besucht. Doch diesmal hat er nicht durchgearbeitet, sondern viel in diesem für ihn so rätselhaften Buch gelesen. „Das sind ja kommunistische Ideen in deinem alten Buch", empfängt ihn der Arzt. „Die Reichen sollen hergeben und die Armen werden die Sieger sein. Dieser Jesus Christus, der imponiert mir. Er hat ja der herrschenden Klasse die Larve vom Gesicht gerissen. Nur, warum hat man ihn dann umgebracht? Das ist ja barbarisch, das bringen nur die westlichen Kapitalisten fertig."

Cuan ist überrascht, aber er will sich jetzt nicht auf eine politische Diskussion einlassen. Deshalb sagt er: „Wer ihn umgebracht hat, ist nicht wichtig. Jesus ist für unsere Sünden gestorben. Eigentlich müssten wir alle für unsere Sünden büßen und das bedeutet der ewige Tod. Doch Jesus hat unsere Schuld getragen und deshalb dürfen wir leben. Nach dem Tod hier auf der Erde werden wir in Gottes Reich leben."

„Das habe ich gelesen", antwortet der Arzt. „Der Jesus redet viel von Gottes Reich. Dass er von dort kommt und auch wieder dort gelandet ist. Dann gibt es das Reich Gottes wohl doch? Sie sagten einmal im Krankenbett, dass Sie den Menschen Hoffnung geben wollen. Ist das die Hoffnung, nicht sinnlos zu sterben?"

„Ja, und wer diese Hoffnung hat, der lebt auch hier seine Tage anders", sagt Cuan erfreut darüber, eine so gute Vorlage zu bekommen. „Interessant, interessant – das würde ich gern genauer kennenlernen", sagt der Arzt nachdenklich.

Jetzt nimmt Cuan allen Mut zusammen und sagt: „Es gibt auch hier in der Stadt eine Gruppe von Christen, die sich jeden Sonntag treffen und Gottesdienst feiern. Jeden Sonntag gibt es eine neue Erkenntnis aus diesem Buch, über die man nachdenkt und die hilft, als Christ richtig zu leben."

„Kann man da auch als Besucher hinkommen, wenn man kein Christ ist? Und wie ist das mit dem Buch hier?" Dabei hält er Cuan seine Bibel entgegen. „Kann man die auch kaufen?"

„Noch nicht, aber man hat mir in Beijing gesagt, dass die Christen auch bald Bibeln drucken dürfen."

„Kann ich dann die Bibel hier nicht behalten und du kaufst dir später eine neue?", fragt der Arzt bittend.

„Können wir einen Tausch machen?", schlägt Cuan vor und holt die rote Rolle aus seiner neuen Jacke. „Ich habe hier die wichtigsten Sätze aus der Bibel für dich aufgeschrieben. Ich schenke dir diese Rolle und du gibst mir meine Bibel wieder?"

Damit ist der Arzt einverstanden und beginnt sofort, laut die aufgeschriebenen Verse zu lesen, nicht ohne den Schreiber für die überzeugende Kalligrafie zu loben.

Cuan verabredet sich mit dem Arzt für den nächsten Morgen. Die Kirche im Hinterhof einer alten Fabrik ist kaum als Kirche zu erkennen. Ein ehemaliger Lagerschuppen, mit kleinen Fenstern, rostigen Stahlträgern und wackeligen Bänken. Im oberen Bereich der Stirnwand hat man ein Kreuz aus der Mauer herausgebrochen. So ist die Halle als Kirche zu erkennen, aber eben erst, wenn man den abenteuerlichen Weg hinter die Fabrik auf sich nimmt. Als die beiden ankommen, sind schon alle Plätze belegt. Nur dadurch, dass einige ältere Besucher etwas zusammenrücken, wird auf zwei Bänken am Mittelgang noch Platz.

Während der Arzt unbeholfen dem Gottesdienst folgt, ist Cuan glücklich, wieder mit Christen zusammen zu sein, um Gott zu loben. Bei den Liedern kommen ihm Tränen der Freude. Jetzt merkt er erst, was ihm in letzter Zeit gefehlt hat. Obwohl er noch viele Hundert Kilometer von daheim entfernt ist, fühlt er sich wie zu Hause. Die Predigt ist ein Aufruf, dem Herrn die Treue zu halten. Von vielen Seiten geht der Prediger den Text an und seine Rede ist mehr ein Appell als eine Ermutigung. Viele der Pastoren predigen so – eindringlich, persönlich und Konsequenzen fordernd.

Nach der Predigt liest der Pastor ein Papier vor, was er aus Schanghai von der evangelischen Kirchenleitung zugeschickt bekam. Es ist das „Christliche Manifest", das die Neuregelung der Beziehungen zwischen Revolutionärer Regierung und Kirche enthält. Sehr kompakt sind die Sätze und viele in der Gemeinde wissen damit nicht recht umzugehen. Zu viele fremde Begriffe sind da zu hören. Der Pastor erklärt dazu: „Dies ist die Vereinbarung zwischen einigen Kirchenführern und dem Ministerpräsident Zhou En-lai, welches die Beziehungen zu den kommunistischen Machthabern in Beijing regelt. Wenn das Manifest von vielen Christen unterschrieben wird, dann hat die Kirche in China das Recht zu existieren und wird auch vom Staat anerkannt werden." Doch er sagt es ehrlich, dass es auch Gegner dieses Schreibens gibt, aber er ermutigt die Gemeindeglieder und Besucher, das Papier zu unterschreiben. Bereits viele Tausend Christen hätten unterschrieben. Am Ausgang liegen die Listen aus, da kann man unterschreiben.

Cuan überlegt, ob er sagen soll, dass er auch von dem Papier weiß, aber das erscheint ihm jetzt so nebensächlich. Doch dann schießt ihm das Blut in den Kopf, als der Pastor zu dem Punkt des Gottesdienstes kommt, der hier üblich ist. Er fragt, ob jemand ein Erlebnis mit Gott berichten kann. In den vorderen Reihen dreht sich eine ältere Frau um und nickt Cuan ermunternd zu. Es ist die gütige Schwester aus dem Krankenhaus. Cuan geht langsam nach vorn und bemerkt selbst, dass er nicht mehr humpelt, sondern beide Beine ihren Dienst wie früher tun.

Mit knappen Worten berichtet er, wie er bereits dem Tod geweiht war, wie die Amputation eine letzte Chance bedeutete und wie er dann nur noch auf die Hilfe des Herrn gewartet hat. Als er dann berichtet, wie er nach dem Gebet der Ältesten bei sich eine Veränderung bemerkte und schließlich vollkommen geheilt aus dem Krankenhaus entlassen wurde, rufen einige Halleluja und Amen und der Pastor fällt Cuan um den Hals und küsst ihn auf die Wange. Alle freuen sich mit, aber es gibt auch ungläubige Blicke aus den voll besetzten Kirchenbänken heraus.

Plötzlich erhebt sich der junge Arzt, tritt nach vorn und stellt sich neben seinen ehemaligen Patienten. „Ich bin der Arzt, der dem Fremden die bittere Nachricht sagen musste, dass er sich von dieser Blutvergiftung nicht wieder erholen wird. Ich glaubte, ich würde ihn am nächsten Morgen tot im Bett finden. Ich hatte keine Lust, ihn zu operieren, weil er mir unter dem Messer gestorben wäre. Die Sache mit dem Gebet habe ich als Unfug und dummes Zeug betrachtet. Dann setzte die Heilung ein und ich muss als Arzt sagen, dass sein Blut sauber und das Fleisch gesund geworden ist. Ich kann es mir nicht erklären, weil es unmöglich ist. Aber euer Glaube ist eine Kraft, die ich näher kennenlernen will. Was seid ihr für glückliche Menschen." Ohne sich wieder auf seinen Platz zu begeben, verlässt er die Kirche nachdenklich und drückt Cuan im Vorbeigehen einen roten Umschlag in die Hand.

Die Gemeinde stimmt spontan ein Loblied an und viele kommen zu Cuan, um ihn zu beglückwünschen. Als er den Umschlag nervös öffnet, entdeckt er darin zweihundert Yuan, eine große und für ihn völlig überraschende Summe. Eigentlich hätte er dem Arzt ein Geschenk machen müssen, aber er hat ja nichts. Nun ist er doppelt beschenkt, von Gott mit einem Wunder und vom Arzt mit dem Fahrgeld, das ihn bis nach Hause bringen wird.

In seiner Heimatstadt Wanyan hat sich nicht viel verändert. Die Straßen sind immer noch dreckig und an den Häuserecken liegt Müll. Die wenigen Stromleitungen hängen als wirre Knäuel an krummen Masten und Bäumen und die Hunde suchen im Dreck nach verwertbaren Resten. Neu ist, dass auf dem zentralen Platz ein Lautsprecher aufgehängt ist. Aus ihm kommt militärische Musik, wie sie bei Paraden und Aufmärschen gespielt wird. Um sein Stinkhaus wuchert das Unkraut und die Türklinke hat Rost angesetzt. Im Haus stinkt es entsetzlich, aber Cuan weiß, dass dies nur so scheint, wenn man von unterwegs kommt. In wenigen Minuten wird er sich wieder an den Geruch gewöhnt haben. Die Fenster zu öffnen hat nicht viel Zweck, denn der ätzende Geruch kommt von draußen.

Die Nachbarn kommen vorbei und begrüßen ihn. Einige bringen ein Ei, einen Maiskolben oder eine kleine Schüssel Reis. Das sind die üblichen Geschenke, wenn ein Mensch aus der Ferne zurück in die Heimat kommt. Als Cuan nach der Gemeinde fragt, bleiben alle merkwürdig stumm oder weichen mit den Antworten aus. Er ahnt nichts Gutes und macht sich gleich auf, die Kirche zu besuchen. Zum Glück, sie steht noch.

Erleichtert geht er über den Platz, der jetzt „Platz des revolutionären Volkes" heißt, sieht aber bald, dass eine dicke Kette um die beiden Türklinken der Kirche gewunden ist. An der Tür ist ein Plakat angebracht: „Eigentum des Volkes. Hier werden nie wieder imperialistische Parolen verbreitet. Macht Schluss mit der ausländischen Verdummung. Es lebe die revolutionäre Idee von Mao Zedong."

Cuan blickt sich um, ob ihn jemand beobachtet, aber er kann niemanden entdecken, der zu ihm herüberschaut. Die Bauern in ihren zerschlissenen Kleidern und die Frauen mit ihren Tragestangen gehen ihrer Wege und von Cuan nimmt keiner Notiz, so scheint es ihm. Er geht um die Kirche herum und ist froh, dass sie nicht beschädigt wurde. Sogar die Fenster sind alle intakt, bis auf eins, aber das war wohl vorher schon nicht mehr dicht. So erscheint es ihm zumindest. Durch das Loch im Glas erkennt er, dass in der Kirche alle Bänke auf die Seite gestapelt sind. Auf der freien Fläche stehen Kisten und Säcke. Was in den Kisten ist, kann er nicht entdecken, aber die Säcke scheinen Reissäcke zu sein. Die tragen eine ausländische Schrift, die er nicht lesen kann. Anscheinend werden in der Kirche nun Lebensmittel gelagert.

Cuan setzt sich auf einen Stein, der den Platz des revolutionären Volkes vom Gelände der Kirche trennt. Was soll das bedeuten? Hat sich in Wanyuan die harte Linie der neuen Regierung durchgesetzt? Aber der Parteichef hat ihn ja extra nach Beijing geschickt, die Erneuerung des Verhältnisses zwischen Kirche und Staat zu regeln. Warum jetzt in seiner Abwesenheit diese Wandlung? Noch bevor er sich zum Rathaus begibt, geht er zum Händler Zhou Yong. Sein Geschäft in der Straße der Frühlingsblüten, die jetzt „Straße der Roten Revolutionäre" heißt, ist seit jeher der eigentliche Mittelpunkt des Ortes. Hier treffen sich die Frauen, tauschen die Neuigkeiten aus, regen sich über jeden auf, der gerade nicht anwesend ist, und verabreden abendliche Treffen.

Bei Zhou Yong bekommt man alles, was man für das tägliche Leben braucht. Lebensmittel, Medikamente, Seife und Kerzen, aber auch Strohschuhe und Besen, Zeitungen, Spiritus und eben Neuigkeiten.

Die Einrichtung des Ladens ist von seinem Vater selbst gezimmert worden und man kann noch deutlich erkennen, dass der kein Tischler war. Alles ist ziemlich grob und einfach. Die Medikamente lagern in aufgehängten Glaskästen und die Seife liegt im gleichen Regal wie der getrocknete Fisch. Was sich aber gleichmäßig auf alle Regale und Tische, ja bis in die Glaskästen hinein verteilt hat, ist der Staub, den die Kunden von der Straße mit hereinbringen.

Das sauberste Lebewesen ist ein dicker Kater, der seinen Platz unter dem Verkaufstisch hat und sich immer demonstrativ putzt, wenn Kunden im Geschäft sind. Er ist unerlässlich, da er nachts die Ratten und Mäuse von den Lebensmitteln fernhält. Mitunter schafft er aber seine nächtliche Aufgabe nur mäßig, sodass man schon mal eine angefressene Süßkartoffel oder einen löchrigen Reissack nach Hause trägt.

Als Cuan die drei ausgetretenen Stufen nach oben geht und durch die offene Tür eintritt, ist außer dem Besitzer niemand im Laden. Zhou Yongs Gesicht strahlt, als er Cuan erkennt, aber seine Augen können ein gewisses Misstrauen nicht verbergen. „Hat dich der Herr wieder zu uns geführt, Bruder Cuan? Schön, dass du wieder da bist."

„Ja, der Herr hat viel Gnade zu meiner Reise gegeben. Ich habe seine Wunder erlebt, aber sag, was ist in unserer Stadt geschehen? Warum ist die Kirche entweiht?"

Zhou Yong blickt kurz auf die Straße, ob sich ein Kunde nähert. Dann zieht er Cuan in den hinteren Lagerraum, in dem es nach altem Öl, Fisch und Moder stinkt. „Die Parteileitung ist ausgetauscht worden. Es heißt, man hat ‚deinen' Offizier zusammen mit zwanzig abgesetzten Leitern im Wald erschossen. Die neuen Leiter reden nicht mit uns, sie befehlen nur noch. Wer nicht gehorcht oder Fragen stellt, wird öffentlich angeklagt und verurteilt. Wer einmal so ein Urteil hat, der kommt nie wieder zurück in die Stadt. Viele unserer guten Menschen sind schon verschwunden, einige haben sich selbst umgebracht."

Nach einer längeren Stille sagt er: „Wir dachten alle, dass auch du nie wieder zu uns zurückkommen würdest." Und nach einer Pause, etwas verhaltener: „Wer von den Kommunisten am Leben gelassen wird, muss sich mit ihnen verbündet haben."

Für Cuan sind das zu viele Informationen im Telegrammstil. Er ahnt, was dahinter für Tragödien stehen, die sich in den Monaten seiner Abwesenheit hier abgespielt haben. Langsam fragt er: „Und sag, was ist mit der Kirche?"

„Die haben sie uns gleich nach der Säuberung der Partei weggenommen. Sie kamen während des Gottesdienstes, haben alle Türen versperrt und uns bis zum nächsten Morgen gefangen gehalten. Es war nicht so schlimm, dass wir nichts zu essen hatten, aber wohin mit der Notdurft? Wir konnten doch nicht das Haus des Herrn verunreinigen. Am nächsten Tag wurden wir von einem Politlehrer lange in der neuen Lehre des Marxismus unterrichtet, und dann sollten alle aufgeschrieben werden, die zur Gemeinde gehören. Aber sie hatten kein Papier dabei und so wurden wir nach Hause geschickt, sollten aber am nächsten Tag wieder in die Kirche zur nächsten Schulung kommen. Aber keiner ist hingegangen und da haben sie die Kirche übernommen und ein Lager für die Rote Armee eingerichtet. Jede Woche kommen jetzt Lkws, bringen Waren und transportieren wieder welche ab. Wir wissen auch nicht, was sie da in der Kirche alles lagern."

„Und die heiligen Geräte und die Bibel vom Altar?", fragt Cuan vorsichtig.

„Die konnten wir nicht retten. Ich glaube aber, die alte Mong ist nachts in die Kirche eingestiegen und hat die Bibel herausgeholt und vergraben. Aber sie spricht nicht darüber – überhaupt ist es in der Stadt ganz schwierig geworden. Keiner redet mehr offen mit den anderen. Auch in meinem Laden geht es jetzt sehr still und unheimlich zu wie bei einer Beerdigung. Die Frauen kommen nur, um das Nötigste zu holen, und sind dann ganz schnell wieder verschwunden. Von niemandem erfahre ich mehr, was in den Häusern und auf den Feldern los ist."

„Und die Gemeinde? Die Treuen des Herrn und die vielen, die in den letzten Monaten dazugekommen waren? Was ist mit denen?", fragt Cuan ängstlich.

„Die sind zerstreut, sie haben keinen Hirten mehr und sie haben Angst. Du, der Hirte, hast sie ja verlassen. Du machst gemeinsame Sache mit der Regierung der Kommunisten und deine Gemeinde wird hier aufgerieben. Als dein Offizier abgeholt wurde, da hätten wir dich gebraucht, aber du musstest ja mit dem Zug wie ein Beamter nach Beijing fahren."

Cuan ist über den deprimierenden Berichten so müde geworden, dass er jetzt auf diese Anschuldigungen nicht reagieren kann und will. „Zhou Yong, ich will dir das gern ein anderes Mal erklären. Ich glaube, es ist der Wille Gottes gewesen, dass ich in Beijing war. Es gibt Menschen unter den Kommunisten, die wollen uns als Kirche haben, weil sie uns für das neue China brauchen." Damit wendet er sich von Zhou ab und will zurück durch den Laden auf die Straße.

Bitter ruft ihm Zhou Yong nach: „Hast du wenigstens dreißig Silberlinge bekommen?" Beide hatten nicht bemerkt, dass inzwischen drei Frauen im Laden warten. Eine der Frauen ist die alte Mong, die jetzt mit weit aufgerissenen Augen Cuan hinterhersieht.

Als Cuan sein Stinkhaus betritt, spürt er nicht den beißenden Geruch in der Nase, er ist nur traurig und verzweifelt. Ist es wirklich ein Verrat an seiner Gemeinde gewesen, nach Beijing zu gehen? Ist er zum Judas geworden, weil er die Fahrkarte angenommen hat? Was hat sie eigentlich gekostet? War das vielleicht so viel wie dreißig Silberlinge? Er kniet sich in den Staub vor sein Bett und will beten, wie er es sonst oft gemacht hat. Aber es ist so leer in ihm, die Enttäuschung schmerzt mehr als ein eitriges Bein. Schließlich sind es nur noch Tränen und ein verzweifeltes Schluchzen, das sich Gott in die Arme wirft.

Er muss irgendwann über seinem Weinen und Beten eingeschlafen sein. Eine Hand berührt ihn sanft an der Schulter und eine Stimme sagt: „Lui Cuan, Gott ist immer größer als unser Herz." Die alte Mong hat sich auf das Bett gesetzt und blickt mit ihren gütigen Augen dem verzweifelten Cuan ins Gesicht, der immer noch vor seinem Bett neben ihr kniet. „Was du aus Liebe für Jesus tust, kann nicht verkehrt sein. Was haben sie denn im fernen Beijing über die Zukunft der Kirche gesagt?"

Langsam und stockend kommen die Worte von Cuan: „Was mit der Kirche unseres Gottes geschieht, weiß ich nicht. Es steht nicht in unserer Macht. Jesus hat gesagt: ‚Meine Gemeinde wird nichts und niemand vernichten. Niemand wird sie aus meiner Hand reißen.'"

Die alte Mong wiederholt die Worte im Originaltext der Bibel, den sie auswendig gelernt hat, da sie ja nicht lesen kann: „Meine Schafe hören meine Stimme und ich kenne sie, und sie folgen mir; und ich gebe ihnen das ewige Leben und sie werden nimmermehr umkommen, und niemand wird sie aus meiner Hand reißen."

„Ja, Mong, ja, Mong, das stimmt. Gelobt sei Gott." Mühsam richtet sich Cuan auf und setzt sich auf einen Hocker gegenüber vom Bett. „Aber sag mir, Mong, wie ist es um die Gemeinde hier bestellt? Die Kirche ist entweiht, wo versammelt ihr euch? Zhou Yong ist voller Hass und die neue Stadtregierung ist von der harten Linie."

Mong fällt es schwer zu antworten, aber sie weiß, sie muss ihm die Wahrheit sagen. „Die Gemeinde gibt es nicht mehr. Wir trauen uns nicht mehr, uns zu versammeln. Vielleicht beten andere auch im Verborgenen, wie ich, aber ich glaube, die Angst ist sehr groß, sehr groß."

„Was denkst du", fragt Cuan nach langer Pause, „ob wir uns wieder hier im Stinkhaus versammeln sollten?"

„Ich denke, es wird niemand mehr kommen. Zhou Yong redet nicht gut über dich. Er hat viel Misstrauen gegen dich gestreut."

„Aber wir müssen uns versammeln. Ohne Anbetung, ohne Gemeinschaft, ohne das Wort Gottes werden wir alle nicht überleben. Nicht dem Einzelnen ist die Gnade der Rettung versprochen, sondern der versammelten Gemeinde."

Mong sieht das zwar ein, aber sie weiß auch, dass ein Treffen im Stinkhaus keine Zukunft haben wird. Und wie wird die Stadtregierung darauf reagieren, wenn sich wieder eine Versammlung trifft? Sie bräuchten einen Raum, der abgeschlossen, versteckt und von der Straße her nicht einzusehen ist. Plötzlich geht ein Lächeln über ihr faltiges Gesicht. „Ich muss jetzt gehen, Lui Cuan. Gott wird einen Weg wissen – denk an die Verse aus dem Johannesevangelium: Er wird seine Gemeinde nicht untergehen lassen."

„Entschuldige", sagt Cuan und versucht, sie am Aufstehen zu hindern, „ich habe dir nichts zu essen angeboten, das ist so unhöflich. Warte noch, ich will dir etwas Reis kochen."

Doch Mong lehnt entschieden ab, obwohl sie gern etwas gegessen hätte. Es wäre ihre erste Mahlzeit an diesem Tag gewesen. Andererseits ist Cuan auch froh darüber, denn woher soll er jetzt Reis und Öl nehmen? Wird da noch etwas im Hause zu finden sein? Mong bleibt ablehnend, verbeugt sich mehrmals und geht hinaus in die Dunkelheit des Abends.

Als Cuan nach etwas Essbarem sucht, macht er die traurige Entdeckung, dass sein kleiner Reisvorrat von den Mäusen vollkommen aufgefressen wurde. Nur noch Stofffetzen vom Reissack und schmutziger Staub mit Mäusedreck vermischt liegen im Schrank. Soll er jetzt um diese Zeit noch einmal zum Händler Zhou Yong gehen und etwas einkaufen? Nein, dazu hat er keine innere Kraft. Warum ist Yong nur so negativ ihm gegenüber eingestellt? Cuan beschließt, seinen Hunger als Fasten dem Herrn zu opfern, und er nimmt sich Zeit zum Beten.

Der Besuch der alten Mong hat ihm so viel Auftrieb gegeben, dass er auch wieder mit Worten beten kann. Die Zukunft der Gemeinde, in Wanyuan, aber auch die Geschicke der ganzen Kirche in China bespricht er mit Gott. Bald redet er wieder wie in alten Zeiten mit seinem Herrn und er merkt, wie er immer ruhiger wird. Auch für die alte Mong betet er und es fallen ihm viele Namen der treuen Gemeindeglieder ein und manche Neubekehrte, die er in den nächsten Tagen besuchen will. Für Zhou Yong zu beten fällt ihm schwer, doch er weiß um die verändernde Macht des Gebets. Nicht der andere wird sofort verändert, sondern der Beter bekommt eine neue Sicht. So ist sein schlichtes Gebet, dass Gott Zhou Yong segnen möge. Immer wieder spricht er den Namen aus und erbittet die Liebe Gottes für ihn.

Nach einer Woche bekommt Cuan Besuch. Zwei Männer von der neuen kommunistischen Stadtregierung stehen vor seiner Tür, wollen aber nicht eintreten, da ihnen ein widerlicher Gestank aus dem Haus entgegenschlägt. „Die Regierung in Beijing hat bei uns angerufen. Wir wollen ein gutes Verhältnis zu den patriotischen Christen im neuen China. Bist du der Leiter der Patriotischen Drei-Selbst-Kirche in Wanyuan?"

Cuan ist völlig verwirrt. Warum kommen sie zu ihm und bestellen ihn nicht aufs Rathaus? Was sind patriotische Christen? Haben sie seinen Namen in Beijing registriert? Ist er bereits ein Teil der neuen Kirche? „Ich bin kein ordentlich ausgebildeter Pastor. Ich bin ein kleiner Christ, der Gott dienen will."

„Aber du bist doch der Leiter dieser Christengruppe hier in Wanyuan? Du warst in Beijing und hast mit den Vertretern unserer kommunistischen Regierung und Zhou En-lai die neue Kirche der Christen gegründet."

Wieder ist Cuan erschrocken, in welche „Höhe" er erhoben wird. Erst will er das weit von sich weisen, aber dann sagt ihm eine innere Stimme, dass dies eine Chance ist. Wenn sie meinen, er sei mit der Regierung zusammen gewesen – die sie in der Provinz ja alle nicht kennen und vor der sie großen Respekt, ja sogar Angst haben –, dann hat er einen besonderen Bonus ihnen gegenüber. Sie werden mich als etwas Besonderes achten, denkt er, vielleicht ist das ein Weg, den mir Gott öffnet. „Ja, sie haben mich als ihren Leiter anerkannt und ich tue, was ich kann. Vor allem will ich, dass wir das tun, was unser Herr Jesus Christus von uns erwartet."

„Und was ist das, was der Vorsitzende von euch Christen erwartet?"

Cuan muss lächeln, weil er Jesus noch nie als Vorsitzenden bezeichnet hat. Aber die politischen Kader können halt nur in solchen Begriffen denken. Er antwortet: „Jesus ist nicht unser Vorsitzender, wir nennen ihn Heiland oder Herr. Er erwartet von uns, dass wir Gott die Ehre geben und ihm gehorsam sind. Dazu gehört auch, den Menschen zu dienen, dass sie bessere Menschen werden, den Nächsten zu achten und sogar den Feind zu lieben."

Der erste Parteileiter poltert sofort los: „Niemals werden wir Feinde lieben. Sie müssen vernichtet werden, alle müssen vernichtet werden. Auch die, die unsere Feinde werden könnten – anklagen, verurteilen, erschießen, den Vögeln und den nächtlichen Raubtieren zum Fraß hinwerfen, das ist es, was wir mit unseren Feinden tun."

Der andere fragt nach: „Was heißt das, euerm Gott gehorsam sein? Es herrscht jetzt die Partei der revolutionären Bewegung, ihr ist absoluter Gehorsam zu leisten. Da werdet ihr Christen aber in Schwierigkeiten kommen." Und der Erste ergänzt: „Und ihr könntet unsere Feinde werden, aber da habt ihr keine Chance."

Cuan merkt, dass er jetzt die Regierungskarte ziehen muss, sonst könnte das Gespräch eine gefährliche Wendung nehmen. „Wir haben aber in Beijing vereinbart, dass wir uns an die Gesetze der neuen Regierung halten – und das, was wir von diesen Gesetzen bisher erfahren haben, spricht nicht gegen unseren Glauben. Zhou En-lai hat uns aufgefordert, das Gute am Christentum in die Gesellschaft einzubringen, und das wollen wir tun."

Bei dem Namen Zhou En-lai glänzen die Augen des Wortführers und der sagt mit erwartungsvoller Stimme: „Hast du selbst mit dem großen Genossen Zhou gesprochen?"

„Nein, es waren aber einige Leiter von uns bei ihm, die haben lange mit ihm geredet."

„Schade", ist die enttäuschte Antwort, denn der Parteileiter hängt noch ganz seiner Frage nach.

Für Cuan ist immer noch unklar, was die beiden von der örtlichen Parteileitung eigentlich von ihm wollen, deshalb fragt er vorsichtig: „Meine Gäste, es tut mir leid, dass ihr nicht in mein Haus kommen wollt, ich bin untröstlich, weil ich euch gern Gastfreundschaft schenken wollte. Darf ich euch wenigstens einen Tee herausbringen?"

„Nein, nein, lass mal. Wir wollen dir nur sagen, dass die Regierung beschlossen hat, Religionsbeauftragte einzusetzen, und du sollst der Beauftragte für unsere Stadt werden."

Plötzlich steht Cuan eine Diskussion in Beijing vor Augen, als es um die Frage ging, wie weit man mit der neuen Regierung zusammenarbeiten kann. Einige waren sehr dafür, aber ein Pastor aus der Provinz Henan sagte: „Niemals mit den Kommunisten gemeinsame Sache, aber als Gegenüber das Gute fördern, das können wir leisten."

Cuan versucht erst einmal mit der üblichen höflichen Bescheidenheit zu antworten. „Das ist eine viel zu große Aufgabe für mich. Ich bin dieser Ehre nicht wert. Da gibt es viele Menschen, die sind besser für diese Aufgabe geeignet. Ich werde euren Erwartungen nie und nimmer gerecht werden können."

„Das entscheidet die Partei", ist die schroffe und abschließende Antwort des Wortführers. „Morgen Nachmittag kommst du ins Rathaus und wir werden die nächsten Schritte miteinander besprechen." Schon drehen sie sich um und gehen die „Straße zum ersten Frühlingsduft", die jetzt „Straße des befreienden Pulverdampfes" heißt, hinunter. Langsam weicht der beißende Abwassergestank hinter ihnen zurück.

Lui Cuan ist verzweifelt. Er kann sich unmöglich mit der Partei einlassen. Selbst wenn er durch die Zusammenarbeit vielleicht Schlimmeres verhindern kann – seine Gemeinde und erst recht Zhou Yong würden das nicht verstehen. Aber kann er sich diesem Befehl entziehen? Zu viel von der anmaßenden Macht der neuen Regierung hat er erlebt und auch, dass sie Widerspruch nicht duldet. Was werden die Konsequenzen sein, wenn er ablehnt? Ihm ist auch klar, dass er jetzt niemanden in seiner Gemeinde um Rat fragen kann. Wieder sinkt er vor seinem Bett auf die Knie. Nur Gott selbst kann ihm einen Ausweg zeigen.

Die halbe Nacht betet er und ringt um eine Lösung. Weil

ihm immer wieder bewusst wird, wie sehr er in der Falle sitzt, überschlagen sich die Gedanken. Er sieht sich mit den andern Christenleitern in Beijing am Tisch sitzen und wie sie um eine Lösung gerungen haben. Er sieht plötzlich auch das lachende Gesicht seines Namensvetters aus dem YMCA, der am Bahnhof so lange auf ihn gewartet hat. Er sieht vor sich, wie der tapfere Liao Wu nach dem Kopfschuss vom Lkw-Anhänger stürzte, dann aber auch wieder, wie sein eigenes Bein innerhalb weniger Stunden gesund wurde und er das wunderbare Gefühl hatte, wie die Schmerzen zurückgingen und sich nur noch ein wohliges Kribbeln in dem todkranken Bein ausbreitete. Weil seine Gedanken nicht zur Ruhe zu bringen sind, zündet Cuan eine Kerze an, schiebt die Bettdecke zur Seite und schlägt seine zerlesene Bibel auf. Er beginnt Psalmen zu beten. Schon oft hat er gemerkt, wie das Ruhe und Gelassenheit in sein Leben bringt.

Er ist noch nicht weit gekommen, da klopft es an der Tür. Die alte Mong ist es, die sich im Schutz der Dunkelheit zu ihm geschlichen hat. Ihre Augen glänzen in der Dunkelheit, als sie Cuan die große Neuigkeit erzählt: „Wir haben einen Raum gefunden, in dem wir Gottesdienst feiern können. Im Lager vom Händler Zhou Yong hinter dem Laden ist ein sicherer Ort. Kein Fenster zur Straße und keine Nachbarn. Dort sind wir sicher. Ich habe mit Zhou Yong verabredet, dass wir uns morgen Abend zwei Stunden nach Sonnenuntergang bei ihm treffen."

Für einen Moment ist Cuan versucht, Mong in seine schwierige Entscheidung einzuweihen, aber dann ist ihm klar, dass sie das nicht verstehen würde und dass es besser ist, es erfährt niemand davon – wie auch immer er sich entscheiden wird.

Als Cuan am nächsten Nachmittag zum Rathaus geht, wirkt er wie ein alter Mann. Langsam und gebückt bewegt er sich vorwärts. Er schaut nicht aufmunternd nach links und rechts, wie alle in der Stadt es sonst gewöhnt sind. Er nimmt niemanden wahr und auch die Leute vor den Geschäften, mit ihren Tragekörben und eiligen Wegen, haben keinen Blick für ihn. Im Rathaus wird er von der Türwache über die ausgetretenen und knarrenden Holzstufen ins obere Stockwerk geführt. Wie oft ist er mit schwerem Herzen diese Treppe nach oben gegangen, als der Offizier ihn jede Woche sprechen wollte. Wie oft ist er mit fröhlichem Herzen diese Stufen nach unten gesprungen, weil er ein gutes Gespräch hatte und neue Hoffnung für die christliche Gemeinde ihn beflügelte.

Die Tür zum Sitzungszimmer ist offen, die Möbel sind noch dieselben und am Geruch von Öl, Ruß und altem Zigarettenrauch hat sich im Haus auch noch nichts geändert. Die zwei Männer vom Vortag sitzen schon bereit und es ist ein weiterer Mann im Zimmer, der eine neue Uniform trägt. Er ist es auch, der Cuan begrüßt und dann sofort mit einer Rede beginnt. „Die revolutionäre Regierung ist an einem guten Verhältnis mit allen Genossen und Nichtgenossen interessiert. Wir benötigen für den Aufbau des neuen Chinas alle positiven Kräfte. Wir haben auch die Lehren von euch Christen studiert und wir wissen, dass diese Lehren die Menschen besser machen können. Aber wir wollen nicht, dass sich Menschen treffen ohne die Kontrolle der Partei. Du wirst jetzt in die Partei eintreten und wirst unser Verbindungsmann zu den Christen hier in der Stadt sein und im Umfeld bis in die Dörfer an den Honigbergen. Wenn du deine Arbeit gut machst, bekommst du vielleicht nächstes Jahr ein Fahrrad von der Partei, mit dem du die Kontrolle noch besser ausführen kannst. Du wirst dich jetzt ‚Beauftragter für religiöse Angelegenheiten' nennen und alle Belange von Religion wirst du mit der Partei klären. Hier ist dein Parteidokument. Hier unterschreibst du jetzt."

Weil das für Cuan jetzt doch überraschend schnell ging, fällt ihm nichts anderes ein, als den hohen Parteifunktionär nur anzulächeln. Er blickt ihm offen ins Gesicht und lächelt nur, auch wenn es ein etwas eingefrorenes Lächeln ist.

Der Uniformierte sagt: „Das freut dich. Ja, richtig so, es ist auch eine Ehre, für die Kommunistische Partei zu arbeiten. In jeder Stadt und in jedem Landkreis werden wir solche Mitarbeiter für religiöse Angelegenheiten einsetzen."

„Nein, hoher Offizier", antwortet Cuan jetzt, „ich bin dieser Ehre nicht würdig. Ich werde nicht in die Partei eintreten, ich kann so einen Kontrolldienst nicht tun."

Dieser holt tief Luft und will sich schon mit lauten Worten und neuen Argumenten auf Cuan stürzen. Auch die beiden anderen sind aufgestanden und stehen bedrohlich eng um Cuan herum. Er bedeutet den Männern mit seinen Händen, Ruhe zu bewahren, er möchte ihnen eine kleine Geschichte erzählen. „Es war einmal eine Gruppe Mäuse. Die hatten sich in ihrem verzweigten Bau ein gutes Lager an Vorräten angelegt. Aber die Vorräte waren in Gefahr, wenn es zu sehr regnete oder wenn eine Überschwemmung kam. Also bestellten sie einen Frosch, der sich mit Wasser ja auskannte. Aber der Frosch war ein schlechter Wächter. Er wartete immer auf Regen, weil er wieder einmal im Wasser baden wollte. Eine Überschwemmung wäre für ihn das höchste Glück gewesen. Und so warnte er die Mäuse nicht und die ganzen Vorräte verdarben, als ein Regenguss über das Land kam. Schließlich haben die Mäuse ihn in Unehren entlassen und aus ihrem Bau gejagt." Cuan weiß, dass diese Geschichte ihre Wirkung nicht verfehlen wird. So setzt er nach einiger Zeit nach: „Und deshalb, verehrte Herren, versteht, ich will ein guter Frosch sein und ich bin unfähig, euch zu dienen. Wir haben zu unterschiedliche Interessen."

Mit diesen Worten dreht er sich um und geht demonstrativ mit festen Schritten die Treppe nach unten. Außer ihrem

Knarren und seinen Tritten ist nichts zu hören. Cuan wartet zwar darauf, dass irgendetwas passiert, aber es bleibt ruhig, bis er die Tür zur Straße erreicht. Er geht Richtung Stinkhaus, aber keiner rennt ihm nach, brüllt irgendwelche Drohungen oder schießt auf ihn. Langsam wird sein Schritt weniger verkrampft und er beschließt, ein größeres Stück zu gehen. Er braucht jetzt Weite um sich herum, er muss allein sein. So geht er bis zum Apfelhainberg, den er lange nicht besucht hat. Einzelne Frauen und Männer arbeiten auf den Feldern, aber sie nehmen von Cuan keine Notiz. Zu sehr sind sie bemüht, den harten Boden aufzuhacken oder die jungen Pflanzen mit verdünnter Jauche zu bewässern. In einem Korb am Wegrand schläft ein Kind, während die Mutter weit hinten in der Furche die Erde lockert.

Auf dem Apfelhainberg ist er allein. Der Pfad schlängelt sich durch Dornen und verdorrte Reben von wilden Orchideen. Die Luft ist klar und Cuan zieht sie tief in seine Lungen ein. Sein Blick geht jetzt über das hügelige Land mit seinen kleinen Feldern und er ist glücklich, hier zu leben. Doch die Sorgen lassen sich nicht einfach ignorieren, sie schieben sich immer wieder in den Vordergrund. „Gott, mein Vater, wie wird es nun weitergehen? Werden sie mir daheim auflauern? Kommen sie mit neuen Argumenten oder Drohungen? Wen werden sie versuchen zu gewinnen, wenn ich hart bleibe? Aber ich danke dir, dass die Gemeinde sich heute Abend treffen kann. Vergib mir alle negativen Gedanken gegen Zhou Yong. Danke für die alte Mong, die dich liebt und die sich so für die Gemeinde einsetzt."

Die Sonne neigt sich schon kräftig dem Horizont zu und Cuan macht sich auf den Heimweg. Noch schnell etwas essen und dann ist es bald so weit, dass sich die Gemeinde endlich wieder einmal zum Beten trifft. Ob wir auch singen können? Wird das Lager so dicht sein, dass unser Singen nicht zu hören ist? Cuan weiß, dass er stinkt. Die Gerüche des Stinkhauses haben sich in allen Kleidungsstücken festgesetzt. Wenn sie sich früher in seinem Hause getroffen haben, dann hat das niemanden gestört. Nach den Gebetstreffen haben alle etwas streng gerochen und der Wind hat sie, bis sie ihre Häuser erreichten, gereinigt. Aber wenn er jetzt in eine andere Versammlung geht, dann ist er es, der den Geruch mitbringt. So zieht er sein Hemd aus und lässt es im Winde hin und her wehen, um es etwas zu lüften. Er findet am Fuß des Hügels einige vertrocknete Lavendelpflanzen, mit denen er sich abreibt. Ob der angenehme Duft allerdings anhält bis zur Versammlung, ist ihm nicht klar.

Als er durch den Laden von Zhou Yong das Lager betritt, sind schon sieben Christen da, die ihn erwartungsvoll anblicken. Die meisten haben ihn ja seit der Abreise nach Beijing nicht wieder gesehen. Freude liegt auf den Gesichtern und in manchem ist auch glückliche Überlegenheit zu sehen, weil sie nun doch wieder Gottesdienst miteinander feiern können. Zhou Yong bewacht die Tür, sieht aber an Cuan vorbei. Cuan will sich gerade bei ihm für die Bereitstellung des Lagerraums bedanken, da fährt ihn Zhou Yong an: „Dass du dich hierhertraust, du Verräter! Willst uns wohl ausspionieren und dann der Partei Bescheid geben, wo wir uns treffen und was wir besprechen? Wirst du alle Namen weiterleiten und uns verraten, du Judas, du?!"

Die anderen sind erschrocken und wissen auch, dass dies nicht die erste Äußerung von Zhou Yong in dieser Richtung ist. Schon öfters hat er bei Begegnungen mit einzelnen Gemeindegliedern den Verdacht geäußert, dass man Cuan durch seine Verbindung zur neuen Regierung nicht mehr trauen kann.

Cuan fasst ihn an der Brust und fährt ihn an: „Woher nimmst du das Recht, mich anzuklagen? Was habe ich denn getan gegen die Gemeinde – oder gegen dich?"

„Du traust dich noch, den Unschuldigen zu spielen. Die halbe Stadt weiß es schon, dass du in die Partei eingetreten bist und die Gemeinden der ganzen Umgebung ausspionieren wirst", ist die schroffe Antwort, die auch die meisten Anwesenden überrascht.

„Das ist eine Lüge, ich bin nicht in die Partei eingetreten und habe die Zusammenarbeit mit ihr abgelehnt", versucht Cuan das Gespräch zu versachlichen. „Sie hatten mich tatsächlich dafür bestimmt, der Religionsbeauftragte der Stadt und des Kreises zu sein, aber ich habe nicht zugestimmt, hörst du! Ich nicht, ich kann es nicht, so ein Mitarbeiter der Regierung zu werden."

„Aber warum verbreiten sie dann die Nachricht in der Stadt, dass du ihr neuer Mitarbeiter bist?", gibt Zhou Yong zurück.

„Ich weiß es nicht, es kann ihre Taktik sein, uns zu spalten. Yong, lass nicht zu, dass sie uns auseinanderbringen."

Doch das Misstrauen steckt so tief in dem Händler, der sich keinerlei Mitarbeit mit den neuen Machthabern vorstellen kann, ja, der auch Angst hat, dass sie eines Tages sein Geschäft schließen oder verstaatlichen werden. Nach einer Weile sagt er zur versammelten Gemeinde, die inzwischen auf siebzehn Leute angewachsen ist: „Ich möchte sichergehen, dass wir hier keinen verdeckten Mitarbeiter der Kommunisten haben. Bitte, Cuan, verlass mein Haus. Wenn sich deine Unschuld erwiesen hat, kannst du gern wieder zu uns kommen. Der erste Beweis deiner Treue wird sein, dass du uns hier nicht verrätst."

Cuan, der sich vorgenommen hat, der Gemeinde sein besonderes Heilungswunder zu erzählen, er, der von Beijing und der Überlebenschance der Kirche berichten wollte, ist wie vor den Kopf geschlagen. Aber er weiß auch, dass Yong sein Gesicht verliert, wenn Cuan jetzt bleibt oder gar die Gemeinde zur Abstimmung auffordert. Mehr als traurig wendet er sich dem Laden zu, um durch ihn die Straße zu erreichen. Als er über die ausgetretenen Stufen auf die Straße tritt, kommt die alte Mong um die Ecke. Sie fasst Cuan an beiden Oberarmen und flüstert: „Das ist Gottes Werk, dass wir einen sicheren Platz gefunden haben. Hier können wir den Herrn loben, ihm die Ehre geben und unsere Gemeinde wieder aufbauen."

Cuan ist unfähig, ein Wort zu sagen, was soll er der treuen Alten auch sagen? Er löst sich aus ihrem Griff und die Tränen schießen ihm in die Augen. Mit einem fragenden Kopfschütteln betritt Mong den dunklen Laden und tastet sich zum Lager vor, von dem ein matter Lichtschein durch die offene Tür in den Verkaufsraum fällt.

Nach einer Woche bekommt Cuan wieder Besuch. Es sind zwei Brüder und eine Schwester der Drei-Selbst-Kirche in Beijing. Sie reisen durch das Land und sammeln Unterschriften unter ein christliches Manifest. Für Cuan ist dieses Dokument nicht unbekannt. Schon bei seinem Besuch in Beijing, der inzwischen ja fast ein Jahr her ist, hat man darüber diskutiert. Das Manifest beschreibt das neue Verhältnis zwischen Chinas Christen und der Regierung. Es macht klar, dass sich auch die Christen an der Beseitigung der wirtschaftlichen Mängel im Lande beteiligen. Sie wollen einen konstruktiven Beitrag zum Aufbau des neuen Chinas leisten. Christen haben einen Auftrag für die Benachteiligten im Land. Die Besinnung auf die eigenständige Geschichte des Christentums in China und die völlige Loslösung vom Ausland sind Kernpunkte, die von der Regierung gewollt und im Manifest festgeschrieben werden. Aber die Drei-Selbst-Kirche will den geistlichen Aufbau des Glaubens fördern, Glaubenshemmnisse überwinden und den kommunistischen Staat als positives Gegenüber anerkennen.

Es steht zwar nicht in dem Vertrag, aber die Geschwister berichten, dass die Regierung einer Gemeinde die Versammlungserlaubnis gibt, wenn sich mindestens fünfunddreißig Unterzeichner an einem Ort finden. Fieberhaft geht Cuan seine Gemeindeglieder durch. Es könnte knapp werden, aber es ist die Chance, dass sich die Gemeinde wieder öffentlich versammeln kann. Sofort schießt ihm aber auch durch den Kopf, was wohl der Kaufmann Zhou Yong dazu sagen werde. Auf ihn kann er sicher nicht zählen, ja, er wird das auch wieder als einen Kotau gegenüber den Kommunisten werten – ist es ja auch, aber es ist eine Chance für die Kirche. Die Brüder und Schwestern aus Beijing lassen eine Liste hier. Er solle sie sobald wie möglich nach Beijing schicken.

Cuan möchte den dreien natürlich ein Nachtquartier anbieten, aber er hat sehr deutlich gespürt, wie sie die Nase hochzogen, als sie sein Stinkhaus betraten. Er bietet ihnen zwar Quartier an, doch sie lehnen dankend ab. Sie wollen noch weiter, um recht viele Gemeinden zu besuchen. Denn es ist gut, wenn viele Tausend Unterschriften unter das Dokument gesammelt werden.

Nach der bitteren Ausladung aus dem Versammlungsraum beim Händler Zhou Yong ist Cuan kaum aus dem Haus gekommen. Er will gar nicht wissen, was alles über ihn in der Stadt gesprochen wird. Und doch hat er eine tiefe Sehnsucht nach den Brüdern und Schwestern im Glauben. Viele hat er ja so lange nicht gesehen. Vor allem: Wie mag es den Christen gehen, die zum Glauben gekommen waren, als sie die Kirche wieder benutzen konnten und die Gemeinde wieder aufblühte? Die Frage nach den Unterschriften treibt ihn mit einer großen Unruhe zu den Christen.

Noch am selben Tag macht er sich auf den Weg in die Stadt. Von den meisten Gemeindegliedern kennt er das Haus. Von manchen neuen Christen ist ihm nicht bekannt, wo sie wohnen, und er ist auf Informationen von anderen Christen angewiesen. Fast überall wird er mit Freude aufgenommen. Vielen ist noch nicht bekannt, dass er wieder zurück ist. Bei einigen spürt er Zurückhaltung und Vorsicht – es sind genau diejenigen, die sich jetzt jede Woche bei Zhou Yong im Lager treffen. Dennoch versucht Cuan in aller Offenheit über die Chancen der neuen Drei-Selbst-Kirche zu sprechen und sie zur Unterschrift zu bewegen. Einige unterschreiben nicht, sie haben Angst, dass ihr Name dann auf einer Liste steht, von der sie nicht wissen, in welche Hände sie gelangt. Andere unterschreiben und wollen mit Cuan hoffen, dass sich in ihrer Stadt die Gemeinde bald wieder offiziell versammeln kann.

Doch nach einer Woche intensiver Hausbesuche hat Cuan erst neunzehn Unterschriften zusammen. Soll er vielleicht doch zur geheimen Versammlung gehen und die Geschwister dort bitten? Aber die schroffe Haltung von Zhou Yong ist ihm noch so in den Gliedern, dass er keinen Mut dazu findet. So wandert er in die Außenbezirke der Stadt und besucht die Schweinesiedlung, aus der vor seiner Reise nach Beijing auch einige wenige Besucher zum Gottesdienst gekommen waren.

Dass er sich hier nicht früher hat sehen lassen, tut ihm jetzt leid. So weiß er nicht, an wen er sich wenden kann. Aber er hofft, dass ihn irgendjemand aus der Siedlung erkennen wird. Der Weg am Fluss ist schwer zu gehen. Bei höherem Wasser spült der Fluss ihn immer wieder weg und die Bewohner der Schweinesiedlung reparieren ihn notdürftig, denn ohne diesen Weg sind sie von der Stadt abgeschnitten. Bei Hochwasser sowieso, und danach versuchen sie alles in die Wege zu leiten, dass der Zugang zur Zivilisation wieder gangbar wird. Aber von einer Straße kann man nicht sprechen, es ist ein Holperweg, von Ochsenkarren einigermaßen zu bewältigen.

Cuan ist natürlich zu Fuß unterwegs. So kann er seinen Gedanken nachhängen und hat Zeit, für die Gemeinde und für die

Aktion mit den Unterschriften zu beten. Als die ersten Hütten zu sehen sind, hat er den Schweinegestank längst gerochen. Tatsächlich sind hier um jedes Haus mehrere Schweinegatter herumgebaut. Allerdings kann man bei den meisten Behausungen nicht von Häusern sprechen. Es sind einstöckige Hütten aus Holz und Lehm, die meist am Boden von Beton- oder Steinplatten umstellt sind, damit die Schweine nicht die Hüttenwände anfressen bzw. unterhöhlen. Zu manchen Hütten kommt man gar nicht anders, als dass man über die Holzgatter steigt, sich durch den Schweinemist und aufgeweichten Schlamm kämpft und versucht, noch vor den Schweinen die Haustür zu erreichen.

Cuan wählt eine Hütte, die einen freien Eingang hat. Es ist nur eine alte Frau zu Hause, die ihn misstrauisch beäugt. Fremde verirren sich nur selten in diese streng riechende Siedlung. Cuan fragt: „Sag, Mütterchen, wer gehört denn zu den Christen hier in eurer Siedlung? Ich komme von der evangelischen Kirche und möchte gern die Christen besuchen."

Die alte Frau zieht ihn mit der Hand näher zu sich und blickt ihm ins Gesicht. „Bist du nicht Lui Cuan, der verlorene Pastor?"

Cuan weiß nicht, ob sich das „verloren" auf die Abwesenheit während seiner Beijingzeit oder auf eine Ablehnung aus dem Hause Zhou Yong handelt. Deshalb fragt er vorsichtig weiter: „Du kennst mich? Warst du selbst schon in unserer Kirche?"

„Ja, ja, ich war öfter in der Stadt zum Gottesdienst, bis sie uns die Kirche weggenommen haben." Sie zieht ihn mit in den dunklen, niedrigen Raum und schiebt ihm einen halb kaputten Stuhl hin, auf den sich Cuan nur sehr vorsichtig niederlässt. „Wo warst du die ganze Zeit? Wir haben dich gebraucht. Nun bist du wieder da, das ist gut. Hast du die Kirche schon wieder zurückbekommen?"

Ihre fragende Körperhaltung macht Cuan noch einmal deutlich, wie sehr die Christen hier um den Verlust der Kirche trauern. Zu gern würde er der Frau eine positive Antwort geben, aber er schätzt die Realität nüchtern ein. So sagt er: „Wir sind auf einem guten Weg, die Kirche wiederzubekommen. Es braucht nur viele Christen, die das wollen."

Da sagt sie einen Satz, der Cuan fast von dem wackligen Stuhl wirft: „Wir in der Siedlung hier sind alle Christen!"

„Wie das denn?", fragt er zurück.

„Nun ja, als wir nicht mehr in die Kirche gehen konnten, haben wir uns bei Li Long getroffen. Er war damals zwar kein Christ, aber er hat das einzige Steinhaus. Fünf Leute waren wir am Anfang, aber es wurden immer mehr. Die alte Mong aus der Stadt kam einmal die Woche und hat eine Bibel mitgebracht. Woher sie die hat, hat sie uns immer verschwiegen, ist ja auch egal. Weißt du, hier in der Siedlung gibt es keine Abwechslung, da waren alle froh, dass sie etwas Neues erfahren konnten. Li hat dann aus der Bibel vorgelesen, denn er ist der Einzige, der richtig fließend lesen kann.

Schließlich sind alle zu den Abenden gekommen. Vor zehn Wochen kam dann der Heilige Geist über uns, als Li Long aus dem Evangelium gelesen hat. Wir haben alle geweint wegen unserer Sünden. Einige fingen an, sich gegenseitig um Verzeihung zu bitten, andere schrien laut zu Gott, dass er die Ahnen gnädig stimmen solle. Fast die ganze Nacht haben wir vor Gott geweint und dann kam ein tiefer Frieden über uns. Wir haben uns gegenseitig gesagt, dass wir jetzt an Jesus Christus und an den lebendigen Gott glauben wollen, auch Li, alle sind Christen geworden."

Cuan ist sehr verwirrt. Ist man etwa schon Christ, wenn man weint und dann ein tiefer Frieden kommt? Er muss an die neuen Christen in Xicheng denken, die nach dem Mord an ihrem Pastor zum Glauben gekommen sind. Wie wird es ihnen inzwischen gehen? Was ist hier mit dem Gebet für die Ahnen passiert? Davon hat er doch noch nie etwas in der Bibel gelesen.

Aber er will jetzt der alten Frau die Freude nicht nehmen und kritische Fragen stellen. „Wie viele seid ihr denn, wenn ihr euch trefft?"

Mit einem Lächeln antwortet sie: „Zu unserer Schweinekirche gehören sechzehn Erwachsene und vier Kinder."

Cuan rechnet schnell nach: Neunzehn Unterschriften plus sechzehn, das wäre genau die Zahl, die er für die Liste braucht. „Wann trefft ihr euch denn zu euern Abenden?"

„Heute Abend gehen wir wieder zu Li, und wenn du willst, komm doch mit. Wir werden uns alle freuen, dass wir einen Pastor zu Besuch haben."

„Nun ja, ein richtiger Pastor bin ich nicht. Ich bin nur der Leiter der Gemeinde. Ich mache dort alles – ich habe dort alles gemacht", verbessert er sich, „weil wir uns keinen Pastor leisten können. Aber ich will euch gern erzählen, was ich in Beijing und auf dem Weg zurück erlebt habe."

„Aber wir wollen eine richtige Predigt, wenn schon mal ein Pastor da ist."

„Keine Frage", antwortet Cuan, „ich komme und werde euch eine Predigt halten und von Gottes Wirken erzählen."

Nun muss er erst einmal an die frische Luft. Sein Herz schlägt schnell und die Hände sind ihm feucht geworden. Jetzt muss er irgendwohin, allein sein und seine Freude mit Gott teilen. Er lässt sich erklären, welches das Haus von Li ist und wann das Treffen beginnt.

Der Weg durch die Siedlung verläuft nicht weiter flussauf, aber Cuan findet einen Trampelpfad, der durch die Felder zu einem Hügel führt. Von hier oben kann er den Fluss in seinen sanften Windungen, die weite Felderlandschaft und in der Ferne auch die Stadt sehen. Doch dafür hat er jetzt keinen Blick. Er steht aufrecht, blickt in die Ferne und die ganze Freude über Gottes Wirken sprudelt aus ihm heraus. In seinem Herzen ist eine große Hoffnung, dass er die Unterschriften zusammenbekommt und die Gemeinde eine offizielle Berechtigung für neue Treffen erhält.

Auf dem Rückweg überlegt er sich, über welchen Text er predigen soll. Er betet auch für diese Entscheidung zu Gott und plötzlich steht ihm die Geschichte von Emmaus vor Augen. Enttäuschte Jünger sind auf dem Weg in ein abgelegenes Dorf und plötzlich geht Jesus mit ihnen. Er erklärt ihnen die Zusammenhänge der letzten Tage und sie erkennen nicht, dass es Jesus ist, der mit ihnen wandert. Aber ihre Herzen werden fröhlich und sie beginnen zu begreifen. Schließlich erkennen sie Jesus und wissen nun sicher, dass er auferstanden ist.

Cuan hat plötzlich solche Lust zu predigen, dass er es gar nicht erwarten kann. Er wird wieder die Botschaft des Auferstandenen verkündigen. Und vor seinem inneren Auge steht der Kampf um sein Bein und die Bibelstelle aus Jesaja 52: „Wie lieblich sind die Füße der Boten, die da Frieden verkündigen." Er muss lächeln.

Als er das Haus von Li Long betritt, wird er herzlich empfangen. Einige Schweinebauern mit ihren Frauen sind schon da, auf andere wartet man noch. Schließlich sind alle versammelt, bis auf Lee Yi, der mit jedem Schwein erst noch ein Schwätzchen macht, ehe er aus dem Haus geht, wie die Dorfbewohner grinsend erzählen. Jedes seiner Schweine hat einen Namen und Yi kniet sich neben jedes Schwein, krault es hinter dem Ohr und erzählt ihm eine kurze schöne Geschichte. Das braucht seine Zeit und deshalb ist er nie pünktlich. Li vermutet, dass Yi, seit er Christ geworden ist, am Abend auch mit seinen Schweinen betet, aber der Anstand verbietet es ihm, Yi danach zu fragen.

Cuan begrüßt die alte Mong ganz besonders und erkennt sofort, dass die Bibel, die sie in einem Sack bei sich hat, die Bibel aus der Kirche der Stadt ist. Mong hat an seinem Blick gemerkt, dass ihr „Diebstahl" erkannt wurde, und sie flüstert Cuan zu: „Entschuldigung, sie wäre doch sonst vernichtet worden."

„Schon gut, sie hat hier in der Siedlung mehr bewirkt als in der Zeit vorher auf dem Altar der Kirche. Behalte sie, bis wir die Kirche wieder einweihen können", und dabei strahlen seine Augen voller Hoffnung.

Seine Predigt dauert fast eine Stunde und die Zuhörer sind sehr bewegt. Einige weinen, andere beten leise, man sieht, wie sie die Lippen bewegen. Danach berichtet Cuan von dem Wunder der Heilung und die Bauern wollen das Bein natürlich sehen. Vorsichtig und ehrfürchtig betasten sie die vernarbten Wunden und können kaum glauben, dass er keine Schmerzen mehr hat.

Danach erzählt er von Beijing und davon, dass das Christliche Manifest viele Tausend Unterschriften braucht. Für einige ist dies alles total unverständlich, andere lachen und geben zu, dass sie noch nie etwas unterschrieben haben, denn sie können ja nicht schreiben. Cuan ist schon wieder unsicher, aber da springt ihm Mong zur Seite. „Es ist wichtig, dass wir alle unterschreiben, weil wir sonst unsere Kirche nicht wiederbekommen. Cuan, du bringst nächste Woche die Liste mit und wir unterschreiben alle. Wer nicht schreiben kann, der hat eine Woche Zeit, seinen Namen mit schönen Zeichen zu üben. Dazu braucht ihr kein Papier, ihr übt mit einem Stock oder mit dem Zeigefinger im Dreck. Vor euern Häusern ist ja genug davon." Dabei lacht sie ihr verschmitztes Lachen und ihre Augen strahlen vor Freude. Und weil Mong eine Autorität in der Schweinesiedlung geworden ist, wird es so beschlossen und gemacht.

Als Cuan den Brief mit den fünfunddreißig Unterschriften zur Poststelle bringt, zittern ihm die Hände. Genau verfolgt er, wie der Beamte die Briefmarke aufklebt, sie abstempelt und den

Brief dann in einen Korb wirft. Noch lieber hätte er den Brief persönlich nach Beijing getragen, aber das ist unmöglich. So kann er nur hoffen und beten, dass der Brief nicht verloren geht und in Beijing an die richtige Stelle kommt.

Es vergehen sechs Monate, dann wird Cuan in das Haus der Stadtregierung bestellt. Es geht um die Kirche. Er möchte gern einen Zeugen dabeihaben, damit auch andere aus der Gemeinde die Nachricht aus erster Hand erfahren. Am liebsten hätte er Zhou Yong mitgenommen, damit er mit eigenen Ohren hört, wie sie die Genehmigung für die Kirchenöffnung bekommen, aber der will nicht mit Cuan gemeinsam gesehen werden. So bittet er die alte Mong, mit ihm zu kommen. Als sie an der Kirche vorbeikommen, blicken sie sich an und Mong zeigt wieder ihr verschmitztes Lächeln.

Der Parteisekretär hält einen Brief in der Hand, auf dem oben eine rote Fahne mit vier gelben Sternen aufgedruckt ist. Ein offizielles Schreiben von der Regierung. Aus dem Gesicht des Sekretärs ist nichts abzulesen, als er den Text des Briefes noch einmal durchgeht. Dann liest er vor:

„Das Amt für religiöse Angelegenheiten der Volksrepublik China gibt bekannt, dass in der Provinz Sichuan vier Kirchen zur Ausübung religiöser Tätigkeiten geöffnet werden. Es handelt sich um die Kirchen in der Provinzhauptstadt und in drei Kreisstädten.

Die Kirchen und Gebäude der ehemals christlichen Gruppen in allen weiteren Städten werden für andere volkswirtschaftliche Zwecke benötigt und sind hiermit enteignet. Sämtliche Zusammenrottungen von sogenannten Christen sind außer in den erlaubten Kirchen verboten und zu unterbinden.

Es lebe der große Vorsitzende Mao Zedong.
Er bringe China zehntausend Jahre Glück,
gezeichnet ... Leiter des Amtes."

Cuan ist unfähig, etwas zu sagen. Das hämisch grinsende Gesicht des Parteisekretärs verschwimmt vor seinen immer feuchter werdenden Augen. Der sagt nach einer Weile: „Noch Fragen? Ist wohl alles klar!"

Die alte Mong fasst sich schneller und fragt: „Was ist mit unserer Kirche? Wir haben doch fünfunddreißig Unterschriften gesammelt!"

„Hast du nicht verstanden? Ist enteignet, wird für bessere Dinge gebraucht als für euern Singsang. Und hast du genau gehört", er nimmt das Schreiben noch einmal her und liest vor: „‚Sämtliche Zusammenrottungen von sogenannten Christen sind außer in den erlaubten Kirchen verboten und zu unterbinden.' Aber jetzt raus hier, ich habe Wichtigeres zu tun." Er zündet sich eine Zigarette an und dreht sich demonstrativ seinem wackligen Schreibtisch zu.

Chenxi in „Frühlingszweig"

Chenxi bezieht ihr kleines Zimmer im ersten Stock des einzigen Steinhauses im Dorf „Frühlingszweig". Sie ist die Chefin und ihr steht der Luxus eines eigenen Zimmers zu. Das Haus ist Dorfmittelpunkt, Parteizentrale und Schule zugleich. Die beiden jungen Männer, der lange Jingtan, der starke Zou und die geschickte Linan müssen sich einen Schuppen im Hof hinter dem Steinhaus teilen. Später will Chenxi Linan zu sich nehmen, weil sich das Mädchen bei den schlafenden Jungen nicht wohlfühlt. Aber vorläufig ist es wichtig, die Order der Partei einzuhalten, und die sagt, dass ihr als Politoffizier, wie man sie ruft, das beste Zimmer allein zusteht.

Die Dorfbevölkerung musste die Quartiere bereitstellen. Chenxis Zimmer war die Bibliothek, der Raum der anderen war ein Vorratsraum. Die Bücher wurden nicht mehr benötigt und sind bei einer Säuberungsaktion verbrannt worden. Der Schuppen stand deshalb leer, weil die letzten Ernten schlecht waren und der geringe Ernteertrag an die Zentralstellen abgeführt werden musste. Seit hier die kommunistische Wirtschaft eingeführt ist, wird alles zentral geregelt. Aber die Leute sind unzufrieden, weil die Versorgung nicht funktioniert. Mal ist kein Getreide da, mal fehlt das Öl, manchmal ist sogar die Hirse ausgegangen. Reis haben sie schon lange nicht mehr gesehen. Immer, wenn alle Vorräte aufgebraucht sind, muss sehr umständlich in der Kreisstadt eine neue Lebensmittellieferung angefordert werden.

Für die Tiere ist auch längst kein Futter mehr da. Die Kinder gehen früh mit großen Körben aus den Häusern und suchen an Feldrändern und im Wald nach Blättern und Gräsern, die den Schweinen und Schafen vorgeworfen werden, nicht ohne vorher die für Menschen essbaren Halme abzuzweigen. Für die Hühner graben sie im Waldboden nach Maden und Käfern. Kleine Rangeleien gibt es immer wieder an den Misthaufen und Müllplätzen, weil dort die besten Maden zu finden sind.

Natürlich gibt es eine Parteileitung in „Frühlingszweig", die sich jede Woche im Klassenraum der Schule versammelt. Es sind drei Männer und zwei Frauen, die im Dorf gut bekannt sind, aber wenig Einfluss haben. Sie sind nach der Befreiung des Dorfes von der Kuomintang in einem Auswahlverfahren von der einrückenden Revolutionsarmee in die Ämter eingesetzt worden, obwohl sie nicht einmal wussten, was der Unterschied zwischen Nationalisten und Kommunisten ist. Auf der provisorisch eingerichteten Parteischule in der Kreisstadt bekamen sie eine Ausbildung, haben aber wenig von der neuen Ideologie verstanden. Im Dorf wurden sie am Anfang öfters über die neue

Lehre befragt, konnten aber kaum Antworten geben. Schließlich waren die Bauern auch nur daran interessiert, dass sie Futter für ihr Vieh bekamen und ihre Reis- und Getreideschalen nicht leer blieben.

Doch mit der Versorgung der Bevölkerung waren die neuen Dorfältesten überfordert. Es kam zu Diebstählen, zu Schlägereien um geringe Mengen Getreide, und die Bauern begannen, Teile ihrer Ernte zu verstecken und nicht mehr abzuliefern. Das war zwar bei Strafe verboten, aber es fehlte an Überwachung, und die Bauern waren auch erfinderisch, die Anordnungen zu umgehen. Die fünf ernannten Dorfleiter hatten zu wenig Autorität, diesen Missständen entgegenzuwirken. Die Unzufriedenheit wuchs, sodass die Kreisleitung der Partei Hilfe anforderte.

Chenxi und die drei anderen haben nun den Auftrag, das Chaos zu ordnen, die Unzufriedenheit zu besänftigen und die Menschen zum Kommunismus zu bekehren – das vor allen Dingen, denn wenn sie erst gute Kommunisten sind, dann wird sich auch das alltägliche Dorfleben in Freude und Harmonie verwandeln, heißt es.

Chenxi ist mit ihren inzwischen siebzehn Jahren natürlich überfordert, aber die Menschen bringen ihr viel Achtung entgegen und haben große Erwartungen an sie. Da sie weiß, was Schulung bewirken kann, ordnet sie eine tägliche Versammlung für alle Bewohner des Dorfes an. Abends, wenn die Feldarbeit getan und das Vieh gefüttert ist, haben sich alle vor dem Zentralhaus zu versammeln. Appell nennen die vier das, weil es patriotischer klingt als nur Versammlung.

Der starke Zou kontrolliert die Häuser, ob alle angetreten sind, der lange Jingtan führt Protokoll und hängt die wichtigsten Dinge der Absprache am nächsten Tag ans Anschlagbrett – obwohl viele im Dorf dies nicht lesen können. Linan erweist sich als geschickt im Erzählen von alten chinesischen Sagen und Märchen, die sie von ihrer Großmutter gehört hat. Während alle Erwachsenen draußen vor dem Steinhaus stehen, versammelt Linan die Kinder im einzigen Klassenzimmer und erzählt zur großen Begeisterung der Kleinen von bösen Geistern, guten Drachen und geheimnisvollen Begebenheiten. Chenxi will zwar, dass sie patriotische Geschichten erzählen soll, aber keiner kennt welche – also bleibt es bei den jahrhundertealten Geschichten.

Die ersten Ansprachen von Chenxi waren noch unbeholfen und stockend. Sie hat die Dorfleute mit unklaren Zusammenhängen von Kommunismus und Kapitalismus überfordert und bald gemerkt, dass sie immer dann die Aufmerksamkeit bekommt, wenn sie etwas Praktisches vorschlägt, was den Bauern hilft und was sie auch verstehen. Die erste große Aktion ist die Wiedereröffnung der Schule. Die Kinder sollen nicht mehr durch die Wälder streifen, sondern Lesen und Schreiben, Rechnen und Zeichnen lernen. Da erntet sie Protest, denn die Kinder werden gebraucht, Futter für die Tiere heranzuschaffen. Der Kompromiss ist schnell gefunden: Jedes Kind soll pro Tag drei Stunden Schule haben, den Rest des Tages können sie Futter besorgen und auf den Feldern helfen.

In den Unterricht teilen sich Chenxi, Linan und Jingtan. Chenxi gibt für die älteren Kinder Mathematik. Es macht ihr plötzlich große Freude, den Kindern etwas beizubringen. Von ihrer Erfahrung im Kloster hat sie sich als Erstes einen kleinen Stock zugelegt, um unwillige Schüler zu strafen, aber sie merkt, dass dies gar nicht nötig ist. Die Kinder haben genauso viel Freude am Unterricht wie sie.

Um die Unterrichtszeit zu verlängern, baut Zou eine Maden- und Käferfarm. In einer dicken großen Holzkiste wird Dung und Abfall gesammelt und dann den Fliegen und anderem

Ungeziefer überlassen. Nach drei Tagen wird die Kiste abgedeckt und wieder drei Tage später wimmeln im Morast fette und schlanke, gelbliche und weiße Maden herum. Die dicken werden nun täglich herausgelesen und die Kinder tragen die krabbelnden Maden glücklich in ihren Händen nach Hause.

Einige Jungen werden beauftragt, die vermehrt angezogenen Fliegen zu erschlagen. Auch sie werden gezählt und dann gerecht an alle Kinder als Hühnerfutter verteilt. Es geschieht nicht selten, dass mitten im Unterricht einige Jungen aufspringen und nach einer dicken Fliege jagen, die sich im Klassenraum verirrt hat.

Die Leute von „Frühlingszweig" bekommen Vertrauen in die vier neuen politischen Leiter. Die vier sollen auch die Lebensmittelverteilung übernehmen. Das passt der alten Parteileitung nicht, denn nun können sie nicht mehr heimlich etwas mehr für ihren persönlichen Bedarf abzweigen. Sie beginnen die Arbeit der jungen Leute zu boykottieren. Die Eltern der Kinder werden von ihnen aufgehetzt, die Kinder nicht mehr zur Schule zu schicken. Eines Morgens ist die Madenfarm zerstört und die Appellnachrichten von Jingtan am Anschlagbrett sind immer wieder zerrissen oder sie werden ganz entfernt.

Chenxi versucht sich vorzustellen, wie im Kloster mit solchen Leuten umgegangen würde. Sie will sich nicht wie der Glatzkopf aufspielen, aber es muss etwas geschehen. Jingtan wird beauftragt, alle Störmaßnahmen aufzuschreiben und zu sammeln. Mit der Zeit wird die Liste lang und länger.

Auch das Zusammenleben im Dorf wird schwieriger, da die fünf alten Leiter hier ihre Verwandten haben und die Familien natürlich zusammenhalten. Für Chenxi ist klar, dass es bald eine Entscheidung geben muss. Sie reist mit Jingtan in die Kreisstadt und sie verklagen die eingesetzten Parteiführer bei der zentralen Parteileitung. Die Liste der Behinderungen und

Vergehen ist lang und zeigt ihre Wirkung. Am nächsten Tag werden die fünf von der Polizei verhaftet und mit gebundenen Händen aneinandergefesselt aus dem Dorf geholt. Chenxi ist nicht ganz wohl dabei, aber sie weiß, dass es einen harten Schnitt geben muss.

In der Kreisstadt gibt es eine kurze Anklageverhandlung. Die Liste von Jingtan reicht aus, die fünf abzuurteilen: zehn Jahre Umerziehung durch Arbeit, wegen Behinderung der von oben eingesetzten revolutionären Kräfte.

Im Dorf „Frühlingszweig" hätte jetzt Ruhe und Neuaufbau beginnen können, wenn nicht aus Beijing eine neue Weisung über die Kollektivierung der Landwirtschaft gekommen wäre. Aller Privatbesitz an Land und Boden wird aufgehoben und es werden Kolchosen nach sowjetischem Vorbild gebildet. Die Bauern werden in Arbeitseinheiten eingeteilt – Feldarbeit oder Stallarbeit, Organisation oder Agitation. Chenxi ist unermüdlich unterwegs von Haus zu Haus, um die Bauern, vor allem die älteren Menschen, vom Vorteil der Kolchosen zu überzeugen. Die jüngeren sehen plötzlich eine Chance, anstrengende Arbeiten zu umgehen, denn im Kollektiv ist es leichter, sich um unliebsame Arbeiten zu drücken. Also muss Chenxi die Arbeiten kontrollieren lassen. Dazu braucht man wieder Leute, die in dieser Zeit nichts Produktives schaffen können. Weil die Kontrolleure aber auch wieder unzuverlässig sind, müssen sie wieder von Kontrolleuren kontrolliert werden.

Die vier sind die letzte Kontrolle und sie sind ständig unterwegs zwischen Ställen, Küche und Feldern. Die täglichen Appelle werden ausgedehnt. Das Abendessen gibt es erst, wenn Chenxi zufrieden mit den Antworten aus der Versammlung ist. So kommen die Frauen und Männer erst spät in ihre Häuser. Vorher holen sie die Kinder bei Linan ab, die Mühe hat, die Kinder so lange munter zu halten.

Auch das private Leben wird eingeschränkt. Die Häuser sind nun Volkseigentum und die privaten Küchen werden aufgelöst, denn ab jetzt gibt es nur noch gemeinschaftliches Essen. Leider hat man nicht die beste Köchin ausgesucht, sondern die, welche sich am lautesten für diese Arbeit empfahl. Ihre Familie lobte sie über alles und versprach sich natürlich gewisse Vorteile davon, wenn eine Frau aus ihrer Familie in der Küche steht ... Das Essen wird aber ständig schlechter und bald werfen einige Bauern ihr das Essen zurück in die Küche oder bringen es demonstrativ zum Schweinestall. Doch das ist ja ihre tägliche Ration und so beginnt man in der Vorratskammer einzubrechen und heimlich Eier von den kollektiven Hühnern zu stehlen.

Chenxi weiß, es muss mit Härte durchgegriffen werden. Sie richtet ein „U" ein, einen Verschlag hinter dem Schlafraum der Jungen. Ihre Erfahrung, dass Erziehung durch Terror die einzig wirksame Methode sei, hat ihre Spuren hinterlassen. Wird jemand bei Diebstahl erwischt, kommt er vor den Appell. Er wird beschimpft, angeklagt und zur Wiedergutmachung verurteilt. Je nach Schwere des Diebstahls kommt er oder sie einige Tage ins „U". Allerdings müssen sie sich nicht nackt ausziehen, das ist Chenxi doch zu peinlich und demütigend in Erinnerung. Aber Schläge gibt es schon mal und Essensentzug. Auf die Schläge spezialisiert sich Zou. Wer stumm leidet, wird nur auf den Rücken und in die Kniekehlen geschlagen. Wer sich wehrt oder brüllt, bei dem zielt er auch ins Gesicht und in die Genitalien. Nur Blut kann er nicht sehen, von daher hört er immer schlagartig auf und rennt aus dem „U", wenn die Nase blutet oder eine Wunde aufplatzt.

Das harte Durchgreifen zeigt Wirkung, aber lähmt auch das Leben im Dorf. Immer mehr Kontrolle ist nötig und Chenxi versucht durch Agitation ein kommunistisches Bewusstsein zu vermitteln. Die Zeit ist ausgefüllt mit Arbeit,

Schulung und Appell. Das zweckfreie Zusammenhocken der Bauern hört auf und man hört im Dorf auch niemanden mehr singen. Jeder sieht im anderen seinen Feind oder zumindest den, der ihn bei den jugendlichen Machthabern im Dorf anschwärzen könnte.

Die Bauern beginnen Chenxi zu hassen. Sie geht nicht mehr allein in die Häuser und auch Linan schläft jetzt bei ihr im Steinhaus, damit sie nicht von nächtlichen Besuchern überrascht werden kann.

Die Versorgung der Tiere wird neu aufgeteilt. Es gibt keine Stallbauern mehr. Alle müssen auf die Felder und die Tiere werden vor und nach der Feldarbeit versorgt. Die drei kollektiven Kühe werden von Bauern über siebzig Jahren in der Mittagszeit gemolken. Wer über siebzig ist, braucht nicht mehr aufs Feld, aber es sind nur ganz wenige, die dieses Alter erreichen.

Als Chenxi eines Tages die alte dreiundsiebzigjährige Sen Ying beim Melken besucht, sagt diese hinter der Kuh: „Chenxi, komm, setz dich mal zu mir." Ihr war schon lange aufgefallen, dass das ehemals so stolze junge Mädchen Falten um den Mund hat und ihre Augen die bewundernswerte Entschlossenheit verloren haben. Angst schaut unter den matten Lidern heraus.

Chenxi tut die freundliche Aufforderung der alten Frau gut und sie schiebt ein wenig Stroh zusammen, um sich neben die Alte zu hocken. Erst sagt die gar nichts, man hört nur das rhythmische Strahlen der Milch, die in einen Blecheimer schießt. Gleichmäßig und abwechselnd drückt Ying ihre Hände zusammen, um die Milch aus den Zitzen zu pressen. Eigentlich kann sie das gar nicht mehr, denn ihre Finger sind so von Gicht befallen, dass jeder Druck ihr große Schmerzen bereitet, aber sie sieht ja ein, dass jeder seinen Beitrag zur Ernährung leisten muss.

Schließlich sagt sie, ohne aufzuschauen: „Du bist ein gutes Mädchen, ich weiß das. Aber der Hass macht dich böse. Wenn man Menschen erziehen will, dann hilft nicht Druck und Gewalt, sondern Güte und Liebe. Du bist in unser Dorf gekommen und wolltest uns zu einem besseren Leben helfen. Es ist nicht besser geworden, sondern dein Hass hat uns verändert. Die Frauen singen nicht mehr bei der Arbeit und die Männer sind mürrisch und beginnen ihre Frauen zu schlagen. In den Hütten hört man kein fröhliches Miteinander und das Liebesspiel der Nacht ist verstummt. Du hast unserem Dorf die Seele genommen und die guten Geister der Harmonie und Eintracht verjagt."

Wieder ist nur das eintönige Spritzen der Milch zu hören. In Chenxis Kopf geht vieles durcheinander. Soll sie die Alte vor den Appell zitieren und verurteilen? Sie kann nicht einmal lesen und schreiben, maßt sich aber an, Chenxis mühevoll gemachte Erfahrungen zu verurteilen. Eine kurze Weile ist es Chenxi danach, aufzustehen, der Alten ins Gesicht zu schlagen und wortlos zu gehen. Aber die Achtung vor den Alten steckt doch auch tief in ihr, wie in allen Chinesen, und deshalb sagt sie nicht gerade hilflos, sondern eher vorwurfsvoll: „Und was soll ich anders machen, dass die guten Geister zurückkommen? Räucherstäbchen entzünden oder solchen abergläubischen Quatsch?"

Jetzt hat die Alte aufgehört zu melken. Sie hält aber die Hände weiter am Euter der Kuh und sagt: „Davon verstehst du nichts. Folge doch deinem Herzen, geh durch das Dorf und beginne die Menschen hier zu lieben."

Beginne die Menschen zu lieben, beginne die Menschen zu lieben – immer wieder hämmern die Worte der Alten Chenxi durch den Kopf. Wie soll sie den stinkenden Fung lieben, der humpelnd über die schlammige Dorfstraße schlurft und jedes Mal vor ihr ausspuckt? Wie soll sie die keifende Köchin lieben, die ihr Handwerk wirklich nicht versteht und ein grässliches Essen auf den Tisch bringt? Und die Brüder Chong, die alles tun, um ihr das Leben sauer zu machen? Nicht einmal den Kindern gegenüber empfindet sie so etwas wie Liebe. Die sind entweder laut und wild oder schlafen ein, wenn sie ihnen im Unterricht etwas von der kommunistischen Ideologie vermitteln will. Wann hat sie selbst Liebe empfangen? Ja, damals in Zion, aber sie kann doch keine Missionsstation aus diesem kommunistischen Dorf machen. Zion – der Gedanke an die heile Welt dort oben am Fluss treibt ihr die Tränen in die Augen. Schon lange hat sie nicht mehr geweint. Wenn sie sich doch jetzt an ihre Mutter dort oder an Henriette anlehnen könnte, einfach bei einer Frau angenommen sein und weinen.

Auch Linan spürt, dass es Chenxi nicht gut geht. Nachts kann sie schlecht schlafen, sie steht auf und läuft unruhig durchs Dorf. Am Tag ist sie dann abgespannt und mürrisch. Nach außen lässt sich die uneingeschränkte politische Leiterin im Dorf nichts anmerken, sie muss ihr Gesicht wahren und Härte zeigen. Doch wieder ist es eines Tages die alte Ying, die Chenxi verunsichert. Sie begegnen sich auf der Straße und die gebeugte alte Frau drückt Chenxi einen frischen Mondkuchen in die Hand. „Hier, du fleißige Führerin. Tu dir etwas Gutes, lass es dir schmecken."

Eigentlich will Chenxi streng fragen, ob sie das Mehl gestohlen hat. Außerdem, wer hat in diesem armen Dorf Zucker und Samen der Lotuspflanze? Doch die Augen der alten Frau blicken sie gütig und ohne Furcht an. So schweigt Chenxi und bedankt sich mit einem Lächeln.

„Wie hübsch du bist, wenn du lächelst", sagt die Alte und dann wendet sie sich zum Gehen.

„Warum tust du das, Ying?", fragt Chenxi, während sie nach dem Ärmel von Ying greift und sie am Weitergehen hindert.

Wieder blickt die Alte von unten mit ihren gütigen Augen zu Chenxi auf und sagt: „Weil ich dich liebe und weil ich will, dass auch du die Menschen in unserem Dorf zu lieben beginnst."

Chenxi lässt den Arm der Frau los, als hätte sie einen Stromschlag bekommen. Liebe? Davon ist in Maos Parolen keine Rede. Liebe ist eine Sache, die nach Zion gehört, aber nicht in die Wirklichkeit des Klassenkampfes. Und der Klassenkampf entscheidet sich an der untersten Basis, hier im Dorf, in der Auseinandersetzung mit den alten Vorstellungen und der neuen Realität. Weil viele den Kommunismus mit seinen positiven Veränderungen nicht wollen, müssen sie mit Gewalt und Terror dazu gebracht werden, damit sie endlich verstehen. Was soll da Liebe? Vielleicht gibt es später, wenn alle Kommunisten sind, eine neue Harmonie im Dorf. Alle haben die gleichen Kleider, alle das gleiche Essen, keiner besitzt mehr als der andere – das ist die Voraussetzung für Ruhe und Gerechtigkeit im Dorf. Dafür will sie kämpfen, was soll da Liebe?

Doch immer wieder denkt sie an die Worte von Sen Ying. Wenn ihr das Wort Liebe durch den Kopf geht, dann hat sie ein Gefühl von Sehnsucht im Herzen, es ist ihr dann, als ob das Herz größer werden und von innen gegen die Brust drücken würde. Der Verstand aber drängt solche Gefühle zurück und sie sucht sich aus den vielen klugen Worten des Großen Vorsitzenden eine Parole aus, die sie an ihre Aufgabe erinnert. „Die ideologische Erziehung ist das zentrale Kettenglied, das wir ergreifen müssen, um die Partei für den großen politischen Kampf zusammenzuschließen. Wird diese Aufgabe nicht gelöst, dann kann keine einzige politische Aufgabe gelöst werden." Und sie ist hier, die großen politischen Aufgaben an der Basis zu lösen. Trotzdem zieht es sie jetzt öfter zur alten Ying. Die Güte, die sie ausstrahlt, tut ihr einfach gut, sie beruhigt und wärmt.

Fünf Jahre ist Chenxi nun in „Frühlingszweig". Das Dorf wurde umbenannt in „Rote Bastion". Der starke Zou ist zur Armee eingezogen worden und kämpft in Korea gegen die Amerikaner.

Viel zu lange dauert dieser Krieg nun schon und er verschlingt immer wieder Tausende von jungen Männern. Chenxi will gern wieder Verstärkung von anderen jugendlichen Parteikämpfern haben, aber man sagt ihr, dass jetzt eben wegen des Koreakriegs keine Jugendlichen zur Verfügung stünden und sie sei eine so gute Leiterin, dass man ihr auch allein vertraue, „Rote Bastion" zu einem Musterdorf auszubauen und zu leiten. Außerdem stehen ja Linan und Jingtan noch zur Verfügung. Die beiden haben geheiratet. Das war nicht ganz einfach, weil die Kreisparteileitung eigentlich keine Heirat während des Klassenauftrags wollte, aber sie haben so lange um ihre Genehmigung gekämpft, bis man in der Kreisstadt doch ein Einsehen hatte. Auch die Fürsprache von Chenxi hat die sturen Parteileute schließlich überzeugt.

Wie schon bei der Verurteilung der ehemaligen Parteileitung des Dorfes merkt Chenxi, dass sie innerhalb der Führungsstrukturen ein Wörtchen mitzureden hat. Das Gefühl von Macht tut ihr gut. Das junge Paar muss aber in „Rote Bastion" bleiben. Es bekommt kein eigenes Zimmer, weil es keinen zusätzlichen Wohnraum gibt. Der freie Platz von Zou im Bretterschuppen wird von einem Verwundeten aus dem Krieg ausgefüllt. Er ist zur Erholung und zur Pflege seiner Wunden hierhergeschickt worden, damit auch das Dorf „Rote Bastion" seinen Beitrag zum Krieg gegen die Amerikaner leistet.

So genießen Jingtan und Linan ihr kleines Glück, wenn Chenxi wieder einmal nicht schlafen kann und durch das Dorf streift. Schließlich werden feste Tage vereinbart und so trollt sich Chenxi sonntags, dienstags und freitags ins Freie, und das bei jedem Wetter. Manchmal ist sie auch neidisch auf die beiden. Nicht so sehr wegen der Sexualität, sondern weil sie sich in den Armen halten können, sich gegenseitig zärtlich streicheln und wärmen können. Für Chenxi ist hier niemand im Dorf. Ihr fällt jetzt erst auf, dass es keine jungen Erwachsenen in ihrem Alter hier gibt. Einige schon, aber die sind längst verheiratet. Dann lebt hier nur noch der blöde Fen, der als Zweiundzwanzigjähriger von seinen Eltern wie ein Kleinkind eingesperrt wird und im finsteren Haus dahinvegetiert. Es ist für Chinesen eine Schande, so einen kranken Sohn zu haben. Die Eltern von Fen bekamen später noch ein Mädchen, aber das war auch geistig behindert. So haben sie das Mädchen hinter das Feld gelegt. Dort ist es dann verhungert. Die Hunde und Vögel haben die Beerdigung übernommen.

Wird Chenxi jemals so etwas erleben wie Liebe oder wie Liebesstöhnen, was sie von Linan und Jingtan hört, wenn sie mal zu zeitig aus dem Dorf zurückkehrt? Dann hockt sie sich auf die knarrende Holztreppe und muss ihre Gefühle unter Kontrolle halten, bis der junge Ehemann schüchtern und schuldbewusst an ihr vorübereilt, um in seinen Schuppen zu kommen.

Der Verwundete, der langsam gesund wird, ist zwar geistig hellwach, aber er bleibt ein Krüppel, weil er eigentlich hätte operiert werden müssen. Außerdem empfindet Chenxi nichts für ihn, er ist für das Dorf auch nur eine Last. Wieder ein Esser mehr, der nichts in Stall oder Feld tun kann.

Liebe, Sexualität, Stöhnen und Kinder zeugen – das meinte die alte Ying sicher nicht, wenn sie von Liebe sprach. Aber sie kann sie nicht mehr fragen. Ying ist gestorben und hat Chenxi ein kleines Bündel mit Bambusstreifen hinterlassen. Buddhistische Aussprüche und Lebensregeln, die aber für Chenxi alten Aberglauben bedeuten. Irgendwann hat sie diese ins Herdfeuer der Gemeinschaftsküche geworfen, da haben sie noch einen guten Zweck erfüllt und den Wok erhitzt.

„Lasst hundert Blumen blühen"

Eines Tages kommt ein Bote aus der Kreisstadt und überbringt Chenxi eine Einladung. Sie soll sich in den nächsten Tagen dort einfinden, man habe eine wichtige Angelegenheit mit ihr zu besprechen. Schon am nächsten Tag macht sie sich erwartungsvoll auf den Weg. Was werden sie wollen? Ist ihre Zeit in „Rote Bastion" zu Ende? Wird sie zu größeren Aufgaben delegiert? Beginnt jetzt ihr Aufstieg in die Führung des neuen Chinas? Diesen Traum und den festen Willen hat sie noch immer. Schon oft ist sie in die Kreisstadt befohlen worden, aber noch nie mit einer persönlichen Einladung.

In der Kreisparteileitung wird sie freundlich begrüßt. Sie muss aber noch zwei Tage warten, bis genügend Leiter aus den umliegenden Dörfern zusammen sind. Außerdem wartet man auf eine Regierungsdelegation aus Beijing, die zu den Leitern sprechen wird. Also geht es nicht um eine Beförderung oder Auszeichnung, sondern scheinbar wieder nur um eine neue Anordnung aus Beijing, die sie umzusetzen hat.

Und so ist es auch. Es sind zwei Leute, die aus einem Auto steigen, das von den Kindern und Leuten auf der Straße mit großer Bewunderung bestaunt und berührt wird. Einer der beiden Regierungsbeamten ist der Glatzkopf aus dem Kloster. Chenxi erstarrt das Blut in den Adern und der Hass ist wieder übermächtig da. Auch der Glatzkopf hat Chenxi sofort erkannt und geht verschlagen lächelnd auf sie zu. „Na, kleine Kartoffel, machst deine Sache ja gut, wie ich höre. Wie viel Konterrevolutionäre hast du denn schon enttarnt und hinrichten lassen?"

Chenxi ist unfähig, etwas zu sagen. Soll sie ihm jetzt ins Gesicht spucken, in diese hässliche Fratze? Soll sie nach ihm treten, dorthin, wo auch er empfindlich aufschreien würde? Während sie noch nach einer angemessenen Reaktion sucht und nach unten schaut, sagt er lüstern und leise zu ihr, sodass nur sie es verstehen kann: „Hast dich gut entwickelt. Dich mal allein im Zimmer zu haben, ist sicher wie Baden in Jasmintee. Ich verstehe etwas von frischen Knospen, wir sollten uns heute Nacht treffen."

Chenxi fühlt sich noch nicht einmal in der Lage, in Gedanken eine Antwort zu formulieren. Die einzige Reaktion ist die unverzügliche Flucht. Sie lässt das „Doppelschwein", wie sie ihn ab heute bezeichnet, einfach stehen und wendet sich den anderen wartenden Leitern zu.

Im großen Versammlungssaal des Parteigebäudes sitzen etwa achtzig Leiter aus den umliegenden Dörfern und Kleinstädten erwartungsvoll, aber auch mit Befürchtungen zusammen. Was die beiden aus Beijing allerdings berichten, erstaunt die Zuhörer – völlig neue Töne aus der Kommunistischen Partei: „Es gibt Unzufriedenheit unter der Bevölkerung und bei einigen Kadern der Partei. Nicht alle Parteimaßnahmen haben sich zum Wohle des Volkes ausgewirkt. Der Große Vorsitzende ruft die Kampagne aus: ‚Lasst hundert Blumen blühen.' Jeder, der sich für unser Volk verantwortlich fühlt, soll seine Verbesserungsvorschläge vorbringen und aussprechen. Hundert Blumen werden blühen, wenn wir gemeinsam das Machtdickicht und das Korruptionsgestrüpp entlarven und das neue China gemeinsam bauen. Jeder von euch trägt ein Stück des Himmels, von dem die Sonne scheint und die Blumen zum Blühen bringt. Habt den Mut, sprecht aus, was euch nicht gefällt, entlarvt die falschen Revolutionäre, macht es besser und baut mit am China der Zukunft."

Volle zwei Stunden sprechen die beiden, wobei Chenxi nicht hinhören kann, wenn das „Doppelschwein" spricht. Ihre Gedanken hämmern im Kopf. Soll sie sich tatsächlich heute Nacht zu ihm begeben, aber nur um ihm, wenn er geil über sie herfallen will, ein Messer in den Bauch zu stoßen? Wenn sie sich vorstellt, dass er sich an sie heranmacht, sie mit seinen fetten Fingern begrapscht oder gar ihr die Kleider vom Leib reißt, würgt es sie und sie muss sich zwingen, an irgendetwas anderes zu denken.

Aber die neuen Töne aus Beijing verwirren sie doch. Ist denn bisher so viel falsch gelaufen? Ist sie selbst ein Stück Versagen der Partei? Natürlich hätte sie gern manches in „Rote Bastion" anders gemacht, aber es war ja befohlen, die Kollektivierung der Landwirtschaft, die Auflösung des Privateigentums, die gemeinsame Kindererziehung und so weiter. Sollte sich hier etwas verändern, besser werden?

Nach der Versammlung stehen die Leiter aus den Dörfern noch lange zusammen. Erste Verbesserungen werden benannt, aber auch Befürchtungen, dass dies vielleicht eine Falle sein könnte. Einer hat von einem Vertrauten aus Beijing gehört, dass Mao mit der Kampagne nur seine Kritiker herauslocken will. Aber Chenxi hört das nicht, weil sie sich schon auf den Heimweg nach „Rote Bastion" gemacht hat. Die Straße scheint nicht mehr so staubig, der Himmel blauer und das Grün der Felder frischer. Es keimt Hoffnung auf in China, in ihrem China.

Die folgenden Tage geht Chenxi beschwingt an die Arbeit. Alles, was sie tut, hat jetzt die Möglichkeit, dass man es vielleicht auch anders anpacken könnte. Plötzlich reflektiert sie ihre Arbeit und merkt, dass sie nur nach dem Muster von Gewalt und Zwang gehandelt hat. Mit Jingtan und Linan kann sie nicht reden, die sind so mit sich beschäftigt und gehen ihrer täglichen Arbeit mehr mechanisch nach. Sie können es kaum erwarten, an den verabredeten Abenden in Chenxis Zimmer zu verschwinden. Mit der alten Ying müsste Chenxi jetzt reden können. Sie wüsste, was anders laufen sollte im Dorf. Von Liebe sprach sie immer, die Menschen zu lieben, statt sie zu bedrücken. Aber wie macht man das?

Erst muss man analysieren, was schiefgelaufen ist. Und so

setzt sich Chenxi hin und schreibt einen langen Brief an die Parteileitung. Sie arbeitet ihr eigenes Leben auf und schreibt sich die ganze Enttäuschung von der Seele. Von der Lüge, dass man sie nur zum Besuch von Zion weggeholt hat, auch vom Tod ihres Vaters, der, nur weil er Mao kritisiert hat, sterben musste. Sie berichtet von den unmenschlichen Zuständen im Kloster – jetzt „Revolutionäre Kaderschmiede der Volksrepublik" –, vom „U", und dann kritisiert sie den Glatzkopf, das „Doppelschwein", aber den Ausdruck bringt sie nicht zu Papier. Ausführlich schildert sie sein fieses Auftreten bis hin zur letzten Begegnung in der Kreisstadt. Aber auch von den Umständen in „Rote Bastion" berichtet sie, von den Maßnahmen gegen das Privateigentum und die zwangsweise Einrichtung der Kolchosen. Ihr eigenes Versagen verschweigt sie ebenfalls nicht: dass sie mit Härte versucht hat, das Dorf zu erziehen. Nur von fehlender Liebe berichtet sie nicht. Es könnte von der Partei falsch verstanden werden.

Als neue Maßnahme schafft sie das „U" in ihrem Dorf ab. Es ist sowieso in letzter Zeit niemand mehr eingesperrt gewesen, sie hatte nicht mehr die Kraft, konsequent gegen Übeltäter vorzugehen. Jingtan und Linan bekommen diesen Raum zugesprochen und können ihn sich einrichten. Als Aufgabe bekommen sie aber zugewiesen, den behinderten Soldaten weiter zu pflegen und zu versorgen.

Den Brief für Beijing lässt Chenxi noch eine Weile liegen. Immer wieder fallen ihr neue Versäumnisse ein. Auch die Hinrichtung des Schlüpferdiebes in Beijing fügt sie noch ein und prangert dies als barbarisch an. Schließlich entwirft sie ein Modell des Zusammenlebens in Harmonie und Verständnis füreinander. Man solle den Bauern das Land zurückgeben, damit sie mit persönlicher Initiative das Äußerste aus den Feldern herausholen können. Die Eltern sollen sich wieder um ihre Kinder kümmern, weil die dadurch lernen, selbst einmal gute Eltern zu werden.

Mit der Zeit schwärmt sich Chenxi richtig in eine neue Gesellschaftsordnung hinein, die allerdings nur noch wenig mit der kommunistischen Ideologie zu tun hat. Manchmal hat sie Befürchtungen, dass sie damit zu weit geht, aber ihre Blume soll auch blühen, und wenn es die hundertunderste ist. Vielleicht wird ihr Entwurf in Beijing angenommen und sie wird in die Regierung geholt, um dieses Programm im ganzen Land umzusetzen. Endlich weg von „Rote Bastion" in die Hauptstadt mit ihren wuchtigen Häusern, den breiten Straßen, den vielen Geschäften und Teehäusern, der Verbotenen Stadt und dem Himmelstempel.

Schließlich schreibt sie das ganze Werk noch einmal ab. Viele Stunden verbringt sie damit, in schwungvollen Schriftzeichen ihre Kritik und ihre Vision zu Papier zu bringen. Die Leute im Dorf denken schon, sie sei krank, weil man sie nicht mehr auf den Kontrollgängen sieht. Sie hat sich extra für den Brief wertvolles Reispapier aus der Kreisstadt besorgt. Außerdem hat die Abschrift den guten Sinn, dass sie immer im Original nachschauen kann, was sie an die Regierung geschrieben hat.

In der Parteileitung der Kreisstadt gibt sie den dicken Brief mit klopfendem Herzen ab. Ein niederer Sekretär nimmt ihn und wirft ihn lässig in einen großen Karton, in dem schon einige Briefe liegen. Eigentlich wollte sie dem Mann noch sagen, dass er gerade das neue Programm der Regierung in den Karton geworfen hat, aber vielleicht versteht er das falsch. Irgendwann wird er sich an diesen Tag erinnern, wenn sie von Beijing her die Kreisstadt besuchen wird, um die Befolgung der neuen gesellschaftlichen Regeln zu kontrollieren. Stolz verlässt sie das Gebäude und macht sich auf den Heimweg.

Unterwegs hat sie seit Langem wieder einmal einen Blick für

die Natur. Sie sieht die roten Azaleen blühen und denkt: Das ist es, Blumen im ganzen Land. In einem seichten Nebenarm des Flusses entdeckt sie rosafarbene Lotosblüten. Am Wasser sieht sie zwei Kinder planschen – sie muss lächeln. Kann das Leben so schön sein?, geht es ihr durch den Kopf.

Auch im Dorf wird das Leben angenehmer. Der stumpfsinnige Gehorsam wird gelockert, die Bauern sitzen wieder vor ihren Häusern. Den täglichen Appell gibt es immer noch, aber verkürzt, und es sind nicht mehr die Parolen von Mao, die gelernt werden müssen.

Nötige Bekanntmachungen gibt Chenxi weiter, Streitigkeiten werden angesprochen und geklärt und neuerdings wird bei den Versammlungen auch gesungen. Anfänglich die Lieder der Partei, aber manche der älteren Frauen aus dem Dorf stimmen bald auch alte Volkslieder an. Man sieht die Menschen wieder lächeln, die Blumen im Land beginnen zu blühen.

Doch der eisige Wind aus Beijing fegt sie alle hinweg. Mao zeigt sein wahres machtgieriges, hinterhältiges Gesicht. Den treuen Parteikadern um ihn herum sagt er mit einem satanischen Lächeln: „Ich wollte die Schlange aus dem Loch locken, um ihr den Kopf abzuschlagen. Jetzt wissen wir, wer uns gehorcht und wer anderer Meinung ist. Es wird keine Gnade geben." Eine durchorganisierte Säuberungsaktion geht über das riesige Land. Von den Mitgliedern der Regierung, die Kritik an Mao geübt haben, bis zum kleinen Parteigänger in der Provinz. Jeder, der sich gegen Mao und seine Anordnungen stellte, hat sich selbst das Urteil gesprochen.

Auch Chenxi bekommt das zu spüren. Die ersten Informationen, dass die Blumen welken, bekommt sie aus der Kreisstadt. Sie wird zum Parteibüro befohlen und dort sagt man ihr, sie solle sich bereithalten und nicht das Dorf verlassen, bis eine

Entscheidung gefällt ist. Als sie nachfragt, sagt ihr ein führender Offizier, den sie noch nie dort gesehen hat: „Du warst halt etwas zu keck, du kleine Kartoffel. Wer sich mit Mao anlegt, zieht immer den Kürzeren. Immer, verstehst du?"

Nichts versteht Chenxi, wo doch ihre Mitarbeit an der Blumenkampagne ausdrücklich gewünscht war. Ist sie nicht Mao gehorsam gewesen und hat sich die Mühe der Kritik gemacht? Jetzt soll sie dafür bestraft werden? Ist Mao wirklich wie ein Gott, den niemand kritisieren darf? Parolen gehen ihr durch den Kopf, die sie den Leuten eingepaukt hat, die sie selbst geglaubt und für wahr gehalten hat. War das alles nicht richtig, alles Täuschung?

Die Antwort lässt nicht lange auf sich warten. Sie soll sich kommenden Montag in der Parteizentrale melden. Sie soll alle Zelte abbrechen und ihre persönlichen Dinge mitbringen, aber nicht mehr als zehn Kilo.

Der Abschied im Dorf wird herzlich. Einige der Alten vergießen sogar Tränen und viele schütteln ihr die Hand, wünschen ihr Glück. Einige stecken ihr auch Glückskekse zu, die sie auf dem Weg in die Stadt nacheinander isst. Viele gute Wünsche sind dabei – auch ein Spruch, der sie nachdenklich macht. Ihr ist, als hätte sie ihn schon einmal gehört. Da steht auf dem kleinen eingebackenen Zettel: „Lass dich nicht vom Bösen überwinden, sondern überwinde das Böse mit Gutem – die Bibel." Gibt es in dem Dorf etwa Christen? Hat sie bisher noch nicht gemerkt – na ja, ist ja egal, ist zu spät. Ein guter Spruch ist es sicher, aber sie will Rache nehmen. Gerade jetzt ist ihr Wunsch wieder übergroß, in diesem Land eine bessere Gesellschaft zu schaffen. Die Wahrheit muss sich durchsetzen, das Böse muss besiegt werden. Und das Böse hat für sie zwei Namen: der Glatzkopf und Mao.

Dass ihr der Erstere in wenigen Stunden wieder gegenübersteht, das hat sie nicht vermutet. Aber es ist so. Vor der Parteizentrale parken mehrere Autos. Selten hat Chenxi gleich fünf auf einem Platz stehen sehen. Im Haus herrscht ein ziemliches Durcheinander. Einige Leute stehen mit Gepäck herum, andere laufen emsig mit Papieren in der Hand hin und her. An einer der Türen ist eine große Chinakarte angeheftet. Eine junge Frau steht davor und weint. Chenxi schätzt sie etwas jünger als sich selbst, sie müsste so um die vierundzwanzig sein.

Schließlich verschafft sich einer mit einem Bogen Papier in der Hand Ruhe und liest einige Namen vor. Auch Chenxi wird mit aufgerufen und in eins der Zimmer befohlen. Als sie den Raum betritt, stockt ihr der Schritt – am Fenster steht der Glatzkopf und lächelt sie an. „Na, mein Täubchen, sehen wir uns schon wieder?" Aber dann weniger freundlich: „Du hast sehr unklug gehandelt. Revolution kommt nicht aus dem Bauch, sondern aus den Büchern, meine Liebe. Wir waren mit deiner bisherigen Entwicklung und Arbeit sehr zufrieden und nur deshalb habe ich dich von der Exekutionsliste des Großen Vorsitzenden gestrichen. Das wird er nicht erfahren, sonst bin ich auch dran, aber ich will dir noch eine letzte Chance geben. Du wirst in das Arbeitskollektiv der Versuchskolchose für biologische Kampfstoffe geschickt. Wenn du dort überlebst, dann bist du gut und ..." Statt den Satz zu beenden, zeigt er wieder sein satanisches Lächeln.

Chenxi versteht die Zusammenhänge nicht alle, sie weiß lediglich, dass sie wieder nur eine Ameise in einem großen Kollektiv sein wird, ein kleines Rädchen in einem Getriebe, auf das man treten wird, wenn es nicht richtig funktioniert.

Draußen auf dem Platz werden Gruppen zusammengestellt und an die Fahrzeuge geführt. Inzwischen sind auch drei Lkws angekommen und ein altersschwacher Bus. Die Gruppe mit Chenxi besteht aus achtzehn Personen, alles „Aufrührer", die Blumen blühen lassen wollten und nun mit Disteln geschlagen werden. Auch die junge Frau in Chenxis Alter ist dabei, die sie vorhin so weinen gesehen hat.

Für sie ist der alte Bus bestimmt, weil sie lange unterwegs sein werden. Die Fahrt geht über mehrere Tage ins Hinterland von Sichuan, dort, wo die Berge beginnen, die sich bis nach Tibet hinaufziehen. Mehr als zweitausend Kilometer von der Küste entfernt. Die schneebedeckten Riesen sind beeindruckend, aber in Chenxi sitzt die Angst. Auf der Todesliste hat sie gestanden. Soll sie dem Glatzkopf dankbar sein, dass sie nun in dieser abgeschiedenen, rückständigen Gegend gelandet ist? Niemals! Sie wird erst wieder ein Gefühl von Dankbarkeit empfinden, wenn die Bestie von Doppelschwein tot vor ihr liegt, und noch grandioser, wenn er sie vorher um Gnade anwinselt. Es kommt der Tag, da wird ihre Rache grausam werden, das verspricht sie sich immer wieder.

Aber was wird sie hier erwarten? Biologische Kampfstoffe – das hat sie ja vom Krieg gegen Korea schon einmal gehört. Die Amerikaner sollen wohl so etwas besitzen und diese Kampfstoffe in Korea eingesetzt haben. Nun will Mao also auch damit kämpfen lassen und hier in der Kolchose wird das Gift entwickelt. Vielleicht lässt sich eine kleine Portion davon für den Glatzkopf abzweigen. Der Gedanke gibt Chenxi Auftrieb.

Versuchskolchose für biologische Waffen

In der Versuchskolchose arbeiten Mitarbeiter jeden Alters, Wissenschaftler, Studenten und einfache Arbeiter. Und dann sind da noch die Aufpasser, die jeden Handgriff der Professoren und Doktoren überwachen, die abends die Labors verschließen und bewaffnet im Außenbereich patrouillieren. Das ganze Gelände mit seinen weiten Feldern ist mit Stacheldraht umzäunt. Bei der Ankunft wird ihnen gesagt, dass sie hier in einem Hochsicherheitsbereich sind. Keinen Kontakt mit der Außenwelt, keine Briefe an Verwandte, kein Urlaub, kein Krankenhaus außerhalb, bis die Kampfstoffe entwickelt sind. Es ist ein großer und ehrenvoller Auftrag der Partei und des Großen Vorsitzenden. „Wir sind ein eingeschworenes Kollektiv unter Parteiauftrag. Erst der Erfolg wird uns wieder mit der Welt da draußen vereinen."

Erst nach Tagen wird Chenxi klar, dass sie hier in einem speziellen Gefängnis lebt. Alle sind dazu verdammt, die Kampfstoffe zu finden und zu entwickeln. Erst wenn dies gelungen ist, dürfen sie das Gefängnis verlassen. Und was ist, wenn es den Wissenschaftlern nicht gelingt? Seit ihr dieser Gedanke gekommen ist, hat sie Panikattacken. Sie bekommt feuchte Hände und Herzrasen. Hier will sie nicht ihr Leben vergammeln. Sie will im Land eine Führungsrolle spielen und für Gerechtigkeit sorgen und das heißt auch bittere Rache am Glatzkopf und an Mao.

Die junge Frau aus der Kreisstadt heißt Lihua. Sie ist verlobt mit einem jungen Mann aus Schanghai. Lihua weint ununterbrochen, denn ihr ist klar, dass sie ihren Verlobten so schnell nicht, vielleicht nie wiedersehen wird. Kein chinesischer Mann hält eine Verlobung aufrecht, bei der kein Ende abzusehen ist. Sie kann ihm ja nicht einmal schreiben und ihn bitten, auf sie zu warten.

Die beiden jungen Frauen werden einer Brigade zugeteilt, die aus fünf Mädchen und Frauen besteht. Drei sind jüngere Studentinnen, die sich teilweise freiwillig gemeldet haben und erst hier erfuhren, dass sie in dieser Kolchose auf Lebenszeit abgestellt sind. Ihre Aufgabe ist nicht etwa die Forschung, sondern mühsame Handarbeit und etwas mehr. Nur Einzelne werden als Handlanger für die Wissenschaftler abgestellt, meist lässt man das aber männliche Studenten machen.

So besteht ihr Tagewerk darin, die besonderen Giftpflanzen auf den Feldern zu pflegen, Unkraut zu jäten und die Pflanzen zu düngen. Besonders das Düngen ist eine schwere Arbeit. Eine Stange mit zwei Eimern muss von den Unterkünften bis in die hintersten Felder getragen werden. Da das Gelände abschüssig ist, kann man nicht mit einem Jauchewagen dahinfahren, es bleibt nur der Transport über der Schulter. Wenn jemand unterwegs etwas von der Jauche verschüttet, dann wird der Weg schlüpfrig und die nächste Trägerin muss sehr aufpassen, dass sie auf dem glitschigen Grund nicht ausrutscht. Denn wenn sie dort zu Fall kommt und die Eimer umkippen, gibt es harte Strafen, weil sie den wertvollen Dünger hat verkommen lassen. Die menschlichen Exkremente werden hier als so wichtig angesehen, dass man die Jaucheeimer als „Honigeimer" bezeichnet.

Auch Chenxi muss diese Quälerei auf sich nehmen. Nach dem ersten Gang bis ans Ende des Versuchsfeldes ist ihre Schulter bereits wundgescheuert. Das nächste Mal kann sie die andere Schulter stärker belasten, aber was ist beim dritten Gang – und das bis zum Abend? Beim dritten Weg lässt sie unterwegs die Eimer fallen und tut so, als ob sie ausgerutscht wäre. Sofort ist ein Aufpasser bei ihr und schnauzt sie an, was ihr einfalle, den wertvollen Forschungsdünger einfach zu vergeuden. Er zwingt sie, mit den bloßen Händen die noch aufzufangende Jauche in den Eimer zurückzuschöpfen. „Na, wird's bald, wer mit den Füßen nicht zurechtkommt, muss die Hände dazu nehmen." Aber das gelingt nur sehr mangelhaft.

„Zieh deine Bluse aus und lass sie den Rest aufsaugen. Wringe die Bluse über dem Einer aus! Das machst du, bis alles wieder zurück ist." Chenxi kann nicht glauben, dass er das wirklich so meint, da saust schon ein schmerzhafter Peitschenschlag auf ihren Rücken nieder. Einen Moment überlegt Chenxi, ob sie dem Ekel mit der Bambusstange antworten soll, aber sie weiß, dass sie keine Chance hat.

Sie trägt zwar noch ein dünnes Hemd unter der Bluse, aber wie der Kerl sie jetzt anschaut, ist ihr so widerlich. Sie beschließt, auch ihn in die Reihe der Rachekandidaten aufzunehmen. Aber vorläufig muss sie sich fügen, das sagt ihr der gesunde Menschenverstand.

Natürlich ist auch mit dieser Aufwischmethode der Eimer nicht wieder vollzubekommen. Sie trägt den Rest zu den Pflanzen und wischt sich die Hände an den großen Blättern einer Pflanze ab. Angeekelt vom Geruch ihrer Bluse zieht sie diese aber doch wieder an, denn so wenig bekleidet kann sie nicht ins Lager zurückgehen.

Nach zwei weiteren Jauchetransporten beginnen ihre Hände so furchtbar zu brennen, als hätte sie sie ins Feuer gesteckt. Zufällig trifft sie einen Wissenschaftler, der nach einer bestimmten Pflanzenkultur schaut, und zeigt ihm ihre Hände. Der zieht die Nase hoch, wegen des Geruchs der Bluse – aber er zieht auch die Augenbrauen hoch, weil er die Verbrennung erkennt. „Was hast du mit den Händen in letzter Zeit gemacht, was hast du angefasst?" Er betrachtet die Wunden, ist aber auf der Hut, um die verletzten Stellen nicht zu berühren.

„Na, die Jauche", antwortet Chenxi, „ich bin bei der Honigbrigade."

„Davon ist das nicht", antwortet der Doktor. „Hast du Pflanzen berührt?"

„Ja, an ein paar großen Blättern dort hinten habe ich mir die Hände gereinigt, weil ich mit den Eimern ausgerutscht bin."

„Dann hast du eine hochgradige Nesselverbrennung, eine besondere Züchtung von mir. Komm mit ins Labor."

Inzwischen wird das Brennen immer heftiger. Es bilden sich Blasen auf den Händen, die zusehends größer werden. Im Labor streicht der Wissenschaftler eine grüne Salbe mit einem Holzspatel über Chenxis Hände, ohne sie selbst zu berühren, und sagt: „Ein paar Stunden wirst du noch Schmerzen haben, aber es wird nichts zurückbleiben." Als der Aufseher Chenxi mit den grünen Händen kommen sieht, geht er schnell einen Schritt zur Seite, auch er kennt das Phänomen und lässt die junge Frau für diesen Tag in Ruhe.

Nach drei Tagen ist die Entzündung abgeklungen und sie muss wieder auf die Felder. Beim Unkrautjäten unter den Giftpflanzen ist besondere Vorsicht geboten. Nicht nur die großen Nesselblätter muss sie meiden; an anderen Pflanzen sind es die Blüten oder die Früchte, die zu Verbrennungen, Lähmungen oder sogar zum Herzstillstand führen können.

Eine neue Herausforderung ist die Erweiterung der Kolchose. Das Gelände steigt steil an und man beginnt, Terrassen in den Berg zu graben, wie bei den Reisfeldern in Südchina. Die Mädchen und Frauen müssen genauso mit ran wie die männlichen Studenten und Verbannten. Chenxis Hände sind rau und rissig, die Schultern wund und manchmal kommt sie morgens vor Schmerzen kaum von ihrem Lager hoch. Aber sie weiß, es hat keinen Zweck zu meutern – sie muss durchhalten, wie alle hier.

Lihua macht ihr Sorgen. Sie weint jetzt nicht mehr ununterbrochen, aber sie lebt nur noch mechanisch. Sie arbeitet einfach das, was man von ihr erwartet, sie spricht mit keinem, außer mit Chenxi – aber das auch immer weniger. Schließlich bricht das Mädchen mit einer Schale voll Erde beim Terrassenbau zusammen. Wie sie da zwischen der aufgeworfenen Erde liegt, entdeckt Chenxi, dass sie nur noch aus Haut und Knochen besteht. Sie ist vollkommen abgemagert, ein erbarmungswürdiges Bündel Mensch.

Ein Aufseher holt schon aus, um sie mit der Peitsche wieder in die Wirklichkeit zurückzuholen, da springt Chenxi dazwischen, reißt dem Mann die Peitsche aus der Hand und wirft sie weit nach unten zwischen die Pflanzen. Er ist so verstört, dass er erst gar nicht reagiert. Dann stürzt er sich auf Chenxi und würgt sie, bis ihr der Kopf dröhnt und ihr schwarz vor Augen wird. Einen Moment denkt sie, ob das wohl jetzt ihr Tod ist. Aber dann wirft sie der Aufseher auf den Boden und tritt ihr derb mit seinen Stiefeln in den Bauch. Dadurch rollt sie zur Seite und den Hang ein Stück nach unten, sodass er von ihr ablassen muss. Unter wüsten Flüchen springt er von Terrasse zu Terrasse hinunter und sucht seine Peitsche zwischen den Giftpflanzen.

Chenxi ist inzwischen wieder aufgestanden, mit schmerzverzerrtem Gesicht schaut sie zu Lihua und bemerkt, dass sie immer noch am Boden liegt. Mühsam kriecht sie wieder nach oben und beugt sich über das ohnmächtige Mädchen. Behutsam streicht sie ihr die Haare aus der Stirn und spricht sie an: „Lihua, hörst du mich? Lihua, ich bring dich in die Baracke. Kannst du aufstehen? Lihua, sag doch etwas."

Langsam öffnet Lihua die Augen und blickt Chenxi ohne

Ausdruck an. Sie will etwas sagen, aber die Stimme versagt. Nur die Lippen bewegen sich langsam und zittrig.

Inzwischen ist der Aufseher wieder bei den beiden. „Du Kröte wirst mir das noch büßen. Es wird dir leidtun, das sage ich dir." Ohne sich um die zusammengebrochene Lihua zu kümmern, geht er weg, weil er hier sein Gesicht verloren hat, für einen Aufseher ein schlimmer Autoritätsverlust.

Chenxi ist es gelungen, Lihua aufzusetzen. Sie hocken nebeneinander auf einem begradigten Stück Hang, Chenxi hält Lihuas Hände in ihren.

Langsam kommt es von Lihua: „Bitte sage meinem Verlobten, dass ich bis zuletzt nur an ihn gedacht habe. Niemanden habe ich so geliebt wie ihn. Sage ihm, dass ich ihm verzeihe, wenn er eine andere Frau genommen hat. Ich weiß, dass ich ihm gehöre und er mir."

Langsam führt Chenxi die verzweifelte junge Frau in die Baracke. Jetzt, als sie Lihua unter die Arme greift, ihre Hüfte umfängt, um sie besser zu stützen, merkt sie wieder, wie mager sie ist, erschreckend dürr. Es ist zwar verboten, am Tag in die Unterkünfte zu gehen, aber Chenxi ist das jetzt egal. Lihua muss sich hinlegen, ruhen, Kraft schöpfen. Sie selbst wird bald wieder zurück auf die Baustelle gehen und dann lieber doppelt arbeiten, aber Lihua muss jetzt liegen, um ihre Erschöpfung abzufangen.

Als Chenxi ihr noch einmal die Haare aus der Stirn streicht, hält Lihua ihre Hand fest und sagt schwach: „Wenn ich jetzt sterbe, dann muss mein Verlobter wissen, dass ich bis zuletzt an ihn gedacht habe."

„Lihua, du wirst nicht sterben. Ruh dich aus, warte, bis die Kräfte wiederkommen, schlaf und mach dir keine Gedanken. Ich sage der Brigadeleitung Bescheid, sie werden eine Krankenschwester zu dir schicken. Schlaf, Lihua, schlaf jetzt." Mit diesen Worten legt Chenxi Lihuas Hand zurück auf das Lager und zieht die Decke über den ausgezehrten Körper.

In der Brigadeleitung nimmt man die Worte von Chenxi kaum zur Kenntnis, eine Frau notiert aber etwas in eine längere Liste. Als Chenxi zurück zum Neubaufeld kommt, steht der Aufseher wieder da, sagt aber nichts. Sie nimmt ihre Arbeit wieder auf und trägt, wie viele andere Mädchen und Frauen, Schalen mit Erde auf der Schulter zur nächsten Pflanzebene. Die Erde brechen junge Männer aus dem Hang heraus, sodass die Terrassen für die neuen Pflanzungen entstehen. Später wird gewechselt und sie muss mit einer eisernen großen Hacke Stufen in den Berg schlagen.

Als sie nach der Arbeit am Abend nach Lihua schaut, ist ihr Lager leer. Überall in der Baracke sucht sie und erfährt dann von einer anderen kranken Frau, dass Lihua gestorben sei. Man hat sie bereits weggebracht. Im Haupthaus, das besonders bewacht wird, kann sich Chenxi Einlass verschaffen und forscht nach dem Leichnam der jungen Frau. Man gibt ihr einen weißen Mantel und führt sie in den Keller des Gebäudes. Hier liegt Lihua nackt und dürr auf einem Tisch. Man hat ihr bereits den Leib der Länge nach geöffnet und ein Arzt ist dabei, ihre Eingeweide zu betrachten. Da er vermutet, sie sei eine neue Medizinstudentin, die ihm zur Hand gehen soll, sagt er sachlich: „Da ist nichts zu holen. Lunge, Leber und Nieren sind so verkümmert, dass wir das für keinen Forschungsversuch anbieten können."

Chenxi bekommt einen Brechreiz und wendet sich zur Seite. Da sieht sie auf einem Stuhl Lihuas Kleid und ihre Unterwäsche liegen. Obenauf ein kleines Holzkreuz an einem dünnen Lederband. War Lihua etwa Christin, dass sie heimlich ein Kreuz auf dem Körper getragen hat? Ist dies vielleicht ein Geschenk von ihrem Verlobten? Instinktiv greift sie nach dem Kreuz und verlässt so schnell als möglich den Ort des Grauens.

Als sie auf ihrem Lager das Kreuz etwas näher betrachtet, erkennt sie, dass es gleich geformt ist wie das, was ihr die Frau am Himmelstempel in die Hand gedrückt hat, damals in Beijing – allerdings ohne Band. Ich werde nach dem Verlobten suchen und ihm dies als letzten Gruß seiner Liebe übergeben. Aber werde ich überhaupt hier wieder herauskommen? Erneut überfällt sie die panische Angst, dass sie hier ihr Leben vielleicht genauso sinnlos beenden wird wie Lihua – oder noch grausamer.

Immer, wenn aus Beijing eine Nachfrage kommt, wie weit man mit den Ergebnissen sei, werden alle Leitenden der Kolchose nervös und in den Appellen reden sie sich neu in Rage, dass das Ergebnis bald vorliegen wird und dass dann mit der Massenproduktion begonnen werden kann. Aber jeder im Lager weiß, dass man noch längst nicht dort angekommen ist. Noch ist viel Forschen und Experimentieren nötig – vielleicht erweist sich auch alles als ein Fehlschlag.

Inzwischen, Chenxi ist sechsundzwanzig Jahre alt, hat Mao eine neue Kampagne ausgerufen: den „Großen Sprung nach vorn". Er will China mit aller Macht industriell so nach vorn bringen, dass es die USA und die Sowjetunion wirtschaftlich überholt. In kürzester Zeit soll China militärisch und wirtschaftlich die Supermacht der Welt werden. Auch die Landbevölkerung soll sich an dem Aufschwung beteiligen. Es werden eine Million kleine Hochöfen im Land gebaut, um den nötigen Stahl für den Aufschwung zu besorgen. Die Dörfer wetteifern miteinander, wer mehr Stahl produziert. Alles Eisen wird den Hochöfen zum Fraß gegeben, auch die landwirtschaftlichen Geräte. Die Parolen lauten: „Wer eine Spitzhacke abgibt, löscht einen Imperialisten aus. Wer einen Nagel versteckt, versteckt einen Konterrevolutionär."

Oftmals opfern die Bauern ihren letzten Wok, nur um den Stahlplan zu erfüllen. Weil jeder an der Kampagne mitarbeiten muss, vernachlässigen die Bauern die Landwirtschaft, außerdem fehlt nun oft das nötige Gerät dazu. Die Ernten sind dadurch miserabel, aber die Produktionszahlen werden von einer Ebene zur nächsten gefälscht und so wird in Beijing zu spät erkannt, dass man in einer Hungerkatastrophe landet.

Um dem Hunger in den Städten zu begegnen, werden fünfundzwanzig Prozent der Stadtbevölkerung auf die Dörfer geschickt, aber die verstehen nichts von der komplizierten Landwirtschaft in China. In den Dörfern erwartet sie auch nur Hunger, sodass die Menschen beginnen, Gras und Erde zu essen. Es kommt zu einer unfassbaren Hungersnot, der schätzungsweise bis zu vierzig Millionen Menschen zum Opfer fallen.

In der Versuchskolchose ist davon nichts zu merken. Sie sind ein begünstigter Staatsbetrieb und die Militärs brauchen dringend die biologischen Kampfstoffe. Deshalb werden die wenigen Reserven zu ihnen gebracht. Allerdings haben die Eingesperrten lange kein Fleisch mehr gegessen.

An die drei Jahre ist Chenxi nun in der Kolchose. Was sie schon öfters beobachtet hat, aber nicht richtig deuten konnte, wird ihr heute schlagartig klar. Immer wieder einmal fehlen junge, hübsche Studentinnen bei der mühevollen Feldarbeit. Sie bekommen eine Arbeit im Haus oder können sich den Tag über ausruhen. Am Nachmittag dürfen sie in einem großen Blechbassin baden und bekommen sogar duftende Seife, die in einer ausländischen Verpackung steckt. Diese Mädchen sind auserwählt, am Abend den Leitern der Kolchose die Zeit zu verkürzen. Auch die Wachkommandos sind ja „auf Lebenszeit" hier. Ehefrauen gibt es nicht und manche der nicht mehr ganz so jungen Frauen machen auch regelmäßig mit. Aber das besondere Erlebnis für die Aufseher und Politoffiziere sind eben die blühend jungen Studentinnen und Mädchen. Sie haben keine Wahl. Wer dazu aufgefordert wird, muss mitmachen. Wenn sie dann gezwungen werden und sich zu wehren versuchen, haben manche Männer noch einen besonderen Reiz dabei. Und wer kann sich gegen mehrere Männer wehren? Nach einem solchen Abend sind die Mädchen am nächsten Tag meist stumm, einige weinen und kürzlich hat sich eine junge Frau nach einer solchen Sexnacht am Fahnenmast erhängt.

Heute Morgen, als sie zum Appell anstehen und die Arbeit eingeteilt wird, bekommt Chenxi die Weisung, nicht auf die Felder zu gehen. Man habe eine besondere Aufgabe für sie. Als die anderen den Aufmarschplatz verlassen haben, kommt der leitende Brigadier auf sie zu und sagt, dass sie ausgewählt ist, morgen Abend mit den Leitern zu feiern und zu tanzen. Sie soll heute das Büro putzen und sich dann etwas pflegen. Dabei schaut er sich ihre Hände an und greift ihr ungeniert an die Brüste. Im Weggehen murmelt er: „Nicht schlecht, auch mal gut, nicht immer nur das ganz junge Gemüse."

Chenxi steht wie versteinert auf dem Platz. Plötzlich sieht sie wieder das lüsterne Gesicht des Glatzkopfs vor sich. Die Panikattacken stellen sich wieder ein. Das Herz pumpt das Blut mit solcher Kraft durch den Körper, dass sie es in ihren Ohren richtig dröhnen und rauschen hört. Nein, alles, aber das nicht. Lieber will sie sterben, als unter solchen keuchenden und geifernden Männern zu liegen.

Was sie bisher noch nie ernstlich gedacht hat, muss jetzt in wenigen Stunden reifen. Wie bringt man sich am besten um? Welche Methode wähle ich, die auch wirklich sicher ist? Erhängen, wie die andere junge Frau vor einigen Wochen? Da sieht sie wieder den Schlüpferdieb in Beijing mit seiner herausquellenden Zunge und den hervorgetretenen Augen – so will sie nicht enden. Außerdem würden sie vielleicht auch ihre Eingeweide herausnehmen und schauen, was sich noch verwenden lässt. Nein. Vielleicht sollte sie sich verbrennen? Aber wie? Es soll ja schnell gehen und nicht so lange entsetzliche Schmerzen verursachen. Flucht? Aber das Gelände ist mit Stacheldraht und mit Sicherheitsposten Tag und Nacht besetzt. Einfach durch das Tor laufen und sich erschießen lassen? Nein, dann wäre ihre Leiche ja wieder in ihren Händen.

Am Abend ist der Plan gefasst. Im hinteren Bereich, dort, wo sie am Hügel die neuen Beete anlegen, ist die Stange mit dem Stacheldraht nur behelfsmäßig in den Boden gesteckt, um den Zaun beliebig zu erweitern. Dort könnte man das Lager vielleicht verlassen.

Das Einzige, was sie für ihre Flucht vorbereitet, ist, dass sie sich aus der Kammer für Schutzkleidung ein paar kräftige Männerschuhe und eine dickere Jacke besorgt. Alles wird unter ihrem Lager deponiert. Chenxi liegt wach, als die anderen von der Arbeit erschöpft bald einschlafen. Wann ist der richtige Zeitpunkt zur Flucht? Wenn sie doch eine Nacht mehr Zeit hätte, dann würde sie beobachten, wann die Wachen ihre Runden drehen. Wie kommt sie über den hell erleuchteten Appellplatz? Wird sie das grobe Muster in den Schuhsohlen nicht verraten und die Verfolgung leicht machen? Wie sieht das Gelände außerhalb der Kolchose überhaupt aus? Kann man da gut vorankommen? Und dann im Finstern. Stürzt sie vielleicht in eine Schlucht, kommen breite Flüsse? Aber wenn sie zu Tode stürzt oder ertrinkt, dann ist ja endlich alles vorbei.

Chenxi entschließt sich, früh, kurz vor der Dämmerung aufzubrechen. Sie hofft, dass die Wachen dann auch müde sind. Vor allem kommt sie beim ersten Licht des Tages sicher schneller voran. Als sie ihren Plan fertig hat, beruhigt sich auch ihr Körper wieder – und sie ist eingeschlafen. Aber wie von einer inneren Uhr geweckt, öffnet sie die Augen, als es vor den Fenstern der Baracke bereits grau wird. Eine Stunde noch und dann wird zum Aufstehen gepfiffen. Schnell und lautlos ist sie in ihre Kleider geschlüpft, zieht die Jacke an und nimmt die derben Schuhe in die Hand. Barfuß verlässt sie die Baracke und steht im Zwielicht des beginnenden Tages. Die Sonne wird bald aufgehen, aber dann hat sie sie genau vor sich. Wer ihr hinterherschauen sollte, wird von der Sonne geblendet und kann die Flüchtende nicht erkennen.

So gelangt sie unbemerkt bis an den hinteren Zaun. Tatsächlich ist der Stacheldraht hier schnell zur Seite zu rollen und sie schließt die Lücke sorgfältig wieder. Jetzt hat sie nur noch einen Gedanken: So schnell wie möglich weg von hier. Sie hastet den Hang hinunter und dann geht das Gelände in eine sanfte Hügellandschaft über. Büsche geben ihr Deckung, der Boden ist steinig und deshalb zieht sie die Schuhe an. So kommt sie noch schneller vorwärts. Doch bald wird das Gelände sumpfig und schließlich versinkt sie schon bis an die Knöchel im Morast. Hier geht es nicht weiter. Schweren Herzens muss sie zurück und einen anderen Weg suchen. Gefährlich nahe kommt sie wieder an die Versuchskolchose heran. Den Pfiff zum Aufstehen und die anschließende patriotische Lautsprechermusik kann sie bis hierher hören.

Wieder am Fuß des Abhangs angekommen, geht sie jetzt Richtung Osten. Sie kämpft sich durch das immer dicker werdende Gestrüpp und bald steigt das Gelände erneut an. Der Wald wird lichter und so kommt sie auch schneller voran. Wieder beginnt sie zu laufen, bis sie völlig außer Puste ist. Jetzt erst merkt sie, dass sie ja nicht gefrühstückt hat und auch nichts an Verpflegung dabeihat. Ob es hier irgendwo Obstbäume gibt? Aber dann fällt ihr ein, dass sie ja sterben will. Doch will sie das wirklich? Wie wäre es, wenn sie die Flucht überlebt? Außerdem, wie soll sie sich hier an den niedrigen Bäumen und

Büschen umbringen? Sie hat ja nicht einmal einen Strick dabei, um sich aufzuhängen. In der gestohlenen Jacke ist auch kein Stück Bindfaden oder so. Sie könnte die Schnürsenkel nehmen, aber vor dem Erhängen hat sie eigentlich Angst, immer wieder muss sie an den entstellten Schlüpferdieb denken.

Als sie weiter nach irgendeinem Hilfsmittel für den Selbstmord in ihren Taschen sucht, entdeckt sie in ihrer Hose das kleine Holzkreuz von Lihua. Ob so ein Kreuz eine helfende Wirkung hat? Sie hält es eine ganze Weile in der linken Hand, während sie unaufhaltsam weiter vom Lager weghastet. Doch bald braucht sie wieder beide Hände, um sich durch dichteres Gestrüpp zu arbeiten. Damit ihr das Kreuz nicht etwa aus der Tasche rutscht, hängt sie es sich einfach um den Hals und steckt es unter die Jacke.

Chenxi orientiert sich an der Sonne. Am Anfang ist sie ihr entgegengelaufen, jetzt um die Mittagszeit steht sie rechts. Wenn sie sich richtig orientiert, müsste sie eigentlich Richtung Küste laufen. Aber sie hat die Karte im Parteigebäude noch vor Augen, vor der sie Lihua weinen sah. Die Küste muss mehrere Tausend Kilometer entfernt sein. Auffällig ist ihr, dass sie bisher keine menschliche Behausung gesehen hat, es sei denn ein winziges Dorf.

Als es Abend wird, hat sie immer noch nichts gegessen und ihr ist auch noch niemand begegnet. Man hat die Versuchskolchose scheinbar in völlig einsames Gebiet gebaut. Unterwegs hat Chenxi reichlich Wasser getrunken, das beruhigt wenigstens den Magen für eine kurze Zeit. Doch jetzt wird der Hunger langsam bohrend und schmerzhaft. Ehe es dunkel wird, muss sie sich einen Schlafplatz suchen. Aber wie übernachtet man im freien Gelände? Sie überlegt, ob sie von irgendeiner Erzählung her eine brauchbare Erinnerung bekommt, aber ihr fällt nichts ein.

Schließlich kommt sie an einen kleinen Fluss. Sie sucht sich trockenes Gras und Schilf zusammen und baut sich in einer Aushöhlung am Fluss ein Nachtlager. Die Dunkelheit hüllt sie ein und bald wird sich ein erlösender Schlaf über sie decken. Sie hört noch, wie einzelne Vögel sich gegenseitig mit kurzem Piepsen grüßen, Grillen geben ihr übliches Konzert und plötzlich hört sie es wieder ganz deutlich – der Bambus, er singt. Leicht fährt der Abendwind durch die Büsche, bewegt die Stängel mit ihren langen Blättern und erzeugt dieses einmalige und geheimnisvolle Geräusch. Jetzt weiß sie, dass sie leben will. Leben und irgendwo in der Zivilisation ankommen. Nach Beijing gehen, das neue China bauen, am „Doppelschwein" und an Mao Rache nehmen. Mit diesem festen Entschluss schläft sie schließlich ein.

In der Nacht ist sie öfters wach, lauscht auf die geheimnisvollen Laute aus dem Fluss und von unbekannten Tieren, aber immer wieder übermannt sie der Schlaf.

Am Morgen folgt sie dem Flusslauf ein ganzes Stück. Hier kommt sie meist gut voran, es sei denn, bei Hochwasser mitgerissene Bäume und Sträucher versperren ihr den Weg. Dann muss sie die Uferböschung nach oben klettern, um das Hindernis zu umgehen.

Bei einer solchen Klettertour entdeckt sie eine einsame Maispflanze. Vielleicht hat das Hochwasser einmal ein Maiskorn bis hierher getragen, vielleicht hat es ein Vogel verloren. Jedenfalls ist es ein kräftiger Stängel, an dem ein dicker Kolben wächst. Er ist zwar noch nicht ganz reif, aber Chenxi schmeckt er köstlich. Aufmerksam späht sie umher, ob sich eventuell noch ein zweites Maiskorn hierher verirrt hat, aber sie entdeckt weiter nichts Essbares. Also, weiter geht es. Wann wird sie auf Menschen treffen – und werden sie freundlich zu ihr sein oder feindlich? Was soll sie ihnen erzählen? Auf alle Fälle nicht die Wahrheit.

Wieder ist sie einen ganzen Tag Richtung Osten unterwegs. Als der Fluss steil nach Süden abbiegt, geht sie weiter querfeldein, immer nach Osten. Sie kommt durch einen dichten Wald und erinnert sich, dass es hier in Sichuan auch Bären im Wald gibt. Aber soviel sie weiß, fressen die Pandabären nur frischen Bambus. Sie werden ihr nichts anhaben – oder doch? Als sie so ihren Gedanken nachgeht, fällt ihr ein, dass sie schon lange nicht mehr an Selbstmord gedacht hat. Sie will leben, das ist ihre Kraft, die sie vorwärtstreibt.

Am nächsten Tag gegen Mittag tauchen nach einigen verwilderten Feldern die ersten Hütten auf. Als sie näher kommt, sieht sie, dass es sich um ein ziemlich großes Dorf handelt. Sie nimmt allen Mut zusammen und geht rüber auf die Dorfstraße. An einem Haus will sie um etwas zu essen bitten. Die ersten Häuser sehen ärmlich und nicht gerade einladend aus. Hier scheinen sehr arme Menschen zu wohnen, hier wird sie wohl nichts bekommen. Sie steuert auf das erste, etwas solider gebaute Haus zu. Die Tür steht offen und Chenxi grüßt in den ersten leeren Raum hinein.

Aus dem Garten hinter dem Haus kommt eine Frau angelaufen, die Chenxi argwöhnisch anschaut. „Was machst du hier? Woher kommst du? Bist du die Ausgerissene aus der Versuchskolchose, nach der überall gesucht wird?"

Geistesgegenwärtig antwortet Chenxi: „Ich weiß nicht, was du da sagst, aber ich suche meinen Onkel mütterlicherseits, Chen Hohat, wohnt er hier noch im Dorf, kennst du ihn?"

„Noch nie gehört, ich kenne nicht einmal einen Menschen, der deinen Dialekt hier bei uns spricht." Sie wendet sich wieder zum Hof und ruft ihren Mann.

Das ist die Gelegenheit für Chenxi, sofort zu verschwinden. Sie weiß zwar, dass man sie als die Geflohene erkennen wird, aber ehe hier noch mehr Menschen zusammenkommen, die sie womöglich festhalten könnten, bleibt nur der schnelle Weg zurück über die Felder in den Wald.

Chenxi wundert sich selbst, wie sie mit den derben Arbeitsschuhen und leerem Magen so schnell laufen kann, aber die Angst treibt sie an. Sie weiß auch, dass sie jetzt keine Zeit verlieren darf. Wenn die Frau Meldung macht – und das muss sie ja –, dann wird man bald die Verfolgung hier durch den Wald aufnehmen. Sie läuft, bis ihr der Mund völlig ausgedörrt ist und ihr die Knie weich werden. Am Abend erreicht sie wieder den Fluss, den sie gestern verlassen hat.

Nun wählt sie den Weg weiter am Fluss entlang. Er führt zwar unaufhaltsam nach Süden, aber was soll sie denn sonst machen? Scheinbar ist die ganze Gegend von ihrer Flucht informiert worden. Vielleicht ist auch ein Kopfgeld auf sie ausgesetzt. Wie viele Tage muss sie laufen, bis sie aus dem Sicherheitsbereich der Versuchskolchose heraus ist? Oder wird sie bereits in ganz China gesucht?

In dieser Nacht macht sie sich kein so bequemes Lager. Es beginnt zu regnen und in wenigen Minuten ist sie völlig durchnässt. Die Hosen kleben an den Beinen und die Jacke wird entsetzlich schwer. Sie hockt sich auf einen größeren Stein, lehnt sich mit dem Rücken an die Böschung und ist jederzeit zur Flucht in die Dunkelheit bereit.

Doch sie friert so sehr, dass sie am ganzen Körper zittert. Sie weiß, sie muss sich bewegen, sonst übersteht sie die Nacht nicht. Sie geht eine bestimmte Strecke am Fluss immer auf und ab, denn ins Ungewisse einfach in der Dunkelheit weitergehen, das traut sie sich nicht.

Am Morgen merkt sie auch, dass ihre Kräfte rapide nachlassen. Sie muss unbedingt etwas zu essen finden, sonst macht der Körper schlapp. Das Gehen fällt ihr so schwer, dass sie die Füße mit den schweren Schuhen mehr über den Sand zieht, als dass sie geht. Sie hat auch nicht mehr die Kraft, ständig nach allen Seiten zu blicken, um eventuelle Verfolger frühzeitig zu entdecken. Zum Glück kommt die Sonne durch, sodass ihre Kleidung langsam wieder trocknet. Apathisch und völlig ausgelaugt schleppt sie sich vorwärts. Ist es vielleicht doch besser zu sterben?

Vor sich sieht sie plötzlich einen Apfelbaum mit herrlich großen Äpfeln, aber als sie erwartungsvoll näher kommt, ist es nur eine normale Eibe. Sie hat also schon eine Fata Morgana gesehen, da wird der Tod nicht mehr lange auf sich warten lassen.

So schleppt sie sich den ganzen Tag weiter Richtung Süden. Immer öfter muss sie Pausen einlegen. Schon länger kaut sie Blätter und kleine Stängel, aber der Körper rebelliert. Das grüne eklige Zeug kommt wieder zurück und ihr wird noch elender. Schließlich ist sie so schlapp, dass sie sich nicht mehr auf den Beinen halten kann. Ist das das Ende?, denkt sie, während sie ihr Gesicht am Boden noch so drehen kann, dass sie den Sand beim Einatmen nicht in Mund und Nase bekommt. Dann wird sie ohnmächtig.

Als sie wieder erwacht, ist es dunkel geworden. Sie sieht die Sterne über sich, fühlt den kalten Sand unter sich und hört etwas. Menschliche Stimmen. Da singen doch Menschen? Sie erkennt ein Lied, wie sie es früher in Zion gesungen haben: „Jesus ist das Lamm, der Sieger und der Held. Keine Macht ist größer, keine in der Welt." Ja, das ist ein christliches Lied! Hier am Fluss, in der Einsamkeit? Hat sie jetzt auch Halluzinationen?

Aber es ist keine Täuschung, schon mehrere Strophen werden gesungen. Chenxi kämpft sich auf die Füße, die Ohnmacht hat ihr ein wenig Kraft zurückgegeben. Langsam geht sie dem Flusslauf nach, den Stimmen entgegen. Zitternd greift sie nach dem Kreuz um ihren Hals. Hinter einer leichten Flussbiegung sieht sie, was ihr wie ein Traum vorkommt:

Der Fluss hat hier eine größere Kuhle ausgewaschen und da brennt ein kleines Feuer. Um das Feuer und ein aufgestelltes Kreuz sitzen etwa zwanzig Menschen, die singen – hier in der Einsamkeit am Fluss.

Chenxi kann noch einige Schritte auf die Gruppe zugehen, aber dann bricht sie wieder zusammen. Doch einige der Christen haben die schattenhafte Gestalt auftauchen sehen und auch wahrgenommen, dass sie plötzlich in sich zusammenbrach. Mit wenigen Schritten sind einige bei der jungen Frau und beugen sich jetzt über sie. Chenxi hört Stimmen wie von ganz fern und einer sagt: „Sie hat ja ein Kreuz in der Hand, hier am Hals hängt es." Chenxi wird aufgehoben und ans Feuer gebracht. „Wer bist du? Wie kommst du hierher? Wieso hast du ein Kreuz um? Brauchst du Wasser? Bist du krank?"

Chenxi kann sich mithilfe von zwei Frauen hinsetzen. Die beiden setzen sich neben sie, legen die Arme um ihre Schultern und streicheln besorgt ihre schrumpelig gewordenen Hände. „Willst du uns nicht sagen, wer du bist?"

Chenxi möchte gern etwas sagen, aber sie muss weinen. Die aufgestaute Verzweiflung bricht mit Macht aus ihr heraus. Ihr ganzer Körper schüttelt sich vor innerer Erschütterung. Alles, was sie in den letzten Jahren durchgemacht hat, müsste jetzt heraus. Irgendwie fühlt sie sich unter diesen fremden Menschen doch wie daheim angekommen. Der Schmerz aus Hass, Demütigung, Folter und Gemeinheiten holt sie ein, als wäre ein Damm gebrochen. Sie weint und weint und ist unfähig, ein längeres Wort oder gar einen Satz zu sprechen.

Eine der Frauen nimmt sie in den Arm und redet beruhigend auf sie ein. Ein alter Mann legt ihr die Hände auf den Kopf und segnet sie. Dann beten alle für sie und erbitten die Kraft von Gott, die sie jetzt braucht.

Langsam beruhigt sich Chenxi, und um ihre christliche Herkunft zu beweisen, fragt sie stotternd unter Schluchzen: „Kennt ihr Ewald und Henriette Burker aus der Missionsstation Zion?"

„Nein, haben wir nie gehört", kommt es von mehreren, die jetzt alle um Chenxi herum hocken oder stehen.

„Doch, ich kenne sie", sagt ein junger Mann, den alle überrascht ansehen.

Nach einiger Zeit kommt endlich einer auf die Idee, Chenxi zu fragen: „Hast du Hunger, hast du Durst?"

„Ja", stammelt sie, „ich habe seit meiner Flucht vor fünf Tagen nur einen Maiskolben gegessen."

„Flucht?", fragt jemand ungläubig. „Bist du etwa aus der biologischen Kolchose geflohen? Bist du die, die man überall sucht?" Stimmen schwirren durcheinander, von denen Chenxi nur Wortfetzen versteht. „Bringt uns alle in Gefahr." – „Können wir nicht ausliefern." – „Unmöglich, so weit zu gehen." – „Belohnung." – „Gefährlich." – „Untertauchen."

Schließlich ist es eine Frau in mittleren Jahren, die sich bemerkbar macht und alle auffordert, nachzusehen, ob nicht jemand irgendetwas zu essen bei sich hat. Das sei jetzt das Wichtigste für die junge Frau. Einige gehen zurück zu ihren Plätzen, wo sie vorher im Kies gehockt haben, und kramen in Beuteln und Bastkörben. Schließlich bringen einige kalte Teigtaschen, in Maisblättern eingewickelten Reis und getrockneten Fisch. Chenxi genießt jeden Bissen, bis ein Mann sagt: „Iss nicht so viel, das verträgt dein Magen nicht, wenn er so lange gehungert hat. Ich kenne das, nach meiner Verbannung habe ich auch hastig gegessen – es kam alles wieder hoch."

„So, nun wollen wir aber unseren Gottesdienst fortsetzen", ruft der Ältere, der sie vorhin gesegnet hat. Alle hocken sich um das Feuer, Chenxi wird wieder von zwei Frauen auf beiden Seiten gestützt. Während der Ältere zu predigen beginnt, kommt ein anderer, beugt sich von hinten über Chenxi und sagt: „Sollten sie uns heute überraschen, dann sag, dass du meine Tochter bist, die uns heute aus der Stadt besucht hat. Sag: aus der Stadt Chengdu. Du arbeitest dort als Näherin."

Chenxi ist hin und her gerissen. Mal erfüllt sie ein ganz tiefes Glück, das sie schwindlig macht, mal steigt eine unbewusste Angst in ihr hoch. Mal kommen ihr plötzlich die Tränen, dann friert sie wieder und der Schmerz im Unterleib meldet sich zurück. Von der Predigt versteht sie so gut wie nichts, zu sehr ist sie von ihrem Erleben der letzten Jahre blockiert. Aber die Atmosphäre der Ruhe und die Geborgenheit unter Menschen, die Wärme und Freundlichkeit ausstrahlen, tun ihr unendlich gut.

Nach dem Gottesdienst hockt sich der ältere Mann neben sie und sagt: „Entschuldige bitte, aber wir müssen genau wissen, wer du bist. Wir können unsere Gemeinde nicht gefährden, es wird immer schwieriger, sich als Christen zu versammeln. Unsere Kirche wurde zerstört. Wir sind nur noch der Rest einer Gemeinde von über hundert Christen. Viele sind verhaftet oder zwangsweise umgesiedelt worden. Bist du ein Gotteskind?"

Chenxi weiß, dass sie jetzt die Wahrheit sagen kann, diesen Menschen kann man vertrauen. Und sie erzählt von Zion, ihrer zweiten Mutter – ohne Lui Lans Namen zu nennen –, ihrem Vater, vom Kloster und dem fürchterlichen „U". Sie berichtet von Beijing und ihrer ehrlichen Hoffnung auf ein neues China, aber auch von der Enttäuschung und der Entwürdigung bis hin zur Versuchskolchose und ihrer Flucht vor fünf Tagen. Auch den Glatzkopf und Mao erwähnt sie, und ihr ganzer Hass auf die beiden sprudelt aus ihr heraus.

Der Alte ist sehr beeindruckt, nimmt ihre Hände in seine und betet: „Gott, du bist groß. Mit jedem Menschen hast du einen Plan und willst dich damit verherrlichen. Ich danke dir, dass du diese junge Frau geführt und bewahrt hast. Wir vertrauen dir, dass du sie zu uns hergeführt hast. Ich bitte dich auch, dass du ihr Herz erreichst und sie ihren Peinigern vergeben kann."

Chenxi will bei diesem Satz eigentlich protestieren, aber er sagt schon: „Amen." Und zu ihr gewandt: „Wir können uns nur noch im Verborgenen treffen. Seit Mao immer brutaler regiert, wird alles Religiöse blutig bekämpft. Hier am Fluss sind wir ziemlich sicher. Niemand darf von dieser Stelle wissen, der nicht zur Gemeinde gehört. Unser Dorf ist acht Kilometer entfernt. Wir machen uns nun in kleinen Gruppen auf den Weg zurück, du musst aber diese Nacht hierbleiben. Keine Angst, du bist hier sicher, es sei denn, Wölfe kommen, aber die haben jetzt genug anderes zu fressen. Klatsch einfach in die Hände, wenn sie herumstreunen sollten. Aber du bist ja das Übernachten im Freien gewöhnt …", versucht er einen Spaß zu machen. „Im Dorf müssen wir erst ein Versteck für dich suchen. Du kannst uns vertrauen, wir werden dich schützen."

Ein Mann lässt seine Jacke da, eine Frau zieht ihren Rock aus und hängt sich ihre Jacke um die Hüften, damit sie nicht in Unterwäsche nach Hause gehen muss. „Hier, nimm diese Kleidung, es wird sicher wieder kalt werden in der Nacht."

Als sich die Christen in Gruppen auf den Weg machen, wird noch einmal etwas Holz auf das Feuer gelegt. Sie holen alle Reste an Verpflegung heraus und lassen ihr auch eine leere Blechbüchse und etwas Tee da. So kann sie sich über dem Feuer endlich wieder einmal einen grünen Tee bereiten. Aus der letzten Gruppe, die sich in der Dunkelheit verliert, löst sich ein Mann und kommt zu Chenxi zurück. Er hockt sich neben sie und sagt mit langsamen Worten: „Du warst in Zion, kennst Burkers? Was hast du dort gemacht? Wann war das?"

Chenxi hat ein merkwürdiges Gefühl. Kann sie dem Fremden wirklich alles erzählen? Die Versammelten waren ziemlich überrascht, als dieser Mann vorhin sagte, dass er Zion kennt.

Ehrlich antwortet sie: „Ich habe Angst, dir alles zu erzählen. Wer bist du? Ich kenne dich ja nicht. Was hast du mit Zion zu tun?"

Darauf er: „Ich bin mir nicht sicher, ob wir uns nicht doch kennen. Haben wir vielleicht noch andere gemeinsame Bekannte – den Glatzkopf aus dem roten Kloster zum Beispiel?"

Chenxi ist, als ob der Boden unter ihr nachgeben würde und sie ins Bodenlose stürzte. „Bist du etwa der junge Mann aus Wuhan, der im ‚U' so fürchterlich gelitten hat?"

„Ich habe nicht nur gelitten, sondern ich hatte einen Engel Gottes, der mich befreit hat, ich bin Lee Shun."

Chenxi umarmt Shun so stürmisch, dass sie beide in den Kies rollen. Im nächsten Moment ist ihr das fürchterlich peinlich und sie putzt verlegen die Steinchen von seiner und von ihrer Jacke.

Shun geht in dieser Nacht nicht zurück ins Dorf. Sie reden und reden, erzählen von den vergangenen Jahren und teilen ihre Befürchtungen und Hoffnungen. Natürlich will Chenxi genau wissen, wie es in Zion geht. Doch Shun weiß es nicht. Es sind ja immerhin über vierzehn Jahre, seit er damals auf seiner Flucht Zion erreichte. Wochenlang hat er sich zu Fuß am Fluss entlanggearbeitet. Da es stromauf ging, konnte er kein selbst gebautes behelfsmäßiges Boot oder Floß gebrauchen. Kilometer für Kilometer ging es durch Dickicht, Schlamm, über Nebenflüsse und um Dörfer herum. Er war in ständiger Bereitschaft sich abzuducken, wenn ein Boot den Fluss befuhr. An den Dorfrändern stahl er Lebensmittel, brach nachts in Speicher ein, um nicht zu verhungern. Stolz erzählt er, wie er sich eine Angel gebaut hat, mit der er reichlich Fisch aus dem Fluss holen konnte. Aber auch Frösche, Schildkröten und Schlangen hat er sich gebraten.

„Das Schlimmste waren die Regentage."

Chenxi nickt sehr verständnisvoll.

„In Zion waren Burkers gerade dabei, die Abreise vorzubereiten. Die neue Regierung hatte angeordnet, dass alle Missionare ausreisen mussten. Es fiel ihnen sehr schwer. Kaum waren sie weg, kam eine Abordnung von der Regierung und hat Zion zum kommunistischen Dorf erklärt. Es hieß dann: ‚Perle der Revolution am Fluss'. Mich und weitere fünf Jugendliche haben sie mitgenommen und wir wurden in die Armee gesteckt. Später musste ich dann in Korea kämpfen. Was ich dort an Grausamkeit und Leid gesehen habe, kann ich nicht beschreiben."

Chenxi unterbricht ihn: „Hast du etwas von Lui Lan erfahren? Gab es He Han noch, den alten Heiligen?"

„Lui Lan war die rechte Hand von Henriette Burker. Sie hat mit Kisten und Körbe gepackt, aber sie war unruhig und irgendwie ständig in Hast. Sie machte auf mich den Eindruck, als suche sie etwas oder erwarte sie jemanden."

Chenxi beginnt zu weinen.

„Oh, es tut mir leid, du kanntest sie wohl gut? Hat sie für dich eine besondere Bedeutung?"

Chenxi will mit der Wahrheit nicht heraus, zu schmerzlich ist ihr die Erinnerung, zu tief ist der Verlust, den sie erst jetzt wieder bei seinem Bericht empfindet.

Shun übergeht seine Frage und berichtet, dass der alte He Han so hinfällig war, dass er die Hütte nicht mehr verlassen konnte. Shun musste ihm immer wieder aus der Bibel vorlesen. So lernte er dieses Buch kennen wie nie zuvor.

„Weißt du, was aus Lui Lan geworden ist?", fragt Chenxi unvermittelt.

„Nein, tut mir leid. Als sie mich fortbrachten, war sie noch in ‚Perle der Revolution am Fluss'. Ich bin ja nie wieder dort gewesen."

Weiter erzählt Shun von Korea, von seiner Verwundung und wie er in amerikanische Gefangenschaft geriet. Am Ende des Krieges kam er nach China zurück und wurde sofort aufs Land geschickt. Hierher in diese verlassene Gegend. „Bisher konnte ich meine Vergangenheit und die Zeit im Kloster verschweigen, keiner hat danach gefragt. Aber heute, mit dir, wird das alles wieder lebendig." Lange starren sie beide in die nur noch schwach glimmende Glut des Feuers.

„Machst du mir einen Tee, Shun? Ich habe solchen Appetit darauf und außerdem wird es langsam kühl."

Shun holt die Kleidungsstücke der Dorfbewohner, legt Chenxi die Jacke um die Schultern und den Rock über ihre Beine. Das tut so unendlich gut, dass sich mal jemand um sie kümmert. Mit Blasen und Wedeln kann Shun das Feuer wieder entfachen, legt trockenes, gebleichtes Holz nach, das der Fluss auf den Kiesstreifen gespült hat. Bald dampft der Tee in der alten Blechbüchse.

Chenxi schlürft ihn genüsslich und wärmt ihr Gesicht in dem aufsteigenden Dampf.

„Und wie ging es dir – oh, entschuldige, wie war dein Name gleich?"

„Chenxi, Hoffnung wie das erste Sonnenlicht am Morgen, so hat mich Lui Lan genannt. Ich wünschte, sie könnte mich endlich in der Sonne sehen."

„Ach, Lui Lan ist deine Mutter?"

„Meine zweite Mutter und ich habe eine so große Sehnsucht nach ihr."

Jetzt ist Shun auch klar, warum sie vorhin so bewegt reagiert hat. Ob er weiterfragen soll? Oder ist es besser zu schweigen? Sicher wird sie selbst davon erzählen, wenn die Zeit reif dafür ist.

„Du solltest jetzt etwas schlafen", sagt Shun.

„Und du musst zurück ins Dorf, sonst kommen sie noch hierher und suchen dich", antwortet Chenxi.

„Nein, ins Dorf gehe ich heute nicht, ich bleibe bei dir und bewache deinen Schlaf." Shun holt einiges trockenes Schilf und Bambusblätter, auf denen die Gottesdienstbesucher gesessen haben. Er legt es in einer Kuhle so zurecht, dass ein sicheres und bequemes Lager entsteht. „Komm, leg dich lang, ich kämpfe gegen Löwen, Bären und Wölfe, damit du sicher schlafen kannst."

Chenxi muss lachen und stockt plötzlich – wann hat sie überhaupt das letzte Mal gelacht? Er will sie bewachen! Hier in der Einsamkeit hat sie vor diesem Mann keine Angst – merkwürdig! Ist die Welt der Christen denn bis in solche Einzelheiten anders, so vollkommen anders? Shun setzt sich in zwei Metern Abstand auf den Boden, gerade so weit entfernt, dass er sie in der Dunkelheit noch erahnen kann.

Die Sonne ist längst aufgegangen. Als sie über die Uferböschung Chenxi direkt ins Gesicht scheint, wacht sie auf. Shun hat das Feuer schon wieder zum Brennen gebracht. Als erfahrener Angler hat er aus einem Stück Draht einen einfachen Haken gebogen und tatsächlich etwas gefangen. Nun brutzeln zwei Fische an Stöcken über dem Feuer. Der Duft steigt Chenxi in die Nase und es scheint ihr so, als gäbe es nichts Köstlicheres auf der Welt.

„Ich glaube, du hättest mich umbringen können und ich hätte nichts bemerkt, so fest habe ich geschlafen."

„Das wollte ich eigentlich auch machen, aber ich habe meine Mordlust an den beiden Fischen ausgelassen. Jetzt bin ich wieder im Gleichgewicht", antwortet er und sie kichern unbekümmert wie zwei Jugendliche – die sie vor fünfzehn Jahren waren! Als ob sie etwas nachholen wollten.

Nach dem Essen sagt Chenxi: „Du, ich habe eine ungewöhnliche Bitte. Kannst du mich auch einmal beim Baden bewachen? Ich möchte unbedingt mal ins Wasser, um mich zu reinigen. Seit Tagen bin ich ja nur gelaufen und konnte mir keine Zeit für Körperpflege nehmen. Aber bitte bleib hier. Ich gehe ein Stück weiter flussauf und werde mich mal gründlich waschen."

„Ja, mach nur, du kannst dich auf mich verlassen. Aber wenn dich die Strömung hier vorbeitreibt, dann darf ich dich retten?"

„In Ordnung, aber nur, wenn ich um Hilfe schreie." Chenxi genießt das Bad, es tut so unheimlich gut, mal wieder gründlich sauber zu werden. Aber auch das andere tut ihr so gut: Da ist ein Mann, auf den man sich verlassen kann, der sie beschützt und fair bleibt, vor dem sie keine Furcht haben muss. Etwas unheimlich ist es ihr dennoch. Da steht sie splitternackt bis zu den Hüften im Wasser und wenige Meter entfernt ist ein Mann, den sie auch noch sympathisch findet. Ehe sie ihre Kleidung wieder anzieht, lässt sie sich von der Sonne trocknen und schaut mal um die Ecke, was der fremde Mann eigentlich so macht. In dem Moment aber schaut er zufällig in ihre Richtung, sieht die nackte Frau und ruft gekünstelt: „Hilfe!" Sofort geht sie wieder in Deckung und zieht sich an.

Als sie zu Shun zurückkommt, ist ihr die Situation von eben irgendwie peinlich. Sie sagt: „Entschuldige, dass ich mich vorhin gezeigt habe, ich wollte nur mal sehen, ob du noch da bist."

„Macht nichts", grinst Shun, „jetzt sind wir quitt. Du hast mich im ‚U' ja auch nackt gesehen." Wieder lachen sie miteinander, aber beide wollen das Thema nicht weiter vertiefen.

Als die Dunkelheit hereinbricht, wird Shun auch müde. Chenxi merkt das, weil er ständig ungeniert gähnt, als wollte er sie fressen. Deshalb beschließen sie, diese Nacht abwechselnd zu schlafen.

Doch daraus wird nichts. Aus dem Schilf treten drei Männer hervor, die sich dem Feuer nähern. Chenxi und Shun warten angespannt, was jetzt passiert. Aber es sind drei von der Gemeinde, die den beiden sagen, dass für Chenxi ein Unterschlupf gefunden worden ist. Die Männer begleiten die beiden ins Dorf, obwohl Chenxi und Shun gern noch ein paar Tage hier am Fluss allein geblieben wären.

Im Dorf gibt es eine christliche Familie, die eine behinderte Tochter hatte. In China ist es üblich, dass man solche Kinder vor der Öffentlichkeit versteckt. Auch wenn die Familie versuchte, mit ihr menschlich umzugehen, hat sie sie meist verborgen gehalten. Alle im Dorf wissen, dass das Mädchen „blöde" war und manchmal laut aufschrie. Der einzige Auslauf für das arme Kind war der kleine Hof, der von allen Seiten geschlossen ist und die Schande der Familie vor den Blicken der anderen schützte. Das Mädchen ist vor einigen Tagen verstorben und die Beerdigung ist in aller Heimlichkeit vollzogen worden. Keiner, außer einigen eingeweihten Christen, hat von dem Tod erfahren.

In diese Familie wird Chenxi aufgenommen. Die Eltern, die trotz der Behinderung ihre Tochter sehr geliebt haben, bringen dieses Opfer und Chenxi wird gebeten, ihnen über ihren Schmerz hinwegzuhelfen. Natürlich kann sie nicht bei den Eltern im Zimmer schlafen, wie das Mädchen es getan hat. So wird mithilfe der Gemeinde im Hof ein kleiner Schuppen gebaut, in den Chenxi bald einziehen kann. Obwohl Chenxi sicher zehn Jahre älter ist als die Tochter, wird das im Dorf nicht bemerkt, weil die Abgeschiedenheit die „Tochter" ja unsichtbar macht.

Mit ihren „Eltern" versteht sie sich bald sehr gut. Sie geht der Frau im Haushalt zur Hand und diese erlebt zum ersten Mal, wie befreiend das ist, nicht ständig hinter der Tochter her sein zu müssen, weil sie wieder unbedachte Dinge tun könnte. Im Gegenteil, sie muss sich sogar darauf einstellen, Chenxi mehr Freiheit zu lassen und sie nicht dauernd zu kontrollieren.

Die einzige Bewegung, die Chenxi hat, ist der Weg Sonntagnacht zum Fluss, zum Gottesdienst. Hier trifft sie Shun wieder und mit anderen aus der Gemeinde verbindet sie bald eine dankbare Freundschaft. Nach einem halben Jahr wird Chenxi getauft. Sie tut diesen Schritt ganz bewusst, sie will ganz zur Gemeinde gehören. Ihr ist es, als würde sie jetzt nahtlos an die Zeit in Zion anknüpfen. Die Zeit dazwischen bleibt wie ein schrecklicher Traum zurück.

Da sie im Haus der behinderten Tochter viel Zeit hat, liest sie, was sie in die Finger bekommen kann. Shun und andere aus der Gemeinde bringen ihr Bücher, die sie aus Angst vor den Kommunisten vergraben hatten. Der alte Gemeindeleiter schenkt ihr seine Bibel, da seine Augen zunehmend schlechter werden und er die Buchstaben nicht mehr unterscheiden kann. Gemeindeglieder kommen und besuchen sie in ihrem „Gartenhaus", diskutieren und beten mit ihr. Bald ist ihr Schuppen ein kleines Zentrum der Seelsorge und der Schulung. Chenxi macht es unheimlich viel Spaß, biblisches Wissen und Glaubensinhalte, die sie aus den Büchern gelernt hat, weiterzugeben. Bald wird sie im Dorf unter den Christen „die heimliche Bibellehrerin" genannt.

Noch ist es sehr gefährlich, sich als Christ und überhaupt als Gläubiger zu zeigen. Viele müssen auch jetzt noch ins Gefängnis oder in ein Umerziehungslager. Die Gemeinde wird immer vorsichtiger. Bald fallen auch die Gottesdienste am Fluss aus, weil die Gefahr des Verrats in der Luft liegt. Die häufigen Besuche von Dorfbewohnern im Haus der Eltern haben einige andere stutzig gemacht und so trommelt eines Tages die Polizei an die Haustür. Sie machen eine Hausdurchsuchung, stülpen alles um, finden aber nichts, was der kommunistischen Idee schaden könnte.

Als sie das Gartenhaus untersuchen wollen, warnt der Vater die Polizisten, dass dort die „blöde und böse Tochter" wohnt, vor der alle im Dorf Angst haben. Und tatsächlich, als die Polizisten die Tür aufreißen, stürzt die „blöde" Chenxi mit einem dreckverschmierten Gesicht heraus. Sie hat eine Sichel in der Hand, schreit, schimpft mit undeutlichen Lauten und schwingt die Sichel über den Köpfen der Polizisten. Der Vater springt dazwischen und versucht sie zu beruhigen, was nur schwer gelingt. Schnell ergreifen die Polizisten die Flucht und kommen nicht wieder in dieses schreckliche Haus.

Bald darauf erfährt die Gemeinde, dass eine Razzia unten am Fluss geplant war. Ein Spion der Partei ist den Christen gefolgt und hat das Versteck verraten. Nun sollte der große Schlag erfolgen, aber Gott schickte ein Hochwasser, das alle Spuren der nächtlichen Gottesdienste samt dem Kreuz verwischt hat. Die Polizisten fanden dazu den Rückweg nicht wieder und wären im sumpfigen Gelände fast umgekommen.

Nach einigen Wochen Pause versammelt man sich dann wieder am Fluss. Die Polizei traut sich nicht mehr dorthin. Die Lektion Gottes war für die abergläubischen Kommunisten doch zu deutlich. Immer öfter ist es jetzt Chenxi, die predigt und die Gottesdienste leitet.

Unter den Hauskirchen gibt es ein Netz von Predigern und Evangelisten, die trotz Verfolgung durchs Land ziehen und die Gemeinden stärken und ausbilden. Als einmal ein bekannter Evangelist die Gemeinde am Fluss besucht, fragt Chenxi, welche Qualifikation man braucht, um so ein reisender Prediger zu werden.

„Da braucht es nur vier Dinge: Erstens die Liebe zu Jesus, zweitens die genaue Kenntnis der Heiligen Schrift, drittens Lust und Begabung, um Menschen anzuleiten, die selbst Weiterträger des Evangeliums sein wollen, und viertens keine Angst vor Verfolgung und Gefängnis."

„Und wenn man alle vier Bedingungen erfüllt und bereit zum Martyrium ist, kann man dann reisende Evangelistin werden?"

Der bekannte Leiter bespricht sich mit den Ältesten der Gemeinde und die stellen Chenxi ein sehr gutes Zeugnis aus. Der Entschluss ist spontan, aber Chenxi will ihre Chance nutzen und schließt sich dem Evangelisten an. Er nimmt sie mit in eine heimliche Schulungshöhle, weit weg vom Dorf, in der Provinz Shaanxi. Auf dem Weg dorthin lernt sie viele Gemeinden kennen, die sich alle in verborgenen Scheunen, im Wald, in Erdhöhlen oder auf Friedhöfen treffen. Sie hört von schlimmen Verfolgungen, von Folter und jahrelanger Haft unter unmenschlichen Bedingungen, aber auch von Gottes Wundern, von Bewahrung und Aufbruch in den Dörfern. Sie erlebt selbst, wie Gemeinden aus dem Nichts entstehen. Dort, wo die Verfolgung am schlimmsten zu sein scheint, wachsen die Gemeinden besonders. Es geschehen Wunder und Glaubensheilungen und mitunter kommen Menschen zu den Christen und sagen, dass sie geträumt haben, ein Jesus Christus hätte sie dazu aufgefordert.

In der Schulungszentrale wird Chenxi mit mehreren Männern und Frauen ausgebildet. Mit großem Eifer ist sie bei den praktischen Einsätzen im Land unterwegs. Manchmal müssen sie vor der Polizei fliehen, nicht selten verstecken sie sich unter Mistkarren, im Dickicht, in den Maisfeldern und einmal sogar in einer halb gefüllten Jauchegrube. Aber Chenxi ist begeistert von ihrer neuen Aufgabe. Besonders die Beratung von Frauen macht ihr viel Freude. Sie entwickelt eine gute Methode, wie sie auch Analphabetinnen einen Glaubenskurs vermitteln kann, sodass sie die zentralen Dinge des Glaubens in ihren kleinen Hausgruppen weitergeben können. Die Chinesen zählen ja geschickt mit einer Hand bis zur Neun. Die Zehn sind dann die gekreuzten Zeigefinger. Chenxis Glaubenskurs braucht alle zehn Finger und jeder Finger steht für eine Wahrheit des Glaubens. Am Schluss kommt sie auch bei der chinesischen Zehn heraus, nämlich dem Kreuz Jesu Christi. Das ist für die Analphabetinnen eine überraschende Schlussfolgerung. Dann das Lachen in den von der Sonne gegerbten Gesichtern zu sehen, das macht Chenxi glücklich.

Unter Beobachtung

In der Schweinesiedlung lebt und gedeiht die kleine christliche Gemeinde. Gemeindeleiter Liu Cuan ist glücklich, jeden Sonntag predigen zu können. Aus einem anderen Dorf kommen etliche Menschen zu den Gottesdiensten. Bald werden es so viele, dass es gefährlich wird, weil die Polizei aufmerksam werden könnte. Sie kommen zwar in einzelnen Gruppen oder nur zu zweit herüber, aber wer die Landschaft aufmerksam beobachtet, bemerkt jeden Sonntag eine regelmäßige Wanderbewegung. Das könnte der Partei auffallen, auch wenn sie sich bisher noch nicht in diese Gegend getraut hat. Schließlich feiern sie im Nachbardorf, einige Kilometer von der Schweinesiedlung und Wanyuan entfernt, ihren eigenen Gottesdienst, aber für Cuan bedeutet das am Nachmittag eine zweite Versammlung. Fröhlich zieht er jeden Sonntag in die Schweinesiedlung, und nach einem anschließenden kleinen Imbiss bei den Christen reihum geht es ins Nachbardorf. Sogar der Schweinenarr Yi lädt ihn zu sich ein, und Cuan muss die Schweine hinterm Ohr kraulen, damit sie ihn in Ruhe essen lassen und nicht ständig nach seiner Schüssel gieren.

Im Nachbardorf treffen sich die Christen heimlich in ihrer ehemaligen Kirche. Sie haben das Kreuz auf dem Dach abgenommen, aus dem Haus ist ein Lagerschuppen für landwirtschaftliche Geräte entstanden. Das war die einzige Chance, ihr Gotteshaus zu erhalten. Da es am Ende des Dorfes liegt, sind sie bei den Gottesdiensten verhältnismäßig ungestört. Die Geräte werden am Sonntag in der hinteren Hälfte des Lagers zusammengestellt und der freie Platz dient ihnen als Gottesdienstraum. Nach dem Gottesdienst müssen die Ackergeräte wieder gleichmäßig im Raum verteilt werden. Die Altargeräte lagern unter einem umgestürzten Futtertrog, der dann gleich als Altar dient. Alles ist ziemlich einfach, aber je einfacher, umso unauffälliger ist ihr Gottesdienst. Das Singen ist eine Herausforderung. Aber das Füttern der Schweine im Stall daneben wird immer zu dieser Zeit durchgeführt, da übertönt ihr Grunzen und Gequieke die Stimmen der Sänger.

Doch durch Verrat wird die Polizei auf die „Scheunengemeinde" aufmerksam und eines Tages sind die Polizisten da und verhaften alle Gottesdienstbesucher. Einige der Leiter werden in die Kreisstadt gebracht. Sie werden geschlagen und zu einigen Tagen Gefängnis verurteilt, weil sie die öffentliche Ruhe gestört hätten. Auch Cuan ist mit verhaftet worden. Er ist froh, dass er mit der Gemeinde leiden kann. Hier darf er die Männer und Frauen trösten und ihnen Glaubensmut zusprechen. Nach erneuten Prügeln mit Stöcken und sandgefüllten Schläuchen werden sie verwarnt und entlassen. Cuan wird verboten, das Dorf weiterhin zu besuchen. Sollte er sich nicht an das Verbot halten, droht ihm eine langjährige Gefängnisstrafe.

An den kommenden Sonntagen versammeln sich die Christen wieder nur in der Schweinesiedlung. Hier traut sich die Polizei nicht her und so sind sie verhältnismäßig sicher. Doch der Platz wird eng und sie beraten, ob es nicht doch im Dorf drüben eine Möglichkeit zum Gottesdienst gibt.

Jemand hat eine Idee: „Wir versammeln uns am späten Abend, da haben die Polizisten frei. Sie werden uns nicht auflauern, wenn sie nicht im Dienst sind."

Genauso wird es gemacht. Nach getaner Arbeit und einigen Stunden Ruhe in den Häusern ziehen die Gemeindeglieder zur Gerätescheune und können ungestört Gottesdienst feiern. Cuan ist wieder regelmäßig im Dorf, auch wenn er jetzt auf Umwegen in den Ort kommt und den Heimweg in der Nacht in völliger Dunkelheit zurücklegen muss. Aber mit der Zeit kennt er alle

Stolpersteine, die querliegenden Wurzeln, die abschüssigen und die schlammigen Wegabschnitte.

Einige Monate geht alles gut. Es kommen sogar wieder Gäste aus dem Dorf, die neugierig den Gottesdienst verfolgen. Oft geschieht es, dass solche Gäste mehrfach hintereinander kommen und nach einiger Zeit in die Gemeinde aufgenommen werden wollen. Sie werden dann von Cuan im christlichen Glauben unterrichtet. Vierzehn Personen sind es im Sommer, die den Taufunterricht absolvieren, Weihnachten sollen sie dann getauft werden. Cuan fällt auf, dass ein Ehepaar von den anderen mit Misstrauen behandelt wird, aber er will keinen Unterschied machen. Er geht auf sie zu und fragt nach der Familie, ob die Eltern bei guter Gesundheit sind und als was sie in der Kolchose arbeiten. Die Frau erzählt unbefangen von ihren zwei Kindern und dass sie aus einem Dorf der Provinz Henan stammt. Dort gehören ihre Eltern auch zu einer christlichen Gruppe. Sie war zwar immer gegen den neuen Glauben der Ausländer, aber im Belauschen der Christen hier hat sie gespürt, dass es Gott wirklich gibt. Zu ihm will sie gehören.

Der Mann ist bei seinen Antworten verlegen. Er berichtet kurz von seinen Eltern und dass auch er glauben will. „Und was ist deine Arbeit? Du bist doch bestimmt bei der Feldarbeit. Du siehst so gesund und stark aus", will Cuan ihn etwas herauslocken.

„Nein, ich bin nur manchmal auf dem Feld, wenn alle Hände gebraucht werden. Sonst bin ich …", er blickt sich vorsichtig nach rechts und links um, „sonst bin ich, bin ich Polizist."

Cuan erschrickt und schätzt die Entfernung bis zur Tür ab, um eventuell sofort zu fliehen. Doch der Mann hat keine schlechten Absichten. Er will wirklich glauben und möchte Christ sein, das hört Cuan aus seinen weiteren stockend vorgebrachten Worten heraus. Doch wie soll das gehen? Wird er nicht in große Schwierigkeiten kommen, wenn sein Vorgesetzter davon erfährt?

Im nächsten Gottesdienst predigt Cuan über Levi, den Zöllner. Der war in der Stadt verhasst, aber Jesus rief ihn dennoch in seine Nachfolge. Keiner wird bei Jesus ausgeschlossen, wenn er nur glauben und ihm nachfolgen will. Niemand nimmt jedes Wort so gespannt auf wie der Polizist, der mit seiner Frau wieder unter den Zuhörern sitzt. Aber Cuan hat auch die anderen Gemeindeglieder im Blick, die vor einem Polizisten berechtigterweise Angst haben. Doch der Polizist ist natürlich in noch viel größerer Gefahr. Was geschieht, wenn die Parteileitung erfährt, dass er sich zu den Christen hält? Cuan kann nur hoffen, dass die Gemeinde dichthält und die Nächte nicht zu hell sind, damit die Dorfbewohner die Gottesdienstbesucher nicht so genau beobachten können.

Der Herbst kommt dieses Jahr schnell mit seinen Stürmen und nasskaltem Wetter. Doch heute ist noch einmal ein sonniger Tag, die Herbstfarben an Bäumen und Büschen sind eine Pracht. Cuan hat am Vormittag in der Schweinesiedlung über die Wiederkunft von Jesus gepredigt. Ganz zufrieden war er nicht mit sich, er hat den Eindruck, dass die Schweinebauern nicht alles verstanden haben.

Bis zum Abendgottesdienst ist noch viel Zeit. Er verlässt die Schweinesiedlung, ohne eine Einladung zum Essen anzunehmen, und geht lange durch die Einsamkeit. Er will fasten und beten, damit seine Botschaft die Menschen wirklich erreicht. Unter einer großen Kastanie hockt er sich ins verdorrte Gras und blickt über die herbstliche Landschaft. Was bedeutet es für die Bauern hier in der Gegend, wenn Jesus wiederkommt? Was bedeutet es für China? Den Kommunismus? Alles wird ein Ende haben, aber alles wird neu.

Der Kommunismus wird einmal zu Ende sein – darf er das

den Leuten sagen? Ist das Evangelium oder Hetze gegen den Staat? Viele Dynastien in China haben gemeint, sie bestünden ewig, und dann wurden sie doch von neuen Machthabern abgelöst, die gern ewig leben wollten. Auch die Dynastie des Kommunismus wird zu Ende sein, wenn Jesus sein Friedensreich auf der Welt aufrichtet – das wird er ihnen sagen, weil es wahr ist.

Als er sich dem Dorf nähert und an die Stelle kommt, wo er immer die Straße verlässt, um im Schutz der Dunkelheit hinter den Häusern und Gemüsegärten heimlich ins Dorf zu gehen, wird ihm der Weg von einem Mann versperrt, der hinter einem Busch hervorspringt. Es ist der Polizist aus der Gemeinde. „Pastor Cuan, heute dürfen wir keinen Gottesdienst halten, die Polizei aus der Stadt will heute alle verhaften. Sie sind mit einem Lkw da und haben fünfzehn Mann dabei." Im nächsten Moment ist er schon wieder auf und davon. Cuan sieht noch, wie er im Laufen seine Armbinde überstreift.

Die Nachricht hat sich unter den Christen schnell herumgesprochen, auch die Information, dass man sich im Schutz der Dunkelheit auf dem Friedhof treffen wird.

Als es gegen zehn Uhr ist, haben sich in der Dunkelheit ungefähr dreißig Christen auf dem Friedhof versammelt. Es kommen weniger Gottesdienstbesucher als sonst zur Versammlung. Einigen ist die Sache doch zu gefährlich, andere haben Angst vor den Totengeistern, die auf dem Friedhof zu Hause sind. Cuan hat schon oft gegen den Geisterglauben gepredigt, aber in manchen Köpfen sind die alten Vorstellungen noch sehr verwurzelt.

Für Chinesen ist es unmöglich, nachts auf den Friedhof zu gehen. Schaurige Geschichten machen in den Dörfern die Runde. Schon wer in bestimmten Nächten am Friedhof vorbeigeht, kann von den Geistern zu Tode erschreckt werden. Anderen – so wird erzählt – hätten die Geister die Knochen gebrochen oder Beine ausgerissen. Besonders Tote, die nicht mit dem ganzen Körper beerdigt wurden, werden nach dem Volksglauben zu solchen grausamen Geistern. Wer also einen Arm bei einem Unfall verloren hat und daran starb, der wird als Geist umherirren und lebendigen Menschen Arme ausreißen. Besonders grausam gehen die Geister um, die ohne Kopf beerdigt wurden. Auf diesem Friedhof liegen einige verstümmelte Menschen, die beim Bürgerkrieg zwischen Kommunisten und Chiang Kai-schek ums Leben gekommen sind! Es ist ein grausiger Ort, aber Cuan weiß, warum er die Christen hierher bestellt.

Kaum haben sie leise einige Lieder gesungen, auch wenn ihnen das schwerfällt – Cuan will gerade mit seiner Predigt beginnen –, da hören sie von der Hauptstraße her einen Lkw kommen. Bis zum Eingang des Friedhofs schafft er es nicht. Er muss am Hang halten und die Scheinwerfer strahlen wie zwei weiße Finger quer über die Begräbnisstätte in den Himmel. Die Polizisten springen ab, man hört einige gebrüllte Befehle. Doch es tut sich nichts. Wieder hört man den Offizier laut und heiser einen Befehl brüllen, nur die angeheuerten Männer trauen sich nicht auf den Friedhof. Die Angst vor den Geistern ist größer als der Gehorsam. Alles kann der Offizier von ihnen verlangen, nur nicht bei Nacht an diesen grausigen Ort zu gehen. Ihnen sind ihre heilen Knochen lieber als die kleine Sonderzahlung, die ihnen für den Nachteinsatz versprochen ist.

Als der Offizier sie mit Gewalt auf den Friedhof treiben will, wehren sich die Männer und es entsteht ein Handgemenge, bei dem sie auch ihre mitgebrachten Knüppel einsetzen. Die Batterie des Lkws wird langsam schwächer und die Christen können im fahlen Licht sehen, wie die Männer unter wilden Flüchen aufeinander einschlagen.

Cuan bricht den Gottesdienst ab und verlässt über das angrenzende Gebüsch den Friedhof. Einige der Christen gehen mit ihm, andere sind mutiger und laufen zum Eingang, wo der

Kampf inzwischen aufgehört hat. Einige der Männer sind ernsthaft verletzt und die Christen leisten Erste Hilfe mit Tüchern, die zu Binden und Bandagen werden.

Das Licht des Lkws wird immer schwächer. Die Christen helfen mit, die Verletzten auf die Ladefläche zu heben, und dann will der Offizier den Lkw starten. Aber die Batterie ist jetzt zu schwach, der Motor gibt nur ein müdes Krächzen von sich, begleitet von unaussprechlichen Flüchen des Offiziers. Schließlich schieben die Christen den Lkw an, sodass der Motor stotternd in Gang kommt. Bei den ruckartigen Bewegungen schreien einige Verletzte auf und so entfernt sich das Räumkommando der Polizei kläglich zurück Richtung Stadt. Eine Frau unter den Christen fragt die anderen, die sich die Hände am Gras säubern: „Welche Geister gibt es hier eigentlich auf dem Friedhof? Es müssen gute Geister sein, Gottes Geister, die stärker sind als die Polizei."

Solange das Wetter einigermaßen auszuhalten ist, wird der Friedhof ihr Versammlungsort. Als der Winter kommt, hat man den Vorfall fast vergessen und sie versammeln sich wieder im Dorf. Der Polizist ist treu geblieben, hält die Verbindung zur Macht und kann sie im Bedarfsfall wieder warnen. Wie er sein Doppelspiel bei der Polizei spielt, ist Cuan ein Rätsel, aber er hält es für klüger, ihn nicht danach zu fragen.

Weihnachten ist Taufe. Zweiundzwanzig Männer und Frauen und drei Jugendliche wollen sich taufen lassen. Das geschieht – anders haben sie es nie erlebt – in einem Fluss oder Teich. Wie beim Abendmahl sind auch bei der Taufe keine Gäste zugegen. Um der Öffentlichkeit zu entgehen und weil Christi Geburt ja nachts gefeiert wird, ist auch die Taufe in der Nacht. Ostern ist der zweite Tauftermin, aber da wird am Morgen getauft, noch vor Sonnenaufgang. Die Täuflinge steigen dann aus dem Wasser ins Licht des Auferstehungsmorgens.

Die Taufe zu Weihnachten hat den besonderen Reiz, dass jeder Täufling nach seiner Taufe ein Licht in die Hände bekommt – ein Abglanz des Lichtes von der Krippe Jesu, ein Licht für diese Welt.

Auf verschiedenen Wegen geht oder stolpert die Gemeinde zum Fluss, weit außerhalb des Dorfes. Die Stelle ist ihnen gut bekannt, die meisten sind hier getauft worden und sie haben ein Leben ohne Geisterangst und Zwang zur Ahnenverehrung begonnen. Das Ufer ist hier so geformt, dass sich die ganze Gemeinde im Halbkreis aufstellen kann. Die hohe Uferböschung schützt sie vor Entdeckung durch unliebsame Gäste. Hier können sie auch laut und lange singen, hier hört sie niemand. Das Rauschen des Flusses nimmt die Melodien auf und trägt sie in die weite Landschaft.

Für Cuan sind solche Tage das Schönste, was er sich vorstellen kann. Menschen ergreifen das Leben und werden vom Lebendigen ergriffen. So ist auch seine Predigt von Dank und Freude bestimmt. Immer wieder unterbricht er sich selbst und stimmt ein Lied an, was begeistert aufgenommen wird.

Die Taufe selbst dauert lange, weil jeder Täufling das Glaubensbekenntnis aufsagen muss und dann einige Fragen gestellt bekommt. Warum er oder sie Christ werden will, ob er Gott die Treue hält, auch in schweren Tagen, ob er sich von den Geistern und dem Teufel lossagt und welche Sünden er zu bekennen hat. Da werden manchmal schlimme Dinge vor Gott gebracht, und manche peinliche Sünde wird auch nur leise gemurmelt, dass die Gemeinde dies nicht mitbekommt. Jeder Christ, jede Christin verliert bei der Taufe ihr „Gesicht", aber sie bekommen eine neue Identität von Gott: Sie werden Kinder Gottes und Buder oder Schwester der Gemeinde.

Die Taufhandlung selbst ist eine Tortur, mehr für den Prediger als für die Täuflinge. Jeder Täufling wird im kalten Flusswasser dreimal untergetaucht. Die Verwandten stehen mit einer Decke und warmer Kleidung am Rand und empfangen die pitschnassen neuen Menschen mit einem Becher heißem Wasser.

Damit Cuan nicht fünfundzwanzigmal die Taufhandlung durchführen muss und dabei zur Eissäule erstarrt, hat er drei Gemeindeälteste dabei, die ihn unterstützen. Den Polizisten aber will Cuan selbst taufen. Noch bevor er ihn nach hinten unter Wasser drückt, sagt der Polizist: „Pastor Cuan, ich will die Polizei verlassen, Gott helfe mir dabei, ich kann das Doppelleben nicht mehr führen." Als Cuan ihn das dritte Mal aus dem Wasser holt, prustet der Polizist das Wasser aus und sagt: „Ist das saukalt, aber besser so, als in der Hölle zu schmoren. Gelobt sei Jesus Christus."

Cuan muss lächeln, obwohl ihm die Glieder inzwischen schlottern und er sich denkt, dass die Taufe im Sommer sicher angenehmer wäre. Doch zwei hat er noch zu taufen, einer von ihnen ist der siebzehnjährige Shao, der ihm als besonders wissbegierig im Taufunterricht aufgefallen ist. Er ist zwar noch nicht volljährig, aber er hat bei Cuan so sehr um die Taufe gebettelt, dass dieser nicht mehr Nein sagen konnte. Auch er gibt ein Taufversprechen ab und sagt zu Cuan: „Pastor Cuan, auch ich will ein Bote von Jesus Christus werden. Gott helfe mir dazu." Scheinbar hat er vergessen, den Mund zuzumachen, jedenfalls spuckt und hustet er im Wasser, als wäre er am Ertrinken.

Die Täuflinge bekommen jeder eine Kerze – eine Besonderheit, denn Kerzen gibt es seit einigen Jahren nicht mehr. Irgendwie ist die staatliche Produktion von Stearin zum Erliegen gekommen. Doch eine Frau aus der Gemeinde hat sich darauf spezialisiert, Kerzen aus Bienenwachs und Tierfett herzustellen. Sie stinken zwar beim Abbrennen, aber wen stört das angesichts eines solchen feierlichen Festes. Die fünfundzwanzig Täuflinge stehen in einer Reihe und haben Mühe, die Kerzen gerade zu halten. Viele zittern so sehr, dass das flüssige Wachs nach beiden Seiten tropft. Cuan spricht den Segen und die Gemeinde beglückwünscht die neuen Christen mit kunstvoll geschriebenen Bibelworten, mit kleinen Süßigkeiten und Küssen. Dann gehen sie auf getrennten Wegen hinein in die Nacht, zurück in ihre Häuser.

Auch Cuan ist froh, sich jetzt wieder bewegen zu können. Nach wenigen Kilometern wird ihm warm und die nasse Kleidung beginnt zu trocknen. Bis er zu Hause im Stinkhaus ankommt, werden seine Sachen wieder trocken sein, wenn es nicht zu regnen beginnt.

Zu Hause erwartet ihn eine Überraschung. Ein Mann steht vor seiner Tür, der hier wohl die halbe Nacht zugebracht hat. Er stellt sich vor und sagt, er sei einer der Christen aus Xicheng, wo Liao Wu öffentlich hingerichtet wurde und sich anschließend einige zu Christus bekehrten. „O ja, das weiß ich noch genau, Bruder. Es ist so viel geschehen seitdem. Preis dem Herrn, dass wir noch leben und dass seine Gemeinde in seiner Hand ist."

„Ja, Bruder Pastor, das sehen wir auch so, aber wir haben Schwierigkeiten und brauchen deine Hilfe. Seit drei Wochen bin ich unterwegs und suche dich. Dank des Herrn und vieler Brüder und Schwestern habe ich dich endlich gefunden."

Cuan merkt, dass der andere sehr müde ist, und bittet ihn erst einmal ins Haus. Der andere zieht merklich die Nase hoch, als er den üblen Abfallgeruch bemerkt. „Da gewöhnst du dich bald daran, das ist nur der Abwassergraben hinter meinem Haus. Deshalb heißt meine Villa auch Stinkhaus", und Cuan lacht gewinnend. Der andere setzt sich vorsichtig auf einen der wackligen Stühle. „Es ist jetzt gleich vier Uhr früh, tut mir leid, dass du so lange auf mich warten musstest. Wir hatten heute Taufe – ach, übrigens: gesegnetes Christfest. Du weißt doch, dass die Christen in aller Welt heute die Geburt des Herrn feiern."

„Ja, natürlich. Ich wollte heute eigentlich schon wieder bei unserer Hausgemeinde sein, aber die Suche nach dir hat sich zu lange hingezogen." Dabei schaut er versonnen auf den Boden, als wolle er seine Gedanken und Erinnerungen noch einmal sortieren. „Du kannst dir vorstellen, dass ich sehr enttäuscht war, als ich dein Haus gestern Abend verschlossen vorfand. Ich dachte schon, dass sie dich verhaftet haben oder noch Schlimmeres. Aber ein Nachbar sagte, du wärest da, eben nur sonntags immer lange unterwegs."

Cuan hat sich schnell eine neue Hose angezogen, da die andere trotz des langen Heimwegs nicht ganz trocken geworden ist. „So, jetzt mache ich uns erst einmal etwas zu essen. Ich habe noch etwas Maismehl und Nüsse. Daraus werden wir jetzt Jaozi machen, dass du dir die Finger danach leckst."

„Lieber Bruder Pastor, deine Gastfreundschaft in Ehren, aber ich bin so müde, dass ich lieber schlafen würde."

„Gut, auch gut", antwortet Cuan, „obwohl, meine Jaozi wirst du nicht stehen lassen. Solche Teigtaschen gibt es in ganz China nicht, höchstens in Xi'an, dort habe ich die Kunst nämlich gelernt."

„O ja, ich weiß das zu schätzen, aber noch lieber würde ich mir deine Jaozi auf der Zunge zergehen lassen, wenn ich ein paar Stunden geschlafen habe."

„In Ordnung", meint Cuan und kramt bereits in seiner Schlafkammer herum. Dann gibt es einen langen Streit, wer wo schläft. Cuan bietet seinem Gast natürlich sein eigenes Bett an, aber der will diese Freundlichkeit annehmen. Lange diskutieren sie, obwohl klar ist, dass dem Gast das beste Bett in dem spärlichen Haushalt zusteht. Schließlich ist der Kampf entschieden und Cuan zieht sich auf das abgenutzte, stinkende Sofa zurück.

Beide schlafen viel zu lange, denn in der Schweinesiedlung ist heute Gottesdienst. Diese kleine Gemeinde war nicht mit bei der Taufe in der Christnacht dabei und braucht heute am Weihnachtsfeiertag natürlich das Wort Gottes. Cuan ist es sehr peinlich, dass er seinen Besucher ohne Frühstück antreiben muss, schnell mit in die Schweinesiedlung zu kommen. Unterwegs finden sie einige restliche Esskastanien im Laub und im Gehen pulen sie die Schale ab. Gegenseitig bestätigen sie sich, wie gut sie schmecken und dass sie sich vorstellen, die Maronen seien frisch geröstet und wärmten Mund und Gaumen am kalten Morgen.

Sie kommen eine volle Stunde zu spät, aber die Gemeinde ist fröhlich beieinander. Sie haben sich schon Geschenke gemacht und singen Weihnachtslieder, die aber kaum andere sind als die sonst üblichen Evangeliumslieder. Auch Yi ist bereits da, der sonst oft erst zur zweiten Hälfte der Predigt erscheint, wegen seiner Schweine, die er erst noch kraulen muss.

Cuan berichtet von der Taufnacht und lässt den Gast erzählen, wie es der Gemeinde in Xicheng geht. Doch was er da hört, erschreckt ihn. Warum hat er den Fremden nicht vorher gefragt? Vielleicht hätte man die Schwierigkeiten, in denen die Gemeinde dort steckt, den Schweinehirten verschweigen können. Als der Fremde zu Ende ist, stehen einigen die Tränen in den Augen und sie können ihren Schmerz nur im Gebet bewältigen. Lange beten sie für Xicheng, die jungen Christen überall im Land und auch für die Getauften der letzten Nacht, hier in ihrer Gegend und überall, wo zum Weihnachtsfest Taufen stattgefunden haben. Sie ahnen ja nicht, dass es Tausende sind, die in der letzten Nacht zur Gemeinde von Jesus dazugekommen sind. So liegen Freude und Schmerz immer nahe beieinander.

Im Dorf drüben ist heute, nach der Taufe, kein Gottesdienst. Sie werden feiern und ausschlafen. Cuan und sein Gast haben auf dem Heimweg Zeit, in Ruhe über die Ereignisse in Xicheng zu sprechen. „Als du uns verlassen hast, nach dem Tod von Pastor Liao

Wu, waren wir alle erfüllt vom Heiligen Geist. Die folgenden Tage waren voller Freude, obwohl die Angst und das Erschrecken nach der Hinrichtung über der ganzen Stadt schwebte. Wir haben uns weiter in unserem Haus getroffen, aber es kamen bald so viele zu unseren Gebetsversammlungen, dass wir einen neuen Raum benötigten. Wir fanden ihn in der Lagerhalle der geschlossenen Schuhfabrik. Keiner hinderte uns daran und wir wurden immer mehr, die den Herrn fanden und ihm zur Ehre leben wollten.

Doch die Hinrichtung unseres Pastors hatte ein Nachspiel. Es kam eine Delegation der Regierungspolizei und der Offizier, der ihn so spontan erschossen hatte, wurde verhaftet und selbst hingerichtet. Die Stadtregierung wurde zum großen Teil ausgetauscht. Viele der politischen Kader kamen ins Gefängnis. Das ist zwar nicht schön, aber es machte uns Christen Mut, dass es doch noch eine Gerechtigkeit gibt.

Die neue Stadtregierung wurde beauftragt, unsere Kirche wieder aufzubauen. Na ja, ganz so schön wie vorher ist sie nicht, aber es gibt wieder eine Kirche. Und hier begann das Problem. Die Regierung hat einen Pastor zu uns geschickt, der uns nicht liebt. Er predigt mehr über Mitmenschlichkeit und Solidarität als über unseren Heiland Jesus Christus. Viele von uns glauben, dass er ein Spitzel der Partei ist. Es kommen dreißig bis vierzig Leute zu seinen Gottesdiensten, ein Jammer für die neue Kirche, und wir Hauskirchenchristen müssen uns in der schäbigen Lagerhalle treffen, in der wir mit hundertzwanzig Christen kaum noch Platz haben. Dass wir so viele sind, stört natürlich den roten Pastor und er versucht uns immer wieder schlechtzumachen. Was wissen wir, was er der Partei alles über uns erzählt ... Wir nennen uns zwar ‚Die kleine Herde‘, aber wir sind so viel mehr Christen als in der registrierten Kirche. Ehe ich losgegangen bin, um dich zu suchen, kam die Polizei mit dem Pastor zu uns und hat uns aufgefordert, in die offizielle Kirche einzutreten und unsere Lagerhalle aufzugeben. Sie sagten, es gebe eine einzige registrierte Kirche und das sei die ‚Patriotische Drei-Selbst-Kirche‘ und eine andere Kirche werde nicht mehr geduldet. Wir sollen dort eintreten oder die Lagerhallenversammlung wird mit Gewalt aufgelöst. Wie kann ein Pastor mit Gewalt drohen?"

Jetzt weiß Cuan, woher der Wind weht. Haben die neuen Christen in Xicheng das System der Drei-Selbst-Kirche nicht verstanden? Handelt der neue Pastor nur unklug oder ist er wirklich ein Feind der Gemeinde? „Wie heißt der neue Pastor?", fragt Cuan etwas ängstlich.

„Cai Feng, er kommt aus Beijing und hat dort in dieser Drei-Selbst-Kirche auch etwas zu sagen."

Cai Feng – Cuan kommt der Name bekannt vor. Ja, er muss damals in Beijing dabei gewesen sein. Wer war das nur? Er kann sich an keinen erinnern, der die harte Linie des Kommunismus vertreten hat. Doch, da fällt ihm wieder ein, es hat einer vor dem Kommunismus gewarnt, obwohl die Lehre des Kommunismus dem Evangelium entspreche – oder so ähnlich. Das muss dieser Cai Feng gewesen sein.

„Kann es sein, dass ihr die Drei-Selbst-Kirche nicht richtig verstanden habt?", beginnt Cuan vorsichtig zu widersprechen. „Ich glaube auch, dass in China zurzeit keine andere Form von Kirche möglich ist. Man muss sie nur richtig füllen und eine Kirche für alle daraus machen." Dass die Abhängigkeit vom Staat und die Kontrolle noch viele Probleme bringen wird, ist weder Cuan noch den anderen Befürwortern dieser neuen chinesischen Kirche klar.

Der Gast bleibt plötzlich stehen, schaut Cuan böse an und poltert: „Und was macht ihr hier im Schweineviertel und in der Nacht am Fluss? Das ist doch auch keine Drei-Selbst-Kirche! Das ist doch Untergrundkirche und geheim!"

„Du musst mir nicht böse sein, ich messe nicht mit zweierlei Maß. Wir haben die Zulassung als Kirche nicht bekommen. Obwohl wir alle fünfunddreißig Unterschriften beisammenhatten, ist uns die Kirche in der Stadt gesperrt worden. Uns bleibt nichts anderes übrig, als uns geheim zu treffen. Was glaubst du, wie gern wir unsere Kirche wieder in Empfang nehmen würden!"

„Aber wieso trefft ihr euch dann so weitab von der Stadt? Gibt es dort keine Christen mehr?", fragt der Besucher und trifft dabei eine sehr wunde Stelle bei Cuan.

„Oh doch, es gibt dort einige Christen, ich weiß aber nicht genau, wie viele es jetzt sind. Sie treffen sich bei einem Kaufmann, aber dort habe ich Hausverbot. Die Christen misstrauen mir, weil ich in Beijing war und weil ich die Drei-Selbst-Kirche in unserer Stadt wollte. Mein Aufgabengebiet hat mir der Herr auf dem Land gezeigt, dort werde ich gebraucht, nicht mehr hier in der Stadt."

Wieder bleibt der Gast stehen. „Du bist also für die Patriotische Drei-Selbst-Kirche und doch gleichzeitig ein Pastor im Untergrund – merkwürdig."

Cuan lächelt ihn an. „Ich muss dir ein Geheimnis verraten: Ich bin gar kein Pastor. Ich bin nur Gemeindeältester gewesen, und als unser amerikanischer Pastor Wanyuan verlassen musste, hat er mir die Leitung der Gemeinde anvertraut, mir einige liturgische Regeln und theologische Dinge vermittelt und mich als Gemeindeleiter eingesegnet. Seitdem meinen alle, ich bin hier der chinesische Pastor – witzig, was?"

Inzwischen sind sie schon recht nah bei der Stadt. Auf einem umgestürzten Baum, der noch nicht als Brennholz abtransportiert wurde, setzt sich Cuan nieder und bittet: „Komm, setz dich noch ein paar Minuten her, ehe wir endlich unsere Jaozi machen. Damit du glaubst, dass ich kein Verräter bin, sondern ein Gesegneter des Herrn, will ich dir eine Geschichte erzählen. Als ich euch damals an dem frühen Morgen verließ, hat mich der Herr geführt und versorgt, bis ich in die Stadt an den Yunzhong-Shan-Bergen kam. Dort bekam ich eine Blutvergiftung und mein Bein sollte abgenommen werden, weil ich sonst sterben würde, sagte man mir." Dabei zieht er sein Hosenbein hoch, um seinen Worten Gewicht zu verleihen.

Dann berichtet er von seinem Kampf mit Gott, von der Hilfe durch Menschen und Gottes wunderbarem Eingreifen. „Verstehst du jetzt, warum ich diesem Gott dienen will, bis ich tot umfalle? Er gibt die Möglichkeiten, er nimmt sie. Wir sind hier nicht besser als unser großes Vorbild Paulus. Auch ihm ist nicht alles gelungen, was er wollte, aber er hat das getan, was Gott wollte. Und mehr sollten wir nicht erwarten."

Kurz darauf sind sie im Stinkhaus angekommen. Cuan macht sich sofort an die Arbeit und rührt Teig an. Der Gast bekommt die Aufgabe, Gemüse und Nüsse schön klein zu schneiden. Inzwischen ist der Wok auf dem Feuer und beiden läuft das Wasser im Mund zusammen, als die Teigtaschen schließlich im kochenden Wasser garen.

„Du bist zwar kein Pastor, aber deine Gedanken sind weise und du siehst die Lage unserer Kirche aus der Perspektive der Harmonie. Bitte komm mit mir und beruhige die Gemüter bei uns. Wenn du den Pastor Cai Feng kennst, dann hört er vielleicht auf dich."

„Das geht leider nicht, ich kann meine Gemeinden hier nicht so lange allein lassen. Einmal habe ich das gemacht – damals, als ich nach Beijing ging – und es war nicht gut. Die Zeiten sind nicht einfach, da darf der Hirte seine Schafe nicht verlassen."

Darauf hat sein Gast eine biblische Antwort: „Aber der Herr hat davon gesprochen, dass man die neunundneunzig Schafe zurücklassen kann, um das eine verlorene zu suchen."

„Lieber Bruder, ich will dich nicht kritisieren oder mich über die Worte des Herrn erheben, aber wenn die neunundneunzig Schafe in Gefahr gewesen wären, hätte der Hirte in der Geschichte unseres Heilands auch anders entschieden."

Es braucht etwas Zeit, bis das Gespräch wieder in Gang kommt. Schließlich überlegt Cuan: „Ich werde dir einen Brief mitgeben, den du an Cai Feng mit einem Händedruck von mir übergibst. Ich werde versuchen, eine Brücke für euch zu bauen. Gehen müsst ihr sie allein."

„Das ist wenigstens ein Trost, dass ich die weite Reise nicht umsonst gemacht habe", antwortet enttäuscht der Besucher. Auch Cuan ist traurig, doch er ist außerstande, jetzt seine beiden Gemeinden zu verlassen.

Am Nachmittag schickt Cuan den Besucher zum Kaufmann Zhou Yong, der die Gemeinde in der Stadt leitet und so misstrauisch gegenüber Cuan ist. Vielleicht können die beiden sich trösten und verbünden. Cuan schreibt inzwischen einen langen und eindringlichen Brief an seinen Bekannten Cai Feng im Ringen um die Einheit der Gemeinde Christi.

Als der Fremde zurückkommt, wirkt er abwesend und reserviert. Was hat er im Haus des Händlers zu hören bekommen? Ermutigt scheint er nicht zu sein. Er nimmt den Brief, steckt ihn so ungeschickt ein, dass er geknickt wird, und geht ohne ein Wort davon. Cuan weiß seine Gefühle nicht zu ordnen. Eigentlich wollte er mit dem Gast noch einmal lange beten – für ihn, für die Situation in Xicheng und für die ganze angefochtene Gemeinde in China. Doch nun hat er den Eindruck, dass der Fremde den Brief vielleicht gar nicht übergibt. Lange weint er vor Gott, der ihn in seinem Schmerz sicher versteht.

An vielen Orten nehmen die Spannungen zwischen der Drei-Selbst-Kirche und den Hauskirchen zu. Man verdächtigt sich gegenseitig und es kommt nicht selten zu Verrat von geheimen

Treffpunkten und anschließender Verhaftung. In den Hausgemeinden wächst das Misstrauen gegen die Mitarbeiter und Mitglieder der erlaubten Kirchen. Man sieht in ihnen die Verräter des Evangeliums, Kollaborateure mit der kommunistischen Macht und Anwärter für die Hölle.

Die Leiter der Drei-Selbst-Kirche gehen einen schwierigen Weg. Wenn sie nicht mit dem Staat kooperieren, werden die letzten Kirchen geschlossen und alle Christen müssen in den Untergrund gehen.

In Xicheng geht Cai Feng diesen dornigen Weg. Die Leitung der Drei-Selbst-Kirche hat ihn in die Stadt geschickt, weil sie jemanden braucht, der die neue politische Linie versteht. Feng hat nur unter der Bedingung eingewilligt, dass er das volle Evangelium predigen kann und sich theologisch nicht verbiegen muss. Doch er wird von der neuen Parteileitung der Stadt sehr genau beobachtet. In jedem Gottesdienst sitzen die Spitzel der Partei und das macht ihn unsicher. Er spürt selbst, wie er seine Predigten auf die steinern dasitzenden Parteileute abstimmt. Er möchte sie schon mit dem Evangelium erreichen, aber er predigt so, dass sie keinen Anstoß nehmen können.

Darüber ärgert er sich oft, aber unwillkürlich kommt er in seinen Reden immer wieder darauf, dass man den Nächsten achten und das Land lieben soll und dass man den Neuaufbau des Landes unterstützen müsse. Wenn er am Abend seine Verkündigung noch einmal überdenkt, hat er Schuldgefühle und ist über sich selbst traurig. Doch es ist wie ein Zwang, er traut sich nicht, der Gemeinde ein anderes als das soziale Evangelium zu sagen.

Dann kommt auch noch vom neu ernannten Bischof die Order, man möge nicht über das Buch Daniel und die Offenbarung predigen. Die Aussagen über das Weltende und die kommenden Katastrophen könnten die Kommunisten missverstehen. Man solle die Allmacht des Kommunismus nicht infrage stellen.

Cai Feng will sich nicht daran halten, aber er verschiebt es immer wieder, einen solchen Text als Grundlage für die Predigt zu nehmen. Schließlich lässt er es sein, die Bibel hat ja genügend andere Texte, die gut und auch anstößig genug sind.

Immer wieder wird er ins Rathaus befohlen, und dort fragt man ihn über die Gemeinde aus und fordert ihn auf, sich an den Kampagnen zu beteiligen. Während des Koreakrieges wird die Kampagne „Widersteht Amerika – helft Korea" ausgerufen. Alle Betriebe und Schulen beteiligen sich daran, unzählige Demonstrationen und Kampfversammlungen werden abgehalten, und von der Kirche erwartet die Partei Solidarität mit den chinesischen Soldaten, die in Korea kämpfen und sterben. So stellt sich auch die Drei-Selbst-Kirche hinter die Parolen und Feng befestigt ein rotes Transparent mit der Korea-Parole an der Kirche. Alles in ihm sträubt sich dagegen, aber die Kirchenleitung rät, sich nicht außerhalb der Kampagne zu bewegen. Die Volksmassen müssen für den Klassenkampf begeistert werden und da kann die Kirche nicht abseits stehen.

Cai Feng merkt, dass seine Gemeinde nicht wächst wie die Hauskirchen fast überall in China, sondern es werden weniger, die zum Gottesdienst kommen. Zurück bleiben die einfachen alten Menschen, die nie auf seine Predigten reagieren, die anscheinend nur kommen, weil sie am Sonntag ein religiöses Gefühl brauchen. Natürlich weiß er, dass sich eine große Gruppe engagierter Christen in der stillgelegten Fabrikhalle versammelt. Er kann da nicht hingehen, das würde ja eine Anerkennung für diese Gruppe sein – obwohl er sich nach einer lebendigen Gemeinschaft von Christen sehnt, die fröhlich singen, mutig bekennen und im Glauben auch etwas bewegen wollen. Die Partei drängt ihn schon lange, gegen diese Gruppe zu predigen und endlich etwas zu unternehmen. Schließlich sei er ja der offiziell eingesetzte Pastor in der Stadt, da könne es keine Konkurrenz geben.

Schließlich muss er mit drei Vertretern der Partei an einem Sonntagabend zum Gottesdienst der Hauskirche gehen. Auch die Parteivertreter staunen, wie viele Christen sich dort treffen. Cai Feng merkt aber auch, als sie die ehemalige Fabrikhalle betreten, dass sich am anderen Ende einige der Gemeindeglieder vorsichtig aus dem Raum stehlen. Während der Gebetsversammlung kämpft Feng mit den Tränen und dann hat er doch den Mut, laut ein Gebet zu sprechen, als allgemein dazu aufgefordert wird.

Nach dem Gottesdienst werden einige von der Leitung gebeten, mit Feng und den Parteileuten zu sprechen. Feng wirbt für die offizielle Kirche und beschwört die Leitung der Untergrundgemeinde, doch ihre Gottesdienste in der Stadtkirche zu halten. Sie könnten sich doch abwechseln beim Predigen, sie müssten nur ihre Halle aufgeben und sich nicht mehr illegal versammeln.

Doch die Leiter der verbotenen Gemeinde berufen sich auf eine Eingebung Gottes: „Der Herr hat uns gezeigt, dass wir uns nicht mit euch verbünden können. Wir wollen und müssen das volle Evangelium predigen und brauchen keine Beeinflussung vom Staat."

Aber da brausen die Parteileute auf und verbitten sich solche Anschuldigungen. „Ihr könnt froh sein, dass wir noch nicht Schluss gemacht haben mit euern sektiererischen Zusammenkünften. Der Staat des neuen Chinas hat extra eine Möglichkeit geschaffen, dass sich die Christen wieder versammeln können, und ihr ignoriert das. Ihr seid unbelehrbar, aber für so etwas gibt es ja Umerziehungslager. Wenn ihr nicht der Drei-Selbst-Kirche beitretet, werdet ihr das noch bereuen." Nach diesen ultimativen Worten gehen sie mit stampfendem Schritt nach draußen.

Cai Feng bleibt zurück. Er möchte einen Kompromiss suchen, möchte mit den Leitern noch einmal offen reden, aber sie wenden sich von ihm ab. Als Feng ihnen nachläuft und sie bei den ersten Bankreihen einholt, wendet sich einer um und sagt: „Weiche von uns, du Judas und Verräter des Herrn."

Auf dem Heimweg durch die Dunkelheit ist es Feng wirklich wie Judas zumute. Soll er sich auch erhängen? Er ist total zwischen die Lager gekommen. Er wollte doch Brücken bauen, retten, was schiefgelaufen ist, aber es hat keinen Zweck. Gott segnet seine Arbeit nicht. Ist Gott vielleicht doch nur bei den Hausgemeinden? Lange läuft er so durch die Nacht, ohne eine Antwort zu finden.

Chan, der freundliche Vikar

Das Theologische Seminar in Nanjing ist wieder geöffnet, es kann seine Arbeit wieder aufnehmen. Junge Frauen und Männer lassen sich offiziell als Bibellehrer, Evangelisten oder Pastoren ausbilden. Die Plätze sind begrenzt, aber es gibt endlich einige junge Leute, die nachwachsen und die offiziellen Kirchen versorgen helfen. Nach der Ausbildung müssen sie ein Praktikum absolvieren und werden dafür zu erfahrenen Pastoren in die Lehre geschickt. Auch Cai Feng bekommt einen jungen Theologen als Vikar. Feng ist es eigentlich nicht recht, aber die Studenten werden zugeteilt, da kann man sich nicht wehren. Was soll der Student hier lernen? Streit und Resignation? Welche Einstellung zum kommunistischen Staat bringt er mit? Feng hat gehört, dass in Nanjing nur „revolutionäre Studenten" aufgenommen werden. Von daher hat er große Bedenken, einen Studenten aufzunehmen, und erwartet eine zusätzliche Belastung.

Der Student fährt mit der erst kürzlich eingerichteten Buslinie nach Xicheng. Cai Feng sieht ihn über den Platz kommen. Unbeschwert und locker schaut er sich die Gebäude rechts und links an, bleibt einen Moment stehen, als er die Kirche entdeckt. Über der Schulter liegt eine Bambusstange, an der ein Tuch hängt. Darin sind seine persönlichen Dinge. An der anderen Seite – so als Gegengewicht – hängen einige zusammengebundene Bücher. Er fragt einen Passanten und der zeigt auf das Haus, in dem Feng mit schwerem Herzen hinter dem Fenster steht. Ohne an der Tür zu kratzen, wie sonst üblich, betritt der junge Theologe das Haus. Sein „Ni hao" klingt selbstbewusst und ist deutlich zu hören. Feng denkt: eine gute Predigerstimme.

Dann stehen sie sich gegenüber. Der junge Mann hält Feng die Hand hin und sagt: „Ich bin Millison Chan aus der Provinz Jiangxi. Das Seminar hat mich zu dir geschickt, du sollst ein guter Gemeindepastor sein."

Feng ist misstrauisch. Soll das eine Verhöhnung sein? Er kann sich nicht denken, dass man in Nanjing eine gute Meinung von ihm hat. „Na, das wirst du ja herausbekommen", antwortet er ihm und dann: „Herzlich willkommen in der Praxis, mein lieber Millison Chan. Aber sag mal, wieso hast du einen amerikanischen Namen?" Und wieder misstrauisch: „Bist du etwa ein Kind der Amerikaner?"

„Ja und nein – ich bin ein geistliches Kind des großartigen Missionars Eric Millison, aber meine Eltern waren natürlich Chinesen. Sie sind bei einem Grubenunfall ums Leben gekommen und Eric hat mich dann wie einen Sohn aufgenommen. Deshalb schäme ich mich nicht für Eric und halte die Erinnerung an ihn aufrecht, denn er musste unser Land verlassen."

Feng weiß diese Freundlichkeit den verhassten Amerikanern gegenüber nicht richtig einzuordnen, deshalb bietet er Chan einen Platz an und geht in die Küche, um Tee zu bereiten. In seinem Kopf kreisen die Gedanken. Ist der junge Bambusreis nur naiv oder hat er unglaublich viel Mut? Sich einen amerikanischen Namen zu geben, wo andere schon hingerichtet wurden, nur weil sie Amerikaner kannten?

Als er mit zwei Deckeltassen den Wohnraum wieder betritt, steht Chan an einem Bord mit Büchern. Ganze fünf Bücher liegen dort, eine Bibel, ein altes Gesangbuch und drei weitere Bücher in chinesischer Sprache. „Weißt du, was ich schrecklich finde? Dass wir keine theologischen Bücher haben", wendet sich der Vikar an seinen Praktikumsvater.

„Ja, es ist noch alles sehr schwierig", bestätigt der. „Die wenigen chinesischen Bücher, die wir Pastoren haben, sind alle aus der Zeit vor 1949. Die meisten unserer guten Bibliotheken sind während des Boxeraufstandes vernichtet worden. Was danach gedruckt wurde, ist nicht ausreichend und manches ist im Bürgerkrieg auch wieder verloren gegangen. Wir haben heute keine Möglichkeit, eigene theologische Literatur zu drucken, dabei gibt es so viele neue Ideen. Auch theologisch sind wir dabei, einen eigenen Weg zu gehen."

„Wir haben auf dem Seminar eigentlich die meiste Zeit damit zugebracht, Bücher und Vorträge abzuschreiben. Auch unsere Bibliothek war schmal wie ein Bambusblatt, von den kommunistischen Büchern mal abgesehen" – und da lacht er wieder. „Die Predigtlehre war stark geprägt vom ‚sozialen Evangelium', also Nächstenliebe, Gehorsam dem Staat gegenüber, von Vergebung, Versöhnung und Einsatz für andere. Die Bibel hat ja reichlich Stoff darüber, aber ich möchte auch die anderen Stellen predigen, wie es Eric Millison getan hat. Viele der Studenten haben nicht einmal eine eigene Bibel. Ich bin da besser dran, Eric hat mir seine chinesische Bibel überlassen. Er hat nämlich auch Chinesisch gelernt. Er hat sogar auf Chinesisch gepredigt und konnte sich mit den Leuten auf der Straße über alle Themen unterhalten. Seine Zeichen waren ziemlich krakelig, von Kalligrafie weit entfernt, aber er hat gesagt, dass für ihn als Missionar das gesprochene Wort viel wichtiger ist."

Feng hat sich ihm gegenübergesetzt und schaut ihn lange an, während Chan geschickt schlürfend aus seiner Tasse trinkt, ohne die oben schwimmenden Teeblätter mit einzusaugen.

„Sag mal, Bruder Chan, du scheinst deinen Missionar ja wirklich zu verehren, aber weißt du auch, dass dies in der heutigen Zeit sehr gefährlich werden kann? Seit dem Koreakrieg sind die Amerikaner der Feind Nummer eins für China und die ganze kommunistische Welt. Mein Vorgänger hier in der Stadt ist hingerichtet worden, nur weil er mit einem Reverend Bill gut zusammengearbeitet hat. Und du nennst dich mit einem englischen Namen, Chan, das ist Selbstmord!"

Unbefangen schaut ihn der an und sagt: „Keine Angst, ich nenne mich Millison ja nur unter uns oder bei meinen Freunden. Ich möchte damit sein Andenken aufrechterhalten und ich fühle mich wirklich wie sein Sohn – geistlich gesehen. Mein richtiger Name ist Xiao Chan." Sein Lächeln entwaffnet Feng, aber bei ihm bleibt ein Unbehagen zurück.

Der Student plaudert fröhlich weiter: „Pastor Millison hat seine Gemeinde richtig geliebt. Er kannte jeden genau, und wenn ihm ein Unbekannter begegnete, dann ging er auf ihn zu und wünschte ihm wenigstens einen schönen Tag. So möchte ich auch werden. Du hast deine Gemeinde sicher auch gern – ich bin schon auf den ersten Gottesdienst am Sonntag gespannt. Wie viele Gottesdienste habt ihr in der Kirche? In Nanjing haben wir jetzt begonnen, einen dritten Gottesdienst anzubieten, weil so viele in die Kirche kommen."

Feng überlegt, ob er dem jungen Heißsporn gleich alle Illusionen rauben soll. Andererseits – die Situation in seiner Gemeinde schönreden, das macht er schon lange nicht mehr. So sagt er eigentlich zu sachlich für das beginnende gute Verhältnis der beiden: „Du wirst es sehen und kannst dir ein Bild vom Leben in unserer Gemeinde machen. Aber Gottesdienst haben wir nur einmal, es kommen ungefähr vierzig Besucher."

Die Enttäuschung ist Chan selbst im Halbdunkel des Zimmers anzusehen, aber er sagt nichts. Diese Ernüchterung hat sogar ihm die Sprache verschlagen.

„Komm", sagt Feng, „ich will dir mal deine Kammer zeigen."

Im oberen Stock des Hauses ist ein Verschlag eingebaut, in dem ein Bett, ein Tisch und eine Waschschüssel stehen. Einige Haken an der Wand ersetzen den Schrank, eine Luke nach Osten lässt Licht in die niedrige Kammer. Heizung gibt es nicht, auf dem Tisch steht eine mächtig große Petroleumlampe. Chan ist nicht groß, daher kann er in der Mitte des Raumes stehen. Er ist zufrieden. In Nanjing war seine Unterkunft noch bescheidener und die musste er sich mit weiteren fünf Studenten teilen.

„Arbeiten kannst du unten bei mir, dort ist genug Platz für uns beide." Während Feng täglich lange und intensiv die Zeitung liest, hat Chan eine besondere Fleißarbeit: Er schreibt die Bibel für einen Freund aus dem Seminar ab, der selbst keine besitzt. Jede freie Minute schreibt er und ist manchmal versucht, Geschlechtsregister, Wiederholungen im Text und langatmige Passagen auszulassen. Aber dann erinnert er sich an eine Grundsatzentscheidung, die er gefällt hat: jedes Wort und jedes Komma originalgetreu abzuschreiben. Nur so ist die Bibel über die Jahrhunderte immer wieder abgeschrieben und weitergegeben worden. Deshalb kann man sicher sein, dass der heutige Bibeltext noch genau der gleiche ist wie in der frühen Christenheit. In Nanjing gab es zwar auch die Meinung, dass einige Stellen der Bibel nicht zeitgemäß seien und vernachlässigt werden könnten, aber er will nicht über das Wort Gottes entscheiden. Vielleicht sind die heute uninteressanten Texte eines Tages mal sehr wichtig.

Feng schüttelt manchmal über den emsigen Schreiber den Kopf, aber er bewundert seinen Elan. Leider benötigt er Fengs ganzes Papierkontingent, was ihm die Partei zugesteht. Papier kann man nicht frei kaufen. Alles wird zugeteilt. Mit den Lebensmitteln ist es nicht anders. Der junge Mann entwickelt einen sehr gesunden Appetit und Fengs Ration reicht ja kaum für ihn allein. Doch Gott tut immer wieder ein Wunder, der Reis reicht bis zum Ende der Woche, das Gemüse geht nicht aus und manches Mütterchen aus der Gemeinde bringt zwei Eier oder ein paar Hühnereingeweide vorbei.

Am Sonntag sitzt Chan in der ersten Reihe auf der reichlich unbequemen Kirchenbank. Sein Singen übertönt den Gesang der kleinen Gemeinde. Anfangs lächeln die älteren Gottesdienstbesucher über den „Schreihals", aber bald lassen sie sich anstecken, auch sie singen lauter und es klingt auch fröhlicher. Chan ist enttäuscht, dass keine jüngeren Menschen hierherkommen. Nur ältere Leute und zwei Männer, die von der Partei als Kontrolle gekommen sind. Aber daran stört sich die Gemeinde nicht, man hat sich daran gewöhnt. Nur Pastor Feng irritieren sie immer wieder und machen ihn unsicher.

Chan versucht mit einigen aus der Gemeinde nach dem Gottesdienst zu reden, aber alle haben es eilig und gehen wortlos nach Hause. Das ist er nicht gewöhnt und so begleitet er einen älteren Mann, der am Stock geht, und bietet sich an, ihm das Gesangbuch nach Hause zu tragen. Der ist erst sehr verwundert, lässt sich aber von dem jungen Mann begleiten. Chan fragt nach der Familie, nach dem Leben in der Stadt und erzählt von sich, von seinem Heimatdorf, vom Studium in Nanjing.

Als er sich vor dem Haus des Alten verabschiedet, lächelt der ihn freundlich an und es macht den Anschein, als freue er sich, sein Lächeln wiedergefunden zu haben.

Nach jedem Gottesdienst sucht sich Chan ein anderes „Opfer" aus und begleitet einen Menschen nach Hause. Mancher begrüßt ihn jetzt auch auf der Straße und bald ist er der Liebling der Gemeinde. Sie sehen in ihm keine Respektsperson, dafür ist er viel zu jung, aber sie empfinden ihn als einen freundlichen Sonnenstrahl in ihrem Alltag.

So bekommt Chan sehr schnell mit, dass es da noch eine andere Gemeinde im Ort gibt, die Untergrundgemeinde in der Fabrikhalle oder Hausgemeinde, wie sie sich nennen. Als er sie das erste Mal besucht, wird er nicht begrüßt. Alle kennen sich und man bleibt dennoch anonym. Die Tatsache, dass sie ständig in Gefahr sind, verhaftet und aufgelöst zu werden, hat eine unsichtbare Verbundenheit geschaffen. Chan kommt sich wie ein Außenseiter vor, aber man lässt ihn teilnehmen und er kann einen lebendigen und von tiefer Frömmigkeit geprägten Gottesdienst miterleben. Er merkt sehr schnell, dass die Verkündigung hier freier und auch kompromissloser ist als bei Feng. Hier erst merkt er, dass die Kontrolle durch die Partei die offizielle Kirche lähmt.

Ab dem Tag ist diese Gemeinde das Gesprächsthema zwischen Chan und Feng. Chan ist der Meinung, dass sich die Vereinigung mit ein paar grundsätzlichen Gesprächen bald erreichen ließe, aber Feng ist so verletzt von der Ablehnung der Hausgemeinde, dass er keine Chancen sieht. Außerdem würde die Partei da ein wichtiges Wörtchen mitreden wollen, denn diese Hausgemeinde ist ihr ein Dorn im Auge. Dort kann die Partei nicht kontrollieren und auch nicht eingreifen – es sei denn mit Gewalt und Verbot. Feng ist ständig voller Angst, dass dies eines Tages passieren könnte. Das wäre nicht ein Erfolg für ihn, sondern eine tiefe Tragik für die Gemeinde Jesu Christi. Sie haben ihm zwar wehgetan mit ihrer Ablehnung, aber er will alles tun, um eine Verhaftung durch die Staatsgewalt zu verhindern.

Chan ist jetzt öfters bei ihnen zu Gast und eines Tages stellen ihn die Leiter der Hausgemeinde vor die Entscheidung: entweder den schmalen Weg mit ihnen zu gehen oder den breiten Weg mit der abtrünnigen Kirche. Er könne nicht auf beiden Seiten hinken, wie sie sagen.

Chan ist erschrocken, weil ihm die Atmosphäre, die Verkündigung und das fröhliche Gotteslob in der Gemeinde sehr gefallen, aber er kann doch nicht seinen Berufsplan umstoßen. Wenn er jetzt in die Hauskirche eintritt, dann kann er sein Studium nicht weiterführen. Nach zwei Jahren geht es zurück nach Nanjing und es gibt die große theologische Prüfung und die Ordination. Als Hauskreismitglied ist das nicht möglich. Er weiß das von einem Mitstudent, der zu einer Hausgemeinde gehört, sich aber bei der Drei-Selbst-Kirche angemeldet hat und dann von ihr zum Studium delegiert worden ist. Es darf nicht herauskommen, wo er eigentlich dazugehört, weil die Ausbildung ebenfalls vom Staat kontrolliert wird. Vielleicht kann er – so denkt Chan – später als ordinierter Pastor den Hausgemeinden auch dienen, aber jetzt ist dies nicht möglich.

Weil er nicht in die Hausgemeinde eintreten will, wird er von der Leitung der Hausgemeinde gebeten, nicht mehr in die Versammlung zu kommen. Er wäre ein Sicherheitsrisiko und man könne nicht mit den Ungläubigen am selben Joch ziehen. Das ist für Chan ein tiefer Schlag und langsam versteht er Feng in seiner Verletzung. Auf dem Weg zurück geht er nur kurz bei Feng vorbei, um den Kirchenschlüssel zu holen. Er braucht jetzt Ruhe, er muss allein sein. „Warum, Gott, warum ist deine Gemeinde so zerrissen? Gerade jetzt, wo wir Einheit bräuchten, trennen sich die Gläubigen immer mehr. Es ist sogar gefährlich, wenn wir unterschiedliche Gruppen sind. Der Feind der Gemeinde kann sie leichter zerstreuen, wenn wir nicht zusammenhalten."

Chan will sich nicht auf eine Form von Gemeinde festlegen lassen, aber wenn ihn eine der Gruppen ausschließt? Er merkt plötzlich, wie klein seine Kraft ist. Er hat mit Freundlichkeit und Offenheit versucht, eine Brücke zu bauen. Sie ist kläglich von der Flut des Misstrauens, der Vorsicht und der Verdächtigung hinweggerissen worden. Mit Feng will er nicht über seinen „Rauswurf" reden. Das würde den Älteren in seinem Schmerz nur noch bestätigen. So bleibt ihm nur Gott selbst, dem er seinen Schmerz vor die Füße werfen kann. Erst spät in der Nacht verlässt er das Gotteshaus, aber er wundert sich, dass bei Feng noch Licht brennt.

Wenn er in seine Kammer will, muss Chan zuerst durch den Wohnraum von Feng. Also begrüßt er ihn kurz und will nach oben gehen. Sein Lehrpastor hält ihn aber zurück und sagt: „Chan, ich hatte heute Besuch von der Parteileitung. Sie wollen, dass wir alle Namen aufschreiben von denen, die zur Hausgemeinde gehen. Du warst doch öfters dort. Willst du das machen? Die Partei sagte mir auch, dass wir belohnt würden, wenn die Listen gut und vollständig sind."

Chan ist sich nicht sicher, ob Feng das ernst meint. Verrat der Gemeinde? Das ist doch unmöglich. Alles in ihm schreit: „Niemals!" Doch er fragt zurück: „Warum wollen sie die Namen haben?"

„Das kannst du dir doch denken, sie wollen die Fabrikhalle schließen und die Leiter vielleicht verhaften, die Mitglieder bestrafen."

„Und da sollen wir helfen, denunzieren und verraten?", antwortet Chan lauter, als ihm lieb ist.

„Natürlich machen wir das nicht, aber ich verliere meine Stelle, wenn ich ihnen die Liste nicht bringe."

Jetzt spricht es Chan laut aus: „Niemals! Das kann Gott nicht zulassen, dass du deshalb deine Stelle verlierst und nicht mehr unser Pastor sein kannst."

Für Feng war dieses „unser Pastor" das tröstlichste Wort der letzten Wochen. Schon lange wusste er, dass die Partei mit der illegalen Hauskirche Schluss machen will, aber er wollte Chan von dieser Last verschonen. Nun muss er eine Entscheidung fällen – aber welche?

Als Chan am nächsten Morgen nach unten kommt, wundert er sich, dass es noch keinen warmen Tee gibt, das Feuer im Herd ist noch nicht einmal angefacht. Feng ist nicht zu finden. Ist er schon so zeitig in die Parteizentrale gegangen? Chan entdeckt, dass der Kirchenschlüssel, den er selbst gestern Abend neben die Ausgangstür gehängt hat, nicht dort hängt. Mit schnellen Schritten eilt er hinüber zur Kirche. Doch Chan ist nicht zu sehen. Auf dem Altar findet er einen Zettel auf der aufgeschlagenen Bibel. Es ist die Geschichte von Judas und dem Verrat. Der Zettel trägt nur wenige Worte: „Ich kann nicht mehr. Gott, vergib mir." Schließlich findet Chan seinen Lehrpastor erhängt im Turm.

Die Parteileitung ist außer sich vor Wut. Sie verbietet eine öffentliche Trauerfeier für Cai Feng und so muss Chan seine erste Beerdigung in aller Einsamkeit hinter den Feldern der Südbauern am Waldrand halten. Zwei Männer, die Chan bezahlen muss, tragen ihm die Leiche bis an den Wald. Nachdem sie eine schräge Höhle in den weichen Boden gegraben haben, machen sie sich schnell davon. Chan ist froh, dass keine Zeugen dabei sind, denn er bricht immer wieder in Tränen aus und die Worte der Beerdigungsliturgie kommen nur stockend und schluchzend heraus. Nur die Bibeltexte kann er mit gefasster Stimme in die Einsamkeit hinein lesen. Sie sind auch das Einzige, was ihm jetzt noch Halt gibt.

Erst spät merkt er, dass hinter ihm aus dem Wald einzelne Gemeindeglieder treten, die ihrem Pastor die letzte Ehre erweisen möchten. Auch ein Leiter der Hausgemeinde ist unter den heimlichen Trauergästen und drückt Chan die Hand mit den Worten: „Es tut uns so leid, aber der Herr wird über ihn entscheiden und ich rechne mit seiner Gnade."

Chan sagt nur: „Ihr seid in großer Gefahr. Er starb, weil er euch nicht verraten wollte."

Der nächste Sonntag bringt das Ende der Hauskirchenversammlung in der ehemaligen Fabrikhalle. Die Gemeinde hat gerade das Lied vor der Predigt angestimmt. Der heutige Prediger ist schon auf das erhöhte Podest gestiegen, um seine Ansprache zu beginnen, wenn der siebte Vers gesungen ist. Da werden plötzlich die Tore aufgestoßen, die sonst nur beim Verlassen der Halle geöffnet werden. Polizisten in Uniform und Männer mit roten Armbinden stürmen herein. Es sind sogar einige Frauen unter den mit Knüppeln bewaffneten Störern. Die Gottesdienstbesucher werden alle in den hinteren Teil der Halle gedrängt. Zwei Polizisten haben sich des Leiters bemächtigt und ziehen ihn von der provisorischen Kanzel. Schnell beginnen die Angreifer, den Christen die Arme auf den Rücken zu fesseln. Wer so „reisefertig" ist, wird nach draußen geführt und auf einen bereitstehenden Lkw geschafft. Nachdem man etwa dreißig Leute festgenommen hat, müssen die anderen die Halle verlassen.

Zwei Polizisten holen einen Benzinkanister und schütten das Benzin auf Bänke und Stühle. Mit der Kerze vom Altar entzünden sie das Feuer und müssen dann selbst schleunigst die

Halle verlassen, denn sie füllt sich blitzschnell mit beißendem Qualm. Gelähmt sehen die Gefesselten auf dem davonfahrenden Lkw, wie ihre geliebte Versammlungsstätte ein Raub der Flammen wird. Dort, wo die Straße am Berghang eine Kurve macht, können sie noch einmal zurück auf das ehemalige Fabrikgelände blicken, das für sie über mehrere Jahre ein Ort der Gottesbegegnung und der stärkenden Gemeinschaft war. Aus der Entfernung sehen sie, wie die Flammen aus den Fenstern schlagen und das Dach zu brennen beginnt. Weinen und stumme Verzweiflung fährt jetzt mit. Eine Frau beginnt ein Evangeliumslied zu singen, aber es fällt niemand mit in die Melodie ein, so hört sie schließlich auch wieder auf. Nur das Motorengeräusch und die quietschenden Federn der Ladefläche sind zu hören.

Am nächsten Tag hat sich die schreckliche Nachricht bereits herumgesprochen. Viele Schaulustige machen sich auf den Weg, um die zerstörte Halle zu sehen. Auch Chan geht zur ehemaligen Halle und ist erschocken, dass nur noch rauchende Mauerreste zu sehen sind.

Das ist zu viel für ihn. Er braucht jetzt Hilfe, die er hier in Xicheng nicht mehr bekommen kann. Chan packt seine wenigen Sachen zusammen, schließt das Haus, in dem er mit Feng so gut zusammengelebt hat, mit einer Kette zu und wartet auf den Bus.

Schrecken der Kulturrevolution

Der junge Vikar Chan geht nach dem Tod von Pastor Cai Feng zurück ans Theologische Seminar von Nanjing. Nach zwei Jahren der inneren Stabilisierung und einem weiteren Vikariat in Hangzhou ist er ordiniert worden und wird zurück nach Xicheng geschickt. Eigentlich will er nicht dorthin, die Erinnerungen sind noch so frisch und schmerzen, aber er spürt auch Neugier, wie es in Xicheng weitergegangen ist. Hat man die Kirche auch zerstört? Was ist aus dem Pastorenhaus geworden? Wie ist es den Gefangenen der Hausgemeinde ergangen? Treffen sie sich an einem anderen Ort? Hat jemand das Grab von Cai Feng gepflegt? Wie wird er mit der Partei zurechtkommen? Denn er ist nun der offiziell entsandte Pastor und verantwortlich für alle Belange – auch für die zwischen Partei und Gemeinde.

Die Kirche steht noch, das Pastorenhaus auch. Sein erster Dienst sind Besuche bei einigen Gemeindegliedern. Er ist froh, dass er damals mit ihnen nach Hause gegangen ist, so weiß er jetzt, wo er sie finden kann. Alle freuen sich, dass er wieder da ist. Sie haben ihn und seine anfängliche Fröhlichkeit sehr vermisst. Chan weiß auch, dass er nicht mehr der junge, unbeschwerte Student ist, aber er will den alten Gemeindegliedern ein Zeichen der Freude sein.

Der zweite Gang ist zum Parteibüro. Es ist so üblich und unvermeidlich, sich bei der Partei zu melden. Auch hier sind einige neue Gesichter. Die ersten Auswirkungen der Kulturrevolution sind auch hier zu spüren. Alles, was mit alter Kultur und Religionen, mit Bildung und westlichem Denken zu tun hat, wird schlechtgemacht, bald wird es blutig bekämpft werden. Selbst die früher viel beschworene Liebe zur Sowjetunion darf nicht mehr benannt werden. Kühl und mechanisch wird Chan begrüßt und man wünscht sich gegenseitig, dass die Arbeit gelingt. Die politische Berg- und Talfahrt mit Maos Kampagnen haben auch die politischen Kader verändert und nicht wenige haben resigniert. Chan hat den Eindruck, dass man ihn unbehelligt arbeiten lassen wird, aber da hat er sich getäuscht.

Bereits im folgenden Sommer ziehen Jugendbanden durch das Land, die Maos neue Kampagne und damit Angst und Schrecken verbreiten. Sie kommen von den Universitäten der großen Städte und propagieren die Kampagne gegen die vier alten Autoritäten. Sie ziehen gegen alte Gewohnheiten, alte Denkweisen, alte Sitten und alte Kulturen durch das Land. Von Mao haben sie den Titel „Gewalttätige Rote Garden" bekommen. Je gewalttätiger, umso besser. Die Provinzen wetteifern miteinander, wie viele Konterrevolutionäre und Anhänger der alten Autoritäten sie enttarnen und umbringen.

Die Schreckensmeldungen von Hinrichtungen, Schauprozessen und Folterungen gehen den Roten Garden voraus. Auf dem Weg nach Xicheng haben sie Tempel zerstört, Mönche und Nonnen massakriert, Kirchen angezündet, wertvolle Kulturdenkmäler zerschlagen und unzählige Menschen gequält. Vor ihrem Blutrausch ist niemand sicher. Dass sich der jugendliche Terror so schnell ausbreitet, liegt daran, dass die Roten Garden kostenlos mit allen Verkehrsmitteln reisen dürfen. Sternförmig ziehen sie von Beijing aus ins Inland. Die Städte mit ihren geistigen Zentren sind ihre Anlaufstellen.

Eines Tages sind sie auch in Xicheng. Sie schwingen das rote Büchlein mit Mao-Zitaten und laufen schreiend durch die Stadt. Durch alle größeren Straßen ziehen sie und registrieren, wo sich mit der neuen „Kultur" unvereinbare Häuser und Dinge befinden. Was sie zum Essen brauchen, das nehmen sie sich in den Geschäften oder bei den Bauern. Niemand wagt, ihnen einen Geldbetrag abzuverlangen. Das wäre doch kapitalistisch und müsste sofort bestraft werden, indem man das Geschäft zerstört oder den Bauernhof niederbrennt. Also geben die Bewohner von Xicheng Unterstützung und Verpflegung, sie geben ihr Letztes, um das nackte Leben zu retten.

Ihr Quartier beziehen die jungen Kämpfer in der Schule. Die Lehrer werden als Erste gedemütigt. Sie müssen sich an der Wand des Gebäudes aufstellen und ein Schild um den Hals tragen: „Ich bin ein fauler Schmarotzer, der auf Kosten des Volkes lebt." Die älteren Schüler werden gezwungen, sich den Roten Garden anzuschließen. Wer keine „patriotische Gesinnung" zeigt, wird geschlagen und gezwungen, den Garden Verpflegung zu besorgen, Decken und Kleidung herbeizuholen, die Toiletten und die Räume zu säubern. Kein Jugendlicher kann sich dem Terror entziehen. Jeder bekommt einen Begleiter, der mit ihm oder ihr nach Hause geht, sich dort verpflegen lässt und den Jugendlichen am nächsten Tag wieder zur Schule, zum Hauptquartier, zurückbringt. Es werden keine Unterschiede zwischen Mädchen und Jungen gemacht, denn das ist alte Kultur! Der Unterricht fällt wegen der „Großen Proletarischen Kulturrevolution" aus.

Jeden Morgen ist Appell und man hört die Rotgardisten weit über die Schule hinaus ihre Parolen schreien. Wie in einem Wahn steigern sie sich in die Sprechchöre und machen sich auf diese Weise scharf für die Aktionen in der Stadt. Wer von den Jugendlichen nicht mitmacht, wird als Konterrevolutionär bezeichnet und zu erniedrigenden Handlungen gezwungen. Eine der „Prüfungen" ist für Mädchen, den Lehrern die Hosen herunterzuziehen und ihnen auf das Geschlechtsteil zu spucken. Die Jungen werden gezwungen, den knienden Lehrern auf den Kopf zu urinieren. Wer die Quälereien durchführt, hat die Aufnahme in die Roten Garden bestanden, wer sich weigert, wird so verprügelt, dass er unfähig wird, den Garden auf ihren Terrorzügen zu folgen.

Die nächste Aktion richtet sich gegen die sogenannten Reichen, die Ladenbesitzer und Menschen, die in besseren Häusern wohnen. In blinder Wut gegen alles, was als kapitalistischer Reichtum erscheint, plündern sie die Häuser, werfen wertvolle Möbel aus den Fenstern, zerschlagen Porzellan und Glas, und wenn sie an Geld kommen, wird es mitgenommen. Nicht selten nehmen sie auch die Menschen mit. Ihnen werden die Hände auf dem Rücken gebunden und dann die Arme nach oben gebogen. In so qualvoller, gebückter Haltung – sie nennen es „den Flieger machen" – treibt man die Gefangenen durch die Straßen. In Kampfversammlungen werden sie verhört und als Feinde des Kommunismus bestraft. Nach dem ersten Tag Terror in der Stadt sind manche so verunsichert, dass sie ihre Wertgegenstände selbst zerstören und auf den Müll werfen, damit bei ihnen nichts gefunden wird. Andere vergraben ihr Geld oder ihren Schmuck im Garten. Einige sind so ratlos, dass sie ihre Wertgegenstände einfach in die Jauchegrube werfen.

Chan ist bisher nur Augenzeuge aus einer Nebenstraße heraus gewesen. Er läuft zur Parteileitung und fordert sie auf, doch etwas gegen diese rohe und unsinnige Gewalt zu unternehmen. Aber dort sagt man ihm, dass von oberster Stelle angeordnet wurde, nichts gegen die Jugendlichen zu unternehmen. „Uns sind die Hände gebunden, sonst kommen wir selbst dran", ist die lakonische Antwort, die er zu hören bekommt.

Am nächsten Tag kommen sie auch zur Kirche. Steine fliegen, die Fenster gehen zu Bruch. Einige versuchen, die Tür aufzubrechen, aber die ist ziemlich stabil und gibt nicht nach. Schließlich ziehen sie weiter und kommen zu Chans Haus. Da es nicht verschlossen ist, stürmen einige Jugendliche herein und wollen wissen, wer er ist. Als Chan sagt, dass er der evangelische Pastor der offiziellen Drei-Selbst-Kirche ist, kreischen sie auf, als würde ein Geist vor ihnen stehen. Sofort prügeln sie auf ihn ein und verlangen, dass er die Schätze der Kirche herausgibt. Seine Antwort, dass es da keine gibt, wird ignoriert.

Wie besessen beginnen sie das Haus auf den Kopf zu stellen. Alle Gegenstände auf den Regalen werden auf den Boden geworfen. Als eine Glasschale dabei nicht zerbricht, nimmt einer seinen Knüppel und schlägt so fest auf die Schale ein, dass sie doch in einige Teile zerspringt. Chan liegt nach den Knüppelschlägen zusammengekrümmt auf dem Sofa und hört, wie die schöne große Petroleumlampe auf dem Straßenpflaster zerschellt.

Sein Bett wird umgeworfen und die Decke mit einem großen Messer aufgeschlitzt. In einer Ecke des Bodens entdecken die Zerstörer einen Pappkarton mit englischen Büchern. Wild schreiend kommen sie damit zu Chan und wollen wissen, was das für konterrevolutionäre Schriften seien. Chan hat sie noch nie gesehen. Scheinbar hat Feng sie dort oben aufbewahrt, da er kein Englisch verstand. Beim flüchtigen Durchsehen des Kartons erkennt er, dass es sich um theologische Bücher und Lebensbeschreibungen von berühmten europäischen Männern handelt. Zu schade, dass er erst unter diesen Umständen von den Büchern erfährt, zu gern hätte er sie gelesen. Seine Aussage, dass es sich um christliche Bücher handelt, wird nicht für wahr gehalten.

„Du hast hier revanchistisches Material gelagert, das zum Umsturz des Kommunismus aufruft. Du Handlanger des Imperialismus, das wirst du büßen!" So sehr Chan auch versucht, ihnen anhand einzelner Bücher die Wahrheit zu vermitteln – die Rotgardisten werden immer gieriger, ihn dafür zu bestrafen. Sie machen sich erst gar nicht die Mühe, ihm die Hände zu fesseln, sie binden ihm ein Seil um den Hals und ziehen ihn in der Wohnung hin und her. Unter seinen Füßen knirscht das, was mal der gemeinsame Hausstand von Feng und ihm gewesen ist.

Schließlich verlangen sie den Schlüssel für die Kirche. Widerwillig überlässt er ihnen diesen, weil er weiß, dass er keine andere Wahl hat. Sie schleppen ihn wie einen angebundenen Hund mit in die Kirche und beginnen auch hier ihr zerstörerisches Werk. Neben dem Altar liegt die Kreide, mit der die Lieder des Gottesdienstes immer auf eine Tafel geschrieben werden. Einer von den Jugendlichen hat eine Idee und hängt das übergroße Bild von Jesus dem guten Hirten ab. Ein anderer will es schon mit seinem Knüppel durchschlagen, wird aber von dem Jugendlichen daran gehindert. „Ich habe einen Plan: Der Revanchist soll eine revolutionäre Parole darauf schreiben." Zu Chan gewandt fordert er: „Du schreibst jetzt hier auf die Rückseite: ‚Es gibt keinen Gott, nieder mit allen Religionen!'"

Chan, der bisher alles ertragen hat und sich seiner ausweglosen Lage bewusst ist, wird es jetzt heiß. Er wird seinen Glauben nicht öffentlich widerrufen und es ist ihm unmöglich, einen solchen Satz zu schreiben. Schon drückt ihm der vielleicht sechzehn Jahre alte Jugendliche die Kreide in die Hand. Chan würde dem halbwüchsigen Knaben am liebsten eine kräftige Ohrfeige verpassen, aber er weiß auch, dass das weder christlich noch ratsam ist. Mit zitternden Händen beginnt er: „Es gibt …"

Die Jugendlichen haben ihr Zerstörungswerk an Bänken, Lampen und Glasscheiben, die noch nicht zu Bruch gegangen waren, vollendet und stehen nun um Chan herum. In ihren Gesichtern ist Genugtuung, aber auch etwas Enttäuschung zu erkennen.

Dann schreibt Chan weiter: „Es gibt Gott und ihm sei die Ehre."

Wieder schlagen sie ihm wutentbrannt auf den Rücken und auf den Kopf. Schließlich binden sie ihm das Bild auf den Rücken und führen ihn nach draußen. Dort haben andere bereits die englischen, aber auch alle weiteren in der Wohnung gefundenen Bücher auf einen Haufen geworfen. Einige Bücher schleifen sie durch das Petroleum der zerborstenen Lampe und werfen sie zurück auf den Haufen. Bald züngelt ein Feuer über die ersten Papierseiten, das sich schnell auf den Bücherhaufen ausbreitet. Chan muss sich vor den brennenden Haufen knien, das Bild immer noch auf seinem Rücken.

Chan entdeckt in dem Bücherhaufen seine Bibel. Ein nicht zu verkraftender Anblick – das Geschenk von Millison! Das Bild an seinem Rücken gibt ihm Sichtschutz von hinten, von vorn lodert das Feuer. Mit einem schnellen Griff hat er seine Bibel erreicht und drückt sie sich an den Unterleib. Es scheint keiner bemerkt zu haben. Aber beim Nachvornbeugen hat das Bild am oberen Ende Feuer gefangen. Jetzt brennen vor ihm die Bücher, über ihm das Bild. Es wird entsetzlich heiß und von hinten drücken ihn einige Jugendliche mit ihren Knüppeln an die Flammen heran. Es ist ihm nicht möglich, dieser Flammenhölle zu entkommen.

Zum Glück haben Flammen an der Seite des Bildes die Stricke in Brand gesetzt, sodass das Bild hinter ihm abfällt und von einem der grölenden Jugendlichen auf den Flammenberg geworfen wird. Doch Chan beginnt auch zu brennen. Seine Haare haben Feuer gefangen und ein unvorstellbarer Schmerz zieht ihm die Kopfhaut zusammen. Er springt auf und rennt auf einen Steinzuber los, der den Bewohnern hier in der Gegend als Wasserspender dient. Auch seine Kleidung hat inzwischen Feuer gefangen. Die Jugendlichen lassen ihn laufen und lachen über das Bild einer brennenden und qualmenden Fackel, die sich in den Zuber wirft. Der Platz ist sonst menschenleer. Kein Bewohner der Stadt lässt sich sehen, keiner hilft Chan. Die Angst vor dem brutalen Terror der Roten Garden hat alle angesteckt und eingeschüchtert. Die Bande ist an ihrem Ziel, alle Gegenwehr ist erstickt und die Bevölkerung unfähig, etwas gegen die Gewalt zu tun.

An diesem Tag haben sie sich scheinbar vorgenommen, mit den alten Gewohnheiten der Religion aufzuräumen. Von der Kirche ziehen sie zum buddhistischen Tempel. Die Mönche sind geflohen, die Räucherbecken erkaltet. Einige vergoldete Buddhastatuen haben die Mönche mitgenommen, aber der Tempel ist den zerstörungswütigen Jugendlichen schutzlos ausgeliefert. Weil sie hier keine Menschen quälen können und für ihre Wut nur die hölzernen und steinernen Buddhas herhalten müssen, wird der Tempel angezündet. Weit ins Land hinaus ist die Brandsäule zu sehen, in der eine der wertvollsten Tempelanlagen der Provinz zu Staub verglüht.

Chan liegt mit fürchterlichen Schmerzen auf Fengs Sofa. Zuerst zeigen sich Brandblasen auf seinem ganzen Kopf, dann platzen diese auf und jetzt hängen ihm Hautfetzen ins Gesicht. Auch die Augenbrauen sind verbrannt und die Nase schmerzt; das nackte Fleisch schaut heraus. Sein rechter Arm ist ebenfalls stark verbrannt, weil dort seine Jacke begonnen hatte, Feuer zu fangen. Die Hände sind verhältnismäßig verschont geblieben, da er sie mit der Bibel geschützt hat. Ja, seine Bibel, die ist gerettet. Sie ist im Wasserzuber zwar nass geworden, aber es gibt sie noch und das ist für Chan ein Hoffnungszeichen.

In der Nacht kommt ein Ehepaar von der Gemeinde und verbindet Chan. Die beiden haben sogar Brandsalbe dabei, die nach einem traditionellen chinesischen Rezept hergestellt wurde. Chan weiß, wie teuer so etwas ist, und er will die beiden daran hindern, sie für ihn zu „verschwenden". Doch die beiden lassen sich nicht davon abhalten und sagen: „Wenn die Salbe während einer Hausdurchsuchung bei uns gefunden wird, dann sind wir auch dran. Die Neuen wollen doch nichts mit alten Traditionen zu tun haben."

Nach fünf Tagen ziehen die roten Terroristen weiter. In der Stadt haben sie Verwüstung, Asche, zerstörte Häuser, gedemütigte und gequälte Menschen und auch Tote hinterlassen. Der Direktor der Schule wollte sich nichts von Sechzehn- oder Achtzehnjährigen befehlen lassen und ignorierte ihre Anforderungen. So richtete sich die ganze Wut der Rotgardisten gegen ihn. Sie schlugen ihn so lange mit Stangen, bis er sich nicht mehr wehren konnte. Dann zogen ihm die jungen Frauen der Garden, eigentlich noch Mädchen, die Hosen herunter und schlugen ihm mit dünnen Ruten immer wieder auf die Geschlechtsteile. Er brüllte wie ein wundes Tier, aber das machte sie nur noch rasender.

Schließlich wurde er in einen flachen Käfig gesperrt, in dem sonst Enten und Gänse zum Markt gebracht werden, und so zerrten sie ihn durch die Stadt. Mehr liegend als hockend zog man ihn über Steinpflaster, über Schotter, durch Dreck- und Schlammstrecken. Die Bewohner der Straßen wurden aufgefordert, ihre Fäkalieneimer über ihm auszugießen. Dabei ertönten immer wieder die Schmährufe: „Feind des Volkes, Verräter des Volkes, Handlanger des Imperialismus!" Dabei war gerade die letzte Parole absolut sinnlos, denn der Direktor hatte versucht, den Kindern und Jugendlichen die kommunistische Idee verständlich zu machen.

Durch die Lücken im groben Bambusgeflecht schleiften seine Glieder und manchmal auch der Kopf auf dem Untergrund. Die Blutspur konnte durch die Stadt verfolgt werden. An vielen Stellen seines Körpers riss das Fleisch bis auf die Knochen ab. Nach mehreren Stunden waren aus dem Käfig kein Stöhnen und keine Schmerzensschreie mehr zu hören. Als sie wieder an der Schule ankamen, war der Direktor längst verstorben. Die

Jugendlichen warfen den unter Blut und Dreck verkrusteten und kaum noch erkennbaren Leichnam in die Jauchegrube der Schule.

Chan ist kaum wieder genesen, da kommt die zweite Welle der Gewalt. Diesmal sind es die kommunistischen Kader in der Stadt. Es hat sich herumgesprochen, dass jeder Beamte bestraft wird, der nicht selbst andere der Konterrevolution überführt. In der Stadt sind bisher wenige verhaftet worden und deshalb bekam die Parteileitung massive Kritik von höherer Stelle. Es bleibt ihnen nur übrig, schnell einige Personen verhaften zu lassen und sie gemäß der Praxis der Zeit zu verurteilen. So gehört auch Chan zu einer willkürlich zusammengestellten Gruppe, welcher der Prozess gemacht wird. Sie werden pauschal als Gruppe verurteilt, als Konterrevolutionäre gearbeitet zu haben. „Fünfzehn Jahre Umerziehungslager" lautet ihr Urteil – noch weiß keiner, was das bedeutet.

Sie werden nach Hause geschickt, um ihr Reisegepäck zu holen. Ein Tuch oder eine Tasche mit Privatbesitz dürfen sie mitnehmen, dazu Kleidung und Nahrung für die nächsten Tage. Chan wickelt seine Bibel in ein Hemd und bindet es mit einem dünnen Strick zusammen, damit sich die Schutzhülle nicht von der Bibel lösen kann. In zwei Stunden haben sie sich am Rathaus wieder einzufinden. An Flucht ist nicht zu denken, denn wer nicht erscheint, für den werden drei Familienmitglieder ins Lager geschickt.

Auf einem Lkw mit Plane geht es fünf Tage nach Norden. Die Plane schützt etwas vor dem Wind, der zunehmend kälter wird, je weiter sie nach Norden kommen. Chan erkennt viele der Leidensgenossen. Zwei Lehrer, der alte Zio ist dabei, der ein ausgezeichneter Kalligraf ist. Auch drei Frauen sind darunter, Krankenschwestern, die angeblich Parteigenossen nicht richtig behandelt haben. Neben ihm hockt ein Mann um die fünfzig, den Chan schon gesehen hat, aber er kann sich nicht mehr an die Begegnung erinnern. Da der andere ihn sicher mit seinem verbrannten Kopf und den Narben im Gesicht nicht erkennen kann, forscht Chan nach der gemeinsamen Geschichte. „Ich bin der Meinung, dass wir uns kennen, aber ich kann mich nicht erinnern", spricht er ihn an.

„Wer hat dich denn so zugerichtet?", fragt sein Nebenmann. „Hattest du einen Unfall oder bist du in ein Feuer gekommen?"

„Ich bin der Pastor von Xicheng, mich haben die Roten Garden in die Mangel genommen."

„O Chan, das tut mir leid, wirklich. Das müssen ja fürchterliche Schmerzen gewesen sein. Ja, es ist richtig, wir kennen uns, ich bin Lui Lin von der Hausgemeinde. Ich habe dich damals bei der Beerdigung von Cai Feng besucht, kurz bevor sie uns die Fabrik zerstört haben."

Chan ist verwundert, dass der andere sogar seinen Namen weiß. „O ja, ich erinnere mich – danke, dass du damals gekommen bist." Dann schweigen sie wieder nebeneinander, weil keiner wagt, die Begegnung von damals zurückzuholen. Chan erinnert sich jetzt auch, dass Lui Lin dabei war, als ihm die Gemeindeleiter den Besuch der Hauskirche verboten haben – aber es wäre unklug, sich jetzt darüber zu beklagen. Über Nacht werden sie in einer Schule eingeschlossen, in der der Schulbetrieb anscheinend auch eingestellt worden ist.

Am nächsten Tag geht es weiter, zurück auf den Lkw. Die Hände hat man ihnen am Abend losgebunden und sie werden am Morgen nicht wieder neu gefesselt. Ein herrlich befreites Gefühl. Sie fühlen sich fast wie auf einem Ausflug – aber jeder weiß, dass eine schwere Zeit vor ihnen liegt. Arbeitslager, Umerziehung, politische Schulung und wenig zu essen.

Die beiden hocken wieder nebeneinander, da beginnt Lui Lin das Gespräch: „Du sagtest damals am Grab, dass Feng unseretwegen gestorben ist. Ich habe das nicht verstanden und lange darüber nachgegrübelt. Was hat Feng wirklich gemacht? Wir sind der Meinung, dass er uns alle verraten hat, deshalb sind wir am nächsten Sonntag überfallen worden. Und weil er die Last nicht mehr tragen konnte, hat er sich das Leben genommen. War das so? Weißt du mehr über den Grund seines Selbstmords?"

Diese Version erschreckt Chan, obwohl sie theoretisch möglich sein könnte. Doch nein, er kann sich das nicht vorstellen. „Ich weiß nur, dass ich spät nach Hause kam. Feng saß in seinem Zimmer und war sehr erschüttert. Er sagte mir, dass er Listen mit euern Namen abgeben solle – nicht, dass er schon etwas aufgeschrieben hätte. Im Gegenteil, er wollte mich prüfen, wie ich das sehe, und fragte, ob ich ihm eventuell dabei behilflich sein würde. Wir haben beide gesagt, dass das für uns nicht infrage kommt, wussten aber auch keinen Ausweg. Feng war angedroht worden, dass er ins Gefängnis müsste, wenn er sich weigerte. Ich glaube kaum, dass er in der Nacht noch eine Liste abgegeben und sich dann erhängt hat. Ich glaube eher, die Partei wollte euch Mann für Mann verhaften, deshalb die Listen. Weil sie die aber nicht bekommen haben, haben sie mit dem Einsatzkommando eure Versammlung aufgelöst."

Plötzlich hält der Lkw in einem Waldstück an. Es wird zum Austreten befohlen. Die Männer rechts von der Straße, die Frauen links.

Ehe sie weiterfahren, wird genau gezählt – es wäre ja eine Gelegenheit gewesen, im Wald unterzutauchen und zu flüchten, obwohl die Gegend ziemlich menschenleer ist. Sie sind vollzählig und die Fahrt geht weiter in gebirgiges Gelände.

„Aber sag mal", beginnt Chan erneut das Gespräch, „wie ist es denn den dreißig Verhafteten damals ergangen, als sie eure Kirche zerstörten?"

„Ich war auch dabei und ich denke nicht mehr gern an diese

Demütigungen und die Quälerei. Wir sollten alle ein Geständnis ablegen, dass wir Feinde des Kommunismus sind. Natürlich haben wir das immer wieder verneint, aber du weißt ja, wie der Parteiapparat arbeitet. Wer widerspricht, ist bereits ein Gegner. Schließlich haben wir immer nur Worte der Heiligen Schrift zitiert. Wir haben laut vor ihnen gebetet und unseren Herrn verherrlicht. Da wurden wir brutal zusammengeschlagen, aber das wäre uns auch geschehen, wenn wir ein Geständnis abgelegt hätten. Sie wollten uns prügeln und demütigen und sie haben es mit satanischer Freude getan. Meine Frau ist an den Verletzungen gestorben, auch unser alter Senior. Mit den Worten von Stephanus ist er zum Vater gegangen: ‚Herr, rechne ihnen ihre Sünde nicht an'."

Eine lange Weile sitzen sie still und jeder hängt seinen schmerzlichen Gedanken nach, während sie durch die offene Fahrzeugplane am Ende der Ladefläche die Berglandschaft betrachten. Warten ähnliche Grausamkeiten auf sie? Jetzt wirbelt das Fahrzeug Staub auf, der durch die Öffnung hereindringt und sich auf die Reisenden legt. Zwischen den Zähnen knirscht es bereits und einige müssen unaufhörlich husten.

Chan nimmt das Gespräch wieder auf. „Es tut mir sehr leid mit deiner Frau. Sie ist jetzt beim Herrn." Nach einer Weile, um aus der negativen Erinnerung herauszukommen, fährt er fort: „Wenn das alles vorbei ist, dann sollten wir eine Kirche bilden, die allein nach Gottes Willen gestaltet ist."

„Die sind wir gewesen und ich bin der Überzeugung, dass diese Gemeinde auch im Verborgenen weiter existieren kann", antwortet Lui Lin.

„Das glaube ich auch", bestätigt Chan, „aber denkst du nicht, wenn der Terror in unserem Land eines Tages vorbei ist, dass die Kirche wieder existieren und arbeiten kann?"

„Wieso denkst du, dass es Besserung in unserem Land gibt?

Seit der sogenannten Befreiung unseres Volkes durch Mao ist es nur schlimmer und schlechter geworden. Er hat Kampagnen losgetreten, die unsinnig und zerstörerisch waren, und die Schuldigen sind dann willkürlich herausgesuchte Unschuldige gewesen. So wie jetzt wieder. Schau dich doch mal um auf dem Lkw. Wer wird denn wirklich ein Feind sein, du etwa?"

Chan will gern von Plänen für eine bessere Kirche träumen, aber da sind sie anscheinend doch zu unterschiedlich geprägt. Deshalb wechselt er das Thema: „Konntest du deine Bibel retten?"

„Ja, sie ist an einer nur mir bekannten Stelle vergraben, schön eingepackt in öliges Papier und mit Leder umwickelt. Ich muss immer an die Stelle denken, damit ich sie nie vergesse, auch wenn sie uns einer Gehirnwäsche unterziehen. Du musstest sicher deine Bibel aufgeben, oder?"

„Nein", antwortet Chan, „hier ist sie." Und er holt aus seinem Bündel das Hemd hervor, in dem sie steckt.

Lui Lin ist sprachlos. Diesen Mut hätte er einem offiziellen Pastor nicht zugetraut. „Hüte sie gut, wir werden sie im Lager sicher gebrauchen können."

„Natürlich", sagt Chan etwas zu laut, „wenn wir erst einmal eingerichtet sind, machen wir einen Treffpunkt zum Beten und Bibelstudium aus. Sind eigentlich noch andere Christen aus der Stadt dabei? Du kennst dich doch besser aus unter den Leuten als ich als Zugereister."

„Nein, ich kenne keinen weiter, aber vielleicht werden manche im Lager Christen. Von anderen Gefängnissen und Arbeitslagern hört man immer wieder, dass dort Menschen zum Glauben kommen."

„Das liegt sicher auch daran, wie sich die wenigen Christen dort einbringen", antwortet Chan langsam. Keiner von beiden ahnt, wie hart das Leben sein wird, das vor ihnen liegt.

Nach fünf Tagen Schüttelfahrt auf dem Lkw schmerzen alle Glieder. Sie stehen im eisigen Wind und frieren, obwohl sie schon alle verfügbaren Kleidungsstücke aus ihrem Gepäck geholt haben. Während der Fahrer und die Bewacher abseits stehen und heißen Tee schlürfen, sehnen sich die Gefangenen nach einem Lager und einer wärmenden Decke. Doch darauf müssen sie noch drei Stunden warten. Erst werden ihnen die Lagerregeln heruntergerasselt. Das sei hier kein Kuraufenthalt. Zwölf Stunden Arbeit, zwei Stunden Schulung, eine Stunde Essen und Hygiene und sieben Stunden Schlaf.

Chan rechnet mit und kommt nur auf zweiundzwanzig Stunden. Hat der Tag hier oben tatsächlich zwei Stunden weniger oder ist der Leiter nur schwach in Mathematik? Von Freizeit ist übrigens nicht die Rede, auch nicht, dass es einen Sonntag oder einen freien Tag gibt. Bei dem Gedanken, dass dies fünfzehn Jahre lang so gehen soll, will sogar dem optimistischen Chan der Mut entschwinden. Dann ist der Appell plötzlich zu Ende, weil zwei Lastwagen neue Gefangene bringen.

Alle müssen sich in einer Reihe anstellen, werden kurz nach Krankheiten befragt und nach Läusen abgesucht. Ihr Gepäck wird kontrolliert und Chan weiß, dass er jetzt die Hilfe Gottes braucht, um seine Bibel durch die Kontrolle zu bringen. Als sein Vordermann seine ganze Tasche auf dem Tisch der Lagerleitung ausbreiten muss, schickt Chan ein heftiges Stoßgebet los. Als die Tasche des Mitgefangenen leer zu sein scheint, stülpt sie der Kontrolleur sogar noch um und es fallen ein paar Reiskörner heraus. „Sammle die ein, du wirst sie hier gut gebrauchen können", ist der ganze Kommentar.

Dann ist Chan dran. Sein Gepäcktuch hängt schlaff an seinem Arm. „Hast du keine zusätzliche Kleidung mit?", fragt der Kontrolleur und blickt auf das Tuch.

„Die habe ich angezogen, weil es so kalt auf dem Platz war", antwortet Chan. Etwas mitleidig schaut ihn der Kontrolleur an und winkt ihn einfach weiter. Er nimmt den nächsten Gefangenen vor und der schiebt Chan einfach weiter. Chan kommt sich vor wie ein Träumender. Ein stilles „Danke, Herr" seufzt in seinem Herzen, aber ihm ist, als wäre dies ein Fingerzeig, dass Gott ihn auch hier in dieser verlassenen Gegend nicht verlassen hat.

Er kommt in Baracke sechs mit vierzig Männern, Lui Lin in die Nachbarbaracke, Nummer sieben. Chan legt sich mit allen Kleidungsstücken unter die steife, kratzige Decke. Gegen Morgen ist er endlich durchgewärmt und es beginnt der erste Tag von mehreren Tausend in diesem Lager.

Noch vor dem Frühstück müssen alle auf dem Appellplatz erscheinen. Es werden Parolen und politische Sätze vorgelesen und alle müssen die Sätze im Chor nachsprechen. Einige Aufseher gehen an den Reihen der Gefangenen entlang und kontrollieren, ob auch alle laut und deutlich wiederholen. Chan will eigentlich diese nichtigen Parolen nicht mitsprechen, aber als ein anderer Neuankömmling brutal mit dünnen Bambusstangen geschlagen wird, weil er nicht mitspricht, überlegt er es sich doch. Später erfährt Chan, dass der neue Gefangene aus der Naxi-Minderheit der Yunnanberge kommt und die Sprache hier überhaupt nicht versteht, aber darauf wird keine Rücksicht genommen.

Nach einem mageren Frühstück geht es eine Stunde im Dauerlauf zu einem Steinbruch. Dort werden sie eingeteilt, größere Brocken aus der Wand zu schlagen, Löcher für die Sprengung zu bohren oder mit dem Hammer Schotter aus nicht baufähigen Steinen zu schlagen. Einige, die schon lange im Lager sind, haben sich darauf spezialisiert, genau rechtwinklige Steine in unterschiedlichen Größen und Längen zu behauen. Mit schweren Lastwagen werden diese dann in die Städte gefahren. Der Schotter wird für Dämme und Straßen benötigt.

Chan kommt zur Schotterbrigade. Nach zwei Stunden fühlen sich seine Arme wie Blei an. Die Hände können den Hammer einfach nicht mehr festhalten. Der Aufseher kennt das Problem bei den Neuankömmlingen anscheinend und wechselt aus, statt ihn seine Lederpeitsche spüren zu lassen, von der er sonst gern Gebrauch macht. Jetzt muss Chan mit bloßen Händen Schotter in Körbe verladen. Nach einigen Stunden sind die Hände aufgesprungen und blutig.

Die Körbe werden dann von anderen Gefangenen zu großen Loren gebracht. Lui Lin ist unter den Trägern, weil er stark und durchtrainiert ist. Für einen kurzen Moment können sich beide sehen und einen Gruß wechseln, immer dann, wenn Chan wieder einen Korb gefüllt hat.

Weil der Schotter schwer ist und so ein Korb mindestens achtzig Kilo wiegt, füllt Chan die Körbe für Lin nicht ganz voll. Aber das merkt der Aufseher sehr schnell und bedroht ihn mit der Peitsche.

Am Abend geht es im Laufschritt zurück, wenn auch nicht mehr so schnell wie am Morgen. Während sie laufen, wird Chan auch klar, wieso am Vorabend nur zweiundzwanzig Tagesstunden zusammengekommen sind. Man hat ihnen nicht gesagt, dass zu den zwölf Stunden Arbeit noch zwei Stunden Arbeitsweg als Laufstrecke dazukommen.

Es gibt eine faulig schmeckende Suppe. Kaum haben sie ihren Schlag in die Schüssel bekommen, wird schon wieder zur politischen Schulung kommandiert. Chan stürzt das Essen hinunter und sitzt dann mit zweihundert Gefangenen auf rohen Holzbrettern, die über behauene Steine aus dem Steinbruch gelegt sind. Keine Lehne, und man muss auch aufpassen, dass das Brett nicht verrutscht. Sonst kann es nämlich passieren, dass die ganze Reihe nach hinten abkippt.

Wieder nur Aussprüche von Mao. Zusammenhanglos und

stumpfsinnig. Chan wollen die Augen zufallen, obwohl der Schmerz in seinen Händen und Armen pocht. Zwei Stunden lang. Offensichtlich haben andere Gefangene die Fähigkeit erlernt, mit offenen Augen zu schlafen. Wer die Augen schließt, bekommt die Bambusrute der Aufseher zu spüren. Die stehen vorn rechts und links und haben die ganze Baracke im Blick.

Anschließend schickt der Aufseher Chan in den medizinischen Punkt, wegen seiner blutenden Hände. Aber die Schwester kann auch nichts machen, außer ihm eine desinfizierende, beißende Flüssigkeit über die Handflächen laufen zu lassen.

Am Abend nimmt Chan sein Hemd, in dem die Bibel steckt, heraus und reißt es in Streifen. Ein anderer Barackenbewohner wickelt ihm die provisorischen Binden um die Hände, sodass sie für die Arbeit etwas geschützt sind.

Am nächsten Tag werden sie eine Stunde eher von der Arbeit ins Lager zurückgeschickt. Die Neuen freuen sich über die Erleichterung. Die schon länger im Lager sind, ahnen, was das bedeutet, sagen aber nichts. Alle müssen auf dem Appellplatz antreten. Nach einiger Zeit wird ein Häftling mit gefesselten Händen vorgeführt. Eine lange Rede über unverbesserliche Verbrecher, Feiglinge und Konterrevolutionäre geht auf alle nieder. Dann kommt der eigentliche Grund. Der Häftling hat einen Fluchtversuch unternommen, ist aber sehr schnell wieder eingefangen worden. Er wird als Staatsfeind verurteilt, der sich den gut gemeinten Maßnahmen der Umerziehung des großzügigen Staates entziehen wollte.

Der Staat ist so human, dass er allen Feinden des Volkes die Chance der Neuorientierung gibt, und dieser Verbrecher ignoriert das und beleidigt damit das neue China und jeden, der hier im Lager seine Umerziehung dankbar entgegennimmt. Weil er alle Lagerinsassen beleidigt hat, muss er auch von allen bestraft werden.

Die schon lang Einsitzenden wissen, was jetzt kommt: Der Gefangene wird mit den gefesselten Händen über den Erdboden gehängt, sodass er kaum Luft bekommt und nicht schreien kann. Alle müssen an ihm vorübergehen und ihm mit einem Bambusrohr auf den Körper schlagen. Die Aufseher beteiligen sich nicht daran, sie achten nur darauf, dass jeder kräftig zuschlägt.

Als Chan an der Reihe ist, will ihm der Arm versagen. Er spürt das schweißbedeckte Bambusrohr in seinen wunden Händen und schlägt kurz zu. „Halt, zurück", brüllt ihn ein Aufseher an. „Willst wohl als Nächster hier hängen? Schlag gefälligst zu, wie es dieser Verbrecher verdient hat." Statt den Stab an den Nächsten weiterzugeben, schlägt Chan noch einmal zu, aber der Gemarterte zeigt schon keine Regung mehr. Anscheinend ist er bereits an den Schmerzen gestorben oder durch seine Haltung erstickt. Chan gesteht sich ein, dass auch er schon an Flucht gedacht hat. Auf dem Weg zum Steinbruch gibt es eine Stelle, die ziemlich unübersichtlich ist, da könnte man … Aber nach diesem schrecklichen Abend denkt er vorläufig nicht mehr daran, das Lager illegal zu verlassen.

Nach etwa zwei Wochen ergibt sich das erste Mal die Gelegenheit, in die Nachbarbaracke sieben zu gehen. Die politische Schulung und das Abendessen sind vorbei und die Männer machen sich fertig für die Nacht. Sie müssen sich täglich gründlich waschen, weil sich der Steinstaub in alle Poren setzt und die Haut reizt. Besonders dort, wo die Haut aneinanderreibt, wie zwischen den Beinen und unter den Armen, gibt es schnell Entzündungen und solche Wunden heilen sehr schlecht. Auch wer sich wund gescheuert hat, muss selbstverständlich zur Arbeit gehen, da gibt es keine Schonung. Deshalb raten die „Alten" den Neuen, viel Wert auf die Hygiene zu legen. Wasser gibt es zum Glück reichlich – zumindest jetzt im Frühjahr.

Nach dem Waschen geht Chan also hinüber und sucht Lui Lin. Der freut sich, Chan zu sehen, und zieht ihn in eine Ecke der Baracke. Dort stellt er ihm Pastor Lui Cuan vor. Er sei zwar kein Pastor, sagt Cuan bescheiden, aber alle im Dorf hätten ihn so genannt. Sie wollen sich aber nicht groß bei Herkunft und Familie aufhalten, sondern die wertvolle Zeit nutzen, einen Bibeltext aus Chans Bibel zu lesen und miteinander zu beten.

Sie beten bewegt und oft unter Tränen, wenn sie Gott für ihre verlassenen und zerstreuten Gemeinden bitten, aber während sie den himmlischen Vater rühmen und ihn als Weltenrichter anrufen, breitet sich ein unsichtbarer Glanz um sie aus. Diese halbe Stunde ist den drei Gefangenen sehr wertvoll und sie machen für jede Woche einen „Gottesdienst" miteinander aus.

Doch einigen Männern in der Baracke sieben passt das nicht. Sie spotten über die frommen Spinner und drohen an, sie zu verraten, wenn sie nicht mit diesen religiösen Treffen aufhören. Sie haben Angst, dass die ganze Barackenbelegung bestraft wird, wenn herauskommt, dass sich hier etwas abspielt, was nicht im Sinne der Umerziehung ist.

Lui Lin entdeckt hinter Baracke sieben einen Holzverschlag, in dem wohl früher mal eine Maschine oder behauene Steine gelagert wurden. Dort sind sie unbeobachtet. Es ist nur schwierig, sich dorthin zu stehlen, da nach dem Abendessen alle in die Baracken zu gehen haben. Solange im Frühjahr die Sonne noch zeitig untergeht, schützt sie die Dunkelheit. Im Sommer wird es sicher schwieriger werden. Aber da hoffen sie auch wieder auf eine Möglichkeit. Jetzt sind diese wöchentlichen Treffen für die drei wie ein Stück Himmel in der Hölle des Lagers.

Cuan, der bereits ein Jahr lang im Lager lebt, ist inzwischen so abgemagert und ausgelaugt, dass er schon mehrmals bei der Arbeit ohnmächtig zusammengebrochen ist. Die „Medizin" ist dann ein Eimer kaltes Wasser und die Peitsche. Die kurze Zeit der Ohnmacht entlastet den Körper etwas, sodass er tatsächlich noch einmal Reserven mobilisieren kann und die Arbeit weitergeht. Aber lange wird Cuan das nicht mehr durchhalten, das ist auch den anderen beiden klar. So beten sie verstärkt für ihn, segnen ihn immer wieder, dass Gott ihm Kraft gibt und er durchhalten kann. Von der mageren Verpflegung zweigen Chan und Lin etwas für ihren Freund ab, aber der will es unter keinen Umständen annehmen. Es gibt jedes Mal Streit deswegen.

Fünf Jahre sind ins Land gegangen. Cuan hat sich für eine neue Arbeit beworben, die keiner gern machen wollte: Er beerdigt die Toten. Unzählige Männer und auch Frauen sind an Entkräftung, Krankheiten, Seuchen und Strafen gestorben. Einige sind von wütenden Aufsehern wegen kleiner Vergehen zu Tode geprügelt worden, andere wurden zur Abschreckung erhängt, erschossen oder sind in der Todeszelle verhungert. Auch Lin war eine Woche in der Todeszelle, weil er sich über einen gestürzten Gefangenen geworfen hat, um ihn von den Schlägen des Aufsehers zu schützen. Das war Widerstand gegen die gerechte Ordnung des Lagerlebens. Eine Woche ohne Verpflegung und Licht in einem feuchten Kellerraum. Das bedeutet für die ausgezehrten Körper der sichere Tod. Lin hat die feuchten Wände abgeleckt und seinen eigenen Urin getrunken, um nicht zu verdursten – und er hat die Woche überlebt.

Cuan ist also Totengräber im Lager. Eine Arbeitsbrigade hat an einer Stelle, wo es weichen Lössboden gibt, eine fünf Meter breite und zwei Meter tiefe Furche gegraben. Hier werden nun die Toten hineingeworfen und Cuan muss sie auf die linke Seite bringen. Dort stapelt er sie nebeneinander und schaufelt dann

Lössboden über die Körper. Die dreißig Meter lange Furche ist schon zur Hälfte gefüllt. Bald muss er der Lagerleitung sagen, dass eine neue Furche gegraben werden muss. Dreiundsiebzig Tote hat Cuan dieses Jahr schon in dem Massengrab der Furche beerdigt.

Aber die Leichen werden von ihm nicht einfach nur gestapelt und mit Erde bedeckt. Für jeden spricht er ein Gebet, jede und jeder Tote wird in Gottes Hände gelegt und er segnet sie mit einer stummen Geste. Nicht selten bringt sich ein Gefangener selbst um, weil er die Demütigung, die Schmerzen oder die aussichtslose Lage nicht mehr ertragen kann. Auch für die, die nun verzweifelt vor dem himmlischen Richter stehen, will Cuan ein Priester, ein Fürsprecher vor Gott sein.

Für ihn ist diese Arbeit, die keiner machen will, wie ein Auftrag Gottes, ein letzter menschlicher Dienst an den Toten. Aber manchmal geht er an der Grube entlang und denkt daran, dass er vielleicht in drei oder acht Metern dran ist. Hier wird er vielleicht liegen, schätzt er ab – und wer wird ihn dann beerdigen?

Seit einigen Wochen beteiligt sich ein hinkender, schmächtiger Mann um die sechzig an ihren geheimen Gottesdiensten. Er ist einfach dabei, spricht wenig, nur wenn er betet, spürt man, dass er eine tiefe Liebe und hohe Ehrfurcht vor dem heiligen Gott hat, wie er ihn immer anredet. Mehrfach haben die anderen ihn gebeten, doch etwas aus seinem Leben zu erzählen, aber Wang Wei winkt nur ab und sagt, dass er ein Sünder ist, der Gottes Gnade braucht. Dabei ist er die Güte selbst. Er ist immer zuvorkommend, räumt den anderen die besseren Plätze ein, obwohl er der Ältere in dieser Runde ist und durch seine Behinderung ganz schlecht auf dem Boden sitzen kann. Wenn jemand in seinen Gebeten Verzweiflung durchklingen lässt, spricht Wang hinterher mit ihm und versucht ihn aufzurichten.

Als sie einmal von ihrem Strafmaß sprachen, musste auch er seine Jahre nennen, zu denen man ihn verurteilt hat. Fünfundzwanzig Jahre Umerziehung. Tief erschrocken haben die anderen nicht mehr lockergelassen, bis er erzählt: „Ich war Pastor einer lebendigen Gemeinde in der Provinz Anhui. Aber weil so viele Menschen zu uns kamen und viele als Christen wieder gingen, haben sie mich verhaftet und wollten, dass ich meinen Glauben widerrufe.

Liebe Brüder, ich wollte das nicht", beschwört er sie flehentlich, „ich wollte kein Judas sein. Aber dann haben sie mich so geschlagen, dass meine Hüfte brach. Dennoch musste ich die Fäkalieneimer schleppen, und weil ich wegen meiner Hüfte nur auf allen vieren über den Boden rutschen konnte, schwappte die Brühe immer heraus, über mich drüber, und meine Kleider sahen genauso fürchterlich aus, wie sie stanken. Einmal pro Woche musste ich ins ‚Behandlungszimmer'. Sie haben immer wieder auf mich draufgeschlagen und gesagt: ‚Wir hören sofort auf, wenn du laut rufst, dass du nicht mehr an diesen Jesus glaubst.' Brüder, es tut mir so leid, ich konnte vor Schmerzen nicht mehr liegen und vor Gestank nichts mehr essen, ich war so gut wie tot. Und als sie wieder auf mich einschlugen, da habe ich es gesagt. Ich habe meinen Herrn verraten. Ich kam in ein Krankenhaus und man hat mich halbwegs wiederhergestellt, bis auf meine Hüfte, die war scheinbar falsch wieder zusammengewachsen.

Tatsächlich wurde ich anschließend auch entlassen. An den zentralen Plätzen hingen die schrecklichen Plakate: ‚Pastor Wang Wei sagt selbst, dass es keinen Gott gibt. Es lebe die proletarische Revolution, es lebe der große Steuermann Mao Zedong.' Aber ich konnte keinem Menschen in unserer Stadt in die Augen sehen. Viele aus der Gemeinde versuchten, mich zu trösten, aber sie waren auch sehr enttäuscht von mir. Einige haben sich vom Glauben abgewendet, das war das Bitterste für mich. Ich konnte nicht mehr predigen, mein Judasverrat hätte alle Worte durchgestrichen.

Da habe ich neue Plakate gemalt: ‚Jesus lebt, Gott ist Realität! Pastor Wang.' Die habe ich dann über Nacht auf all die Plakate geklebt, die noch von mir in der Stadt hingen. Dann bin ich in die Kirche gegangen, habe mir mit Mund und Füßen die Hände gefesselt, mich vor den Altar gekniet und Gott um Verzeihung gebeten. Ich habe bitterlich geweint, wie einst Petrus, als er seinen Herrn verraten hatte. Ich sagte zu Gott: ‚Töte mich, wenn ich nicht mehr würdig bin, dein Kind zu sein.' Einige Gemeindeglieder haben meine Plakate auch gelesen und kamen in die Kirche. Sie haben sich mit mir vor den Altar gekniet, andere saßen in den hinteren Reihen und wollten sehen, was nun geschah.

Am Vormittag rückten Polizisten an und haben mich abgeholt. Sie waren erstaunt, dass ich mich selbst schon gefesselt hatte, und schleppten mich an den gebundenen Händen zum Gefängnis zurück. Ich erwartete das Schlimmste, aber ich wollte meine Strafe gern tragen. Wenn sie mich totschlagen, dann ist es nicht Gott, der mich straft, dann werde ich die Ehre der Märtyrerkrone tragen dürfen.

Doch sie verurteilten mich zu fünfundzwanzig Jahren Lagerhaft und sagten, dass sie mich nicht ‚behandeln' wollen, weil ich im Arbeitslager gesunde Knochen brauche. Für mich sind die fünfundzwanzig Jahre eine Ehre, besser, als ewig in der Hölle zu verderben."

Die anderen sind erschüttert. Nach einer Weile sagt Lin, der Hauskreisleiter: „Aber glaubst du nicht, Bruder Wei, dass Gottes Liebe so groß ist, dass er dir trotzdem vergeben hätte?" Cuan stößt ihn an und meint: „Über Gewissensentscheidungen kann man nicht diskutieren. Kommt, lasst uns den Herrn anbeten, er ist ein großartiger Gott. Allein für ihn zu leben ist das größte Glück auf Erden, sogar hier im Lager."

Nach einer längeren Gebetszeit sagt Cuan: „Wisst ihr, ich möchte so gern wieder einmal so richtig laut unsere Evangeliumslieder singen, seit Jahren ist das nicht mehr möglich."

Chan antwortet darauf: „Da musst du dich wieder in den Steinbruch versetzen lassen. Ich arbeite jetzt neben dem neuen Pressluftbohrer. Da singe ich immer wieder laut unsere Lieder, das kann kein Mensch hören, aber für Gott klingt das sicher wie Engelsgesang mit großer Orgelbegleitung." Alle vier lachen, aber dann wird es Zeit, in die Unterkünfte zu verschwinden.

Wieder frei

Im Sommer 1976 werden drei buddhistische Mönche als Gefangene ins Umerziehungslager gebracht. Sie hatten sich in die Berge zurückgezogen, haben tatsächlich zehn Jahre Kulturrevolution im Untergrund überstanden und sind dann doch von Dorfbewohnern verraten worden. Die Mönche berichten, dass Mao Zedong, der Große Führer, schwer erkrankt ist und viele im Land hoffen, dass er bald stirbt – obwohl das natürlich niemand laut sagen darf.

Auch die Lagerleitung scheint eine Veränderung zu erwarten. Die Aufseher sehen über manche Unzulänglichkeit hinweg, die Strafen werden geringer und die Todeszelle wird zerstört, sodass keine Spuren mehr zu finden sind. Die Verpflegung wird besser und einige der schlimmsten und grausamsten Aufseher haben sich aus dem Staub gemacht.

Im September kommt die Nachricht bis ins Lager, dass Mao Zedong gestorben ist. In Beijing geht alles sehr durcheinander. Maos Frau Jiang Qing und weitere drei führende Regierungsbeamte werden verhaftet und Deng Xiaoping kommt an die Macht. Und dann ist der Satz zu hören, der den Gefangenen wie ein Traum erscheint: „Das Lager soll aufgelöst werden." Aber so schnell kommen sie nicht nach Hause.

Es gibt jedoch das erste Mal ein Gerichtsverfahren. Über jeden, der noch am Leben ist, wird beraten und seine Vergehen werden erkundet und bewertet. Viele werden gleich in die Freiheit entlassen, andere kommen in andere Lager oder in reguläre Gefängnisse, besonders die, bei denen die Verbrechenslage nicht klar ist. Für Chan, Cuan, Lui Lin und vier weitere Christen heißt es: Abtransport in ein Sicherheitsgefängnis in der Nähe von Beijing. Da noch nicht klar ist, wie die neue Regierung von Deng Xiaoping mit Christen umgehen wird, werden sie weiterhin in Haft gelassen. Sollten sie nach wie vor als Feinde des kommunistischen Chinas gelten, ist es besser, sie bleiben in Gewahrsam.

Die sieben Christen erreichen im Sicherheitsgefängnis von der Leitung, dass sie zusammen in eine Zelle gelegt werden. Normalerweise sind die Zellen für vier Gefangene eingerichtet, aber es herrscht durch die Auflösung vieler Straflager und durch unklare Rechtsverhältnisse sowieso eine Überbelegung aller Gefängnisse. So teilen sie sich in die vier Bettpritschen. Nach einem Umlaufplan ist klar, wer in der jeweiligen Nacht auf einer Pritsche oder auf dem Boden schläft.

Für die sieben ist es eine wunderbare Zeit nach der Quälerei im Lager. Es gibt hier keine Arbeitszeiten, außer den Reinigungsdiensten, und so haben sie viel Zeit, miteinander zu reden, zu beten und zu planen. Ja, sie planen den Wiederaufbau der chinesischen Kirche. Unabhängig vom Staat soll sie sein und frei für alle. Das volle Evangelium soll gepredigt werden und sie träumen sogar von einer eigenen Druckerei, in der sie Bibeln und Gesangbücher herstellen können, so viele, wie gebraucht werden.

Da Chan der einzige richtige Theologe unter ihnen ist, wird er eines Tages ins Büro der Gefängnisleitung geführt. Dort warten fünf Männer auf ihn und machen ihm klar, dass die Regierung in ihrer Großzügigkeit den Weiterbetrieb der Kirchen im Lande erlauben wird. Als Bedingung gilt aber, dass die Kirche unabhängig vom Ausland und in Zusammenarbeit mit der kommunistischen Regierung eine Kirche des patriotischen Volkes wird. Als Gegenleistung werden die konfiszierten und fremd genutzten Kirchen nach und nach zurückgegeben. Krankenhäuser und Schulen bleiben unter Verwaltung des Staates und kirchliches Land wird nicht zurückgegeben.

Gönnerhaft erklärt einer: „Wir wissen durch die Erkenntnisse des wissenschaftlichen Kommunismus, dass Kirche und Religionen keine Zukunft haben werden, aber wir gewähren den noch vorhandenen Christen die Chance, sich mit der Zeit über die Vorzüge des Kommunismus selbst ein Bild zu machen. Versteht unser Entgegenkommen als Langmut mit Ewiggestrigen."

Ein anderer ergänzt mit für Chan sehr interessanten Argumenten: „Wir wissen, dass die unter den Christen, die sich klar an die Regeln ihres Jesus Christus halten, keine schlechten Staatsbürger sind. Sie haben ein Bewusstsein für das Volk, sie sind ehrlich und pünktlich, sie kümmern sich um Benachteiligte und schaffen ein friedliches Klima in ihrer Umgebung. Diese Kräfte brauchen wir beim Aufbau des internationalen Kommunismus, der von China aus in alle Welt gehen wird." Dann spricht der Leiter die Worte, auf die Chan seit zwölf Jahren gewartet hat: „Du wirst entlassen und zurück in deine Stadt Xicheng geschickt."

Einen Monat später wird Cuan entlassen, ebenso die vier weiteren Christen. Nur Lui Lin muss bleiben. Irgendetwas liegt gegen ihn vor oder ist noch nicht geklärt, sodass er noch nicht in Freiheit kommt. Die freien Plätze in seiner Zelle werden mit anderen Gefangenen aufgefüllt. Es sind Kriminelle, auch ein Mörder ist dabei, der auf seine Todesstrafe wartet. Lin redet viel mit ihm und auch die anderen hören zu, wie er von Vergebung und einem neuen Leben mit Jesus spricht. Besonders die Erzählungen, in denen Jesus Sündern ihre Schuld vergibt, von der neuen Welt Gottes und von der Ewigkeit interessieren die Männer, die durch ihre Verbrechen kaum eine Zukunft hier auf der Erde haben. Mehrere von ihnen kann Lin zum Glauben führen. Der Mörder verabschiedet sich am Tag der Erschießung mit einem gefassten: „Auf Wiedersehen bei unserem Gott, Lin."

Nach fünfzehn Monaten ist auch Lin dran, den Gang ins Gefängnisbüro anzutreten. Er staunt, dass die Genossen, die ihm gegenübersitzen, ziemlich gut über ihn Bescheid wissen. Seine Mitarbeit in der Leitung der Hausgemeinde, die Verhaftung, als das Fabrikgebäude in Flammen aufging, und sein Verhalten im Straflager im Norden. Sie wissen also, dass er nicht zur offiziellen Kirche gehört. Der Verhandlungsführer fragt: „Lui Lin, wirst du dich jetzt der Drei-Selbst-Kirche anschließen?" Lin weiß, dass an seiner Antwort seine Freiheit hängt, aber er kann und will nicht lügen. „Wenn diese Kirche unabhängig glauben und leben kann, von keiner staatlichen Macht dirigiert wird, sondern allein von der Heiligen Schrift und der Eingebung des Heiligen Geistes bestimmt ist, dann will ich mich ihr gern anschließen."

Die Männer schauen sich ratlos an und ihre Blicke sagen: „Wie kann man nur so borniert sein." Weil eine peinliche Stille entstanden ist, fügt Lui Lin noch hinzu: „Die Kirche Jesu Christi ist immer unabhängig gewesen, und wenn sie sich mit den Machthabern verbündet hat, ist sie ihrem Auftrag nicht mehr gerecht geworden. Das war schon in der Antike so, und in Europa hat das viel Schaden angerichtet. Kirche und Staat müssen getrennt sein, das ist doch wohl auch eine Erkenntnis des Kommunismus."

„Der Kommunismus ist die Kraft der Zukunft. Alle Welt wird eines Tages kommunistisch sein. Da ist kein Platz für Religion und euern angeblichen Gottessohn. Es ist allein das Entgegenkommen unserer neuen Regierung, dass wir euch Christen eine Zeit geben, in der sich die Menschen selbst, durch Überzeugung, davon lossagen können. Eigentlich müssten wir das Christentum verbieten und dich bis ans Lebensende im Gefängnis belassen, aber weil einige vom Volk noch an dem alten Aberglauben festhalten, lassen wir eine kontrollierte Kirche zu – etwas anderes wird es nicht geben."

Ein anderer an dem rohen Holztisch fordert: „Also entweder du sagst jetzt Ja zu der staatlich genehmigten Drei-Selbst-Kirche, oder du gehst zurück in die Zelle, bis du schwarz wirst."

„Dann gehe ich zurück in meine helle Zelle, weil Christus dort auf mich wartet."

Als sich das Schloss hinter ihm schließt, weiß Lin, dass er sich selbst ein schlimmes Urteil gesprochen hat, aber er ist ruhig darüber. Früher hat er einmal gelesen, dass in einem Unrechtsstaat die Rechtmäßigen nur im Gefängnis leben können. Die Nacht schwankt er hin und her zwischen Glaubensmut und tiefer Verzweiflung. Soll es tatsächlich bis an sein Lebensende keine Freiheit mehr geben? Dann erinnert er sich an die Geschichte aus dem Garten Gethsemane, die ihn tröstet. Als Jesus seinen inneren Kampf durchgestanden hat, doch in den Tod zu gehen, kam ein Engel und stärkte ihn. „Herr, sende deinen Engel und gib mir die Kraft, noch so lange im Gefängnis auszuhalten, wie du es für richtig hältst", ist sein ständiges Gebet in den nächsten Tagen.

Noch zweimal wird er in den nächsten Wochen vorgeladen und es wird ihm im Grunde nur die eine Frage gestellt: „Drei-Selbst-Kirche oder nicht?" Er hat den Eindruck, als wollte die

Gefängnisleitung ihn loswerden – aber eben nur unter der einen Bedingung. Lui Lin bleibt unbeirrt und er wird beide Male ohne Kommentar in seine Zelle zurückgeführt.

Seine Entlassung kommt daher völlig überraschend. Ein Aufseher öffnet die Zellentür und fordert ihn auf, mit ins Büro der Gefängnisleitung zu kommen. Dort sitzt nur der Gefängnisleiter und erklärt ihm: „Lui Lin, du wirst heute auf Bewährung entlassen. Aber wenn wir dich wieder bei unerlaubten Zusammenrottungen erwischen, gehst du ab, dass dir Hören und Sehen vergeht. Hier ist dein Entlassungspapier und etwas Geld für die Heimfahrt."

Das war es also – Lin kann es noch nicht begreifen. Erst jetzt, als er auf der belebten Straße steht und das eiserne Gefängnistor sich hinter ihm geschlossen hat, bedauert er, dass er sich nicht von seinen Zellengenossen verabschieden konnte. Aber zurück, das will er jetzt wirklich nicht.

Langsam geht er die Straße entlang. Der starke Verkehr ist ungewohnt, fast macht es ihm Angst, dass so viele Fahrräder um ihn herumschwirren. Es sind auch bedeutend mehr Auto unterwegs als vor vierzehn Jahren. Wie kommt man von Beijing nach Xicheng? Er fragt sich zum Bahnhof durch und ist zwei Stunden unterwegs in der unübersichtlichen Stadt. Ihn schmerzen die Beine, die solche Wanderungen nun wirklich nicht mehr gewohnt sind. Auf den Straßen gibt es Händler, die gebratene Maiskolben anbieten. Auch einen zweirädrigen Karren entdeckt er, von dem eine Frau frische Jaozi verkauft, die sie auf einem offenen Kohlenfeuer kocht. Was ist denn auf unseren Straßen los?, fragt sich Lin. Plötzlich gibt es Händler und Verkäufer. Hat sich mit Deng Xiaoping wirklich etwas verändert? An den Jaozi, den Teigtaschen, kann er nicht vorübergehen. Er kauft von seinem Fahrgeld drei Stück, setzt sich an den Straßenrand und genießt sein neues Leben.

In der Nähe des Bahnhofs kommt er an der Community-Kirche

vorüber. Hier sind Bauarbeiter dabei, das Dach neu zu decken. Das muss er sich näher ansehen. Er fragt einen Mann mit Bauhelm: „Bist du hier von der Gemeinde? Machst du das freiwillig?"

„Nein, nein", antwortet der Arbeiter verwundert, „ich bin von der Reparaturbrigade des Kombinats ‚Gelingender Fortschritt'. Wir sind hierher abgeordnet und reparieren das marode Dach."

„Wer finanziert die Arbeit hier?", fragt Lui Lin.

„Die Regierung als sogenannte Wiedergutmachung. Während der letzten Jahre war ja hier eine Schule drin, aber es ist nichts am Gebäude gemacht worden und da muss man halt beim Dach anfangen."

Lin stellt sich unwissend und fragt: „Ja, lohnt sich das denn, wird denn die Kirche noch gebraucht?"

„Hast du eine Ahnung! Die ist am Sonntag zwei Mal voll. Es kommen neuerdings viele hier zu den Versammlungen."

Nachdenklich geht Lin weiter. Ist doch eine neue Zeit angebrochen? Hat Gott Erbarmen mit unserem Volk?

Auf dem Bahnhof herrscht ein riesiges Durcheinander. Lui Lin bekommt heraus, dass er mit dem Zug bis nach Datong fahren muss und dann weiter mit dem Bus nach Xicheng. Doch er muss zwei Tage warten. Er bekommt einen Fahrschein-Gutschein, der ihn berechtigt, in zwei Tagen eine Fahrkarte zu kaufen. Zu viele wollen fahren und es gibt nicht genügend Züge und Wagen. Also richtet er sich ein, auf dem Bahnhof zu schlafen wie Hunderte andere Reisende.

Die beiden nächsten Tage hat er Zeit, seine Freiheit zu genießen, und bummelt durch die Stadt. Am Platz des Himmlischen Friedens vorbei zum Kaiserpalast steigt er auf den Kohlenhügel, um die Stadt zu überblicken, und ist überwältigt von der Schönheit und der Größe der Hauptstadt Beijing. Stolz auf sein Land kommt in ihm hoch und er registriert, dass er doch ein richtiger Chinese ist.

Das Fahrgeld reicht nur noch bis Datong. Ab dieser Stadt muss er jetzt zu Fuß gehen, aber er genießt die Natur, die Schatten spendenden Bäume, die Lotusblüten in den Teichen, den Duft von frischer Erde am Morgen und die trockene Hitze am Mittag. Zu lange musste er auf das alles verzichten. Im Norden, wo er im Lager war, ist die Natur karg und sandig, im Gefängnis war jegliche Natur ausgesperrt und unerreichbar. Die neue Asphaltstraße betrachtet er mit anderen Augen als früher – vielleicht hat er den Schotter hier mit gebrochen und geschleppt? Vielleicht war die Zeit der Arbeit gar nicht so schlecht, wenn es nur nicht so viele Tote, so entsetzlich viele Tote gegeben hätte.

Als er sich Xicheng nähert, schlägt sein Puls doch etwas schneller. Wie wird es der Hausgemeinde gehen, gibt es sie überhaupt noch? Was ist aus Chan geworden, wird er wieder der Pastor von Xicheng sein? Ach ja, und Cuan, der wird sicher auch wieder in sein Provinzstädtchen in Shaanxi gekommen sein und in sein Stinkhaus, von dem er erzählt hat. Einmal hat Cuan ganz bescheiden auch davon berichtet, dass die Hausgemeinde von Xicheng nach seinem Besuch und dem schrecklichen Tod von Pastor Liao Wu entstanden ist. Auch dass er einen Brief an den neuen Pastor von Xicheng, Cai Feng, geschrieben hat, um die Gemeinden miteinander zu versöhnen. Aber Lin ist von Feng nie darauf angesprochen worden, also ist der Brief vielleicht doch nie bei ihm angekommen. Das tragische innere und äußere Ende von Pastor Feng hat Lin tagelang sehr traurig gemacht. Da hat der gute alte Cuan mit seinem festen kindlichen Glauben schon viel für die Christen in Xicheng getan. Wenn der nicht gewesen wäre, wäre die Zeit im Lager für Lin noch härter gewesen.

Der Marktplatz von Xicheng sieht noch genauso aus wie vor vierzehn Jahren. Lediglich einige Häuser sind neu angestrichen worden oder haben ein besseres Dach bekommen. Lui Lin wird von den Bewohnern der Stadt argwöhnisch beäugt. Erst jetzt fällt ihm auf, dass er in seiner zerschlissenen Lagerkleidung nicht mehr ins Straßenbild passt. Die Frauen haben hellere Jacken an, manche richtig leuchtend bunte, und auch nicht mehr alle die üblichen Hosen. Die Männer laufen zum Teil ebenfalls in farbigen Hemden herum, und die seit Jahren übliche blaue Mao-Uniform tragen die meisten nur noch bei der Arbeit.

Einen Blick auf die Kirche muss er noch werfen, ehe er hinunter in den südlichen Teil der Stadt geht. Sie hat neue Fenster bekommen, ganz einfaches Industrieglas, aber sie scheint wieder als Kirche genutzt zu werden. Und dort in dem Haus, da müsste Chan wohnen. Ob er auch wieder hier ist? Trotz seiner großen Neugier wendet sich Lin um und geht zu seiner ehemaligen Wohnung in der Südstadt. Erst muss ich wissen, wie es meiner Gemeinde geht, ehe ich mich mit dem Pastor treffe.

Sein Wohnhaus gibt es nicht mehr. An dieser Stelle wird gerade ein neues Haus mit drei Stockwerken gebaut. Die Arbeiter sind mit Eifer dabei, Ziegel auf dem Rücken über schwankende Bretter und grobe Bambusleitern nach oben zu schleppen. Den Mörtel mischen sie auf der Straße. Sie haben einen Sandhaufen mit Zement vermischt und gießen unter ständigem Schaufeln von allen Seiten langsam Wasser dazu. Der klebrige Mörtel wird dann ebenfalls in Pfannen auf dem abenteuerlichen Weg nach oben transportiert.

Er fragt einen Bauarbeiter nach dem Haus, das mal hier gestanden hat, aber der weiß von nichts. Lin geht zu einer Nachbarin, deren Haus noch so aussieht wie vor vierzehn Jahren. Sie zieht ihn in die Wohnung hinein und starrt ihn nur an. Schließlich ruft sie aus: „Heiliger Buddha, der Lin ist wieder da! Keiner hat gedacht, dass du das überlebt hast. Wir haben ja schreckliche Berichte von den Lagern gehört, in die man euch Intellektuelle gesteckt hat." Sie geht um ihn herum und betrachtet ihn von allen Seiten. „Na ja, fett gefüttert hat man euch da wirklich nicht. Komm, setz dich, ich will dir erst einmal einen Reis kochen."

Dem ist Lin alles andere als abgeneigt. Es fällt ihm schwer, die Höflichkeit zu wahren und vorsichtig abzulehnen. Aber die Frau sieht, dass er abgemagert und halb verhungert ist. Sie lässt keine Widerrede zu.

Während sie sich am Herd zu schaffen macht, will sie hören, wie es Lin ergangen ist. Aber er hat nicht viel Lust, sich die ganzen Grausamkeiten und Entbehrungen wieder in Erinnerung zu rufen. Deshalb sagt er nur: „Der lebendige Gott hat uns bewahrt. Vieles wollte uns niederdrücken. Aber die Hand des Allmächtigen hat uns gehalten – Ihm sei Ehre."

„Also haben sie dir deinen ausländischen Aberglauben nicht austreiben können", folgert die Frau und sagt weiter: „Es soll jetzt auch nicht mehr so schwierig sein, etwas anderes zu glauben als an die Lehren von Mao. Vorige Woche war ich in einem Dorf östlich von hier, dort haben die Roten Garden vergessen, den Tempel zu zerstören. Ich habe dort einige Räucherstäbchen für meine ganze Familie entzündet und den Ahnen ein Opfer gebracht. Ich war übrigens nicht die Einzige, die dort geopfert hat."

Lin ermutigt dieser Bericht der Buddhistin, auch nach seiner Gemeinde zu fragen.

„Ja, die Christen sollen sich wieder treffen. In der Kirche oben beim Markt ist jeden Sonntag eine Versammlung und deine Gruppe soll sich auch wieder treffen, aber ich weiß nicht wo."

„Das klingt gut, danke für die positive Nachricht. Ich werde sie schon finden. Aber sag mal, was ist mit dem Haus passiert, in dem ich mit meiner Frau gelebt habe?"

Erst macht die Frau dreimal eine abwertende Handbewegung, dann sagt sie mit Bedauern in der Stimme: „Schlechtes *Joss* – Mongolen waren hier. Sie sind von der Regierung hierher geschickt worden, damit sie chinesisches Leben und Kommunismus kennenlernen. Aber die haben doch vorher nie in Häusern gelebt, nur in stinkenden Zelten aus Fell. Die haben das Haus total verkommen lassen. Die haben weder das Dach ausgebessert noch die Schwelle gescheuert. Den Abfall haben sie einfach in die Zimmerecken geworfen. Schließlich sind die Ratten sogar am Tag durch die Küche gelaufen."

Lui Lin versucht die Bilder der Wohnung zurückzuholen. Der grobe Küchentisch und die wunderbare Lackarbeit eines Beistelltisches, den er seiner Frau zur Hochzeit geschenkt hat. Die Bettstatt war nicht viel wert, aber es war der Ort, wo sie sich geliebt haben, wo sie Gott um ein Kind angefleht haben, aber er hat ihnen in seiner Weisheit kein Kind geschenkt und ihnen dadurch noch mehr Sorgen und Leid erspart. Lin muss an die Bank vor dem Haus denken, auf der sie abends oft gesessen haben, um miteinander zu beten und über Gottes Handeln zu sprechen. Er sieht vor sich den schönen Schrank, der in der Tür sogar eine Glasscheibe hatte. Dort bewahrten sie einige wertvolle Schüsseln und Gläser auf. Ob sie das rot und schwarz lackierte Sandelholzkästchen mit dem Jadering in der Schublade gefunden haben? Wussten sie das überhaupt zu schätzen? Was wird aus seinen Werkzeugen geworden sein, auf die er so stolz war? Die Frau sieht nur, wie Lin sich plötzlich leicht schüttelt, und hört ihn dann sagen: „Der Herr hat's gegeben, der Herr hat's genommen, der Name des Herrn sei gelobt."

Verständnislos blickt sie ihn an und stellt dann eine Schüssel mit dampfendem Reis auf den Tisch. Etwas Gemüse hat sie nebenbei gewärmt und schon kann Lin anfangen zu essen. Er senkt den Kopf und betet, aber dabei entdeckt er, dass die Essstäbchen aus schwarzem Holz, die sie ihm danebengelegt hat, ein buddhistisches Mantra aufgedruckt haben. „Entschuldige bitte, ich will deine Gastfreundschaft nicht beleidigen, aber hast du für mich vielleicht neutrale Stäbchen? Ich kann mit diesen buddhistischen Stäbchen nicht essen."

„Also, ihr Christen seid schon manchmal schwierige Leute. Das sind meine besten Stäbchen, die ich habe. Ich wollte dich damit als meinen Gast ehren." Lin will ihr das noch einmal genauer erklären, aber sie geht schon an den Herd, holt zwei andere Stäbchen und meint: „Da, nimm meine, die sind zwar sehr einfach, tun es aber auch. Schließlich ist ja wichtig, was man zwischen die Stäbchen bekommt." Dabei zieht sie die abgenutzten Stäbchen noch einmal quer durch den Mund und wischt sie an der Schürze ab. So kann er sicher sein, dass sie jetzt auch sauber sind ...

Während des Essens erfährt Lin, dass die Mongolen eines Tages weg waren und sein Haus schließlich zur Ruine verfallen ist. Die Nachbarn haben ihren Müll zwischen die Mauerreste gekippt. Und seit einigen Wochen wird nun hier gebaut. Wer da baut, weiß sie nicht, aber es sollen wohl schon genug Familien auf die Wohnungen warten. Somit ist Lin klar, dass er für heute kein Dach über dem Kopf haben wird – oder bereits sein Bürgerrecht in dieser Stadt verloren hat.

Er bedankt sich viele Male bei seiner ehemaligen Nachbarin und macht sich auf die Suche nach einem Nachtquartier. Zuerst steuert er seine Gemeindeleiter an, aber es wird ein Gang der Enttäuschung. Die meisten sind aus der Verbannung nicht wiedergekommen. Zum Teil trifft er verängstigte Witwen an, einmal auch einen Sohn, der ihn verflucht, weil sein Vater wegen des christlichen Glaubens umgekommen ist. Als es bereits dunkel wird, bleibt ihm keine andere Wahl, als bei Chan vorbeizugehen. In seinem Haus brennt Licht und vorsichtig kratzt Lin an der Tür. Chan traut seinen Augen nicht und kommt sofort auf Lin zu, um ihn glücklich zu umarmen. „Bruder Lin, der Herr sei gelobt, du bist wieder da!" Aber er sieht auch, dass es Lin nicht gut geht. „Lin, komm herein, sei mein Gast, ich freue mich ja so sehr, dich wiederzusehen. Du bist ja wohl der Einzige, der alle fünfzehn Jahre absitzen musste."

„Vierzehn", berichtigt ihn Lin, „vierzehn, und ich habe keinen Bedarf nach mehr."

Es wird ein langer Abend. Sie berichten sich gegenseitig, erinnern sich, beten für gemeinsame Bekannte aus dem Lager und dem Sicherheitsgefängnis. Sie bringen die zu Krüppeln Geschlagenen und die wahnsinnig Gewordenen vor Gott und gedenken der Toten.

Lin bezieht die Dachkammer des Praktikanten und kann selbstverständlich bleiben, bis er ein neues Zuhause in der Stadt gefunden hat. Bald entdeckt er auch die Hausgemeinde wieder. Sie treffen sich reihum bei Mitgliedern und sind so viel schwerer zu kontrollieren. Seit dem Neubeginn nach 1977 hat sich die Gruppe schon einmal geteilt, so schnell ist sie gewachsen.

Aber auch Chan kann sich über zu wenige Gottesdienstbesucher nicht beklagen. Es sind zunehmend jüngere Leute, die den Weg in die Kirche finden. Die grausamen Ereignisse um die Kulturrevolution haben die Menschen nachdenklich gemacht und die kommunistische Idee ist ihnen sehr fraglich geworden. Sie suchen nach Werten, nach einem Halt, zumal durch die Politik von Deng Xiaoping die kommunistischen Ideale auf den Kopf gestellt werden. Plötzlich darf man wieder reich werden. Nicht das Ideologische, sondern das Praktische überwiegt. Statt der Mao-Parolen hängen jetzt Transparente mit anderen Sätzen in den Straßen: „Es ist egal, ob die Katze schwarz oder weiß ist; Hauptsache, sie fängt Mäuse" oder: „Reich werden ist keine Schande – alles zum Wohle des Volkes und des Einzelnen."

Nicht wenige kommen auch, weil ihre Sünden sie belasten. Sie sind schon im buddhistischen und daoistischen Tempel gewesen, wollten mit Räucherstäbchen und Opfergeld etwas gegen die Last der Schuld und die Albträume tun, aber es hat nicht geholfen. Die Nachricht, dass man bei diesem Jesus Christus seine Schuld ohne Gegenleistung loswird, spricht sich wie ein Geheimtipp herum.

Auch Chan hat wie die Leiter der Hauskirchen erschütternde Beichten abgenommen. Frauen, die als Jugendliche andere Menschen mit bestialischen Methoden in den Tod getrieben haben, Verräter, die unschuldige Nachbarn in die Umerziehungslager brachten, und Männer, die sich mit perverser Folter an Frauen und Mädchen vergangen haben. Das Schlimmste, was er zu hören bekam, ließ ihn anschließend nächtelang nicht schlafen: In einem Arbeitslager für Frauen wurden diese fast täglich vergewaltigt. Wer schwanger wurde, kam in ein anderes Lager und wurde gut versorgt, denn Kinder hatten Hände und der zukünftige Aufbau des Landes brauchte viele fleißige Hände.

Der Leiter war der Perverseste von allen, er hat die Frauen fürchterlich gequält. Einem hübschen Mädchen von siebzehn Jahren hat er beide Beine abhacken lassen. Er wollte, wenn die Wunden dann verheilt seien, bei ihr „freien Zugang haben, ohne dass die Beine im Weg sind". Das Mädchen starb an den Schmerzen und der unzureichenden medizinischen Versorgung. Der Leiter hat sich bei der Auflösung des Lagers dann als Strafe selbst stümperhaft kastriert, er wäre fast daran gestorben. Daher wurde ihm kein Verfahren angehängt. Aber die Schuld blieb und drückt ihn.

Er ist am Rande des Wahnsinns, als er bei Chan in der Kirchenbank sitzt und zu beichten beginnt. Kann man solche Schuld vergeben? Wird man als Pastor selbst mitschuldig, wenn man hier Vergebung zuspricht?

Chan fühlt sich in solchen Fragen alleingelassen. Es gibt noch keine funktionierende Kirchenstruktur, dass er einen Vorgesetzten hätte, den er in solchen Sachen um Rat fragen könnte, und wegen solcher Fragen extra nach Nanjing zu fahren, ist auch nicht möglich.

Die Hausgemeinden sind natürlich noch weniger organisiert. Es gibt keine zentrale Leitung, jede Hauskirche ist für sich selbst und vor Gott verantwortlich. Lui Lin merkt bald, dass sich manche Lehre eingeschlichen hat, die mit der biblischen Botschaft nicht vereinbar ist. Prediger und Predigerinnen ziehen durchs Land, die vorgeben, von bedeutenden Propheten aus dem Ausland gelernt zu haben, und die eine Heilslehre verkündigen, die über die biblische Botschaft hinausgeht. Die Gottesdienste werden manchmal zu regelrechten Streitversammlungen um die richtige Lehre. Dann stehen die Kontrahenten mit der geöffneten Bibel voreinander und versuchen sich gegenseitig zu überzeugen. Lin ist dabei sehr unwohl und er möchte die erste Zeit zurückhaben, wo sie sich in Ehrfurcht vor der Schrift und in Angst vor der Polizei auf das Wesentliche konzentriert haben.

So bittet er den ausgebildeten Theologen Chan immer einmal zum Gottesdienst, besonders wenn es einen schwierigen Text auszulegen gibt. Aber aus dem sektiererischen Flügel der Hausgemeinde gibt es auch Gegner, die Chan als Kommunisten beschimpfen und immer wieder in seine Predigten hineinrufen. Zu viele Lasten der Vergangenheit halten die Kluft zwischen offizieller Kirche und Hausgemeinden offen. Die Hausgemeinde droht auseinanderzubrechen und so lädt Lui Lin Chan nur noch selten zu Gottesdiensten ein. Aber sie treffen sich, als er eine neue Wohnung gefunden hat, immer wieder. Sie sind Brüder und Freunde und beten für die Gemeinden. Die harte Zeit im Lager hat sie beide geprägt, hat sie ruhiger und weiser gemacht.

Chenxi wieder in Sichuan

Es sind viele Jahre ins Land gegangen. Die Kulturrevolution ist nach zehn schrecklichen Jahren mit Maos Tod endlich vorbei. Sein Nachfolger Deng Xiaoping setzt schon lange auf eine Öffnung nach Westen, und gerade die westliche Kultur und Wirtschaft, die vorher so verpönt und verfolgt waren, werden für China wichtig. Sonderwirtschaftszonen werden geschaffen und bald ist das ganze Land in einem Rausch nach Geld und Wohlstand. Die offiziellen Kirchen entfalten wieder ihre Tätigkeit, aber die Hauskirchen bleiben im Untergrund. Auch sie beginnen sich zu organisieren.

Nach der Ausbildung zur Bibellehrerin wird Chenxi von ihrem Seelsorger, einem Wanderprediger, der die schlimme Zeit im Untergrund überlebt hat, in die Provinz Sichuan geschickt. Sofort kommen bei ihr Erinnerungen an das Kloster und an die Versuchskolchose hoch, und auch Zion muss doch dort in den Mican-Bergen gewesen sein. Aber Sichuan ist eine der größten Provinzen des Landes und gliedert sich in ganz unterschiedliche Landschaften. In Chengdu, der Hauptstadt der Provinz, ist die heimliche Zentrale der Hausgemeinden in Sichuan.

Das Reisen ist nicht mehr so beschwerlich, man muss keinen Passierschein vorweisen, sondern wählt sich die Route selbst.

Und so kann Chenxi ganz legal mit dem Zug durchs Land reisen. In der Zentrale meldet sie sich und wird nach wenigen Tagen in die nördlichen Berge geschickt. Dort soll sie kleine Gemeinden besuchen, Gottesdienste halten und Hauskreisleiter schulen. Sie ist in ihrem Element. Es macht ihr viel Spaß, die zum Teil noch sehr ungebildeten Menschen mit einfachsten Mitteln auszubilden. Hier gibt es Gruppen, die sich Christen nennen, aber keine Ahnung von den Grundwahrheiten des christlichen Glaubens haben. Sie besitzen zwar Auszüge aus der Bibel, wissen das aber nicht mit ihrem Leben zu verbinden.

Mit viel Liebe zeigt sie den Menschen das Gebet zum lebendigen Gott und sie bringt ihnen bei, dass Glauben mehr ist, als Formeln zu murmeln. Für manche ist der Christenglaube nicht mehr als eine andere Form des Buddhismus, nur dass der Buddha hier eben nicht ein wohlgenährter, in sich versunkener Götze ist, sondern der Schmerzensmann am Kreuz. Warum er aber am Kreuz so schrecklich verenden musste, das ist ihnen nicht klar. So wird Chenxi als Lehrerin und Evangelistin gleichzeitig gebraucht und sie ist unermüdlich unterwegs.

In manche abgelegenen Dörfer kommt sie nur mit einem Boot. Straßen sind in der Gegend noch selten. Manchmal hat sie Glück und sie findet einen Bootsbesitzer, der sie mit Motorkraft flussauf bringt. Oft aber muss sie selbst mit in die Ruder greifen und quält sich so stundenlang gegen die Strömung.

Heute hat sie wieder einmal Glück. Ein Fischer ist bereit, sie für wenige Yuan flussauf zu fahren. Sie hat gehört, dass es eine kleine Gemeinde gibt, die um den Besuch eines „Lehrers" gebeten hat. Beim gleichmäßigen Tuckern des Motors schaut sie am Ufer entlang, sieht die Berge majestätisch vorbeigleiten und ist immer wieder begeistert von den Bambusbüschen auf beiden Seiten des Flusses. Irgendwie kommt ihr diese Landschaft bekannt vor. Aber es ist wohl so eine typische Flusslandschaft, wie es sie eben in China oft gibt. Doch als der Fischer auf einen schlecht betonierten Bootssteg zusteuert, kommt ihr eine Ahnung. Den Hügel dort mit den Häusern darauf, das kommt ihr doch bekannt vor! Sie fragt den Fischer: „Wie heißt dieser Ort?"

„,Perle der Revolution am Fluss', aber ich glaube die Leute hier nennen ihr Dorf kurz ‚Zion'."

Chenxi ist es, als ob ihr die Luft wegbleibt, so heftig beginnt das Herz zu schlagen. Sie stolpert, als sie das Boot verlässt, und schlägt mit dem Knie auf die betonierte Anlegestelle. Es blutet, aber Chenxi achtet nicht darauf. Wie gebannt blickt sie ins Dorf hinauf und steigt die Treppe aus gebrochenen Felsplatten hoch. Zion – ist das wahr?! Zion, die Oase meiner Kindheit! Aber in ihre Erwartung mischt sich auch Angst. Was wird sie erwarten? Wird es noch Menschen geben, die sich an sie erinnern? Wenn es eine christliche Gemeinde hier gibt, dann hat die Arbeit von Burkers doch einen Sinn gehabt. Solche und tausend andere Gedanken gehen ihr durch den Kopf, als sie den Weg mit den ungleichen Stufen immer höher steigt.

Aber sie wundert sich auch, dass sie am Bootssteg nicht begrüßt worden sind. Früher kamen doch immer alle an den Fluss gelaufen, wenn ein fremdes Boot das Dorf ansteuerte. Aber das ist ja inzwischen über dreißig Jahre her, mahnt sie sich selbst. In ihrer Überraschung hat sie auch nicht bemerkt, dass neben ein paar ärmlichen Fischerbooten ein modernes Schnellboot unten an der Anlegestelle festgemacht hat.

Die ersten Personen, die Chenxi trifft, sind Unbekannte. Jugendliche und Menschen in mittleren Jahren. Eine Krankenschwester rennt über den Platz und verschwindet in einer Baracke, die so eine Art Krankenhaus sein könnte.

Sah das früher schon so aus? War es nicht größer? Sie blickt sich um. Wo ist die Kapelle? Sie ist nur noch in den Umrissen zu erahnen. Ein Versammlungssaal scheint es jetzt zu sein. Durch die offenen Fenster sieht Chenxi die rot bespannte Bühne. Vor der ehemaligen Kapelle steht ein Fahnenmast mit der roten Fahne und ihren fünf gelben Sternen. Davor eine Mao-Büste in einem Blumenbeet, das aber nicht besonders gepflegt ist.

Das Haus von Henriette Burker steht noch, aber auch hier

hat der Zahn der Zeit genagt. Es müsste mal Farbe haben, denkt Chenxi.

Unmittelbar daneben hat man ein wuchtiges dreistöckiges Haus gebaut. Mit kleinen Fenstern und grauen Wänden. Im Erdgeschoss die Küche, in der gerade gekocht wird. Chenxi geht ans Fenster und blickt in den verrußten Raum. Ob die ältere Frau dort Ai Lin ist? Sie wundert sich selbst, dass ihr jetzt im Moment der Name der Köchin wieder einfällt. Aber war sie nicht größer? Zumindest hat Chenxi sie viel größer in Erinnerung. „Ai Lin, bist du es?", fragt sie durch das Fenster.

Die Frau dreht sich herum und fragt: „Wer bist du? Woher kennst du meinen Mädchennamen?" Sie wischt sich die Hände an der nicht mehr ganz sauberen Schürze ab und kommt zum Fenster. Misstrauisch schaut sie gegen das Licht und sucht in dem fremden Gesicht nach bekannten Anhaltspunkten. „Ich kenne dich nicht oder bin ich dir etwas schuldig?"

„Ich glaube nicht", antwortet Chenxi, „eher bin ich dir etwas schuldig. Du hast mich immer mit kleinen Leckerbissen verwöhnt, du warst immer gut zu mir. Ai Lin, ich bin Chenxi, die kleine Chenxi."

Ai Lin ist unfähig, irgendetwas zu sagen. Ihrem Gesicht ist anzusehen, dass sie entweder gleich tot umfällt oder einen Schrei der Begeisterung ausstößt.

Keins von beidem geschieht. Ihr schießen die Tränen in die Augen und sie rennt vom Fenster weg, um gleich danach in der Tür zu erscheinen und mit offenen Armen auf Chenxi zuzulaufen. Sie drückt die Besucherin so fest an sich, dass Chenxi fast die Luft wegbleibt. Aber auch Chenxi ist überwältigt, dass sie eine alte, so vertraute Bekannte hier trifft, und sie lässt sie so schnell nicht wieder los. Sie riecht das alte Küchenfett in Ai Lins Haaren, aber was ist das gegen die Herzlichkeit, die sie aus dieser Begrüßung spürt!

„Komm, ich bring dich zu Lui Lan, nein, ich muss es ihr schonend beibringen, sonst bekommt sie einen Herzschlag. – Nein, die kleine Chenxi, Jesus sei gepriesen, dem grossen Gott sei Dank." Plötzlich hält sie inne. „Chenxi, deine Mutter wird jetzt gerade bei dem hohen Regierungsbeamten sein. Der war auf einer Kontrollfahrt auf dem Fluss und da bekam er schlimme Leibschmerzen. Seine Begleiter haben ihn hier hochgebracht, es gibt ja weit und breit kein weiteres Dorf mit einer Krankenstation. Er braucht eigentlich einen Arzt, aber den haben wir hier nicht. Er muss fürchterliche Bauchschmerzen haben, irgend-etwas scheint in ihm geplatzt zu sein. Die Begleiter wollen auch nicht weiter mit ihm fahren, weil er sonst unterwegs stirbt, und da haben sie Angst, dass sie dafür selbst mit dem Tod bestraft werden. Jetzt liegt er hier bei uns in der Krankenstation – o, wenn das nur gut geht! Einige von uns sind auch schon in der Kapelle, um für ihn zu beten."

„Aber die Kapelle ist doch ein politischer Versammlungssaal?", fragt Chenxi zurück.

„Nein, nicht die alte Kapelle, die ist die Propagandahalle des Volkes. Wir haben eine heimliche Kapelle im Wald, die kennen nur wir Christen. Oh, hab ich jetzt etwas verraten? Bist du auch Christin oder ein Feind von uns?"

„Keine Angst, Ai Lin, ich bin die Bibellehrerin, die ihr euch gewünscht habt. Ich bleibe jetzt ein paar Tage bei euch und halte mit euch Bibelstudium, Glaubenslehre und Gebetsstunden."

„O nein, Gott ist gross – Chenxi ist Bibellehrerin!" Und Ai Lin verneigt sich mehrmals vor der Frau, die sicher dreissig Jahre jünger ist als sie selbst.

„Lass das, Ai Lin, wir sind alle Schwestern und Brüder. Da ist keiner höher als der andere, ja, es gibt gar keinen Unterschied zwischen den Geschwistern. Nur einer ist unser Meister, und das ist Jesus."

Diesmal ist es Chenxi, die die alte Köchin umarmt und ihr so zeigt, dass sie sich freut, in ihr eine Schwester in Christus zu treffen. „Können wir ins Krankenhaus gehen? Ich möchte meine Mutter sehen."

Ai Lin zögert. „Es ist sicher nicht gut, wenn die Regierungsleute dich als Bibellehrerin sehen. Wir müssen uns immer noch vor ihnen verstecken, die dürfen nicht wissen, dass du hier bist."

„Ich habe keine Angst vor ihnen, ich werde nicht mit ihnen reden – nur meine Mutter sehen, kannst du das verstehen?"

„Natürlich, natürlich", pflichtet ihr die alte Köchin bei, aber ihr Gesicht bleibt sorgenvoll.

Als sie das Krankenhaus betreten, das nicht mehr als eine einfache Krankenstation ist, herrscht betretene Geschäftigkeit, eine Unruhe ohne Handlung, mehr so, dass man gern etwas tun will, doch nicht kann. Im Behandlungszimmer liegt ein Mann, dem man hier nicht mehr helfen kann. Er wird sterben, weil fachliche Hilfe wie eine Operation in der Bauchhöhle hier nicht möglich ist. Lui Lan steht seitlich zum Behandlungstisch und spritzt ihm ein Beruhigungsmittel in den Arm. Ihr Gesicht ist konzentriert und Chenxi kann kaum noch an sich halten. Ai Lin drängt vorsichtig durch die Herumstehenden vor der Liege. Sie wartet, bis Lui Lan fertig ist, dann flüstert sie ihr etwas ins Ohr. Lui Lan erstarrt, dann dreht sie den Kopf langsam zur Tür, in der Chenxi steht und ihr vorsichtig zuwinkt. Lui Lan sagt etwas zu einer anderen Krankenschwester und kommt dann langsam auf die Tür zu.

Ein breiter Mann, der Chenxi den Blick auf den Kranken verstellt, geht kurz zur Seite, um die Schwester durchzulassen. In dem Moment kann Chenxi einen Blick auf den Kranken werfen, und sie traut ihren Augen nicht. Aber da ist ihre Mutter schon bei ihr, hält sie mit beiden Händen an den Armen fest, schaut sie von oben bis unten an und schüttelt mit dem

Kopf. Chenxi denkt: Erkennt sie mich nicht? Will sie nichts mehr mit mir zu tun haben? Warum schüttelt sie den Kopf? Aber dann zieht die Mutter sie zu sich heran und beide umarmen sich und weinen hemmungslos ihre Wiedersehensfreude heraus. Sich gegenseitig stützend verlassen sie die Station, gehen über den Platz und setzen sich auf eine Bank, die bei der Mao-Büste steht. Lui Lan ist unfähig, irgendetwas zu sagen. Chenxi sieht in ihrem Gesicht, dass sie alt geworden ist. Die Haare haben einen grauen Schimmer und die Mundwinkel sind nach unten gezogen, so, als habe sie viel Kummer und Sorgen durchlebt. „Mama, deine Chenxi ist wieder da", mehr kann sie auch nicht sagen.

Nach einer langen Zeit des Schweigens, in der sie sich nur aneinandergeschmiegt halten, sagt Lui Lan: „Lass uns einen Tee trinken und dann muss ich wieder zu dem hoffnungslosen Patienten. Es ist schlimm, wenn der hier bei uns stirbt, aber es gibt keine Hilfe. Blinddarmdurchbruch schon vor einigen Stunden. Hoffnungslos ohne Operation."

Da fällt Chenxi der kurze Blick wieder ein. „Sag mal, hat der einen Glatzkopf, der so ganz rund und eklig ist?"

„Ja, aber so spricht man nicht von einem Sterbenden."

„Mama, kann ich einmal mitkommen? Ich muss wissen, ob er der ist, den ich meine."

„Ja, das kannst du, es ist sowieso ein Kommen und Gehen in dem Zimmer, eigentlich unmöglich von der Hygiene her. Aber das ist ein hohes Tier von der Regierung – ach so, deshalb kennst du ihn vielleicht. Ich habe einmal Jahre, nachdem du weg warst, aus der Stadt gehört, dass du auch eine große Kommunistin geworden bist."

„O Mama, das ist eine lange Geschichte, später mehr darüber. Komm, jetzt gehen wir mal zu dem Glatzkopf", und in Gedanken fährt sie fort: dem Doppelschwein.

Auf dem Weg zur Krankenstation sagt Lui Lan noch: „Übrigens, der Sterbende ist Heng Xin, der mal hier bei Burkers gearbeitet hat und der uns dann mit den Banditen überfiel. Einige haben ihn eindeutig wiedererkannt."

Auch Chenxi erkennt ihn, aber als den Glatzkopf, der sie gequält und geschlagen hat, dem sie tödliche Rache geschworen hat. Chenxi kämpft mit sich, ob sie mit ihm in seiner Hilflosigkeit Mitleid haben soll oder Schadenfreude. Plötzlich kommt die Wut gegen dieses Scheusal von Mensch wieder in ihr hoch und sie denkt: Jetzt eine Spritze und dann eine Luftblase in die Vene. Das wäre ihr Genugtuung. Aber ihr Gewissen verbietet ihr solche Gedanken. Sie tritt ganz nahe an die Liege, auf der man sein Lager gerichtet hat, weil er bei jeder Verlegung in ein Bett fürchterliche Schmerzen haben würde.

Die Beruhigungsspritze vorhin hat gewirkt. Er hat nicht mehr so verzweifelte Schmerzen und schimpft über das Krankenhaus. „Seit fünfundzwanzig Jahren ist dies nun ein Vorzeigedorf des Kommunismus, aber was habt ihr hier – einen Dreckschuppen, in dem es nicht einmal einen Arzt gibt. ‚Perle der Revolution!' In welchen Dreck ist die Perle nur geflogen? Da krepiere ich hier vielleicht und in Beijing sind die besten Ärzte. Musste mich der Alte auch hierher in die gottverlassene Provinz verbannen?"

Chenxi stellt sich so an das Lager, dass er ihr ins Gesicht blicken muss. Sie schaut ihn nur an und er wird wieder still.

Plötzlich fangen seine Lippen an zu zittern. „Bist du das, du kleines, hübsches Mistbiest aus dem ‚U'? Haben wir uns nicht auch in ‚Rote Bastion' gesehen? Und dann bist du doch in die Kampfstoffkolchose gekommen, dafür habe ich ja gesorgt. Und jetzt hier? Ich verstehe das nicht."

Chenxi weiß, dass sie im Angesicht des Todes ehrlich sein muss. „Ja, ich bin es, Genosse, aber ich bin diesmal mit Erfolg geflohen und ich bin Christin geworden, weil es kein anderes

Leben gibt, das sich lohnt. Der Gott des Himmels, der in China schon immer verehrt wurde, hat sich in Jesus Christus gezeigt und gibt uns die Chance für ein ewiges und friedliches Leben. Dieses Leben verändert schon unser Leben hier auf der Erde. Ich bin hier in Zion, weil ich Menschen mit diesem Gott bekannt machen will."

„O ihr verdammten Christen, werden wir euch denn nie los!? Alle Teufel sollen euch holen! Ich weiß doch sehr genau, dass ihr ständig mehr und mehr werdet. Eines Tages werden wir Kommunisten uns noch vor euch verstecken müssen, verdammt noch mal. Hätte ich dich doch auf der Hinrichtungsliste gelassen, ich Idiot, dann wäre jetzt ein Christ weniger!"

„Falsch, dann wären vielleicht zweihundert weniger, denn ich bin schon lange für Jesus unterwegs und spüre, wie Gott die Chinesen liebt. Immer mehr finden die wirkliche Freiheit in Jesus Christus."

Wieder kommt eine Welle von Schmerzen über den Glatzkopf und in ihm krampft sich alles zusammen. Mit glasigen Augen starrt er Chenxi an, ist aber nicht fähig, weiterzusprechen. Schaum bildet sich in seinen Mundwinkeln.

Chenxi wundert sich selbst über ihren Mut und sagt: „Genosse, du wirst sterben, das sagen alle, die etwas von Medizin verstehen. Ich muss dir sagen, dass ich einen fürchterlichen Hass auf dich hatte, und ich muss auch jetzt dagegen kämpfen. Ich hatte mir geschworen, dich und Mao umzubringen. Mao ist tot, aber dich wollte ich noch in den Tod schicken. Doch der Glaube an Christus kann mir die Kraft geben, dir deine Gemeinheiten und die schlimmen Schmerzen, die du mir zugefügt hast, zu vergeben. Ich bitte meinen Gott darum, dass er mir die Kraft gibt, und ich sage dir, dass ich dir vergeben will. Auch du kannst Vergebung finden, Jesus will dich frei machen von allen deinen Gemeinheiten, von deiner Schuld."

„Niemals", brüllt der Todkranke auf, „niemals!" Dann bäumt sich sein Körper auf, er sackt auf das Lager zurück und stirbt mit einem angstverzerrten Gesicht.

Einer der beiden Begleiter des Glatzkopfs sagt zu Lui Lan: „Beerdigt ihn hier, wie ihr wollt. Niemand soll von seinem jämmerlichen Ende erfahren. Wir fahren zurück und melden nach Beijing: ‚Im Dienst der Ausbreitung des revolutionären Kommunismus heldenhaft gestorben.'"

Der andere Begleiter sagt im Hinausgehen: „Und er hat nicht einmal die letzte Chance genutzt."

Chenxi ist anzumerken, dass sie das Erlebte sehr mitgenommen hat. Lui Lan nimmt sie in den Arm und fragt: „Chenxi, ich verstehe nur die Hälfte. Bist du nun eine Kommunistin oder bist du Christin? Du redest ja wie ein ausgebildeter Pastor."

Es wird ein langer Abend. Die beiden setzen sich unten an den Fluss, wo sie ungestört sind, und erzählen sich zwei Mal dreißig Jahre. Chenxis aufregendes Leben und Lui Lans unaufhörliche Angst und Sorge um ihr Kind. Der neue Tag ist längst angebrochen und in eine stille Pause hinein meint Chenxi: „Mama, hörst du es? Der Bambus singt."

„Ja, meine Chenxi, ich habe oft dem Bambus zugehört, wenn der Wind durch die Stängel ging, und immer habe ich gedacht: So lange der Bambus singt, lebt meine Chenxi noch."

Der Wind wird kühl vom Wasser her und Chenxi sagt: „Lass uns noch dem Schöpfer danken, dass er uns bewahrt und uns wieder zusammengeführt hat."

Länger als geplant bleibt Chenxi in Zion. Durch die Erlebnisse, die sie berichtet, werden weitere Menschen im kommunistischen Dorf „Perle der Revolution am Fluss" Christen. Bald gibt es hier mehr Christen als Ungläubige. Überzeugte Kommunisten gibt es nur noch wenige. Einige suchen nur ihren kleinen

Vorteil bei den jetzigen Machthabern und lassen die Christen in Ruhe.

Nach drei Monaten aber muss Chenxi weiter. Noch viele abgelegene Dörfer und spontan entstandene Hausgemeinden will sie besuchen. Das Arbeitsfeld ist riesengroß.

Neue große Aufgabe

Chenxi lernt in Beijing einen neuen Arbeitszweig der Hauskirchen kennen. Eine Bewegung hat Gott den Christen der nicht registrierten Gemeinden ans Herz gelegt, die Chenxi atemberaubend findet. Sie nennt sich „Zurück nach Jerusalem". Es geht nicht darum, in Jerusalem ein Fest zu feiern oder etwas zu erobern. Das Evangelium ist von Jerusalem bis nach China gekommen. Heute liegen zwischen China und Jerusalem starke Machtbereiche des Islam und anderer Religionen. Junge Christen lassen sich heimlich in der Bewegung ausbilden, um unter diesen Völkern unerkannt als Missionare zu leben. Das Evangelium soll von China aus durch die noch unerreichten asiatischen und arabischen Länder bis nach Jerusalem laufen.

Chinas Gemeinde hat Verfolgung und Leid erlebt und ist Gott treu geblieben – das wird die islamische Welt eher überzeugen als westliche Missionsbemühungen. Die Missionare aus westlichen Ländern werden hier häufig nicht ernst genommen, da das Umfeld der Christen in Europa und Amerika geprägt ist von Materialismus, Geldgier, Pornografie und Drogenmissbrauch – Dinge, die der Botschaft im Wege stehen.

Eine junge Frau nimmt Chenxi im Schutz der Dunkelheit

mit in ein geheimes Ausbildungslager der Bewegung. Sie gehen durch ein ärmliches Stadtgebiet mit niedrigen, unverputzten Häusern. Die meisten haben einen Hof oder einen offenen Abstellplatz, der aber mit einem Blechzaun abgetrennt ist, sodass man von der Straße aus nicht hineinblicken kann. Vor einem solchen Blechtor macht ihre Begleiterin halt und klopft in einem bestimmten Rhythmus an das Tor. Ein junger Mann öffnet es einen Spalt, sodass sie schnell in den Hof schlüpfen können.

Es riecht nach warmem Essen. Sie werden gleich mit eingeladen und sitzen unter etwa zwanzig jungen Menschen, so zwischen fünfundzwanzig und vierzig Jahren. Es herrscht eine lockere Stimmung und Chenxi vernimmt immer einmal fremdartige Worte, die manchmal wiederholt oder auch von einem älteren Mann verbessert werden. Die Begleiterin von Chenxi erklärt ihr: „Sie lernen hier nicht nur arabische Lebensweise und arabische Kultur, sondern auch die Grundsprache der Muslime, Arabisch. Zum Stundenplan gehört auch, dass sie neue Berufe lernen, Tätigkeiten ganz nahe am Menschen, wie Friseur, Zahnarzt, Masseurin, Fußpflege und Kinderbetreuung."

Am Abend ist kein Unterricht, sondern Gebetszeit. Intensiv beten sie für konkrete Länder, für Missionarinnen und Missionare, die bereits in diese Länder gegangen sind, und für den Lauf des Evangeliums um die ganze Welt. Immer wieder einmal geht ein Teilnehmer an eine große aufgehängte Weltkarte und betet im Stehen für eine Stadt, eine Region oder eine Volksgruppe, indem er den Finger auf eine Stelle auf der Karte legt.

Anschließend berichten die jungen Leute von ihren Zielen und ihrer Motivation, warum sie ihren Beruf, Familie oder Freundschaften aufgeben, um sich so bedingungslos in den Dienst Gottes zu stellen. Einer begründet seinen Einsatz so: „Die Europäer und Amerikaner, die uns das Evangelium gebracht haben, boten es uns im Gefolge von schmutzigen Gefäßen des Kolonialismus, des Opiumhandels und der militärischen Gewalt an. Es brauchte auch viel Mühe, bis wir die Wahrheit erkannten. Bei den muslimischen Menschen werden solche Missionare wenig Erfolg haben, weil sie mit dem Westen allgemein gleichgesetzt werden. Auch heute sind die Gefäße des Westens schmutzig von Alkohol, Süchten und dem Mammon. Wir Chinesen haben ebenso keine reinen Hände, aber wir kommen aus der Verfolgung, wir haben das Evangelium erlitten. Uns nehmen die Muslime vielleicht eher die Wahrheit Gottes ab. Zumindest denke ich es mir so, dass Gott uns mit dieser besonderen Aufgabe ehrt."

Dieser Abend wird für Chenxi lebensentscheidend. Schon länger betet sie darum, dass ihr Gott eine neue Aufgabe zeigt. Hier erkennt sie ihre Berufung – so eine Missionarin will sie auch werden. Sie spürt, dass Gott sie auf diesem Weg in die muslimische Welt haben will. Sie ist zwar jetzt schon fünfundfünfzig Jahre und passt eigentlich nicht in diese Runde der jungen Missionare, aber bisher hat Gott noch nie so deutlich in ihr Leben hineingeredet wie heute Abend. Sie ist ungebunden, liebt Herausforderungen und möchte Gott noch einmal mit allen Kräften ihres Lebens dienen.

Der Leiter ist von ihrem Entschluss sehr überrascht und schickt sie weg.

Chenxi protestiert: „Für mich ist der Weg Gottes klar wie Glasnudeln. Wenn Gott zu mir spricht, kannst du doch nicht deine Meinung geltend machen. Ich weiß genau, dass Gott diesen Weg für mich will. Nichts in meinem Leben war mir so klar wie dieses Reden Gottes."

Der Leiter ist fast etwas verärgert über diese kompromisslose Entscheidung, aber er sagt: „Ich verstehe dich, will auch nicht gegen Gottes Reden handeln, aber geh vierzig Tage in dich, bete und faste. Wenn dir dann immer noch klar ist, dass es wirklich der Weg des Herrn mit dir ist, dann darfst du wiederkommen."

Bei einem christlichen Ehepaar in der Nähe der geheimen Schule findet Chenxi ein Plätzchen, an dem sie viel Ruhe hat. Sie trinkt viel Fruchtsaft und ist selbst erstaunt, dass sie kaum Hunger verspürt. Mehrfach fährt sie in den vierzig Tagen in die Innenstadt und besucht den Himmelstempel. Hier findet sie ruhige Wege, die nicht vom Hauptstrom der Touristen begangen werden. Auf dem Plateau des dreistufigen Himmelsaltars stellt sie sich auf den zentralen Stein, auf dem früher der Kaiser seine Gebete verrichtet hat. Es ist unter den vielen Touristen nicht leicht, sich den Standplatz zu erobern. Aber wenn sie eine halbe Minute auf dieser Platte steht, dann verspricht sie dem Gott des Himmels und der Erde immer wieder, dass sie ihm bis zu ihrem Tod treu bleiben und in seinem Dienst stehen will. Auch vor der Halle des Ernteopfers steht sie gern und betet den Herrn aller Welt an.

Manchmal schaut sie in der Missionsschule vorbei und betet am Abend mit den Jugendlichen. Der Leiter beobachtet sie genau.

Die vierzig Tage gehen schnell herum und Chenxi ist in ihrem Entschluss kein bisschen wankend geworden. Im Gegenteil, sie hat sich schon ein arabisches Lehrbuch besorgt und mit dem Sprachstudium begonnen.

Dem Leiter der Missionsschule bleibt nichts anderes übrig, als Chenxi doch aufzunehmen. Aber schon nach wenigen Tagen ist er von ihrer Motivation, ihrem Eifer und ihrer Ausstrahlung überzeugt.

Die Schule muss geheim bleiben, weil der Staat nicht will, dass der christliche Glaube sich von China aus verbreitet. Gegen die Christen im eigenen Land ist er inzwischen machtlos. Immer wieder versucht er mit Verhaftungen und Verboten besonders die Hausgemeinden einzuschüchtern, aber die Gemeinden wachsen und wachsen. Dennoch, die Schule muss in der

Verborgenheit existieren und die Teilnehmer können nur selten und dann einzeln den Hof verlassen.

Chenxi zieht es besonders am Sonntag hinaus. Schon vor Sonnenaufgang, wenn die Menschen in der Umgebung noch schlafen, schleicht sie sich vom Hof und geht in die Stadt. Meist kommt sie so rechtzeitig, dass sie den ersten Gottesdienst in der registrierten Community-Kirche in der Innenstadt besuchen kann. Sie genießt es, in der überfüllten Kirche zu sein und ohne Rücksicht auf Wohnungsnachbarn oder Spitzel laut singen zu können. In der Missionsschule haben sie zwar auch Gottesdienst, aber der findet abends statt und da sind sie eben nur unter sich, es sei denn, es kommt einmal ein Gastprediger von außerhalb – und singen geht eben nur sehr verhalten.

Nach dem Morgengottesdienst schlendert Chenxi durch die Stadt, bestaunt die immer höher werdenden Gebäude, die riesigen Banken und Hotels, die gebaut werden, und sie beobachtet Menschen: Chinesen und Touristen aus aller Herren Länder. Wenn ihr jemand arabisch erscheint, versucht sie ihn anzusprechen. Das gelingt nur selten. Meist sind diese Touristen aus Ländern mit anderen Muttersprachen und sie bedauert, nie Englisch gelernt zu haben. Ihr Wunsch steht fest: Wenn die Ausbildung zu Ende ist und sie ihr Arabisch einigermaßen im Griff hat, dann will sie Englisch lernen.

Bei einem solchen Ausflug durch Beijing kommt sie mit dem Bus in einen Stadtteil, in dem eine neue Kirche gebaut wird. Die Gemeinde hält ihren Nachmittagsgottesdienst mitten in der Baustelle. Überall ist Baudreck, Bänke gibt es nicht. Sie stehen auf hart gewordenem Mörtel zwischen Armierungsstahl und Ziegelsteinen, aber es ist der fröhlichste Gottesdienst, den sie je miterlebt hat. Ein alter Pastor sprüht vor Leidenschaft, predigt mit Witz und Ernsthaftigkeit, dass sich die Menschen nach der Predigt umarmen und als Gotteskinder beglückwünschen.

„Dann habe ich der Gemeinde noch eine fröhliche Nachricht zu bringen", hört man ihn sagen. Alle werden wieder still und er wartet, bis kein Laut mehr zu hören ist. „Mit der neuen Kirche wird sich ja nun auch unsere Gemeinde teilen. Ich bleibe bei der alten Gemeinde in der Orangenstraße. Alter Pastor zu alter Gemeinde – und was braucht die neue Gemeinde?"

„Einen neuen Pastor", antworten einige. Eine Jugendliche neben Chenxi hatte ziemlich laut gerufen: „Einen jungen Pastor." Das bringt ihr großes Lachen ein und sie steht mit gesenktem roten Kopf neben Chenxi. Die legt den Arm um sie und meint: „Ich kann dich verstehen, wäre doch auch mal schön, einen ganz jungen Pastor zu haben."

Doch der alte Prediger lässt sich schon wieder hören: „Ich kann euch heute den neuen Pastor vorstellen, er wird ab heute diese Schwesterkirche zu unserer Hauptkirche leiten. Er kommt ursprünglich aus Wuhan, war dann lange in Sichuan und hat seine Ausbildung auf dem Theologischen Seminar in Chengdu gemacht. Jetzt hat ihm die Kirche einen Lehrauftrag hier am Seminar in Beijing gegeben. Damit er nicht ganz verkopft, soll er zusätzlich eine Gemeinde leiten. Das wird diese Gemeinde mit dem neuen Gotteshaus sein. Hier ist er: Lee Shun."

Damit steht Shun auf, dreht sich zur Gemeinde und winkt ihnen zu. Alle hören, wie von hinten jemand laut ruft und wild mit den Armen winkt: „Hallo, Shun, Chenxi ist hier!"

Viele sind verwundert, aber der alte Pastor rettet die Situation mit seinem Humor: „Na, siehst du, du hast sogar schon Freunde in dieser Stadt."

Wenn Chenxi irgendwie kann, ist sie bei Shun im Gottesdienst. Am Sonntag bleibt meist nicht viel Zeit, einen gemeinsamen Spaziergang zu machen oder einige Stunden in einem Teehaus miteinander zu plaudern. Es gibt so viele Gottesdienste in Beijing, dass Shun meist drei- oder viermal predigen muss. Als sie erfährt, dass Shun verheiratet ist und bereits ein Kind hat, spürt sie ein merkwürdiges Gefühl von Leere in sich, aber sie freut sich natürlich mit und lernt seine Familie auch bald kennen. Ihr ist klar, dass sie mit sechsundfünfzig jetzt keine Hochzeitsgefühle mehr haben sollte, aber ein kleines Stück ihres glücklichen Lebensabschnitts in der Untergrundgemeinde in Sichuan ist Shun doch gewesen.

In der Woche kann Chenxi nur selten die Missionsschule verlassen, aber sie schafft es doch, sich hin und wieder mit Shun oder seiner Familie zu treffen. Sie diskutieren miteinander über die belastende Trennung von registrierter Drei-Selbst-Kirche und nicht registrierten Hauskirchen und suchen Wege, wie man wieder zueinanderfinden könnte. Die Schmerzen der Trennung, die bösen Erfahrungen von Verrat und Missgunst müssten doch endlich überwunden werden.

Eines Tages erzählt Shun von einem alten ehemaligen China-Missionar, der am Theologischen Seminar Vorlesungen hält. Er hat ihn noch nicht kennengelernt, aber die Studenten sind begeistert von ihm. „Er hat von der Religionsbehörde die Genehmigung zu Vorlesungen bekommen. Du, da bewegt sich ja wirklich etwas. Das wäre vor fünf Jahren noch nicht möglich gewesen, als ich auf dem Seminar angefangen habe. Er soll eine fundierte biblische Botschaft haben. Nicht die liberalen Theorien, die man aus den westlichen Ländern lesen kann. Er scheint so ein richtiger Vollblutmissionar zu sein."

„Ist ja interessant", antwortet Chenxi. „Weißt du, wie er heißt?"

„Birker oder Barker oder so. Wie gesagt, ich habe ihn noch

nicht kennengelernt. Er soll schon an die achtzig Jahre alt sein, aber frisch und geistlich lebendig in seinen Gedanken."

„Könnte er auch Burker heißen, Ewald Burker?", fragt Chenxi vorsichtig. „Ich weiß nicht, aber heute Nachmittag ist er beim Direktor des Seminars zu Gast. Vielleicht kommst du mit. Es wäre ja ein Hammer, wenn das Ewald Burker sein sollte."

Chenxi hat am Nachmittag zwar eine wichtige Unterrichtsstunde, aber darauf muss sie jetzt verzichten. Gemeinsam mit Shun wartet sie vor dem Seminar und ist gespannt wie ein Kind am Morgen des Neujahrsfestes. Tatsächlich, wenig später steigt ein alter, gebeugter Mann aus einem vorgefahrenen Taxi. Die Schultern breit, das Haar weiß und natürlich die typisch europäische lange Nase. Er geht an den beiden vorbei, sieht sie nicht an, sondern muss auf die Stufen achten, die zum Eingang hinaufführen. Chenxi versucht es aus der Erinnerung: „Duden Dagg, Ewald Burker."

Der bleibt erschrocken stehen, lächelt die beiden an, versteht aber nichts. In einem verständlichen Chinesisch fragt er: „Entschuldigung, Sie kennen mich. Es tut mir leid, ich habe keine Erinnerung."

Chenxi sprudelt los von Zion, von Lui Lan, von Ai Lin und – doch der alte Mann unterbricht sie und meint: „Zu schnell, ich verstehe nicht. Brauche Dolmetscher. Kommen Sie mit." Gemeinsam steigen sie die Treppe zum Seminar nach oben. Dort warten schon der Direktor und einige von Shuns Kollegen. Auch mehrere Studentinnen stehen dabei, die ihm begeistert zuwinken und kichern wie die Kinder. Der Direktor schaut etwas irritiert auf Chenxi, aber Ewald ist schneller als Shun und erklärt: „Freunde, alte Freunde." Einen anderen Mann in der Runde spricht er deutsch an und bittet, zu übersetzen.

Sie setzen sich in die viel zu wuchtigen Sessel in der Eingangshalle. Mit wenigen Sätzen ist die Vergangenheit lebendig und die Erinnerungen sprudeln nur so. Das Empfangsprogramm des Direktors ist durcheinandergekommen. Nun gibt es zwischen Ewald und Chenxi kein Halten mehr. Auch dem alten Mann stehen bald die Tränen in den Augen, als er hört, wie es dem süßen Mädchen von damals ergangen ist. Als er hört, dass sie vor wenigen Jahren auch in Zion gewesen ist, gibt es nur noch dies eine Thema. Auch der Direktor und Shuns Kollegen sind so ergriffen, dass sie ihre theologischen Fragen vergessen und nur noch gespannt zuhören. Als Shun dann erzählt, dass er bei der Abreise von Burkers beim Kistenpacken geholfen hat, berichtet Ewald, dass Henriette kurz nach der Rückkehr in Deutschland verstorben ist. Für sie waren die Last der Mission, die Enttäuschung, der Tod der Kinder und die Angst einfach zu viel. „Sie hat das größte Opfer für euer Land gebracht", sind Ewald Burkers bewegende Worte, die alle tief berühren. Dann steht der Alte auf, hebt die Hände und beginnt ein langes Dankgebet, das nicht übersetzt werden muss. Alle fallen mit ein, legen sich die Hände gegenseitig auf die Schultern und loben die Allmacht des lebendigen Gottes.

Die Einweihung der neuen Kirche, an der Shun nun seinen Dienst tut, kann Chenxi nicht mehr miterleben. Ihre Zeit in der Missionsschule ist zu Ende und sie wird gemeinsam mit zwei jungen Missionaren nach Afghanistan ausgesandt. Dort muss sie jetzt ein Kopftuch tragen, denn die Gesellschaft fordert es hier so. Sie ist froh, dass sie nicht in eine Burka schlüpfen muss. Aber mit solchen Frauen hat sie es jetzt zu tun. Sie kommen zu ihr in den Schönheitssalon, lassen sich schminken und pflegen. Lange bleibt es Chenxi unverständlich, warum sich die Frauen von ihr schön machen lassen und dann doch wieder alles hinter dem Schleier oder der Burka verstecken. Aber sie wollen dem einen Mann daheim unverschleiert und unverhüllt gefallen. Dabei geht es auch um Konkurrenz, wenn mehrere Frauen zu einer Familie gehören.

Viele bittere Geschichten von Benachteiligung, Gewalt und Erniedrigung bekommt Chenxi zu hören. Sie muss sich mit dem Familienrecht in diesem Land auseinandersetzen, sie spricht mit Richtern und versucht den Frauen zu helfen, was oft den Zorn der Ehemänner hervorruft. Einer hat ihr schon angedroht, sie töten zu lassen, wenn sie sich noch einmal in seine Familienangelegenheiten einmischt.

Nicht selten wird sie von den Frauen gefragt, wie sie ohne Mann das Leben allein meistern kann – in Afghanistan ist das undenkbar! So erzählt sie von ihrem besonderen Freund, der immer für sie da ist, der genau weiß, was ihr guttut, und der sie nicht ausnützt oder beleidigen würde. Gern hören die Frauen zu, wenn sie von ihrem Freund schwärmt. Wenn die Frauen fragen, wie er aussieht, dann beginnt Chenxi etwas zu fabulieren, kommt aber immer wieder auf die eigentlichen Werte ihres treuen Freundes zu sprechen. Natürlich wollen die Frauen auch wissen, warum er sie nicht endlich heiratet. Dass das nicht geht, bleibt einfach im Raum stehen.

Eines Tages kommt wieder eine Frau, die sich schon öfter bei ihr schön machen ließ, und sagt: „Ich weiß, wer dein Freund ist."

Chenxi ist überrascht und hat auch ein wenig Angst, denn wenn die Frau es böse mit ihr meint ... „Ich weiß, dass du ihn nicht heiraten kannst, weil er der Sohn Gottes ist. Stimmt's, dein Freund heißt Jesus?"

Chenxi schaut in das hübsche Gesicht der jungen Frau, sieht keinen versteckten Hass, keine Hinterlist und antwortet: „Ja, er ist der beste Freund, der Freund aller Menschen."

Diese junge Frau wird als Erste durch Chenxis Einsatz in dem gefährlichen Land Christin. Vorläufig muss sie das im Verborgenen leben. Weitere werden folgen und Chenxi spürt, dass sie hier genau am richtigen Ort ist.

Eisige Böen und Frühlingswind

Mit den Jahren zeigt sich in China eine erstaunliche Lockerung. Die Regierung kann den Drang der Menschen zu den Kirchen nicht mehr unterbinden. Als in Beijing die erste Kirche wieder eröffnet wurde, standen die Menschen bereits um vier Uhr morgens davor, um den Gottesdienst um halb sieben zu erleben. Die Kirche wurde während der Woche noch als Lehrsaal benutzt und so mussten die ehrenamtlichen Helfer am Sonntag zeitig als Erstes die großen Portraits von Mao und Marx mit Tüchern verhüllen. Bis 1984 waren in China insgesamt 3465 Kirchen wieder eröffnet oder gar neu gebaut worden. Im Oktober 1985 wird die zweiundzwanzigste Kirche in Schanghai wieder eröffnet.

Auch die Hausgemeinden wachsen in einem nie dagewesenen Tempo. Weit über 10 000 Versammlungsräume mit Abertausenden Gottesdiensten und Gebetstreffen gibt es nun in China. Dabei sind die Gruppen, die sich nach wie vor nur in privaten Häusern treffen, noch gar nicht mitgerechnet. Die Gemeinden wachsen besonders dort, wo die Missionarinnen und Missionare unter Blut und Tränen ganz wenig Erfolg sahen. Jetzt sprießen sie wie Bambusspitzen im Frühjahr aus dem Boden.

Obwohl das Misstrauen zwischen Hausgemeinden und erlaubten Kirchen immer noch vorhanden ist, sind Begegnungen, Absprachen und Treffen jetzt im ganzen Land möglich. Pastoren der Drei-Selbst-Kirche predigen hin und wieder in

Hausgemeinden. Außerdem haben manche besondere theologische Kurse entwickelt, die mit einfachen Worten biblische Zusammenhänge erklären. Diese stellen sie immer wieder einmal ländlichen Gemeindeleitern zur Verfügung. Auch Mitglieder der illegalen Hausgemeinden sind zusätzlich zu ihren Versammlungen regelmäßig in offiziellen Gotteshäusern anzutreffen; viele lassen sich auch dort taufen, weil sie dann einen offiziellen Status als Christ haben. So ist es manchmal einfacher, seine Glaubenszugehörigkeit zu vertreten.

Auch politisch tut sich einiges in China. Besonders die Studenten wollen den verknöcherten kommunistischen Machtapparat aufbrechen und fordern Meinungsfreiheit. Die Bewegung nimmt in Beijing ihren Anfang, breitet sich aber bald auch auf weitere Universitätsstädte aus. Auf dem Platz des Himmlischen Friedens beginnen am 15. April 1989 Studenten mit einer Demonstration. Täglich werden es mehr, die für Demokratie, gegen Falschinformationen und die allgegenwärtige Korruption demonstrieren.

Im Frühjahr des Jahres 1989 kommen Leiter der Drei-Selbst-Kirchen und Mitglieder der Hauskirchen in Beijing zusammen. Die Delegierten des Kirchentreffens erleben den Aufbruch unter den Studenten mit. Doch ihre kirchlichen Probleme sind so umfassend, dass sie die Demokratiebewegung nur am Rande beobachten. Täglich treffen sie sich, ausgenommen die Sonntage, an denen sie in allen Kirchen Beijings als Gastprediger unterwegs sind. Sonst wird hart gearbeitet und nach Kompromissen und gemeinsamen Wegen gesucht. Die Demokratiebewegung ermutigt sie auch, bisher nicht vorstellbare Gedanken auszusprechen. Doch Umsturz und Gewalt sind ihrem Denken fremd.

Unter den Gästen des Treffens ist auch ein Journalist einer großen westlichen Zeitung. Er versucht immer wieder das Gespräch auf die politische Lage zu bringen, denn er wittert eine Sensation und möchte anscheinend eine große Story landen. Der Sitzungsleiter hat ihn schon öfter ermahnt, sich aus der Diskussion herauszuhalten. Er hätte ihn am liebsten aus dem Saal geschickt, aber im Blick auf die derzeit diskutierte Pressefreiheit wäre dies ein schlechter Schritt.

Wieder mischt sich der Journalist in die Diskussion: „Aber Sie müssen doch die Bewegung der Demokratie unterstützen. Ist es nicht gerade die Bergpredigt von Jesus, die zu mehr Engagement und zu Demokratie auffordert?"

Shun wird zornig und fragt: „Haben Sie die Bergpredigt überhaupt einmal gelesen? Jesus sagt: ‚Selig sind die Sanftmütigen, selig sind die Barmherzigen, selig sind, die um der Gerechtigkeit willen verfolgt werden.' Von Streik und Umsturz steht da nichts."

„Aber wollen Sie sich denn wieder abschlachten lassen wie während der Kulturrevolution? Jetzt gibt es doch Kräfte, mit denen sich die Christen für eine Veränderung im Lande verbünden können", so der Journalist.

Shun antwortet sachlich und bestimmt: „Das Blut der Märtyrer ist der Samen der Kirche. Die übervollen Kirchen sind die Früchte unseres Leidens. Wir haben Gott auch in der schweren Zeit erlebt als Helfer und Tröster. Er wird ebenso in Chinas Zukunft der Herr sein und bleiben."

Ein anderer christlicher Leiter ergänzt: „Natürlich wollen wir auch mehr Demokratie und Freiheit in unserem Land und wir haben hohe Achtung vor den Studenten, aber es ist nicht unser Weg. Wir wollen nicht Befreiung, sondern Versöhnung. Wir wollen das Land mit aufbauen, wir wollen es auch verändern, aber nicht mit menschlicher Macht, mit Druck und Gewalt. Wir warten auf Gottes Zeit, und ihn bitten wir um sein Eingreifen zu seiner Zeit."

„Was heißt denn Versöhnung mit dem Kommunismus, haben Sie denn nichts aus der weltweiten Geschichte gelernt?", braust der Journalist auf.

Jetzt fühlt sich Shun herausgefordert: „Versöhnung hat immer etwas mit Menschen und mit Gott zu tun. Wir sind fast alle in Lagern gewesen. Andere haben in Bergwerken, auf den Feldern oder in Werkhallen neben den einfachen Menschen gearbeitet. Dort haben wir die Arbeiter und Bauern lieben und schätzen gelernt. Wir waren als Kirche von den Menschen entfremdet, jetzt sind wir als Kirche ein Teil Chinas, mitten unter den Menschen. Sie erwarten von uns Antworten auf die Fragen nach dem Sinn des Lebens, nach dem, was zum Leben hilft und im Sterben Halt gibt. Was hilft es unserer Jugend, wenn sie ab morgen westliche Zeitungen lesen kann und ohne Gott doch verloren geht?"

In dem Moment kommt ein Theologiestudent herein. Er ist einer der Stewards, die für die Konferenz das Essen bereiten, Papiere vervielfältigen oder mit dem Fahrrad als Kuriere unterwegs sind. So bekommen einige von ihnen auch mit, was sich in der Stadt tut. Der Student ist völlig außer Atem und bringt die schreckliche Nachricht nur mit Mühe heraus: „Die Armee rückt auf den Platz des Himmlischen Friedens vor. Sie schießen in die Luft, aber sie walzen mit Panzern die Barrikaden der Studenten nieder."

Während die christlichen Leiter vor Entsetzen erstarren, ist der Jounalist bereits unterwegs zum Platz des Himmlischen Friedens, um seine Story fortzusetzen. Ein Hauskreisleiter findet als Erster seine Sprache wieder und sagt: „Lasst uns für die Studenten und für unser Land beten." Ein anderer ergänzt: „Auch für die Soldaten und unsere Regierung."

Geschlafen hat wohl kaum jemand in Beijings Zentrum in dieser Nacht des 4. Juni. Man hört die Schüsse, die kreischenden Geräusche, wenn die Panzerketten über parkende Autos und aufgetürmten Müll mahlen, das dumpfe Dröhnen, wenn sie mit aufbrüllendem Motor einen quer gestellten Bus zur Seite schieben. Man hört die Schreie der Verletzten in den Straßen und derer, die ihre Verzweiflung und Wut herausbrüllen. Einige transportieren blutende Menschen auf ihren Fahrradrikschas in Sicherheit, andere nehmen den ungleichen Kampf mit Stangen und abgebrochenen Verkehrsschildern gegen die gepanzerten Fahrzeuge auf. Dort, wo der Widerstand auf den Straßen nicht nachlässt, schießen die Soldaten auch direkt in die Menge.

Den Soldaten ist kein Vorwurf zu machen. Sie kommen aus entlegenen Provinzen und ihnen ist gesagt worden, dass sich in Beijing die Konterrevolution aufgemacht hat, China ins Chaos zu stürzen. Zwar versuchen die Studenten und die Passanten von Beijing, mit den Soldaten zu diskutieren, aber sie verstehen den Dialekt oder die regionale Sprache der Soldaten nicht. Diese handeln auch nur auf Befehl, wenn sie die Maschinenpistolen tiefer halten und ihre Kugeln unschuldige Menschen treffen. Keiner wird je erfahren, wie viele Menschen in dieser Nacht ihr hoffnungsvolles Leben lassen müssen.

Am nächsten Tag erscheint niemand zur Konferenz. Alle sind geschockt – dieses brutale Ende des demokratischen Frühlings hatte niemand erwartet. Während einige der Delegierten unfähig sind, irgendeinen Gedanken zu fassen, flüchten sich andere ins Gebet. Shun treibt es ins nahe gelegene Krankenhaus. Er hat gehört, dass viele der Verwundeten hier eingeliefert wurden und man auch die Toten in den Krankenhäusern abgelegt hat.

Als er vor dem Krankenhaus Nummer neun ankommt, sind bereits so viele Menschen vor dem Tor, dass es unmöglich scheint, hineinzukommen. Mit der in China üblichen Methode von Schieben und Kämpfen kommt Shun bis an die Eingangstür heran. Ein unbestimmtes Gefühl drängt ihn vorwärts.

Auch in den Gängen herrscht ein unbeschreibliches Gedränge. Die Ärzte versuchen zwar die Menschen aus den Krankenzimmern fernzuhalten, doch es ist ein vergebliches Bemühen. Zu viele wollen wissen, ob Verwandte oder Freunde unter den Eingelieferten sind.

Da die Aufnahmeschwester keine Auskunft geben kann, drängen alle durch die Flure und Zimmer. Es sind auch zu viele, die man hierhergebracht hat. Vor den Operationssälen stehen fünfzehn bis zwanzig Betten mit verwundeten Menschen, notdürftig verbunden. Zum Teil sind die grässlichen Schussverletzungen zu sehen, die große Fetzen aus den Leibern gerissen haben, und die Verwundeten wimmern oder schreien vor Schmerzen.

In einem Saal, der gestern noch der Speisesaal des Krankenhauses war, liegen die Toten. Shun zählt über vierzig. Dazwischen weinende Mütter und zornige Väter. Bei einigen Toten steht niemand an der Bahre. Sind es Unbekannte oder stehen ihre Verwandten noch vor dem Haus?

Zwischen dem Klagen und Wimmern hört man plötzlich Befehle. Die Polizei hat sich Einlass verschafft und will den Totensaal von Besuchern räumen. Alle sollen sofort den Raum verlassen. Anscheinend soll vertuscht werden, wie viele Tote hier liegen. Es könnte ja nach außen dringen, dass es mehr sind, als zur Propaganda passen. Was dies für die Eltern und Freunde bedeutet, spielt keine Rolle. Die Polizisten beginnen bereits die ersten Trauernden anzubrüllen, Eltern gewaltsam von ihrem toten Kind fortzureißen und aus dem Raum zu stoßen. Die Wut kocht hoch und die Verzweiflung lässt eine Mutter in Ohnmacht fallen. Zwei Polizisten schleifen sie über den Boden zum Ausgang – wenigstens eine, die keinen Widerstand mehr leistet.

Shun stellt sich auf einen Hocker und brüllt in den Raum –

eigentlich im Angesicht der Toten pietätlos, doch nötig: „Jeder verlässt den Raum hier nur freiwillig. Wir ehren die Toten und geben unserer Trauer Zeit und Raum. Jeder darf trauern, so lange er es braucht. Im Angesicht des Todes hat die Polizei keine Befugnis mehr. Jeder verlässt diesen Raum hier nur freiwillig – die Polizei fängt damit an. Raus hier!", herrscht er die Polizisten an und stellt sich an die Tür.

Die Polizei lässt die Hände von denen, die sie bereits Richtung Ausgang gedrängt hat. Der Hauptmann kommt mit zornrotem Gesicht zu Shun und ruft drohend: „Gut, wir wollen jetzt keine Eskalation. Wir ziehen uns vorläufig zurück, aber du gibst uns deinen Ausweis. Wer bist du eigentlich?"

Shun weiß, dass dies jetzt sein Todesurteil sein könnte, aber sein Widerstand gegen die Polizeigewalt hat Wirkung gezeigt. Er hat den Eindruck, dass er jetzt nicht weiter provozieren kann. Den Ausweis hat er sonst nicht immer dabei, aber angesichts der unsicheren Tage in Beijing trägt er ihn seit einigen Tagen immer bei sich. Mit schwerem Herzen holt er ihn hervor und übergibt sich damit in die Hände des Staatsapparates.

Als die Polizei das Krankenhaus verlassen hat, macht sich Shun mit einem beklemmenden Gefühl in der Brust auf den Heimweg. Dennoch ist er erleichtert, dass unter den Toten und Verwundeten keine bekannten Theologiestudenten zu entdecken waren. Aber es gibt ja noch viele Krankenhäuser in der Stadt, in denen sicher auch Tote und Verwundete eingeliefert wurden.

Was wird die Zukunft bringen? Für ihn persönlich, für sein Land, für die Studenten und für die Gemeinde Gottes?

Zu Hause erwartet ihn seine Frau mit verweinten Augen. Sie schafft es nicht, die schreckliche Nachricht in Worte zu fassen. Sie weiß, die Zeilen des Telegramms werden ihn noch härter treffen. Shun nimmt sie in die Arme und küsst sie vorsichtig auf den Scheitel. Schließlich dreht sie sich um und holt vom Tisch das Telegramm.

Zuerst stutzt Shun über das Land im Absender – Afghanistan. Dafür kann er keine Erklärung finden. Doch der Text ist eindeutig und so endgültig: „Chenxi heute bei Bombenattentat auf abziehende sowjetische Soldaten getötet."

Lange steht er am Fenster und blickt in den wolkenverhangenen Himmel. Immer wieder liest er die aufgeklebten Worte auf dem Telegrammformular. „Angekommen", geht ihm durch den Kopf. Schließlich sagt er es halblaut zu sich und zu seiner Frau: „Das Findelkind ist angekommen. Sie ist daheim bei ihrem wirklichen Vater. Angekommen, am Ziel. Chenxi, meine Retterin."

Am Sonntag ist die Kirche schon zum ersten Gottesdienst übervoll. Die Ereignisse in der Stadt haben die Menschen sehr verunsichert. Sie suchen Halt, sie brauchen einen Ort, an dem sie Hoffnung finden. Der Techniker hat bereits die Lautsprecher draußen vor der Kirche aufgestellt, die sie sonst meistens erst beim zweiten Gottesdienst am Vormittag benötigen. Hunderte stehen vor der Kirche und warten auf ein hilfreiches Wort.

Shun hat seine Predigt heute Nacht mit Tränen geschrieben. Er weiß, dass die Menschen jetzt Trost brauchen und Hoffnung, die weiter geht als nur bis zu einem gelingenden Leben, zu Sündenvergebung und mehr sein muss als Engagement für den Nächsten. Es ist die Offenbarung des Johannes, über die er heute predigen wird. Bisher war ihnen vom Bischof geraten worden, Predigten über diese Texte zu vermeiden, weil der kommunistische Staat es als Provokation ansehen könnte, wenn über das Ende der Welt – und damit über das Ende des Kommunismus – gepredigt wird. Doch Shun weiß: Nur solche Texte können in dieser Situation wirklich trösten. Wir müssen aufs Ziel schauen, wenn wir den Weg durch schwieriges Gelände finden wollen, denkt er.

Nach den lebendigen Gesängen, die Shun noch einmal Mut zu dieser Predigt machen, stellt er sich hinter das erhöhte Lesepult, das auch als Kanzel genutzt wird. Im mittleren Teil der Kirche entdeckt Shun den Polizeihauptmann, der direkt am Mittelgang sitzt. Sein Eingreifen in der provisorischen Leichenhalle des Krankenhauses hat für Shun also doch Folgen. Weitere „verdächtige" Personen kann er nicht entdecken – anscheinend wird es keine Verhaftung geben. Kontrolle eben, die er ja gewöhnt ist. Aber warum der Polizeihauptmann selbst?

Shun lässt noch ein Lied singen, er muss den Kopf freibekommen. Die erwartungsvolle Gemeinde und die vielen draußen vor den Lautsprechern brauchen heute eine Botschaft, die aufrichtet, die nach vorn weist.

Dann beginnt er nicht wie üblich mit der Textverlesung, sondern sagt: „Liebe Gemeinde, wir sind alle erschüttert über das, was unsere Stadt erreicht hat. Ich will das nicht kommentieren, aber ich leide mit den Eltern, die ihre jugendlichen Kinder verloren haben, mit den Studenten, die ihre Kommilitonen sterben sahen, und mit den Verwundeten in den Krankenhäusern. Ohnmächtig stehen wir vor dem Ereignis, das keiner für möglich gehalten hat.

Ich möchte euch aber einen zusätzlichen Schmerz mitteilen. Einige werden sich an Chenxi erinnern, die Frau, die mich so spontan bei der Einführung in meinen Dienst hier in der Gemeinde begrüßt hat. Sie ist danach oft zum Gottesdienst und bei uns persönlich zu Gast gewesen. Einige von euch wussten um ihren Auftrag. Gott hat sie nach Afghanistan geführt. Dort konnte sie den rechtlosen Frauen das Evangelium von Jesus Christus bringen und einige zum lebendigen Glauben führen. Chenxi ist Anfang der Woche bei einem Bombenattentat gegen die sowjetischen Truppen ums Leben gekommen. Sie stand an der Straße, als sich ein Wahnsinniger selbst in die Luft sprengte, um sowjetische Soldaten mit in den Tod zu reißen.

Was hilft uns in unserem Schmerz, liebe Gemeinde? Es sind nicht die Parolen der Neuzeit und auch nicht die alten Weisheiten von Konfuzius. Allein das Wort unseres Gottes gibt Halt und Hoffnung, es tröstet und gibt Kraft, auch in schweren Situationen nicht unterzugehen. Die Bibel verschweigt uns nicht, dass Schwierigkeiten kommen und immer wieder über die Erde gehen. Sie redet davon, dass neue Kriege und Konflikte kommen werden und dass die Zeit der Bedrängnis eher schlimmer als besser wird. An einigen Stellen, über die ich bisher noch nicht gepredigt habe, sagt sie auch, dass diese Welt im Chaos zugrunde gehen wird. Wir lesen im 2. Petrusbrief: ‚Es wird aber des Herrn Tag kommen wie ein Dieb; dann werden die Himmel zergehen mit großem Krachen; die Elemente werden vor Hitze schmelzen und die Erde und die Werke, die darauf sind, werden ihr Urteil finden.' Aber Jesus hat versprochen, dass seine Gemeinde nicht untergehen wird. Keine Macht der Welt ist fähig, sie aus seiner Hand zu reißen.

Doch wir warten nicht auf ein schreckliches Ende, sondern wenn dies alles geschieht, dann wird Jesus wiederkommen und seine Macht wird vor allen Menschen, vor allen Machthabern, vor allen Zweiflern und Gottesleugnern sichtbar werden. Das ist die Zukunft der Welt, die in diesen Tagen so aus den Fugen zu gehen droht.

In Offenbarung 20 steht: ‚Und ich sah einen großen, weißen Thron und den, der darauf saß; vor seinem Angesicht flohen die Erde und der Himmel, und es wurde keine Stätte für sie gefunden. Und ich sah die Toten, Groß und Klein, stehen vor dem Thron, und Bücher wurden aufgetan ... Und die Toten wurden gerichtet nach dem, was in den Büchern geschrieben steht.'

Weiter heißt es: ‚Und der Tod und sein Reich wurden geworfen in den feurigen Pfuhl. Das ist der zweite Tod. Und wenn jemand nicht gefunden wurde geschrieben in dem Buch des Lebens, der wurde geworfen in den feurigen Pfuhl.'

Es ist nicht so wichtig, dass wir ein Parteibuch haben, auch nicht so wichtig, was in unserem Personalausweis steht, sondern im Buch des Lebens müssen wir stehen. Den Eintrag in dieses Buch hat Jesus übernommen. Jeder, der auf ihn hofft und ihm sein Leben gibt, wird in das Buch des Lebens eingetragen. Da ist meine Personalakte nicht mehr wichtig, denn dieser Eintrag entscheidet über ewigen Tod oder ewiges Leben.

Und die, die jetzt traurig sind, die um einen lieben Menschen weinen und tiefen Schmerz verspüren, denen darf ich aus dem wunderbaren Trostbuch der Offenbarung vorlesen: ‚Und ich sah einen neuen Himmel und eine neue Erde; denn der erste Himmel und die erste Erde sind vergangen und das Meer ist nicht mehr. Und ich hörte eine große Stimme von dem Thron her, die sprach: Siehe da, die Hütte Gottes bei den Menschen. Und er wird bei ihnen wohnen, und sie werden sein Volk sein, und er selbst, Gott mit ihnen, wird ihr Gott sein; und Gott wird abwischen alle Tränen von ihren Augen, und der Tod wird nicht mehr sein, noch Leid noch Geschrei noch Schmerz wird mehr sein; denn das Erste ist vergangen. Und der auf dem Thron saß, sprach: Siehe, ich mache alles neu!'"

Ungewöhnlich lange predigt Shun heute, er spricht viele Sätze sich selbst zu. Aber je länger er spricht, umso mehr fühlt er selbst den Trost, den er weitergeben will. Noch nie hat er die Botschaft vom Ziel der Weltgeschichte so bewusst wahrgenommen, und er spürt die Kraft der wunderbaren Worte des Offenbarungsbuches.

Nach dem Gottesdienst drängen viele nach vorn, um auf dem Kniekissen vor dem Altar noch zum Herrn der Weltgeschichte zu beten. Auch der Polizeioffizier schiebt sich gegen den Strom der heimgehenden Besucher nach vorn zu Shun. Für einen kleinen Moment flackert in Shun die Angst auf, aber er ist so von der Kraft der Ewigkeit angerührt, dass er dem Offizier freundlich die Hand hinstreckt. „Es hat mich sehr gefreut, Sie im Gottesdienst zu sehen. Ich bitte Gott, dass auch Sie von ihm gesegnet werden."

„Ich weiß zwar nicht, was das ist, ‚gesegnet werden', aber mir hat Ihre Ansprache sehr gefallen. Wenn das alles wahr ist, dann haben wir in China aufs verkehrte Pferd gesetzt – und ich ahne, Sie lügen nicht. Übrigens bin ich eigentlich nur gekommen, um Ihnen den Ausweis zurückzubringen. Bleiben Sie in der Stadt, es könnte sein, dass die Sicherheitspolizei noch ein paar Fragen an Sie hat. Auf Wiedersehen – oder wie sagen Sie: Seien Sie gesegnet."

Den zweiten Gottesdienst hält heute ein Theologiestudent. Shun soll ihm assistieren und sein Tun beurteilen, aber er muss jetzt allein sein. Er übergibt dem Studenten den gesamten Gottesdienst und fährt mit dem Fahrrad in den Longtan-Park. Dort kennt er einen Fleck am See, der einsam und versteckt ist. Auch die Angler sind heute nicht an ‚seiner Stelle'. Hier kann er sich zurückziehen und seinen Gedanken nachhängen, hier kann er trauern. Entfernt hört man die Sonntagsausflügler und die Kinder lärmen. Der warme Juniwind kräuselt das Wasser. Zwei Enten landen nach einer genialen Flugkurve mit abgespreizten Füßen auf dem See und schnattern aufgeregt in den späten Morgen.

Und dann hört Shun zwischen all den Geräuschen, dass der Wind durch den Bambus weht. Er hört das Rauschen, auf das ihn Chenxi, die wunderbare Chenxi, am Fluss in Sichuan aufmerksam gemacht hat: Bambus raschelt nicht, Bambus singt im Wind.

Zeittafel

1921 Gründung der Kommunistischen Partei Chinas

1934–35 Langer Marsch der Kommunisten von Ruijin nach Yan'an

1934 *Geburt von Chenxi*[1]

1932–45 Konflikt und Krieg mit Japan

1937 Massaker in Nanjing

1930–1949 Bürgerkrieg Nationalisten gegen Kommunisten

1. Okt. 1949 Ausrufung der Volksrepublik

1950–1951 Alle Missionare und ausländischen Mitarbeiter müssen China verlassen

1950 Gespräche mit Ministerpräsident Zou En-lai über Zukunft einer chinesischen Kirche

1952 Gründung der registrierten „Patriotischen Drei-Selbst-Kirche"; damit werden alle nicht registrierten Gemeinden illegal

1950–53 Große Landreform mit Enteignung von Grund und Boden

1957 Kampagne „Lasst hundert Blumen blühen"

1958–1961 Kampagne „Der Große Sprung nach vorn", bis zu 40 Millionen Menschen verhungern

1966–1976 „Große Proletarische Kulturrevolution"

---

[1] Die kursiv gesetzten Daten in der Zeittafel sind nicht historisch, sondern Teil des Romans.

9. Sept. 1976 Mao stirbt, die „Viererbande" um Maos Frau Jiang Qing wird entmachtet

ab 1979 Wiedereröffnung vieler Kirchen

1981 Wiedereröffnung des Theologischen Seminars in Nanjing

4. Juni 1989 Massaker an den Studenten auf dem Tian'anmen-Platz in Beijing

5. Juni 1989 Tod von Chenxi in Afghanistan

Dank

Neben vielen chinesischen Christen, die ich auf meinen Reisen kennengelernt habe und die mir ihre Geschichte erzählten, danke ich besonders Herrn Dr. Werner Bürklin. Ohne sein großes historisches Wissen über die Geschichte der chinesischen Christen und seine Hinweise hätte ich dieses Buch nicht schreiben können. Dr. Werner Bürklin – in China als Missionarskind geboren – ist Gründer von „China Partner", einem Verein, der Theologiestudenten in China unterstützt:
www.chinapartner.org

Albrecht Kaul

Der Sohn des Untergrunds

Das Leben von Isaac Liu –
dem Sohn des Heavenly Man

128 S., Taschenbuch
ISBN 978-3-7655-4112-4

Als Isaac Lius Mutter mit ihm schwanger ist, sitzt sein Vater als „Staatsfeind" im Gefängnis. Deshalb droht ihr eine Abtreibung ohne Narkose. Buchstäblich am Abend, bevor sie abgeholt werden soll, bringt sie Isaac als Siebenmonatskind zur Welt. Er überlebt und ist damit erst einmal in Sicherheit. Für Isaac Liu ist es nicht einfach, Kind eines bekannten Evangelisten zu sein. Denn irgendetwas Böses muss der ja wohl getan haben, sagen sich die Dorfbewohner. Sonst säße er nicht immer wieder im Gefängnis. Bei jedem Streich in der Schule, der auffliegt, muss Isaac mit harten Konsequenzen rechnen. Aber von klein auf erlebt er auch die intensive Gemeinschaft der Christen in Hauskirchen. Er ist ein Schuljunge, als seine Mutter verhaftet wird. Es braucht mehrere Jahre und mutige Rettungsaktionen von Christen, bis die Familie in Deutschland Sicherheit findet. Der spannende Lebensbericht einer ungewöhnlichen Jugend.

BRUNNEN VERLAG GIESSEN
www.brunnen-verlag.de

Jan Vermeer

Das Haus mit dem Zeichen

Eine Geschichte über Freundschaft, Verrat und Vergebung in Nordkorea

272 S., Taschenbuch
ISBN 978-3-7655-4136-0

Bitterer Hunger herrscht in Nordkorea. Wenn man keinen Parteiposten hat, bleiben zum Essen nur Blätter und Gras. Der junge Zhang macht sich auf den Weg ins große Nachbarland China. Sein bester Freund Jin begleitet ihn. Die beiden 19-Jährigen haben sich geschworen, ihr ganzes Leben füreinander einzustehen. In China findet Zhang Rettung im Haus mit dem unbekannten Zeichen. Nach seiner Rückkehr muss er unter dramatischen Umständen erkennen, dass sein Freund ihm nicht mehr die Treue hält. Trotz aller Tragik gibt es am Ende für Zhang ein Finale der Hoffnung.

Eine ergreifende Geschichte von Liebe, Schmerz, Hoffnung und Vergebung.

BRUNNEN VERLAG GIESSEN
www.brunnen-verlag.de